技术转移与产业化研究
——以中关村地区为例

许云　李家洲■著

Study on Technology transfor and Industrialization
Take Zhongguancun Area as an illustration

人民出版社

序

周文彰

您现在看到的这本《技术转移与产业化研究——以中关村地区为例》，是北京市社科规划办资助的同名应用对策研究课题的主要成果，作者是北京市海淀区委党校（行政学院）的教学研究人员。

这本书把技术转移与产业化作为研究对象，具有十分重要的意义。

我们知道，科学技术是第一生产力；科技创新是一个国家、一个民族最重要的创新。

2013年9月30日上午，中共中央政治局在中关村展示中心以实施创新驱动发展战略为题举行第九次集体学习。这是中央政治局开展集体学习活动以来第一次在中南海之外学习。习近平总书记在主持学习时强调，实施创新驱动发展战略决定着中华民族前途命运，全党全社会都要充分认识科技创新的巨大作用，敏锐把握世界科技创新发展趋势，紧紧抓住和用好新一轮科技革命和产业变革的机遇，把创新驱动发展作为面向未来的一项重大战略实施好。

实现科技创新的巨大驱动作用，要求我们：一要高度重视科技创新，大力支持科技创新，全力推动科技创新，实现科技创新的持续跨越，使我国走在世界科技创新潮流的前列；二要大力推广科技创新成果，及时运用科技创新成果，实现科技创新成果与经济社会发展的紧密对接，把科技创新成果快速有效地转化为现实的生产能力、发展能力、管理能力。一个国家、一个民族，如果没有科技创新，固然难以强盛；而科技创新成果如果得不到及时有效的运用，空有这些成果也是枉然。

因此，科技创新成果的转化运用就成了事关国家强盛、民族振兴、人民幸福的重大问题。

毫无疑问，这也是科技创新能否持续进行的关键环节。试想，科技创新成果如果老是深藏于高楼深院，停留于报告、论文、著作、图纸、数据之中，科技创新还有动力吗？正像物质产品如果没有用户，生产还能继续进行吗？

这个问题，不为我国所独有，而是一个世界性问题。对这个问题，哪个国家、哪个地区解决得好，那里的科学技术对经济社会发展的贡献率就高，那里的科技创新的动力就足。

我国改革开放以来的高速发展，既得益于科技创新，也得益于科技创新成果的转化运用。然而，科技创新的转化运用是一个非常复杂的问题，涉及体制、机制、市场、组织、管理、人员素质等方方面面。科技创新成果找不到用户，用户不知道有哪些科技创新成果可供选用的事，是经常发生、大量发生的。

本书的作者抓住科技创新成果的转化运用、主要是抓住技术转移和产业化这个重大问题，以北京市中关村地区为蓝本，展开了认真细致的研究。他们大量研读国内外关于技术转移和产业化的论著，深入中关村科技园区和企业走访调查，组织专家学者和企业家进行专题座谈讨论，对如何破解中关村技术转移瓶颈难题进行实证研究分析。全书较系统地梳理了技术转移的前沿理论，介绍了国内外技术转移的现状和成功做法，并在此基础上全面分析说明了中关村地区技术转移的政策体系、组织机构、发展现状和存在的问题，最后给出了比较切实可行的对策建议，并以典型案例进行论证说明。本书条理清晰，逻辑严谨，论证有新意，数据翔实可靠，对策建议可行性较强。特别值得一提的是，在调研分析过程中形成的《关于进一步推进校地协同创新发展的建议》，已作为决策参考咨询报告上报海淀区委区政府，得到了区委书记、区长的肯定批示，为区委、区政府决策提供了智力支持。

作者选择中关村地区为样本进行技术转移和产业化的课题研究，一是中关村地区的典型意义；二是自身的职责驱动。

中关村国家自主创新示范区作为中国第一个国家级高新技术产业开发区、第一个国家自主创新示范区，始终坚持走创新发展道路，积极向具有全球影响力的科技创新中心进军，在全国发挥着实施创新驱动发展战略的示范引领作用。

中关村地区拥有以北京大学、清华大学为代表的高等院校 41 所，以中国科学院、中国工程院所属院所为代表的国家（市）科研院所 206 所，国家级重点实验室 67 个，国家工程研究中心 27 个，国家工程技术研究中心 28 个，大学科技园 26 家，留学人员创业园 34 家。在职科研人员 30 多万人，其中两院院士 573 人，占全国院士总数的 37.09%，占北京 78.28%。这些丰富的人才资源成为中关村科技创新快速发展的原动力。

中关村科技园 2013 年全年实现总收入 30497.4 亿元，其中，技术收入 4032.4 亿元，实现利润 2264.8 亿元，80% 的成果辐射到全国各地，对全国的引领辐射能力不断提升。中关村科技创新不断涉足尖端领域，2013 年企业专利申请 44275 件，拥有有效发明专利数 35000 件，参与制定国际标准 93 项，获国家级成果奖 450 个，其中中关村核心区（海淀区）获国家自然科学奖、国家技术发明奖和国家科技进步奖 59 项，占全市获奖总数的 65.5%，占全国 22.4%。2013 年收入过亿元企业 2300 家，其中十亿元以上企业数 400 家，百亿元企业数 50 余家，上市公司总数达到 229 家，其中境内 145 家（主板 51 家，中小板 32 家，创业板 62 家），境外 84 家。中关村已成为中国技术交易活跃、技术转移服务业快速发展、技术转移服务新模式和新机制不断涌现的创新区域。

中关村科技园在取得巨大成就的同时，"科技"与"经济"两张皮的现象依然存在，中关村巨大的科技潜力还没有完全挖掘出来。如何将中关村的科技优势转化为产业优势，更好地推动科技成果转化为现实生产力、发挥科技创新对经济社会发展的支撑引领作用，仍然是当务之急。

中关村地区位于北京市海淀区。海淀区委党校（行政学院）在致力于搞好干部教学培训的同时，重视科学研究和决策咨询工作，较好地发挥了资政育人的作用，实现了教学、科研、决策咨询一体化，在全国地（区、市）级党校（行政学院）中具有较高的知名度。这本书就是他们履行职责，为海淀区委区政府提供决策咨询服务的代表性成果。中共中央办公厅、国务院办公厅印发的《关于加强中国特色新型智库建设的意见》，把党校行政学院列为构建中国特色新型智库发展新格局的第一方阵。相信海淀区委党校（行政学院）在中央精神的鼓舞下，会把科研资政工作做得更好，为本地区的经济社会进步作出更大的贡献。

正像科技创新成果需要转化运用一样，本书的研究成果也期盼引起与技术转移和产业化相关的部门、单位和领导的重视和应用。而且，本书的对策建议还是方向性、思路性、概要性的，要成为推动技术转移和产业化的具体体制、机制和政策，还需要相关部门和单位的接续研究和转化。

2015 年 4 月 5 日

目　录

导　论

　　随着我国转变经济发展方式步伐的加快，建设创新型国家进入攻坚阶段。北京市面临着建设科技创新中心、率先形成创新驱动的发展格局以及加快建设世界城市的战略任务。中关村作为我国第一个国家自主创新示范区，是北京乃至全国科技创新的核心地区之一。促进中关村地区技术转移与产业化就成为北京建设科技创新中心、实现创新驱动发展的首要选择。中关村地区是北京科技资源最丰富、技术力量最雄厚、科技研究成果最集中的地区。但当前这一地区蕴藏的巨大创新潜力并未得到有效释放，大量国家公共财政投入形成的研发能力与研发成果没有快速转化为经济和社会效益，技术转移遇到了严重障碍。因此，迫切需要对中关村地区技术转移的瓶颈、原因等相关问题进行深入研究，寻找解决的办法。本书在对技术转移相关理论进行梳理，通过对技术转移影响因素的分析及国内外技术转移经验总结和借鉴的基础上，对中关村地区技术转移过程中存在主要问题的剖析，提出促进中关村地区技术转移的对策建议。

第一节　选题背景及意义

一、选题背景

（一）加快科技创新与技术转移成为世界各国创新发展的重要战略

　　技术转移是科技与经济相结合的重要节点，是产业结构调整和经济发展方式转变的题中之义。20 世纪以来，伴随着一系列重大科学发展和技术突破及技术成果的应用，技术转移及产业化正成为当前世界经济发展的动力，给世界带来了更为深刻的变化。技术转移及产业化的程度，已成为衡量一个国家的综合国力、经济实力和科技实力的重要指标。技术转移和产业化也已成为近年来理论界和产业界、政府部门都十分关心的一个重要课题，成为各国理论界研究的热门话题和国际间合作的重要内容。

科技创新与技术转移成为各国创新发展的重要战略。面对经济全球化发展、综合国力竞争加剧、新一轮科技革命蓄势待发的形势，发达国家为抢占产业发展制高点，保持技术优势地位，纷纷实施技术立国战略和技术转移战略，出台有效政策措施，加强科技创新，提高科技成果转化率。

美国是全球综合科技实力最强的国家，美国保持科技竞争力领先地位的核心在于将创新作为赢得未来的关键，并充分认识到创新能力直接决定美国未来经济发展与国际竞争力。从 20 世纪 80 年代至今，美国创新战略的变化可以初步划分为三个阶段，每个阶段有不同的战略重心。产业技术创新战略造就美国"新经济"繁荣，保守科技创新战略导致美国经济持续走弱，务实创新战略引领美国未来。

欧盟实施"欧盟科技框架计划"，这是目前世界上规模最大的官方综合性科研与开发计划之一，具有投资额度最大、研发领域最广、参与机构和人员最多等特征。该计划由欧盟委员会实施和管理，同时协调欧盟各国的科研计划，是近 20 年来欧盟实施其科技战略和行动的最主要工具。目前，已经实施到第七框架计划。2008 年 2 月，欧盟重要成员国家德国联邦政府发布《加强德国在全球知识社会中的作用——科研国际化战略》，该战略已经成为协调德国各相关部门开展对外科技合作的指导性文件。2011 年 12 月，英国研究理事会公布了《国际合作战略》，英国商业、创新与技能部发表了《以增长为目标的创新与研究战略》。该战略认为，英国有潜力成为世界创新的领头羊。英国的大学和研究机构是 G7 中产出最丰富的。英国政府承诺保持和加强对大学和研究机构的投资，并继续支持纯理论和应用研究项目。法国政府一直秉承这样一个理念，一个国家的研究体系若不能置于国际背景下，那么它绝对称不上是一个现代的研究体系。因此，积极推进科技发展国际化是法国研究与创新体系建设的重要内容。

亚洲国家中，日本、韩国的科技创新具有代表性。1995 年，日本颁布了《科学技术基本法》，提出将"科学技术创造立国"作为基本国策，强调要重视基础理论和基础技术的研发，从而在将振兴科技上升为法律的同时，为日本科技发展指明了方向。进入新世纪以来，日本政府在继续实施科技创新立国战略的基础上，又先后制定和实施了 IT 立国战略、知识产权立国战略、观光立国战略、投资立国战略、环境立国战略和创新立国战略，形成了一个立国战略体系。这些战略高度重视新技术的研究开发，都特别强调推动科技发展的人才培养和制度改革。 韩国科技发展过程是吸收国外技术，并消化发展为自有技术的过程。韩国的科技开发政策过去一直是以模仿和跟踪国际先进技术为主，重视技术引进，科技创新相对滞后。20 世纪 80 年代末，韩国确立了"科技立国"的国策，政府一方面保持传统的劳动、资本密集型产业的优势；另一方面利用发达国家向外转移低层次技术和产品的机会，大力发展本国的知识技术密集型产业，把经济技术发展的重心转变到靠科技创新带动本国经济快速增长方面来。韩国国家科技创新政策最突出的特点是：控制技术引进，注重技术消化吸收。

金砖国家俄罗斯、印度、巴西、南非，也都从本国实际出发纷纷推出自己的技术发展战略。

在经济全球化的时代，经济的发展和国家竞争力已经不是由自然资源多少来决定，最关键的因素是科技竞争力，而科技竞争力的核心则是技术创新。因此，要提升国家竞争力，就必须提高国家技术创新能力、知识创新能力，尤其是加强科技资源的汇集、共享以及转移，完善和健全技术转移体系。

（二）加快科技创新与技术转移成为我国实施自主创新战略的重要内容

我国"十二五"规划明确提出，坚持把科技进步和创新作为加快转变经济发展方式的重要支撑。推动发展向主要依靠科技进步、劳动者素质提高、管理创新转变，加快建设创新型国家。加快科技创新和技术转移，提高自主创新能力，建设创新型国家，成为我国发展战略的核心。

新中国成立以来，特别是改革开放以来，我国实施了一系列科技发展计划，推动技术创新。1986年，中共中央、国务院批准《高技术研究发展计划（"863"计划）纲要》，标志着我国高技术研究发展进入新的阶段。1991年，邓小平提出"发展高科技，实现产业化"，使科技和生产力的关系进一步明确。1996年10月，《中华人民共和国促进科技成果转化法》正式实施，允许将学术研究机构、高等院校的成果转化权下放至各单位及个人，以鼓励研究与开发，推广并加强保护全体教师和研究人员的研发成果，促进成果商业化。2001年，国家经贸委、教育部决定在全国重点高等学校已建立技术转移机构的基础上，首批认定基础比较好、科技力量比较强、科研成果比较多的清华大学、上海交通大学、西安交通大学、华东理工大学、华中理工大学、四川大学等6所大学的技术转移机构为国家技术转移中心，以促进技术创新的流通。2007年，党的十七大报告提出，要提高自主创新能力，建设创新型国家，"加快建立以企业为主体、市场为导向、产学研相结合的技术创新体系，引导和支持创新要素向企业集聚，促进科技成果向现实生产力转化"。同年，国家科学技术部、教育部、中国科学院实施"国家技术转移促进行动"。2012年，党的十八大报告进一步强调，深化科技体制改革，推动科技和经济紧密结合，加快建设国家创新体系，着力构建以企业为主体、市场为导向、产学研相结合的技术创新体系。创新驱动发展、国家创新体系建设已成为我国亟待解决的重大课题。2013年9月30日，中共中央政治局以实施创新驱动发展战略为题举行第九次集体学习。习近平总书记指出，要着力推动科技创新与经济社会发展紧密结合，处理好政府和市场的关系，通过深化改革，进一步打通科技和经济社会发展之间的通道，让市场真正成为配置创新资源的力量，让企业真正成为技术创新的主体。当务之急是要健全激励机制、完善政策环境，从物质和精神两个方面激发科技创新的积极性和主动性，坚持科技面向经济社会发展的导向，围绕产业链部署创新链，围绕创新链完善资金链，消除科技创新中的"孤岛现象"，破除制约科技成果转移扩散的障碍，提升国家创新体系整体效能。2013年11月，党的十八届三中全会再次强调，建立健全鼓励原始创新、集成创新、引进消化吸收再创新的体制机制，健全技术创新市场导向机制，发展技术市场，健全技术转移机制，改善科技型中小企业融资条件，完善风险投资机制，创新商业模式，促进科技成果资本化、产业化。可以看出，中央十分重视科技创新与技术转移，已经把科技创新和技术转移确立为建设创新型国家、加快经济发展方式转变的重要战略。

在我国鼓励实施自主创新，建设创新型国家战略推动下，近年来，我国科技创新取得令人瞩目的成就。据统计，2013 年全社会 R&D 支出占 GDP 比重可达 2%，其中企业 R&D 支出占 76% 以上。研发人员总量预计达 360 万人年。国内有效发明专利达 59 万件，比上年增长 24%。国际科技论文数量稳居世界第二，被引用次数上升至第 5 位。全国技术合同成交额达 7469 亿元，年增长 16%。全国高技术产业主营收入预计突破 11 万亿元，同比增长 10%。但科技成果转移转化仍然是我国科技创新体系中薄弱的环节，科技与经济"两张皮"现象始终是未能很好解决的难题。目前，我国技术创新与转移的现状是：一方面技术开发能力薄弱，科技创新并不能成为企业生存和盈利的首要变量，企业创新动力不足，没有建立起以企业为主、产学研结合的技术创新体系。另一方面技术转移渠道不畅，科技成果转化率较低，许多成果仅仅停留在实验室的阶段，不能有效地加以应用。目前我国的科技成果转化率大约为 25%，真正实现产业化的不足 5%。因此，在构建技术创新体系的同时，制定适合我国国情的技术转移政策，构建有效的技术转移机制，促进科技和经济的结合，成为亟待解决的一个现实而紧迫的任务。

（三）加快科技创新与技术转移是中关村国家自主创新示范区的重要使命

北京科技资源丰富，在推动科技创新和技术转移中发挥着越来越重要的作用。据统计，2013 年度本市认定登记的技术合同成交额 2851.2 亿元，比上年增长 16.0%，总量占全国的 38.2%；成交项数首次突破 6 万项，达 62743 项。北京的技术交易有 56.7% 服务京外，正成为全国经济转型的强大驱动力；此外，还有 22.9% 的技术交易出口国外。经测算，2013 年北京地区实现技术交易增加值 1838.9 亿元，比上年增长 11.0%，约占地区生产总值的 9.4%。技术市场对首都经济社会发展的贡献日益凸显，支撑了首都经济发展方式的转变和产业结构的优化升级。北京在"十二五"规划中首次提出，着力整合创新要素，全力推进创新成果产业化，把北京建设成为国家创新中心。2013年9月30日，在中央政治局到中关村集体学习时，总书记对中关村的建设和发展提出明确的要求："作为我国第一个高新区，中关村在国家科技经济发展中的作用越来越突出，已成为我国创新发展的一面旗帜。面向未来，中关村要加大实施创新驱动发展战略力度，加快向具有全球影响力的科技创新中心进军，为全国实施创新驱动发展战略发挥更好示范引领作用"。

当前北京在技术转移中仍存在着科研机构的技术成果转化率较低，目前转化率只有10%左右。存在科技成果难以在本地实现产业化，技术转移政策难以得到落实，科技和金融尚未很好结合等诸多问题。

中关村作为我国第一个自主创新示范区，是北京乃至全国科技创新的核心地区之一，也是我国技术交易活跃、技术转移服务业快速发展、技术转移服务新模式和新机制不断涌现的创新区域。中关村地区科技成果产业化水平在一定程度上也代表了我国科技成果产业化水平。

改革开放以来，中关村地区的大学、科研院所的科技人员下海创业，逐步形成了中关村电子一条街。20世纪80年代，北京市各级政府顺应世界科技革命和产业发展方向，进一步规范、扶持，利用大学和科研院所的科技成果，加上引进消化国外技术成果，中关村电子一条街不断壮大成长，产业不断得到升级。从1988年5月20日，国务院首次批复成立我国第一家高新技术产业开发区——北京市新技术产业试验区。到今天，中关村依托大学和科研院所的技术成果和技术优势，逐渐发展成为国家级高新技术产业园区。中关村科技园区是中国第一家成立的国家级高新技术产业园区，也是第一家成立的国家级自主创新示范区。在国家鼓励和支持技术创新的大背景下，北京市依托政策优势、区位优势、资源优势、人才优势，自主创新能力有明显提升，科技成果数量逐年增长，在科技创新和服务经济社会发展方面发挥了很大的作用。经过20多年发展，2013年中关村国家自主创新示范区规划面积由232平方公里增加到488平方公里，由一区十园扩展到一区十六园。全年实现总收入30353.5亿元，比上年增长21.3%。中关村技术交易额达到2286.3亿元，其中80%的成果辐射到全国各地。2013年收入过亿元企业2300家，其中十亿元以上企业数400家，百亿元企业数50余家。2013年上市公司总数达到 229 家，其中境内 145 家（主板 51 家，中小板 32 家，创业板 62 家），境外 84 家。中关村成为北京技术交易活跃、技术转移服务业快速发展、技术转移服务新模式和新机制不断涌现的创新区域。但在中关村地区企业、大学和科研院所等机构的技术转移过程中，也还存在着不少问题。而目前对这些问题的研究也多停留在理论的层面，对实际问题研究还不尽全面、深入。

二、研究意义

（一）丰富技术转移的理论体系

理论界对于技术转移问题的研究较多，这些研究较多偏重于理论和宏观的研究，而缺乏实证和系统的研究，更没有提出有针对性的、可操作性的实施对策，这就使得理论在实践中起不到应有的指导作用，理论和实践严重脱节。也使得我国多年以来技术转移停留在一个较低的水平和层次，造成经济和科技"两张皮"的现象。本课题不仅对技术转移的国内外研究现状进行阐述，而且通过对中关村地区企业、大学、科研院所、科技中介机构技术转移情况进行大量的实地调研和深入访谈基础上，分析技术转移的影响因素及其存在问题，提出促进中关村地区技术转移的对策措施。这些理论和实证分析，不仅能够丰富技术转移的理论，而且能进一步推进技术转移理论体系的创新发展，有着重要的理论意义。

（二）推动技术转移实践的发展

目前北京明确了科技创新中心作为一项核心功能的城市战略定位。全国七成以上的中央研究机构，1/3 的国家重点实验室和工程研究中心，一半以上的两院院士都在北京。中关村是中央确定的第一个国家自主创新示范区，中央明确要求中关村要加快向具有全球影响力的科技创新中心进军，为全国实施创新驱动发展战略发挥更好示范引领作用，必须充分发挥丰富的科技资源优势，不断提高自主创新能力，为建设创新型国家作出应有的贡献。而目前中关村技术创新和转移中还存在很多的制约因素，影响着中关村示范和引领作用的发挥。课题通过对中关村地区技术转移诸多问题的探讨和对国内外技术转移经验的借鉴，提出推进中关村地区技术转移的措施，对推动中关村地区技术转移实践的发展很有现实意义。而且对北京创新驱动发展战略的实施、经济发展方式的转变，乃至对推进北京建设世界城市目标的实现都有着重要的现实意义，为北京技术转移政策的制定提供决策参考。

第二节　国内外研究现状

国内外学者对技术转移给予了很大的关注，写出了大量的论文和著作。学者的研究和探讨对于技术转移实践起到了重要的指导作用，推动了技术转移不断走向科学化、规范化、高效化。相对于国外对技术转移的学术研究，我国在这方面的研究起步较晚，学者们研究多侧重于国际技术转移，而且研究主要围绕促进科技成果转化、技术转让、产学研合作等内容展开，介绍国外科研成果转化模式，将国际技术转移理论与我国技术市场的实际情况相结合，探索符合我国国情的科技成果转化模式。

现将国内外学者对技术转移理论问题的研究做一梳理，主要集中于以下几个方面：

一、国外学者关于技术转移的研究现状

对于技术转移转化的研究，国外学者主要围绕技术转移的概念、技术转移的影响因素、技术转移的外部机制、技术转移的模式、政府对技术转移转化活动的各种措施等方面进行研究。

1. 关于技术转移概念的研究

关于技术转移的概念，目前国内外尚无统一界定。一般认为最早界定技术转移概念的是美国学者 H. 布鲁克斯，他指出："科学和技术通过人类活动被传播的过程。由一些人或机构所开发的系统而合理的知识，被另一些人或机构应用于处理某事物的方法中"。"技术转移可分为垂直的（Vertical）和

水平的（horizontal）两种。垂直技术转移是从一般到特殊的转移，指将新的科学知识转化成技术并成为一种新产品或工艺的过程。水平技术转移是指将某种已有的技术经修改后转作新的用途"。

以后学者们对技术转移概念的研究逐步展开。美国学者弗兰克·普雷斯的定义是："技术转移就是研究成果的社会化，包括其在国内和向国外的推广"；另外两位学者 Park 和 Zilberman（1993）认为技术转移是将大学、科研机构或政府实验室的基本知识、信息与创新，流向私人及准私人部门的个体或公司的过程；日本学者小林达（1983）也认为："从广义上说，技术转移是人类知识资源的再分配。"美国学者 S·Bar·Zakay 认为："某一领域中产生或使用的科学技术信息，在一个不同的领域中被重新改进或被应用，这一过程就叫技术转移"。Alien 和 Cooney 等（1971）认为，技术转移就是技术载体的转移，而技术载体是指人（具有技术知识的人）、物（生产工具、设备机器等）和文字信息（书刊、文献、图纸、胶片、磁带、磁盘等）；Rebentisch 和 Ferretti（1995）认为，基于知识资产的技术转移是将技术、操作程序及组织结构等物化知识资产在组织间进行转移，包括转移范围、方法、知识结构及组织适应等方面。美国学者 Bozeman（1988）认为，技术转移是地域上的转移和技术所属领域的转移，前者使技术从一个国家或地区转移到另一个国家和地区，后者使技术从一个领域转移到另一个领域。他认为："当某领域中产生或使用的科学技术信息在其他不同领域中被重新改进或应用时，这个过程就叫作技术转移。"《世界经济百科全书》将技术转移定义为构成技术三要素的人、物和信息的转移；联合国《国际技术转移行动守则》对技术转移的定义是系统知识的转移，是从产生知识的地方转移到使用知识的地方，转移的内容涉及信息、知识、专利等软件，转移的技术较已有的技术更加新颖、更加先进。经济合作与发展组织认为，技术转移是指一国做出的发明（包括新产品和新技术）转移到另一国的过程。

2. 关于技术转移影响因素的研究

许多学者指出学术界向产业的技术转移受到多种因素的影响，主要有：投入、人才、技术、科技中介服务、政策、体制机制、经济环境等，可以归纳为内部影响因素和外部影响因素。首先对内部影响技术转移因素的研究。

Bozeman、Coker 认为，转移技术成果化的市场影响力受机构研究领域和商业化取向的影响；Kate Hoye 和 Fred Pries 认为，大学技术转移的一个重要瓶颈是研发人员不愿向技术转移办公室提供信息，因此认为技术转移办公室需要鼓励机构自身和工业界的研发人员进行更多的交流；Rogers（2001）等认为，技术转移要由受过专门训练和有技能的人来组织开展，包括足够的资源、组织上的保证及奖励系统。其次对外部影响技术转移的因素的研究。Siegel 等通过调查研究型大学，提出教师任期、激励政策、使用费和分配机制，以及转移机构中的员工配置、专业的工作环境等是关键的影响因素；Santoro 对美国的 189 个工业企业和研究型大学附属的 21 个研究中心进行调查，研究表明，信用、地域位置、大学灵活的知识产权、专利和许可政策等是影响技术转移行为的重要因素。Friedman 等通过两阶段模型、利用回归分析对有关数据进行分析，认为参与人员的奖励程度、大学与高技术企业的集中程度、大学对技术转移支持的程度等是影响技术转移的因素。Gouranga Gopal Das（2005）通过建立可计算一般均衡模型进行技术转移政策环境分析，发现对科技成果转化率具有重要影响的因素有区域的人力资源水平、宏观管理水平和产业结构；Krabel and Mueller（2009）认为，政策对于推动学术界到产业的知识互动有着重要的影响。此外，还有的学者认为不同的产业导致技术转移的不同。Yusuf（2008）认为，从知识流动的角度来看，正式的转移机制（包括技术许可、专利或合同研究）与非正式的转移机制（包括学术界和产业界研究者之间的个体交往）在不同的产业对于技术转移的影响效应是不同的。Gilsing 等（2011）也指出，产业差异对技术转移成功有着重要的影响。

不少学者对跨国公司内技术转移的影响因素也进行了大量研究。Hansen（2004）等人将影响跨国公司内部技术转移的因素划分为两类，一类主要是技术能力本身的因素，即子公司之间技术能力的关联性。另一类主要是非技术本身的因素，即地理距离、正式关系接近度、非正式关系接近度等。Far-joun（1998）认为，一家子公司的产品开发团队总是倾向于和类似产品领域的其他子公司合作，技术转移总是在技术能力关联度高的子公司间进行。Kogut and Singh（1988）认为，国家间文化距离会影响技术转移。

3. 关于技术转移模式的研究

大学和公共研发机构的技术转移模式一直是理论关注的焦点。Koenraad
等认为，在大学设立专业的技术转移机构可以确保与企业建立自由的沟通途
径，可以实现服务、管理和商业发展上的专业化，可以与各部门的研究人员
保持密切联系。美国学者 Shama（1992）阐述和比较了美国国家能源实验室
的四种技术转移模式，即被动型模式、主动型模式、创业型模式和国家竞争
导向模式，认为第四种模式要引起重视；Link 和 Scott 对美国 81 个大学科技
园进行了研究，指出：大学科技园是学术研究成果转移的主要模式之一，是
知识溢出的主要载体；Burnside（2008）指出：研发行为只有在大学和企业
间有实质的深入合作才具有价值，并认为最好的技术转移方式应该是建立企
业研究中心的共同研发模式；Heslop 等（2001）引入技术转移的三叶草模型，
以判断某项技术被转移的准备程度，来分析该项技术是否能快速地向私营企
业转移；Amesse 等（2001）认为，需要根据不同的转移环境来考虑技术转
移的模式问题。他们区分了四类转移环境，每一类环境中的技术转移，在组
织结构或合同约定上都具有不同表现和管理方式；Sharon 通过研究美国大学
技术转移案例，介绍了麻省理工学院（MIT）与企业间合作和技术转移的情
况，总结早期 MIT 与企业合作的四种模式。同时指出，这些传统模式集中
于技术的转移而不是有效的二次开发，为更有效地促进经济发展，MIT 提出，
建立制造研究中心、新产品研究计划等四种新的模式以弥补大学和企业合作
中的鸿沟。

4. 关于技术转移的机制研究

国外学者对技术转移的机制进行了系统深入的研究，形成了技术转移的
一系列理论。如技术转移的形成机制中，英国经济学家邓宁、美国学者曼斯
菲尔德和美国经济学家凯夫提出技术转移选择论，认为技术转移发生是因为
企业在某个周期对内外条件进行权衡的结果；日本斋藤优教授提出技术转移
周期论和技术转移论；克鲁格曼提出技术转移均衡论，波斯纳和哈弗鲍威尔
提出技术转移差距与双重差距论。还有的学者提出了技术转移的动力机制，
Winerbrake（1992）通过分析有关公共资助的科研成果进行转移转化的各种
机制的相对有效性，认为提供资金支持、创建支持性的咨询和服务机构是

最有效的推进机制。1986 年美国通过《联邦技术转移法案》后，理论界和实务界普遍认为合作研发是一类效果最好的技术转移机制。Rogers 和 Takegami and Yin（2001）认为，研究型大学和国家研发实验室的技术转移机制主要包括新创公司、特许经营、出版物、会议及合作研发协议等机制。

5. 关于推动技术转移政策措施的研究

对这一问题的研究主要集中在相关的法律、激励措施、制度安排等方面。Eldred 和 McGrath 认为，技术转移是一个高风险的过程，因为谁都不能保证一个技术转移项目会成功的开发出适销产品或投资难以收到预期的回报，因此技术转移需要得到政策上的支持。Barry Bozeman（2000）在对美国近年来与大学技术转移和政府实验室技术转移相关法案进行归纳整理的基础上，将技术政策归纳为由市场失灵引起、由任务使命引起以及由合作引起的三种竞争的技术政策模式。实际上，在美国促进技术转移过程中，政府很早开始就制定政策，出台相关法案促进大学、国家实验室和公共研究机构将技术成果向企业转移，主要有拜—杜法案、小企业技术创新促进法、联邦政府技术转移法、国家竞争力技术转移法、国家技术转移与促进法、技术转移商业化法案，等等。

此外，国外学者对大学技术转移与经济社会发展的关系也做了大量研究，Rosenberg 和 Nelson 调查表明美国大学正日益与企业之需紧密联系，尤其与区域工业之需相联系。高度分散的美国大学，以及各种工业学校为美国的工业发展做出了贡献。H·J·Cohen 等通过调查研究认为大学和联邦实验室的科学研究对工业界的研究和开发非常重要。J.Shane 从企业资助合同研究、顾问、技术许可和技术开发和商业化四个方面研究了大学如何能在大型科研机构竞争并存的情况下，吸引企业的注意力而实现技术转移并提供了相应的对策参考。Brouwer 在研究企业和大学技术转移之间的关系时，定量分析证实企业的外部研究，例如来自大学的科研研究能加速技术进步，其中的原因是大学能促进现有企业对发明进行商业化开发，而且更倾向以技术许可的方式进行。Golob 通过对纽约地区的案例分析，研究了大学技术转移对区域经济发展的作用，并对提高大学技术转移成效的影响因素作了分析。

二、国内学者关于技术转移的研究现状

国内对技术转移的相关研究主要涉及技术转移的概念、影响因素、机制、国内各地区技术转移经验及北京地区技术转移等问题的研究。

1. 关于技术转移概念的研究

我国学者林慧岳（1992）认为，技术转移是一种技术流动，这种流动首先表现为载体的流动，其次表现为依附在载体上的技术和知识的流动。赵黎明（1992）则将技术转移定义为：技术提供者的技术创新开始，经由技术提供者的提供过程，通过各种技术转移道路，把技术传播或转移到技术采用者处，再经过技术采用者的引进过程，获得了新技术并加以使用、消化、吸收和创新。技术转移从本质上讲，属于科学技术转化为直接投入社会生产和再生产的生产力的过程。由于科学技术在空间分布的不均衡，所产生的由某些生产部门向其他部门的一直渗透，从某些国家向其他国家，从某些地区向其他地区的移动过程，也就是技术转移的具体过程。范保群、张钢（1996）、范小虎（2000）等人对技术转移的概念进行了归纳，认为技术转移是在一个团体或机构中发展起来的、合理体现在其他团体或机构所做的事情中的知识的流动和再分配。傅正华、林耕、李明亮等（2007）认为，技术转移就其一般意义来说，是指为经济目的而发生的关于技术的信息流动过程。这种流动可以发生在科技与生产部门之间，也可以发生在不同的生产领域之间；可以在国际间，也可以在国内；可以通过市场途径，也可以通过非市场途径进行。技术转移既可以表现为知识形态，也可以表现为实物；既可以是有组织、有计划的过程，也可以是自发的过程。主要强调供方和受方相互作用的一个过程，而且这个过程直到受方完全掌握时才结束。张玉臣（2009）认为，技术转移首先是知识的认知和拓展过程，技术转移发生在创新体系的社会网络之中，创新体系的组织网络形态及联结程度对技术知识转移有重要影响，基于技术创新体系的技术转移，实质上是不同主体对知识属性及价值的认知和识别，是在特定组织交易制度及经济支持体系的资源配置抉择。

2. 关于技术转移影响因素的研究

我国学者则从国内技术转移的实际情况出发对技术转移的影响因素进行

分析。李文波（2003）对影响我国大学和国立科研机构技术转移的因素进行了分析，认为我国大学和科研机构技术转移效果的影响因素，包括国家政策、国家经济环境、研究机构、企业的特点以及技术转移中介机构，并进一步分析认为，融资服务体系不够健全、企业技术能力和技术转移经验不足、技术转移人才缺乏等降低了技术转移的效果；华鹰（2002）认为，技术转移的技术成果、技术提供方、技术接受方构成制约技术转移过程的三大基本要素，技术转移的成效主要取决于三方面要素的相互影响；陈祖新等（1995）认为，体制机制不顺、需求和供给不足、意识不强、人才不活、管理不善以及法制不全是影响技术转移的主要原因；祝甲山（1997）等认为，技术创新机制、激励机制、投入、政策、技术引进等是影响我国技术转移的主要因素；万金荣、张庆海（2006）按重要程度递减的顺序，依次排出影响技术转移的 21 个因素：科研经费的投入、高新技术产业的需求、中介机构的网络化与普及化、科技成果的成熟度、政府的资金投入、科研资金投资渠道多元化、科技人力资源状况、对科技人员的激励政策、资本运作水平、专利的保护状况、企业的风险规避能力、政治与法律环境、企业的基础设施、信息人员的素质、市场环境、政策保障体系、社会与文化环境、信息载体的适用性、企业生产规模、企业的组织结构、自然环境等；柳御林等（2012）认为，技术转移的关键是人、技术、资金、市场四大要素的紧密配合，成功的技术转移是这四种要素非线性耦合和动态匹配的结果。朱宁宁和王溦溦（2010）将影响技术转移的因素分为 5 个：市场因素、技术因素、资金因素、政策因素和非技术因素；郭强等（2012）提出影响高校科技成果转化有 6 个内部因素，即：科技成果的特性、转化意愿、传授能力、关系信任、吸收能力、转化能力。有 3 个外部影响因素，即：科技中介服务能力、政策与制度促进和社会文化塑造；叶桂林在对华中科技大学技术转移中心运行模式进行分析后，指出：技术转移渠道对效率会产生影响，认为正式渠道对技术转移产生的价值与功能有提升作用，同时认为外部环境，包括机构环境、政策环境、政府等将对高校技术转移产生重要影响。

3. 关于技术转移模式的研究

对于技术转移的模式，学者们也从不同的角度提出不同的模式。国内学者梅元红、孟宪飞（2009）以清华大学为例，从产学研合作角度，将我国高校技术转移分为四大类型，即点对点的高校与企业直接合作模式、点对线的过程推进模式、点对面的中介平台服务模式和点对体的高科技企业创业模式；柳御林等（2012）从技术转移的方式角度，认为技术转移的模式主要有直接转化、与企业联合开发、引进人才＋研究所品牌＋社会资源、自己创办企业、技术入股、共建研究中心等。傅正华、林耕、李明亮（2007）对技术转移模式创新进行了归纳，认为技术转移模式创新有 8 种，即：居间和独家代理、委托开发、技术集成、买断知识产权、技术入股、组建项目公司、技术拍卖、组织技术——生产联合体等[①]。李志男、夏其勇、王苏舰(2009)认为，技术转移主要模式有 20 种，即：创新公司、特许经营、出版物及会议、共建一体化研发机构、合作研发协议、顾问及技术服务提供、交流项目、研发的联合投资、合同研究、科学园（研究园、技术园）和孵化器、培训、产品转移、技术转让、联合开发、技术援助、合资企业、人员交流、信息传播、产业集群、技术联盟等形式[②]。闫傲霜（2007）认为，技术转移模式有多样性和不确定性，根据不同角度和标准有不同划分，从发起者角度可分为政府组织型、企业拉动型、大学和科研院所推动型；从动力源角度可分为市场需求拉动型、政府宏观指引型；从机制角度可分为单元型合作、紧密型合作、股份型合作。她还根据不同划分原则，对技术转移模式做了进一步划分和分析。她认为，按属地原则，可分为国际技术转移和国内技术转移；按主体原则，可分为"产—学—研"间技术转移、企业间技术转移、大学研究院间技术转移；按行为原则，可分为贸易方式、非贸易方式、超贸易方式、超非贸易方式；按性质原则，可分为技术转让、委托开发、合作开发、共建实体、衍生企业[③]。

---

① 傅正华、林耕、李明亮：《我国技术转移的理论与实践》，中国经济出版社 2007 年版，第 280—283 页。
② 参见李志男、夏勇其、王苏舰：《技术转移理论与实践探索》，兵器工业出版社。
③ 参见北京市科学技术委员会编：《技术转移——北京 de 实践》，北京科学技术出版社 2007 年版，第 70—78 页。

4. 关于技术转移机制的研究

孟国斌、邱林（1999）认为，技术转移从系统的角度看，可分为以下几个子系统：一是主体系统，包括参与技术转移的生产单位和科研院所，二者既是成果转化的载体，同时又是受体。二是支持系统，包括资金、人才、物资及成果本身的成熟度、适用性、市场前景等方面。三是政策环境系统。四是中介系统。五是宏观调控系统。各个子系统只有相互协调、相互促进、相互制约，形成高效的技术转移机制。晏敬东认为，科技成果转化是一个高风险的社会活动，重点从动力机制、环境机制、市场机制、风险机制和支撑机制5个方面对科技成果转化中存在的问题进行了详细阐述和分析。陈刚、马扬主要是从我国高校成果转化率低的现状出发，提出了改进的方法是激励机制，从我国国情出发，政府和高校应制定激励机制和营造环境，使其走出低迷的境界。田亮、袁虎主要阐明科技与市场的一体化，将原来的"推动式"机制向"拉动式"机制的转变，强调市场的作用，并对这一机制如何实施进行了研究和探讨。袁靖宇（2002）将技术转移作为分析高校科技企业动因和特殊性的一个视角，并认为技术转移微观运行机制的必备条件包括：一是技术差；二是经济引力；三是中介条件。杨慧玉、王会斌、张平平（2005）从高校技术转移的内涵入手，对高校技术转移机制运作进行了探索，认为应当加强组织机制、资金筹集机制和人才培养和管理机制，同时应组建技术开发团队机制和建立广泛的、相对稳定的市场联络机制。刘华（2012）认为，从导向机制、组织协调、管理评价三个方面入手建立政策协同运行机制，实现促进技术转移政策的目标协同、组织管理协同和政策功能协同。

5. 关于技术转移政策措施的研究

我国学者从不同侧面对推动技术转移的措施进行了研究。有的学者认为推动技术转移，既要改革科研体制中的成果激励机制以提高技术的有效供给，又要扶持企业技术创新和完善我国技术中介体系。吴宏元、郑晓齐（2006）提出从完善产学研政策法规体系与激励机制、设置与产学研合作发展相适应的促进机构、建立促进大学产学研合作的综合服务和网络化支持系统、制定有利于校内外人员交流的人事管理制度四个方面构建大学产学研合作支持体系。刘泽政、王勇（2006）通过对国内外相关政策法规现状的分析，总结出中国技术转移相关政策法规建设的四个特点；并针对中国有关政策法规体系建设的现状，他提出几点建议：首先应将保护知识产权作为一个基本原则；同时要规范企业在技术转移过程中的操作，努力建立起系统、高效的政策法规机制。孙淑艳（2008）主要研究了中国技术转移政策的历史和现状，并据此提出了技术转移政策建设的建议。她认为，中国必须利用各种经济手段和政策措施来积极促进技术转移，以此来提高中国经济发展速度与质量。傅正华（2011）等提出，在技术转移过程中，政府的职能必须更加优化，要从建立技术转移法律体系，完善技术转移法制环境，加大技术转移政策扶持力度，加强技术转移政策操作性，搭建技术转移服务平台等方面发挥政府的作用。柳御林等（2012）指出，为加快科技成果转移转化，首先要改变科技投资体制；其次应发挥政府和市场的互动作用；再次加强信息的发布和披露，建立国家技术信息中心；最后通过立法，把技术转移确定为大学和研究机构的职责和使命。

6. 关于国内各地区技术转移经验研究

闫傲霜（2010）指出技术转移的北京模式。其特点：（1）深化科技合作机制，整合利用首都科技资源。（2）促进产业集群发展，提高科技成果产业化的整体效能。（3）建设一批科技创新服务平台，发挥对科技成果转化的关键支撑作用。（4）推进体制机制创新，营造有利于科技成果转化和产业化的创新环境。张晓彦（2006）提出技术转移的上海模式。其特点：（1）进一步促进产学研结合。进行制度创新，建立与完善企业产学研"战略联盟"；建立产学研合作"战略联盟"的跟踪与评估激励机制；积极创造条件，为企业产学研"战略联盟"提供后勤保障；建立竞争性科技情报体系，加强知识产权的保护。通过建立产学研联盟，培养和发现人才。（2）发展、健全和规划中介机构。完善科技中介机构相关法规，理顺中介市场的运作和管理机制，尽快完善科技中介体系。（3）尽快建立完善的风险投资机制。积极培养创业投资主体，吸引社会资本和海外资本大量进入；尽快出台与风险投资制度相应的法律法规，对风险投资各方面做出明确规定；构建多层次的风险投资退出渠道；积极培养高层次人才，为风险投资的发展输送优秀的风险投资家。王晓莉（2010）指出技术转移的天津模式。这种模式是要建立一个为技术转移提供全面综合服务的机构，政府参与其中或以政府作为后台保证服务工作的权威性。它能为成果供需双方提供信息交流并提供担保的平台；建立科技成果资源汇集及成功评定平台，发布科技成果信息，增加对成果的认识机会；政府加快建立健全促进技术转移的政策体系；建立专门从事对企业进行考察和评估的机构，确定企业的资金缺口并给予直接的资金支持或间接投融资咨询服务；建立能够提供详尽的科技成果信息、拓宽技术交易双方沟通的渠道、规范技术市场交易活动的平台，为技术转移提供前期支持。李栋亮（2007）、刘璇华（2009）提出技术转移的广东模式。其特点：（1）完善和深化科研院所体制改革。一是完善科研院所扶持政策和社会保障体系；二是进一步深化转制科研院所产权制度改革。（2）积极进行产学研合作，加大投入力度。一是积极争取加大对科技机构成果转化的投入力度；二是科研院所要充分利用社会资源吸引外来资金的投入。（3）加强体制和机制创新。一是加快科研院所人事制度和分配制度改革；二是建立技术转移的体制机制。张娟（2010）、徐进（2010）提出了技术转移的浙江模式。目前，浙江正在筹建中国浙江网上技术市场与成果转化服务平台，这个平台是由政府推动的，转化平台是政府投资建设，以服务广大中小企业技术创新为宗旨，在政府的统一规划、指导和监督下开展各项技术转移、转化服务，强化政府科技计划项目的引导促进作用。平台采用理事会领导下的分工负责和会员制，实行市场化管理运作方式，以满足企业不断增长的技术创新需求。

7. 关于国外各国技术转移经验的研究

学者贾玉花分析了主要发达国家政府在科技成果转化中所起的作用，美国认为，政府应尽可能地减少国家干预，但表现在科学技术领域则是干预范围的逐渐扩展。特别是对于一些基础技术和共性技术，从不直接支持到直接支持的干预范围不断扩大。美国标准与技术研究院（NIST）是美国商务部技术管理局下属的公立研究机构，专门组织专业性实验室，开展产业基础、共性和前瞻性技术研发。政府对私立的科研机构、大学提供研究经费，帮助他们进行基础性研究。美国标准和技术研究院还负责组织和协调美国商务部和地方政府合作设立的国家级先进制造技术应用计划。另外，美国政府还通过立法等手段，积极鼓励产学研合作，企业和科研机构联合起来。他还分析法国政府对企业增加科研经费采用税收折扣的办法。规定凡是研究与发展投资比上一年增加的企业，审核批准后可以免交相当于研究与发展投资增加额 25% 的企业所得税。法国政府每年还通过国家创新署（ANVAR）向中小企业提供技术创新无息贷款，以提高企业采用新工艺和新技术生产新产品的积极性。德国政府对中小企业进行了长期扶持，对中小企业的扶持措施专业化程度高，针对性强，同时坚决贯彻了"自主先于国家促进"的原则，收到了较好的效果。在组织方法上，德国政府注意同经济界紧密合作。通过公立机构、行业联合会及政策银行等构建中小企业社会化服务体系。学者李孔岳认为，英国在促进科技成果转化的最大特点是政府鼓励学术界与产业部门合作，以计划和奖励促进科技成果转化。企业与科研机构的合作具有极大的互补性。一方面，企业从与科研单位的合作中提高了自己的科研开发力量，增强了其产品在市场上的竞争力；另一方面，科研部门与企业合作，获得了企业的资助，发挥了科研和学术部门拥有的知识专长，同时也加快了人才培养，加速促进科技发展。学者于洋认为，美国的科技成果转化模式为"自由市场经济"模式，这种模式是科技投入主要由市场来配置的，政府的作用很弱。国家科技委员会只是通过制定政策、科技预算和政府采购等间接方式来影响科技资金的配置，国家政府的科技事务也主要集中在 6 个部级机构，行政管理的色彩较淡。

8. 关于北京和中关村地区技术转移的研究

对于这一问题学者们也从不同角度进行了研究。王光辉（2011）等认为，北京市在促进科技成果转化方面总体态势良好，但同时也存在企业主体地位尚未确立、人才的科技成果转化热情还没被有效激发出来，支持科技成果转化应用的市场环境需要进一步加强等问题，需要采取针对性的措施，进一步推进北京市科技成果的转化。赵弘（2011）对推动北京科技成果转化工作提出建议：首先是要多方合力，多途径促进科技成果转化和产业化，包括积极对接国家科技重大专项、深化与中科院的科技合作、促进中央企业科技成果在京转化、推动首都高校科研成果在区县落地等；其次是构建功能完善、相互衔接的产学研用创新体系。政府、科研院所、企业、科技中介、用户等各自承担起在科技成果培育和转化中的角色；再次是整合科技资源；第四是探索完善高等院校、科研院所等研究机构承担的重大专项创新成果转化机制。傅正华、张耘（2010）分析了中关村地区技术转移存在着供方动力不足、热情不高，技术转移需方吸收消化能力欠缺，技术转移中介机构举步维艰、生存困难等问题。并提出了解决这些问题的关键是以技术转移政策创新为突破口，消除技术转移制度性障碍、探索技术转移新的机制和模式、完善技术转移环境。胡坤、柳御林（2012）通过对中关村地区企业、大学、研究院所技术转移模式和取得成就的研究，提出了中关村技术转移存在的挑战：一是北京的科技成果难以在本地实现产业化；二是许多国家强调的技术转移政策很难得到落实，难以真正激发企业和科技人员的积极性；三是科技与金融尚未很好结合，金融体制改革处于起步阶段，风险投资规模和质量仍显不足，缺少中小银行，民间资本开放度不够，科技中小企业融资难问题突出。同时也分析了中关村技术转移的发展机遇。

此外，理论界还对技术转移的动因、技术转移的效率评价、技术转移的作用机理、国际技术转移等问题都进行了广泛的研究。

三、研究述评

通过对技术转移相关问题的国内外研究现状的梳理，可以得出以下几个结论：

1. 理论界对技术转移作了许多探索，形成了许多研究成果，对推动技术转移发挥了重要作用，也为技术转移的深化研究奠定了基础。通过对技术转移的理论梳理发现，国内外学者对技术转移问题作了大量的研究。不仅有对技术转移概念、机制、模式等理论的研究，而且还结合实际，对企业、大学、科研院所技术转移存在问题及对策措施进行研究；既有对国内技术转移相关问题的研究，又有对国外技术转移的深入研究，并提出对我国技术转移的借鉴和启示，对推动国内外技术转移起到了积极作用。而且从大量理论成果也可以看出，国内外关于技术转移的研究已经形成了较为完整的理论体系，这也为今后的研究奠定了理论基础。

2. 国内理论界对技术转移的研究多从理论的角度进行宏观的研究，实证研究的较少。从国外技术转移研究现状的梳理来看，理论研究是一种重要研究方法，同时非常注重实证研究，尤其是在研究大学技术转移问题时，"理论＋实证"的方法和调查研究的方法使用得最多，对现实的技术转移进行较好的总结和进行有针对性的指导。通过对国内技术转移研究现状的梳理发现，目前理论界对技术转移问题的研究大部分仍停留在观点陈述和总结说明的阶段，很多学者采取观点陈述的方法，"理论＋实证"与调查研究两种方法较少，使得理论的研究仅仅停留在理论层面，不能够指导实践中出现的问题，这也是我国技术转移落后的一个重要外部因素。

3. 技术转移理论和实践的区域角度研究较少。目前对技术转移的研究，从全国角度研究的较多，从区域特别是从北京地区角度来研究则相对较少，对中关村地区的技术转移研究较少，而且没有进行全面系统的研究，尤其是对中关村地区科研院所的技术转移研究较少，也不够深入，更没有提出一些有针对性、可操作性的对策建议来解决实际中存在的问题。

4. 技术转移中的一些重要问题的研究有待深入、具体。实践的发展要求理论研究不断深化发展。随着国家技术创新力度的加大，推动技术转移的不断提升，技术转移过程中的问题也不断显现，制约着技术转移的顺利进行，而目前对这些问题的研究还不够深入、具体而有针对性。如关于技术转移的知识产权保护问题，大量存在的知识产权保护法律法规落实难现象，社会诚信、社会信用体系亟待加强等问题；对已出台的政策措施研究不够，对其发挥作用的效应没有做进一步研究评估；对目前存在的科技管理体制、科研评价标准研究、对专利发明人激励研究不够，提出政策建议很难实施，不好操作，导致实施的效果不佳；缺乏对技术转移指数的研究，也使得在实践中无法根据技术转移各阶段影响因素的变化规律，为制定相应的政策提供科学依据。今后，对这些问题需要深入研究，以促进技术转移的顺畅进行。

第三节　研究思路、内容及方法

一、研究思路

　　课题在对技术转移理论分析基础上，首先，提出中关村地区技术转移的研究问题，并对技术转移的相关理论和国内外研究现状进行梳理，确立课题研究的理论框架。其次，通过对技术转移影响因素的分析，运用比较研究的方法，对国内外技术转移现状、经验的介绍和总结，得出对中关村地区技术转移的借鉴和启示。并通过对中关村地区技术转移组织机构和现有政策、中关村地区技术转移现状的介绍基础上，深入剖析中关村地区技术转移存在的主要问题；最后，针对中关村地区技术转移存在的主要问题，提出促进中关村地区技术转移的对策建议，并运用案例进行分析说明。

二、主要内容

　　课题主要包括以下九个部分的内容：

　　第一章，导论。这部分内容主要说明选题的背景和研究意义，国内外研究现状的文献回顾，介绍文章的写作思路、主要内容、写作方法和创新点。

　　第二章，技术转移的基本理论。这部分内容主要阐述技术转移的相关理论，为课题的写作奠定理论基础。包括技术转移的内涵；横向技术转移理论，其包括技术差距理论、技术选择理论、技术生命周期理论、需求资源理论、中间技术理论；纵向技术转移理论，主要有"三螺旋"模式理论、国家创新体系理论、孵化器理论、网络组织理论、空间扩散理论等。

　　第三章，技术转移的影响因素分析。这部分内容从技术转移的主体、客体、环境等影响因素进行分析，说明了技术转移受到内、外部多重因素的影响。

　　第四章，国内外技术转移的现状、经验与借鉴。这章内容包括两部分：

第一部分内容通过对国外技术转移的现状入手，总结国外技术转移的经验，得出对我国技术转移的借鉴与启示，并通过国外技术转移典型案例的介绍进行分析。第二部分内容通过对国内其他地区技术转移的现状介绍，总结其经验，为中关村地区的技术转移提供借鉴和启示。

第五章，中关村地区技术转移组织机构和现有政策分析。这部分内容主要介绍中关村国家自主创新示范区、中关村地区典型科研院所技术转移方面的组织机构和具体职能及现有技术转移的相关政策，对中关村国家自主创新示范区技术转移宏观层面进行说明。

第六章，中关村地区技术转移现状和存在问题分析。这部分内容通过对中关村地区技术创新的现状、技术转移的现状的介绍，从技术转移政策法律体系、激励机制、知识产权保护机制、投融资体系、中介体系及产学研创新链条等方面分析其存在的主要问题。

第七章，促进中关村地区技术转移的对策研究。这部分内容在对中关村地区技术转移存在问题进行深入分析的基础上，从技术转移的创新体系和激励机制建设、知识产权保护制度建设、科技金融体系建设、产学研制度建设、中介服务体系建设、配套政策体系建设、技术转移与京津冀协同发展有机统一等方面提出对策建议。

第八章，中关村地区技术转移典型案例介绍与分析。这部分内容从孵化器、加速器、产学研联合、科研成果衍生企业、中介机构主导、知识产权服务等中关村现有技术转移类型的典型案例介绍，进一步分析说明中关村地区技术转移的情况。

结语与展望。这部分内容对全文进行总结概括，并提出中关村未来技术转移与产业化出路问题的思考。

三、研究方法

科学的研究方法对于理论的研究有着至关重要的作用。德国学者克劳斯·冯·柏伊姆说过："一种理论如果不能从方法上检验与发展，则永远是一种没有用处的理论；反过来，一种方法如果离开了理论，即使是具有使用价值的方法，也永远是一种不结果实的方法。"① 本文的研究方法主要有以下几种：

1. 规范分析和实证分析相结合的方法

规范分析多侧重于对研究对象的理性判断，实证分析多侧重于对研究对象的客观描述。技术转移的研究，既要通过规范分析方法对其存在的问题，遵循的规律进行理性判断，又需要进行实证分析，对产生的理论进行客观描述，使得研究结果更具科学性和可操作性。

2. 定性分析和定量分析相结合的方法

本课题深入剖析技术转移的影响因素，对其进行定性分析；同时通过问卷调查、个别访谈、开座谈会等方式对中关村地区企业、大学、科研院所、中介机构的技术转移状况进行定量分析。

3. 系统分析的方法

技术转移问题涉及诸多学科，例如：管理学、系统工程学、社会经济学、统计学、法学等学科的理论；而且受多种因素影响，包括主体因素、客体因素、环境因素等；技术转移问题又涉及多个层面，如政府层面、企业层面、大学和科研院所层面，还有科技中介机构层面，问题非常复杂。因此必须从整体的、综合的、系统的观点进行分析研究。

4. 比较研究的方法

发达国家和地区的技术创新和技术转移的模式，积累了丰富的经验。课题运用比较研究的方法，通过美国、日本、欧盟等发达国家和地区技术转移的经验介绍、总结，以及国内技术转移先进地区的做法和经验总结，得出对中关村地区技术转移的借鉴。

四、研究难点

1. 技术转移理论梳理的难度。技术转移模式研究在中国已经起步，但是还很不成熟，使本课题在研究中有一定的难度。比如，技术转移模式还没有

---

① 克劳斯·冯·柏伊姆：《当代政治理论》，李黎译，商务印书馆1990年版，第61页。

公认的划分标准，技术转移效能高低没有构建起有效的评价指标体系，技术转移中的知识产权保护等。

2. 获取技术转移相关资料有一定难度。近几年的资料容易获得，较早前的资料不容易找到，不同时期数据统计的内容、口径不一致，前后无法进行比较，缺乏权威数据的支撑，这是课题研究的又一个难点。

3. 厘清技术转移模式的难度大。中关村地区有众多的企业、大学、科研院所、科技中介机构等技术转移主体，它们的技术转移模式多样，厘清技术转移模式的难度较大。本课题需要对这些技术转移主体进行大量的调研和访谈，并对其存在问题进行不同角度的分类剖析，这就给课题的研究带来了难度。

五、创新之处

一是观点上的创新。课题提出要使中关村成为具有全球影响力的科技创新中心，为全国实施创新驱动发展战略发挥更好示范引领作用，就必须将技术创新与技术转移同时并重，实现科技成果产业化的观点。

二是理论上的创新。课题系统的介绍中关村地区技术转移管理模式和现有政策体系，从中关村地区技术转移的主体、客体、环境因素的角度全方位分析其现状和存在的主要问题，从全角度的视角对问题进行研究，是对技术转移理论的一个创新。

三是方法上的创新。课题经过大量调研、查阅资料、数据整理，进行分析总结，建立起了北京科技创新与技术转移的较完整的数据库，为以后北京研究技术转移问题提供了强大的数据支撑。

四是实践上的创新。课题立足于中关村地区企业、大学、科研院所、科技中介机构的实地调研，掌握第一手资料，深入分析技术转移存在的问题，找出阻碍技术转移的症结所在，提出具有可操作性的促进中关村地区技术转移的对策措施，课题形成的《关于进一步推进校地协同创新发展的建议》作为决策参考咨询报告，为海淀区委、区政府决策提供了重要的参考依据，并得到了领导的批示。

第一章　技术转移的基本理论

第一节　技术转移的内涵

一、技术与技术转移的内涵

(一) 技术的含义

从词源上看，"技术"一词源自古希腊 Techne（意为工艺、技能）和 Logos（意为词汇、讲话）两者的结合，表示讨论和研究关于技艺的问题。亚里士多德就认为技术是制造的智能。到了 17 世纪，Technology 一词开始在英国出现，被用来表示对应用技艺问题的讨论。此后"技艺 (Technique)"逐步发展成为技术一词的对应物。英国哲学家培根（Francis Bacon）提出："技术即对自然进行支配或操作"，认为要把技术当作一门操作性的学问来研究。18 世纪末，法国年鉴学派代表人物狄德罗在他主编的《百科全书》中提出了著名的论述："技术是为某一目的的共同协作组织的各种工具和规则体系"。这个定义第一次指明技术有两种表现形式：一是"工具"，包括工具、机械装备和其他劳动手段等硬件部分；二是包括工艺、方法、程序等规则体系、活动过程以及艺术等软件部分。20 世纪初，"技术"一词被广泛使用，其内涵的范围不断扩大，关于技术这两种看法广为接受。

(二) 技术转移的内涵

技术转移一词的来源被归结为两点：一是源于二战后初期的开发援助；

二是源于二战时开发的军事技术向民需领域的转移。技术转移在国际经济理论和技术理论中首次被使用是在 20 世纪 60 年代中期。当时，联合国支援发展中国家的报告指出，发展中国家的自立发展，无疑要依赖于来自发达国家的知识和技术转移。自 20 世纪 70 年代联合国有关部门对这种转移活动进行有目的的考察与研究以来，已从早期的无意识行为、后进国家的政府行为、发达国家为了打破南北僵局的策略工具以及跨国公司扩大海外投资的先遣队等多种内涵，演变为今天世界范围内不同行业和不同规模的企业、高等院校、科研院所及政府都十分关注并广泛参与的战略性选择。

"技术转移"（Technology Transfer）的概念目前并没有统一的定义，国内外学者从各自的角度进行了大量的论述。概括起来，其涵义可以从两个方面来理解：第一种含义，从最广泛的意义上讲，技术转移指的是技术从一种背景到另一种背景的运动，通常用来描述技术从发达国家向不发达国家的运动，亦即技术在不同背景间的水平移动。第二种含义是指技术从研究实验室向市场的运动，即技术被商业化开发的过程，也被称为技术的垂直转化。目前，国内"技术转移"普遍被使用的是第一种含义，当表述第二种含义时，国内更多使用的是"科技成果转化"一词，但其含义要比"技术转移"的第二种含义狭隘一些，两者并不完全相同。本文所使用的技术转移是第二种含义，即技术被商业化开发、实现其市场价值的垂直转化过程。

二、科技成果转化的内涵

"科技成果"（Science and Technology Achievements）是我国使用较多的一个概念。科技成果是一种重要的无形资产，是指人们在科学技术活动中通过复杂的智力劳动所得出的具有某种被公认的学术或经济价值的知识产品。《中国科学院科学技术研究成果管理办法》把"科技成果"定义为：某一科学技术研究课题，通过观察试验和辩证思维活动取得的，并经过鉴定具有一定学术意义或实用意义的结果。

转化（transform）通常是指事物从一种状态过渡到另一种状态的现象和

过程，是事物形态的质变。《中华人民共和国促进科技成果转化法》将"科技成果转化"定义为：提高生产力水平而对科学研究与技术开发所产生的具有实用价值的科技成果所进行的后续试验、开发、应用、推广直至形成新产品、新工艺、新材料，发展新产业等活动。对科技成果转化可以从不同角度来理解。从科技角度来理解，科技成果转化是科技成果由实验室向生产企业转化的过程；从企业角度来理解，科技成果转化是科技成果的应用过程；从社会角度来理解，科技成果转化是科技成果的推广过程。

由此可见，科技成果转化实质上是指技术转移的第二种内涵，即技术从研究实验室向市场的运动，被商业化开发的过程。本课题所讨论的技术转移问题也是在这个涵义层面意义上进行的。

第二节　横向技术转移理论

学术界对技术转移理论研究是从技术扩散理论研究开始的。1904 年，法国社会学家塔尔德（Tarde）提出了"S 型扩散"模型。20 世纪 60 年代，研究视角从社会学转到经济学。1964 年第一次联合国贸发会议正式提出技术转移问题，研究视角转到技术转移，逐渐形成了技术转移相关理论。按照研究角度的不同，把技术转移理论分为两大类：一类是横向技术转移理论；另一类是纵向技术转移理论。概括起来，横向技术转移理论主要包括以下几种理论：

一、"S 型扩散"理论

这是最早的技术扩散理论模型。1904 年，法国社会学家 G. 塔尔德在对技术知识的扩散作了较为系统的研究后，率先提出了"S 型扩散理论"。他认为模拟是重要的扩散手段。而且在扩散过程中模拟者比率呈 S 型曲线。这一理论的基本思想是技术"扩散"被看做是一种模仿过程，可以从信息的角度解释为扩散时间的长短。创新的信息通过人际交流（口头语言）

和与"传染病扩散"类似的渠道传播。所以，早期的理论模型表现为"传染病式"的理论模型。模型的含义是：扩散发生在有一定人口 N 的潜在采用者内（定义为"饱和度"）。一个人染病的可能性（即采用的可能性）随着得病人（即采用的企业）的数目 Nt 的增加而增加。仍未采用新技术的企业数量将减少。用饱和度指标来表示这个现象。饱和度表达式为：

$$Q=Nt ／ n$$

式中 Q 为饱和度；Nt 为采用者数量；n 为人口数量。

　　随着时间推移，技术扩散行为将存在两种相反的作用力。一个是乐于"扩散"的力量（被"感染"的人数，即采用者数目增加）；另一个是反对"扩散"的力量（仍未得病的人，即可能采用者数目减少）。

　　到了 20 世纪 50 年代，扩散理论有了进一步发展，拉查斯、费尔德等人提出的"二元性扩散假说"，该假说认为，信息的沟通是通过大众性传播媒介和具有信息中枢作用的高层次权威人物之间进行。进入 60 年代，技术扩散理论的研究进一步发展，研究也将视角从社会学转向了经济学。

二、技术差距理论

　　国际技术转移的前提条件是世界各国之间的技术差距，各国技术差距主要有两类情况：一类是发达国家之间的技术差距。另一类是发达国家与发展中国家之间的技术差距。

　　美国学者波纳西和哈弗鲍尔是该理论代表人物。这一理论认为技术转移的原因在于国际间存在着技术差距，世界存在的二元结构，不仅体现在经济，也体现在技术上。发达国家是技术的"中心"，发展中国家则处于技术的"边缘"，是技术的模仿者和接受者。技术由"中心"向"边缘"转移，同时"中心"控制或支配了"边缘"。技术创新的国家，凭借其技术上的优势，进行技术产品的国际贸易，获取高额利润。由于技术对经济发展的示范效应，技术引进国家或研究与开发同样的或类似的产品，或进行技术引进，最终掌握该项技术。技术差距的缩小，该项技术产品国际贸易下降，最终生产出满足其国内需求数的产品。两国间该产品的国际贸易终止，技术差距

消失 ①。

　　韩国学者金泳镐提出"技术双重差距"理论。他认为世界各国间存在两种技术差距：一类是发达国家之间的技术差距，即"技术转移差距"；一类是发达国家与发展中国家之间的技术差距，即"技术积累差距"。"技术转移差距"表现为由"中心"转移的技术与"边缘"所需的技术不相适应；"技术积累差距"表现为在"边缘"由于技术工人、技术人员的质与量都不足，难以与"中心"转移的技术结合。技术转移绩效如何，不仅取决于技术引进国一方的基本条件，还取决于提供技术一方提供了什么样的技术，即技术转移的绩效是双方面决定的 ②。

　　美国学者克鲁格曼提出技术转移均衡理论。该理论把技术转移、资源配置与世界收入分配三者统一起来考察，认为技术不断从发达国家（中心）转移到发展中国家（边缘），发达国家为保持同发展中国家的差距和有利竞争地位，必然不断创新并且努力提高创新速度以推动技术转移。这样的技术转移处于一种均衡结构，在该均衡中，技术创新使资本的边际产出率提高，从而吸引资本流入；技术转移引起的资本流动，使新产品能在较低的资源成本下生产，使世界生产要素发生更有效率的配置，各个要素市场都达到均衡状态。中心和边缘的相对工资不变，贸易形式不变，二者福利均有提高，经济稳定，且有利于全球性生产要素的合理配置 ③。

　　1991 年瑞士学者谢斯波里受联合国贸发会议秘书处委托，对发达国家和发展中国家存在的技术差距及技术转移问题进行了总结，撰写了《国际贸易技术差距理论》一书，书中指出现有的技术差距理论主要包括两种模式：一种是以克鲁格曼—弗侬为代表的技术差距模式，这种模式认为发达国家对

① Michael V. Posner, *Internationgal Trade and Technical Change*[J]. Oxford Economic Papers, 1961(13).G.C. Hufbauer: Synthetic Materials & the Theory of International Trade, Harvard University Press 1966.

② 参见［韩］金泳镐：《韩国的经济增长和技术转让——南朝鲜经济分析》，中国展望出版社 1989 年版。

③ Paul Krugman, *A model of Innovation, Technology Transfer, and the World Distribution of Income* [J]. Journal of Political Economy, 1979(87).

发展中国家的工资比率是决定国际技术转移的因素；另一种是商品模式，典型代表是李嘉图模式，认为生产费用比较优势是国际技术转移的原因。

三、技术转移的选择理论

美国学者曼斯菲尔德是选择理论的代表人物。他认为企业在生产要素供给得到满足，出口又能获得最大利益时，一般应倾向于选择直接投资，这样有利于控制技术专有权，在国际上保持技术优势和垄断。如果国外市场容量太小，无法实现股资收益的最大化，或者对方缺乏直接投资条件，直接投资遇到障碍时，才会选择技术转让[①]。

代表性的理论还有邓宁的国际生产折中理论，他从国际生产选择的角度说明了国际技术转移的机制。他提出"三优势模式"理论，通过国际直接投资（FDI）、国际贸易、技术转移三个因素建立国际生产选择模型。他引进区位理论，并与要素禀赋论、内部优势结合起来，将三种优势称为所有权特定优势、内部化特定优势和区位优势。该理论认为，企业只有同时在国外拥有区位特定优势，又能控制技术专有(即所有权特定优势和内部化特定优势)在国外进行生产的条件下，一般会选择对外直接投资；企业在区位因素吸引力不大的情况下，倾向于选择出口贸易；企业在内部交易市场不具备一定规模，区位优势又不明显时，才选择技术转让[①]。

美国学者凯夫在已有研究的基础上，总结了跨国公司在对外直接投资和技术转移之间进行选择的种种因素。他认为，技术转移机制就是商品交易的均衡机制，这也是选择技术转移的必然性。技术转移的客体包括专利、商标、设计、经营管理经验与技能等，都属于无形资产。由于技术市场的不确定性和市场的竞争结构，拥有这些技术的企业不能控制某一市场，只能进行技术转移，从而使该项技术的价值得到实现。正因为如此，拥有专有权的企业在短时期内不可能利用它所发现的全部新技术制造新产品，并获取盈利，

---

① Mansfield. E. and A. Romeo, *Technology Transfer to Overseas Subsidiaries by U.S based Firms* [J]. Quarterly Journal of Economics, 1980(95).

各种约束条件限制了企业的投资选择，只能通过技术转移使其技术的价值得到实现。这也是国际技术贸易产生的原因。

四、技术生命周期理论

日本学者斋藤优提出了技术生命周期理论。他把跨国公司国际生产经营战略归纳为三种形式：一是运用创新技术在本国生产产品并对外出口；二是国际直接投资，在国外运用该项技术进行生产并就地销售；三是直接进行技术转移。从表面上看，三者相互独立、互不相关，但实质上却存在着内在联系，有一定的规律周期。该理论认为，技术的优势、技术创新的成果最终都要体现在产品上，体现在产品的工业化生产上，体现在技术实施的经济效果上。占有新技术的企业总是先出口运用该技术生产的新产品，在出口过程中，该产品在当地的市场不断扩大，收益率由低而高；同时，该产品也逐渐适应了当地条件，运用当地生产要素也能生产出该产品来。于是收益率开始下降。企业开始把出口商品转为直接投资，以谋取收益率回升。其后，由于在当地产销，很快提高了当地该项技术水平，且将仿制品推向市场。此时，企业直接投资的收益也由上升转为下降，企业即转而输出技术，不仅要维持原有收益率，而且能达到最高收益率。

五、需求资源关系理论

日本学者斋藤优在他的《技术转移论》中提出了"NR 关系假说"，也即需求资源关系理论。他认为，一国发展经济及对外经济活动不但受其国民的需求 N（needs）和其国内资源 R（resource）关系的制约，而且也受经济、技术交往国家的需求与资源的制约，这就产生 NR 关系。如果 R 不足以满足 N，就会形成"瓶颈"，可能会使一国经济发展受挫。NR 关系的不相适应，是促进技术革新的动力，也是国际技术转移的原因。发达国家为保持其技术优势，可能在输出产品、资本的同时，输出某些技术，以调整、改善本国的NR 关系或者追求更高层次的 NR 关系。发展中国家一般拥有较充裕的自然资源或者发达国家所需要的资源，但经济与技术都比较落后，缺少开发资源的技术，因而从发达国家引进技术，以调整、改善本国 NR 关系。技术本身既是一种特殊的资源，又是促进资源的合理利用、改进资源结构和创造新资源的方法和手段。由于改善后的 NR 关系又会随着时间的推移和经济的发展出现新的不适应，导致新一轮技术革新与技术转移发生。国际间的技术创新和技术转移就在这一循环中发生，世界经济也在这一循环中得到发展[①]。

斋藤优还认为不同的国家有着不同的 NR 关系，而且这些国家不同发展阶段的 NR 关系也不完全相同，只看一个国家的 NR 关系，还说明不了国际技术转移的机制问题，所以要把一国的 NR 关系与他国的 NR 关系结合起来考察，才能解释产生国际技术转移的原因。他的理论比较客观地解释了国际技术转移产生的原因及形成的机制。

六、中间技术理论

中间技术理论由英国经济学家舒马赫于 1973 年提出。该理论从发展中国家的角度看待国际技术转移。对于发展中国家来说，经济发展主要是一个完成更多工作的问题，是一个充分利用现有劳动力，使之充分就业的问题。做到这一点需要有四个基本条件，即动力、技术知识、资金、出路。发展中国家必须采取的一个最重要的决策就是做出技术选择。发展中国家应优先选择劳动密集型工业，而非资本密集型工业，贫穷地区的经济发展只有立足于中间技术才能获得成果。中间技术终将是劳动密集型的，适合小企业采用，它比现有的本地技术生产率高得多，与现代工业资本高度密集的高级技术相比又便宜得多。发展中间技术有三种途径：一是从传统工业的现有技术开始、在保留现有设备、技术和工艺规程某些部分的前提下，利用先进技术知识对传统工业适当地加以改造；二是从最先进技术开始，加以改革、调整以满足中间技术的要求；三是进行实验和研究，直接效力于建立中间技术。中间技术不一定是普遍适用的，但还是有极其广阔的用途的。新技术固然好，

---

① 参见［日］斋藤优：《技术开发论——日本技术开发与政策》，科学技术出版社 1996 年版。

但不一定适合发展中国家的具体情况与技术落后带来的限制条件，发展适用于发展中国家的中间适用技术，需要通过国际技术协作，而不仅仅是国际技术转移来实现[①]。

第三节 纵向技术转移理论

长期以来，学术界对"技术转移"问题的研究主要集中在横向技术转移上面，因此其理论也相对多一些、成熟一些。20 世纪 80 年代以后，纵向技术转移问题逐渐开始进入学术界的视野，纵向技术转移理论主要包括：

一、"三螺旋"理论

传统的技术转移分析是基于熊彼特关于市场动力与创新之间链条的假设上，分为市场拉动型（Markct Pull）和技术推动型（Tecnology Push），以及二者综合作用型，这其中隐含着从研究开发开始的线性模式分析。但还不足以解释技术转移全部动力机制。为从非线性模型上分析技术转移的创新动力，随着创新系统理论的建立与发展，"三螺旋"理论提出。"三螺旋"理论是 Etzkowitz 和 Leydesdorff（1995）基于生物学中有关"三螺旋"的原理，提出大学、企业和政府关系的"产学官""三螺旋"理论。"三螺旋"模式演化过程是，从政府控制着产业与大学并直接与它们发生联系，到大学、产业与政府之间是一种自由放任的关系，再到大学、产业与政府之间的角色互有重叠交叉，在重叠区域组织功能混合。"三螺旋"理论强调在以知识为基础的社会，大学正扮演着逐渐重要的角色，这既不同于国家创新系统（NSI）中对企业作用的强调（Lundvall, 1988, 1992; Nelson,1993），也不同于"三角形"模式中对国家政府作用的强调（Sabato, Mackenzi, 1982）。"三螺旋"理论的核心内容是：大学、产业、政府三方中的每一方都表现出另外两方的一

---

① 参见［英］舒马赫：《小的是美好的》，商务印书馆 1984 年版。

些能力，但同时又保留着自己的原有作用和独特身份。在"三螺旋"中，大学、产业、政府被抽象为在创新体制下彼此有着不同关系的且相互缠绕的螺旋线。一根螺旋线可以代替另一根成为主驱动力，大学、产业、政府都可以成为创新活动的领导机构，相互作用实现动态平衡。三方组织的联系是推动知识生产和传播的重要因素，通过各参与者的相互作用，推动知识转化为生产力，进而推动创新螺旋的上升。通过这种组织的结构安排和制度设计，有利于加强它们之间资源和信息的交流，提高科技成果的运用。"三螺旋"理论很好地解决了大学、产业、政府在技术转移中的分工和功能定位问题，说明实验室的科技成果是可以转让和转化的，通过三方的对接，促进科技成果转化为具有商业价值的产品和工艺。

"三螺旋"理论提出以来受到了政策实务界和学术界的高度关注。召开了多次"三螺旋"理论国际会议，其中，第七届"三螺旋"国际会议的议题就为"全球议程中三螺旋在创新、竞争力和可持续性中的作用。""三螺旋"理论在推动科技创新的不断发展中发挥着重要作用。我国学界对"三螺旋"理论也进行了相关的研究。近年来，关于"产学官"合作对技术创新发挥重要作用的研究较多，以及结合"三螺旋"模型的研究。对"三螺旋"模型的研究主要是在基本模型的应用和"三螺旋"中各组织的关系及实现机制方面。

二、创新理论

美国学者熊彼特从技术的角度研究产业和经济发展。1912 年，熊彼特在其以德文发表的《经济发展理论》一书中，提出"经济发展是一个以创新为核心的演进过程"，开创了用"创新理论"解释经济发展的先河。熊彼特指出，经济若没有创新，则是一个静态的、没有发展和增长的经济；创新是资本主义经济增长和发展的动力；经济之所以不断发展，是因为在经济体系中不断地引入创新。以后他对创新理论进行运用和发挥，形成了"创新理论"为基础的独特的理论体系。

20 世纪 50 年代末，以索洛等人为代表的新古典经济学家将创新纳入主流经济学范畴并给以合理解释，技术变化问题成为经济增长理论的核心内容之一。英国的 Christopher Freeman、Giovanni Dosi、Keith Pavitt 和美国的 Nathan Rosenberg、RichardR.Nelson 等在熊彼特理论的基础上提出了许多著名的技术创新模型，包括企业家创新模型、创新线性模型、相互作用模型、创新链环模型、创新周期模型等等，进一步强调创新对于经济增长的重要作用以及创新过程的复杂性。随着知识作为经济增长的内生要素在整个经济体系中表现出的重要性越明显，以网络化组织结构为特征的国家创新体系理论应运而生。这一理论强调从社会经济的宏观角度来解释各国技术创新实绩的差异，从更为广阔的社会文化环境来研究不同企业技术创新行为的差异。

1987 年，Freeman 和 R.Nelson 首先提出国家创新体系的概念[1]。Freeman 把国家创新系统定义为："一种在公、私领域里的机构网络，其活动和行为启发、引进、修改和传播新科技。"他们比较分析了美国和日本资助技术创新的国家制度体系，指出现代国家的创新体系在制度上相当复杂，既包括各种制度因素以及技术行为因素，也包括大学、政府的基金和规划之类的机构。一个经济体的主要任务就是保持"技术的多元结构"，作为一个整体的制度必须具有丰富性，具有分享技术知识的机制，以及各机构与组织之间的合作。国家创新体系的主要要素应该包括：产业结构、企业的研究开发工作、非工业研究机构、政府政策以及教育与培训。

1990 年迈克尔·波特在《国家竞争优势》中提出了国家创新系统钻石图。波特指出，要素条件、需求条件、相关的支持产业以及企业的战略与竞争状况是影响国家竞争优势的四个决定因素，国家的竞争优势建立于成功进行技术创新的企业的基础之上。从而将国际创新体系的微观机制与其宏观运行实绩联系起来。经济合作与发展组织在《国家创新系统》（OECD，1997）报告中指出，创新是不同主体和机构间复杂的互相作用的结果。技术变革并不以一个完美的线性方式出现，而是系统内部各要素之间的互相作用和反馈的结果。这一系统的核心是企业，是企业组织生产和创新、获取外部知识的方式。外部知识的主要来源则是别的企业、公共或私有的研究机构、大学和中

---

[1] Christopher Freeman: *Technology Policy and Economic Performance: Lessons from Japan*, Pinter Publisher, 1987. Nelson R: National Innovation System, Oxford University Press, 1993.

介组织。从这个意义上说，所有有助于促进科学技术知识的循环流转的方面或者因素都可以划归到国家创新系统之内。

国家创新系统以四种类型的知识或信息的流动为主要指标来运行实绩的测度与评估：企业之间的相互作用，主要是合作研究活动和其他技术合作；公私相互作用，主要是指企业、大学与公共研究机构之间的相互作用，包括使用研究、专利共享、合作出版和更正规的联系；知识和技术的扩散作用，包括新技术的工业采用率和通过机器设备等途径的扩散，这是创新系统中最传统的知识流动；人员流动，主要是技术人员在公私部门内部以及两者之间的流动。

此外，近年来在创新理论领域中兴起了一个新的研究领域，即区域科技创新理论。区域创新系统是国家创新系统的向下延伸，是国家纵向创新网络中的子系统。研究区域创新理论的学者有库克（Cook，1996）、David Doloreux（2003）、劳森和罗伦兹（Lawson and Lorenz，1999）等，他们对区域创新的概念、环境、系统组织结构、创新能力等问题进行了研究，形成了区域创新理论体系。

三、网络组织理论

20世纪80年代中后期，西方微观经济学家在分析经济全球化现象和区域创新现象时，提出网络组织理论。该理论认为，网络是各种行为主体之间在交换资源、传递资源活动过程中发生联系时建立的各种关系的总和。这些关系有时是基于共同的社会文化背景和共同信任基础上结成的非正式关系，有时是发生在市场交易或知识、技术等创造过程中的正式合作关系。

与技术转移问题关系最为密切的是区域创新网络。区域创新网络是指"一定地域范围内，各个行为主体（企业、大学、研究机构、地方政府等组织以及个人）在交互作用与协同创新过程中，彼此建立起各种相对稳定的、能够促进创新的、正式或非正式的关系总和"。一般来讲，完整的区域创新网络的基本组成要素，主要包括组成网络的主要节点，网络中各个节点之间连接而成的关系链条，网络中流动的生产要素（劳动力、资本、知识和技术等）及其他创新资源。区域创新网络中的节点主要包括企业、大学或研究机构、政府等公共组织机构、中介服务组织以及区域金融机构等五个方面。网络中各节点间的关系链条既是信息、知识传递扩散的关键渠道（通道），又是知识、信息、技术等在扩散过程中创造价值或知识增值的"价值链"（Porter，1990）。各个网络节点形成各关系链条的过程，实际上也是通过各个行为主体之间集体学习过程而实现的。

在技术转移过程中，大学与企业分别都是区域创新网络的一个构成主体，技术转移也正是依托于这样一个网络化的结构。随着技术复杂性的增加，技术尤其是复杂技术，单个组织往往不可能全盘把握。因而在创新和转移的过程中都需要依托一个网络存在和发展，共享一系列特殊的知识并形成共同的解决问题的模式；这个网络构成了一个"技术共同体"（Technological Community），这其中包含着组织与制度的因素在内。

四、孵化器理论

这一理论又称为苗床理论，是关于在新生产部门发生和发展的最初阶段所需要的地理条件的假说。1959年，美国乔·曼库索首次提出孵化器（business incubator）或企业孵化器的概念。他希望孵化器能够给新创业者提供设施、信用和顾问服务，以维持当地的商业活动和就业机会。D.N.Allen、Raymond、W. Smilor、Rustam Lalkaka都对孵化器进行了研究。全美企业孵化器协会对孵化器的目的和任务做了明确的阐述，它指出企业孵化器是针对新创立公司提供有关的援助计划，通过内部的专门技术与共用的资源网络来提供商业及技术援助的渠道。企业孵化器主要是对新创立的企业在其早期成立之初、最容易受伤的发展阶段提供相应的帮助，促进新创办企业的成长、技术转移。

1963年，在美国和英国出现世界上最早的孵化器。20世纪70年代后，随着中小型科技企业的飞速发展，孵化器快速增长。孵化器理论认为，企业是活着的生命，同生物界中的任何有机体一样，会经历新生、成长、与同类竞争、成熟、衰老直至最后消亡的整个生命过程。不断创新是企业保持活力、持续发展的关键。大企业严密的组织制度往往阻碍着企业的创新；而中小企业的灵活机制则在新经济条件下拥有更大的活力。但由于新创办的中小型企业往往存在企业发展计划脱离实际、资金短缺、创业者缺乏经营管理知识和经验、市场开拓能力有限等问题，其存活率普遍不高，所以要发展高技术产业，就必须人为地扶持新创办的中小型高技术企业。孵化器是新经济条件下的一种新的制度安排。

孵化器与四种机构密切相关：快速增长的高技术企业、处于变化中的成熟企业、跨国公司的地区总部、研究机构。对于孵化器的概念，通常的几种说法是：将孵化器看做一种受控环境；将孵化器看做一种机构或者组织；将孵化器看做一种系统空间。

从孵化过程本身来看，无论孵化的是"卵"（新思想）、是"蛋"（新技术）、还是"小鸡"（小企业），归根到底都是一个将技术成果最终产品化、产业化的过程，是一个使小企业逐步发展壮大起来的过程。在整个科技——产业链条上，上游是大学及科研机构，中游是大学科技园及技术中心，下游是高技术企业，孵化器的作用则是主要发生在中游部分。技术转移的一个重要途径就是通过大学科技园对大学的技术、成果、建制等进行孵化来实现的。科技园区以高技能的劳动力和大量研究与开发活动的集聚为特征。科技园区是孵化器的最佳选址，是高技术企业的苗床。

五、空间扩散理论

扩散（Diffusion）是创新在空间传播或转移的过程。瑞典地理学家T.Hagerstrand 的《作为创新过程的空间扩散》最早对扩散现象进行研究并奠定空间扩散理论基础。他指出技术的采用是"学习"或"交流"的结果，有关信息"有效流动"的因素是最重要的，因此技术空间扩散的模式主要由信息流动和采取阻力的空间特征来决定。J. M. Blaut 在 1987 年提出："创新扩散的作用要比创新本身更加重要"的观点。之后，技术空间扩散理论的研究内容主要集中于技术空间扩散的模式、因素和途径三个方面。

扩散理论认为，一项创新由于能提高系统运行的效率和创造出更高的价值或者能节约劳动和资本，或者能提供系统的功能(质量）而创造新的市场，使在创新者与其周围的空间里产生"位势差"。为了消除这种差异，一种平衡力量就会促使创新者向外扩散和传播，或者周围地区为消除差异而进行学习、模仿和借鉴。扩散过程首先是通过创新者（或创新地）与最早的接受者间的信息传输发生的；然后首批接受者又作为新的创新者继续扩散，如此经过若干时段，接受者的累积数量将趋于饱和，扩散过程也趋于结束。距离成为影响扩散过程的首要因素，在距离创新源地较近的个人或地区比较容易先获得有关的信息及技术。距离较远的地区则较为困难，即所谓的"近邻效应"。影响扩散的第二位因素是位势，因为创新本质上具有专门技术的性质，无论创新者还是接受者都需要具有一定的技术层次，否则即使扩散的媒介存在，但由于接受者在此时此刻所处的层次较低，仍难以完成扩散的过程。位势由接受者本身的性质、层次、规模、区位等因素共同决定的，它表明了接受者与创新者发生相互作用的几率的大小。

按扩散过程中空间区位的变化特征来分，技术扩散有三种类型：扩展扩散，即围绕创新起源点向周围地区扩散，在空间上表现出连续的扩展；等级扩散，即创新循着一定的等级序列顺序扩散，如规模顺序、文化层次等，其决定因素为接受者的位势；位移扩散，即扩散接受者随时间产生非均衡的位移，主要由于移民或其他形式的人口流动而引起的。

空间扩散理论主要用于分析产业的空间布局，从这一意义上说，它与横向技术转移的关系更为密切。但其中一些理论观点对纵向技术转移也有一些启发。比如，位势的概念就强调了技术接受者的水平层次在技术转移过程中的重要性。技术转移的过程中，大学技术的复杂性、我国企业能力的薄弱等因素都会影响到技术转移的顺利进行。因此，通过选择一定的技术转移模式来最大限度地降低技术源与技术下游之间的位势，从而使得技术转移顺利进行。

近年来，国外关于技术转移的理论还有一些新的进展，如英国的M.Hobday博士指出：亚洲新兴工业化地区的电子工业"是沿着反产品生命周期的途径发展的"；日本的小岛清提出了技术转移边际理论；一些学者根据耗散结构理论提出了技术转移跳跃理论，等等。

　　由于国际技术转移还处在快速发展中，技术转移的理论也会跟随技术转移实践的发展而发展，上述这些理论也需要随着实践的发展不断丰富和完善。就目前研究看，这些理论都从不同的角度对技术转移的相关问题进行了阐述，为我们研究中关村技术转移问题提供了理论依据和分析框架。

第二章　技术转移的影响因素分析

技术转移具有自身的运动规律和行为规范，其行为主体由技术输出方和技术引进方组成。其中，技术输出方被称为技术供体，技术引进方被称为技术受体。技术供体是技术的发明者、拥有者或所有者，是拥有技术或占有技术的一方。技术供体凭借对技术的垄断地位及法律上的保护地位，行使对技术的控制权。因此，在技术转移过程中，技术供体具有主动性和决定性。技术受体是技术的接受者、使用者，是运用从外界获得的技术，服务于某种目的或从事某项生产经营活动的一方。技术受体在接受某项技术之前一般不具备该项技术的核心内容，不掌握该项技术的完全信息和全部资料。技术受体获得外界技术的行为方式不仅受制于技术供体，而且何时获得技术，从何处获得技术，以何种方式获得技术，并不完全取决于技术受体本身。技术供体与技术受体是矛盾的双方，技术供体方技术的成熟性、可靠性、先进性、保护性、交易方式等决定了技术供体的优势，是技术转移的外因；技术受体方自身技术能力建设即技术引进的消化吸收能力、知识的学习能力、技术的创新能力决定了技术受体的优势，是技术转移的内因。

除了技术转移的直接相关方技术供体与技术受体，政府作为技术转移的管理者和推动者，政府（地方政府和中央政府）对技术转移的重视程度和关注程度、政府的政策支持力度等，也对技术转移产生着重要影响。除此之外，技术自身情况，如技术的成熟度、技术的生命周期、技术的复杂程度等。技术转移的政策因素、信息因素、法律因素、资金因素等，也会对技术转移能否成功有着不可忽视的重要影响。上述因素概括起来，可分为主体因素、客体因素和环境因素。

第一节　影响技术转移的主体因素

技术转移的主体是技术转移活动的操作者和推动者，包括高校、科研院所、企业、中央政府与地方政府、技术转移中介机构等。

一、技术供体

技术供体，即技术的创造者和转让方，这里的技术供体主要是高校和科研院所[1]。高校和科研院所作为技术转移的关键方之一，在技术转移的过程中，处于核心地位。他们的科研能力决定技术成果的质量和数量[2]。他们对技术的认识、价值判断，对特定技术转移的态度直接制约着技术转移能否实现及其实际成效。

（一）技术供体的科研能力

高校和科研院所的科研能力可以根据高校和科研院所的科技投入与产出指标来衡量，主要包括科研人员、综合科研经费、科研课题、科技成果等。

以 2010 年为例，北京地区从事科技活动的人员为 269932 人，其中科研院所为 91971 人，占比 34.07%；高等院校 61967 人，占比 22.96%；不包括民营科研院所，高校和科研院所当年从事科技活动的总人数达 153938 人，占比超过 57%。如果从 R&D 人员折合全时人员看，2010 年的总数是 193717 人；其中科研院所为 78261 人，占比 40.4%；高等院校是 30059 人，占比 15.52%。进一步分析发现，高等院校和科研院所从事科技活动的人员层次也比较高。同样以 2010 年为例，当年从事科技活动的科学家和工程师为 107218 人。其中科研院所为 50236 人，占比 46.85%；高等院校为

---

[1]　在很多情况下企业也是技术供体，但由于企业技术转移的市场程度比较高，且中关村地区是高校和科研院所最密集的地方，本课题研究的技术供体主要指高校和科研院所。

[2]　李文波：《我国大学和国立科研机构技术转移影响因素分析》，《科学学与科学技术管理》2003 年第 6 期。

24656人，占比23%；两者之和为74892人，占比接近70%（详情见表2—1）。

表2—1 2010年北京地区从事科技活动的人员情况表

按执行部门分组		科技活动人员（人）	占比	科学家工程师	占比	R&D人员折合全时人员	占比
	合计	269932		107218		193717	
	科研院所	91971	34.07%	50236	46.85%	78261	40.40%
	高等院校	61967	22.96%	24656	23.00%	30059	15.52%
	企业	105902	39.23%	29305	27.33%	80081	41.34%
	其中：工业企业	55520	20.57%	16396	15.29%	41761	21.56%
	其他	10092	3.74%	3021	2.82%	5316	2.74%

资料来源：《北京科技年鉴》2010年。

从科研经费看，2010年北京地区科技活动经费支出是9003446万元，其中科研院所支出为4247289万元，占比47.17%；高等院校支出1314708万元，占比14.6%；高等院校和科研院所支出合计为5118720万元，占比61.77%（见表2—2）。

表2—2 2010年北京地区科技活动经费支出情况表

按执行部门分组		科技活动经费支出（万元）	占比	R&D经费内部支出	占比
	合计	9003446		8218235	
	科研院所	4247289	47.17%	4017111	48.88%
	高等院校	1314708	14.60%	1101609	13.40%
	企业	3280367	36.43%	2988031	36.36%
	其中：工业企业	1506321	16.73%	1330168	16.19%
	其他	161082	1.79%	111484	1.36%

资料来源：《北京科技年鉴》2010年。

从科研课题情况看，2010年北京地区立项课题94213项，其中科研院所承担21075项课题，占比22.37%；高等院校承担60477项课题，占比64.19%。两者合计承担课题81552项，合计占比86.56%。2010年项目参加人员折合全时当量（人年）173310。其中科研院所为66961，占比38.64%；高等院校30046，占比17.34%；两者合计97007，占比56%（见表2—3）。

表 2—3 2010 年北京地区科技活动立项情况表

按执行部门分组		项目（项）	占比	项目参加人员折合全时当量（人年）	占比
	合计	94213		173310	
	科研院所	21075	22.37%	66961	38.64%
	高等院校	60477	64.19%	30046	17.34%
	企业	10569	11.22%	71618	41.32%
	其中：工业企业	6745	7.16%	36432	21.02%
	其他	2092	2.22%	4685	2.70%

资料来源：《北京科技年鉴》2010 年。

从专利申请和专利拥有情况看，2010 年北京地区专利申请数为 31241 件，其中科研院所 6522 件，占比 20.88%；高等院校 8425 件，占比 26.97%。两者合计申请专利 14947 件，占比 47.84%。值得注意的是 2010 年北京地区发明专利申请数为 23207 件，其中科研院所 5707 件，占比 24.59%；高等院校 7318 件，占比 31.53%。两者合计申请专利 13025 件，占比 56.12%（见表 2—4）。

表 2—4 2010 年北京地区专利申请专利拥有情况表

按执行部门分组		专利申请数（件）	占比	其中：发明专利申请数	占比	拥有发明专利数（件）	占比
	合计	31241		23207		37737	
	科研院所	6522	20.88%	5707	24.59%	6790	17.99%
	高等院校	8425	26.97%	7318	31.53%	16237	43.03%
	企业	15106	48.35%	10065	43.37%	14623	38.75%
	其中：工业企业	8655	27.70%	4464	19.24%	6399	16.96%
	其他	188	0.60%	117	0.50%	87	0.23%

资料来源：《北京科技年鉴》2010 年。

2010 年北京地区拥有发明专利数为 37737 件，其中科研院所 6790 件，占比 17.99%；高等院校 16237 件，占比 43.03%。两者合计申请专利 23027 件，占比 61.02%。这从一个侧面反映高等院校和科研院所的专利不仅数量上比较多，而且质量也比较高。同时也反映了促进高等院校和科研院所进行技术转移与产业化的紧迫性（见表 2—4）。

从上面的分析不难看出，高等院校和科研院所无论从科研人员、综合科研经费、科研课题还是科技成果各个方面都是中关村地区科研的生力军，是技术供给的主要来源。他们的科研能力直接决定了技术成果的质量和数量，并最终决定技术转移与产业化的效果。

（二）技术供体对技术研发的价值追求

随着高校和科研院所服务社会职能的出现以及高校和科研院所科研活动的增加，高校和科研院所从事科学研究的目的已经不仅仅是为了追求其学术价值，同时还要追求其商业价值。在同一项研究中，在商业价值与学术价值不可能同时达到最大化时，只能倾向于追求其中的一项[①]。技术研发的商业价值与学术价值之间存在冲突，因为商业价值的实现需要对所研究的技术置于商业保密状态，而学术价值的实现则需要将研究成果以论文的形式公开发表，以便获得社会和同行的认可。科学研究的学术价值主要体现在科学发现的优先权和同行对该研究创新性的认可和对研究人员的认可。学术价值还可以体现在学术论文及著作的发表上。在我国现有的教育、科研体制和人事制度下，职务的晋升、职称的评定所看重的均是专著、论文的数量以及出版社、刊物的级别、课题的多寡、奖励的级别和等级，等等，而很少用研发成果的应用范围和带来的经济效益进行评价。

以北京为例，2010 年北京地区发表科技论文数是 165322 篇，其中科研院所 44537 篇，占比 26.94%；高等院校 104784 篇，占比 63.38%；高等院校和科研院所合计发表科技论文 149321 篇，占比 90.32%。2010 年北京地区发表科技著作是 7844 种，其中科研院所 1626 种，占比 20.73%；高等院校 5747 种，占比 73.27%；高等院校和科研院所合计发表科技著作 7373 种，占比 94%。与专利申请和拥有专利相比，高等院校和科研院所更加追求发表论文和科技著作（见表 2—5）。

---

① 周文燕：《高校科技成果转化难的成因及对策》，《湖南农业大学学报（社会科学版）》2006 年第 4 期。

表2—5　2010年北京地区科技论文与科技著作情况表

按执行部门分组		发表科技论文（篇）	占比	出版科技著作（种）	占比
	合计	165322		7844	
	科研院所	44537	26.94%	1626	20.73%
	高等院校	104784	63.38%	5747	73.27%
	企业	9152	5.54%	120	1.53%
	其中：工业企业	2435	1.47%	0	0.00%
	其他	6849	4.14%	351	4.47%

资料来源：《北京科技年鉴》2010年。

　　科学研究、技术研发的商业价值主要体现在通过科技成果的转化而获得经济效益。但是，在通常情况下，由于上述的价值追求的引导，高校教师和科研人员、科研院所的科技人员在选择课题时，习惯于从文献资料中寻找研究开发课题，而不屑于了解经济建设中急需解决的难题。这导致开发出的成果与市场需求脱节，在研究开发过程中过分追求成果数量和成果鉴定等级，而对成果转化为产品研究往往缺乏考虑，成果成熟度低、科技与经济的脱节已成为常态。在这种情况下，技术转移的数量和效率就会相应地降低。

（三）技术供体对特定技术转移的态度

　　对特定技术转移的态度就是技术持有方对是否转让某项技术以及转让的条件的要求。技术供体的不作为直接限制着技术转移的发生，它往往是由于垄断战略的需要。因为，技术转移作为一种能力的转移，对技术的拥有者来说，其目的从来不是为了转让，而是为了获得垄断技术所带来的商业价值。因此，当技术拥有者确信能够垄断特定技术时；或在有限范围内转移技术就可以达到自己的战略目的时；或技术需求方是自己的直接竞争对手时；或估计特定技术受体在引进技术后，会导致技术泄密，或不足以掌握该技术，以致给技术供给方声誉造成严重影响时；或当技术转移过程过分复杂而导致转让成本太高并由技术转让方负担时，他们是绝不会转移自己所拥有的技术的。

（四）技术供体对特定技术价值的判断

对特定技术价值的判断就是对技术的经济期望值，技术供体对特定技术价值的判断直接影响到技术提供方向对方提出的经济条件以及技术转移的操作方式。对技术经济价值的准确判断，是能否把技术顺利转移出去的一个核心问题。技术拥有者对技术转让的作为或不作为，都是受利益杠杆的驱使。作为，是为了利益，而不作为，同样是为了利益。因此，技术能否转移最终取决于技术拥有者对这两种利益的权衡与取舍。

（五）技术供体对特定技术的推介能力

技术研发者的信息扩散能力、经济与技术竞争情报分析能力是技术推介的关键，就是说技术持有者是否可以用有效的方法让技术的需求者明白该技术的功能、价格、转移方式、转移条件等信息及时、准确、清晰地传递给可能的技术受体，并引起他们的注意。

二、技术受体

技术受体是技术的接受者、使用者，技术受体就是运用从外界获得的技术，服务于自身某种目的或从事某项生产经营活动，这里的技术受体主要指企业[①]。因此，在技术转移中，企业和高校、科研院所是一样的，是不可或缺的重要主体，企业的科研能力、技术需求度、组织形态、财力、发展战略都将对高校和科研院所的技术转移产生不可忽视的重要影响。

（一）企业的科研实力

企业的科研实力决定着技术转移的可能性。高校和科研院所与企业由于在科研人才、资金、设备等科研资源之间存在着明显的差距，导致两者在

[①]　在很多情况下企业也是技术供体，但由于企业技术转移的市场程度比较高，且中关村地区是高校和科研院所最密集的地方，高校与科研院所技术转移的主要对象是企业，本课题研究的技术受体主要指企业。

科研实力上存在着势差（见表2—6，2—7，2—8）。以北京地区为例，根据表2—6可以看出，从2001年到2010年9年期间（其中未收集到2009年数据）无论是高等院校、科研院所还是企业，科研立项逐年都在增加，但高等院校、科研院所的科研立项明显多于企业。仅以2010年为例，当年科技项目总数为94213项，其中科研院所21075项，高等院校60477项，两者合计81552项，占比为86.56%；企业立项10569项，占比仅为11.22%。如果从项目参加人员折合全时当量（人年）指标看，2010年北京地区的折合量为173310（人年）。其中科研院所为66961（人年），高等院校为30046（人年），两者合计为97007（人年），占比为55.96%。企业折合量为71618（人年），占比为41.32%（见表2—7）。

　　当企业的科研实力比高校和科研院所强，企业则没有必要将高校和科研院所的技术作为引进对象。只有当高校和科研院所的科研实力高于企业，有能力为其提供技术成果水平更高的技术时；企业才有可能将高校和科研院所的技术作为引进对象。高校和科研院所才有可能获得与企业合作的机会，将技术输出到企业。

表2—6　2001—2010年北京地区科技项目立项情况表（项）

	2001	2002	2003	2004	2005	2006	2007	2008	2010
合计	36196	41868	46788	62686	74691	86149	92593	99275	94213
科研院所	13247	13695	14767	16061	17174	18105	21470	22913	21075
高等院校	15113	18536	22643	27753	33272	39235	46716	49482	60477
企业	1349	8575	8288	17608	22788	26976	22843	24774	10569

资料来源：《北京科技年鉴》2001—2010年。

表2—7　2001—2010年北京地区科技项目参加人员折合全时当量情况表（人年）

	2001	2002	2003	2004	2005	2006	2007	2008	2010
合计	99396	112279	113103	184093	216764	223131	234374	243582	173310
科研院所	47655	43633	48443	48880	49900	63864	69962	72633	66961
高等院校	18876	25662	20893	25930	25869	28035	26441	27794	30046
企业	9155	39192	39827	104811	136194	126078	132125	136750	71618

资料来源：《北京科技年鉴》2001—2010年。

表 2—8 2001—2010 年北京地区科技活动经费筹集情况表（万元）

	2001	2002	2003	2004	2005	2006	2007	2008	2010
合计	36196	41868	46788	62686	74691	86149	92593	99275	94213
科研院所	13247	13695	14767	16061	17174	18105	21470	22913	21075
高等院校	15113	18536	22643	27753	33272	39235	46716	49482	60477
企业	1349	8575	8288	17608	22788	26976	22843	24774	10569

资料来源：《北京科技年鉴》2001—2010 年。

企业的科研实力还决定了企业技术的对接能力，进而影响到企业对引进技术的消化吸收。在技术引进之后，企业想要完全吸收消化该技术就需要与该技术相匹配的技术，如果企业本身科研能力不足，没有与引进技术相匹配的衔接技术，那么它就很难吸收和消化被引进的技术，导致技术转移失败。所以，在企业需要引进技术来提高自身实力的同时，必须先评估自身科研实力的高低，确保自身有能力消化吸收，从而实现技术的产业化，否则将使自己陷于被动地位。在企业科研实力有限的情况下，企业所引进的技术水平应该尽量与自身情况相匹配。

（二）企业的技术需求度

根据市场供需理论，供需情况决定了技术交易各方在技术转移过程中的地位。当企业的技术需求量与高校和科研院所的技术供应量基本持平时，交易各方就处于相对平等的地位。当企业的需求量大于技术供应量时，技术供应方即高校和科研院所就拥有了相对有利的地位。一方面，高校和科研院所希望追求技术输出效益的最大化，会根据市场供给情况相应地提高技术转移费用，而企业试图以最小的引进成本完成技术转移的目的就难以实现。同时，由于技术属于隐性产品，在交易之后还存在技术的售后服务，这种服务的主动性一般都掌握在技术供方手中。这就使得技术接收方对技术供方的依赖性增加。这种情况的出现将有利于高校和科研院所技术转移的实施，也有利于高校和科研院所在短时间内回收技术研发成本而再次投入科研活动中。相反，如果技术的需求量小于技术的供应量，就说明在区域内出现了科研资源的剩余，有部分技术将一直处于静默状态，这将打击技术研发方的积极性。

（三）企业的组织形态

我们把企业内部各种结构性要素之间有机传导和制约机制称之为组织形态。其中产权组织形态的合理化能激发技术受体的创新动机，有助于发挥制度创新的多重功能，对技术转移过程施加积极影响[1]。资产运营形态反映着生产要素的分布及其重组或替代关系，在动态上它能够引起资本结构、产业结构及产品结构的演变和调整，影响技术转移的"波及效应"和规避技术转移风险的能力。职能结构形态是决策、开发、生产、营销等主要部门的设置及其权力划分与制约关系。它的不断优化既可使参与技术活动的部门与个体的技术协作能力形成有效聚集，以实现技术转移的预期目标，又可通过提高生产过程各个环节上的协调运作效率来降低技术转移成本。

（四）企业的财力总量

财力总量是技术受体经济实力的重要指标，通常以货币形态存在。在市场经济条件下，技术资源的获取是非馈赠性的。因此，财力总量就成为影响技术受体吸纳外部先进技术的首要经济前提，直接制约着外部技术资源进入技术受体内部的流量大小及其实际作用发挥的成效。需要指出的是，在现实的技术转移过程中，它直接关系到财力总量在支持技术转移中是否达到所期望的有效力度。显而易见，向技术进步倾斜的财力配置结构及其支持的有效规模和力度，是技术转移得以实现并顺利达到预期目标的基本保证。

（五）企业的发展战略

企业都有自己的发展战略，而每个企业都有自己的发展战略侧重点，如长期可持续发展、短期快速发展；有的是以提高企业技术竞争力为发展目标，而有的则是以优质的服务为企业打造品牌。这些战略的选择将影响企业的技术引进。选择长期可持续发展，并以提高自己的技术竞争力为目标的企

---

[1]　王进富、郭绒：《校企技术转移影响因素的实证研究》，《西安工程大学学报》2010年第5期。

业，必将引进一些能够不断改进的高水平技术，这种技术将有利于企业在引进技术后，通过自己的后续开发实现技术不断更新而延长技术的寿命和增加技术的竞争力。以短期快速发展为战略需求的企业，则会引进能够快速实现产业化并提高企业资金流通的技术。在这种情况下，对所引进的技术要求并不高，采取的引进模式也不会太复杂。

三、技术转移的组织者和管理者——政府

一般认为，政府支持基础研究、社会公益性研究以及科技基础设施建设是义不容辞的责任，而对政府该不该支持技术转移则有不同的看法。但从世界主要国家的实践来看，促进技术转移是政府的一项重要职责，没有一个国家不对技术转移给予各种形式的支持，也没有一个国家把技术转移的责任完全交给市场[①]。

政府在促进技术转移中的作用之所以不可缺少主要基于两个方面的考虑：从技术需求方的角度看，技术转移相对于技术研发过程需要投入更多的资金，具有更大的风险，而且技术转移成功与否并不只取决于技术因素，而是取决于资金实力、技术、管理、文化、政策、企业家作用等因素的综合作用。因此，技术转移比技术研发过程更为复杂。技术需求方往往不能或不愿承担这样的风险，政府的支持可以降低或分散技术转移的风险，强化技术需求方接受技术转移的动力。从技术供给方的角度看，作为公益性机构的高校和科研院所往往出于机构使命和评价机制的原因缺乏技术转移的动力，政府的支持有助于建立起加速技术转移的激励机制。

政府促进技术转移的职能被明确写入到一些国家的政策法规中。美国国会于 1980 年通过的第一部促进技术转移的法律——《史蒂文森—威德勒技术创新法案》中规定，联邦政府部门对国家投入形成的科研成果的转化负有责任，要积极推动科研成果向企业和地方政府转移。其他一些国家(如法国、韩国)的有关法律也做出了类似规定，这为政府鼓励和支持技术转移活动提

---

① 孙福全：《促进技术转移是政府的重要职责》，《高科技与产业化》2011 年第 11 期。

供了法律依据。

在市场经济比较发达的国家，政府部门支持技术转移主要是通过制度环境建设进行的，如建设法律体系、设立组织机构、构建服务体系、建立激励机制等，同时辅以必要的财政资金支持和政策优惠。政府部门和市场在技术转移的责任上有一个合理的边界，既要保障市场机制在技术转移中的基础作用，强化企业在技术转移中的主体地位，又要发挥政府的引导作用，弥补市场在技术转移中存在的失灵现象。这些国家促进技术转移的基本做法和经验值得我国借鉴。

（一）政府是技术转移法律的制定者和组织实施者

一个国家的政策法律环境，在很大程度上决定着技术创新的速度、方向和规模，甚至成败。法律、法规等政府主导的环境因素构成技术转移体系的大背景，所有的角色都是在这个框架下，来找位置，确定自己行为准则，发挥作用并谋求利益最大化。

我国已经形成了促进技术转移的法规政策体系和技术要素流通体制的基本运行构架，搭建了促进科技成果商品化、产业化的重要平台，已经形成了较为完整的法律体系。与技术转移有关的法律主要有：《中华人民共和国科技进步法》、《中华人民共和国促进科技成果转化法》、《中华人民共和国合同法》、《中华人民共和国专利法及其实施细则》、《外贸法》、《商标法》、《涉外经济合同法》、《反不正当竞争法》、《著作权法》、《技术合同法》等。

目前政策法规建设的重点已由法律法规建设转移到具体的产业政策上来。一是加快了科技体制改革步伐，促使科技与经济更紧密的结合，这是技术转移的根本动力所在。二是完善和改革财政税收政策。三是制定和完善与技术转移相关的政策。技术政策、金融政策、投资政策、产业政策等，对企业技术转移以及技术进步等方面起着重要的作用。因此，政府应该制定促进技术进步和推动技术转移的一系列更加行之有效的政策。四是规范各种技术中介机构。五是要在比较分析国内外知识产权政策的基础上，根据我国的实际，进一步完善我国的知识产权法律体系，全面修订专利法、著作权法、商标法、反不正当竞争法等，利用法律、法规来保护知识产权，调整技术转移中的各种关系。

相对于法律、法规而言，产业政策具有时效性、针对性强的特点，而且较易修改，随着我国改革开放和技术转移的进一步发展，相对灵活的产业政策必然起到越来越为重要的作用。

（二）政府是技术转移的服务提供者

政府的服务作用体现在两个方面，一是政府在完善市场环境方面应该发挥作用。技术是一种特殊的商品，它必须遵循市场经济的规律。建立市场经济的体制需要市场制度，需要知识产权保护这样良好的商业环境。同时技术转移是一个复杂的过程，从交易的过程来看，包括市场的调研、谈判、交易、支付。从生产的角度上来看，包括生产、管理、市场的销售、利润的实现。很多技术转移的案例不成功，主要原因就是交易的双方没有做好思想准备和物质准备。技术转移主要是一个经济的交易过程，是一个经济的过程。这个过程跟科技密切相关，其中涉及多个部门，不是一两个部门能够完成的事情，这是一个全社会的任务，涉及科技、工商管理、税务、进出口、技术监督等方方面面的市场秩序。二是政府在组织和提供专业服务方面应该发挥更大作用。技术转移是一个复杂的过程，它需要一些法律、信息和咨询评估、融资等方面的服务，这样一些服务能够提高技术转移的效果和效率，降低市场的成本[1]。我国在服务体系方面的不足和缺陷，影响了技术转移效率。比较突出的问题首先是技术商品的质量和信誉不高，不利于技术转移。我们必须要明确技术转移中的技术是成熟的技术，是系统的知识，不是研究开发。技术转移与研究开发不同，只有实用化、产业化的技术才能是成熟的技术，只有这些成熟的技术才能够实现转移。

（三）政府是技术转移的宏观引导者

当美国网罗创新型人才从事技术创新实现经济高速发展之后，世界各国

---

[1] 原长弘、孙会娟、王涛：《政府支持、市场不确定性对校企知识转移效率的影响》，《科研管理》2012 年第 30 期。

纷纷出台技术创新政策加强本国的技术创新建设。近年来，我国也制定了建设创新型国家的宏伟目标，政府的多数政策都是为这个目标服务，这使得我国的技术创新活动取得了很大的发展。这就是政府政策导向的作用。技术转移的发展不仅依赖于自身的发展潜力和运作策略，制定技术转移扶持政策也至关重要。近年来，中央和地方政府都不断出台技术转移相关政策，扶持技术转移工作。从一开始的政府出面协调技术转移活动，到现在宏观调控下的政策支持，国家不仅从立法方面加大对技术转移的规制和管理，而且还通过制定相应的政策来鼓励和扶持技术转移活动。这种良好的政策导向就像是助推器一样，加速了技术转移活动的发展。

政府的导向作用在于制定有利于技术转移的政策。这个方面的政策包括科技政策和经济政策，包括知识产权的归属，知识产权的分配，税收、金融、融资方面的政策和进出口的政策，军民双向技术转移的政策，还有大学科研院所技术成果转移应用的政策。美国在 19 世纪 60 年代就采取鼓励技术转移的政策，国会制定了一系列促进联邦实验室向私营部门转移技术的法律。在 90 年代以后，联邦政府直接介入技术转移的活动。在联邦政府的各个部门下面有一些独立机构，凡是使用政府科研经费的一些大的部门都设立了技术转移的办公室和项目机构，国防部、航空航天局这些部门下面都有这样的办公室，美国商务部的下面设有技术政策办公室，还有技术标准研究院、国家技术信息服务局都有技术转移的功能。

在市场经济运行中，产业政策具有导向作用，引导包括技术在内的各种资源的合理流动，促进技术转移。产业政策可以调整技术资源供求结构，有助于实现市场上技术资源供求的平衡；可以通过差别利率等信贷倾斜政策对资金市场进行调节，有助于资金合理流动和优化配置；可以打破地区封锁和市场分割，促进区域市场和国内统一市场的发育和形成。产业政策的主要内容有：产业结构政策。包括：根据本国的资源、资金、技术力量等情况和经济发展的要求，选择和确定一定时期的主导产业部门，以此带动国民经济各产业部门的发展；根据市场需求的发展趋势来协调产业结构，使产业结构政策在市场机制充分作用的基础上发挥作用。产业组织政策，实施这一政策可以实现产业组织合理化，为形成有效的公平的市场竞争创造条件。产业布局政策，即产业空间配置格局的政策。这一政策主要解决如何利用生产的相对集中所引起的"积聚效益"，尽可能缩小由于各区域间经济活动的密度和产业结构不同所引起的各区域间经济发展水平的差距。

（四）政府的公共投资和对科技资金的支持，对技术转移影响巨大而深远

公共投资是指国家对公共基础设施、重大战略性科研项目以及其他大型公共服务设施的直接投资。科技资金是指国家为鼓励科技创新，促进科技事业发展可以帮助实现促进技术转移而在不同部门设立的有不同支持重点的基金，包括创新基金、国家自然科学基金、"863"计划资金等等。也包含地方政府为鼓励当地科技和经济发展而创立的各种支持技术创新和技术转移的基金，这些构成了国家对技术转移的公共资金支撑体系。每年都有许多科研单位和科技型企业依靠这些特定资金的支撑，成功的提升自己的技术实力或将科研成果转化为产品。以北京地区为例，从 2001 年到 2008 年，政府的科技投入逐年增加（见表 2—9，2—10）。从 2001 年的 1748973 万元增加到 2008 年的 5130195 万元，增加近 3 倍。政府科技活动经费投入占全社会科技活动经费投入的比例也基本保持在 40%—50%。由此可见，政府的公共投资和对科技资金的支持，对技术转移将必然产生巨大而深远的影响。

表 2—9　2001—2008 年北京地区科技活动政府资金投入情况表

（单位：万元）

年份	2001	2002	2003	2004	2005	2006	2007	2008
合计	3991729	4452877	4924271	6020625	7509600	8747645	9897008	11841184
政府资金	1748973	2150964	2162419	2723464	3069422	3742236	4742871	5130195
占比	43.81%	48.31%	43.91%	45.24%	40.87%	42.78%	47.92%	43.33%

资料来源：《北京科技年鉴》2001—2008 年。

政府资金主要支持目标是对本国经济和社会利益有重大贡献的通用技术；应用领域广泛、在经济发展中发挥基础作用的基础性技术；对国家利益和国家安全有最大意义的核心技术；以及关联性强、对各国产业总体技术水平提高具有重大意义的关键技术。这些技术研发成本过高、风险过大而无法达到企业或公司组织所设定的最低限度的盈利水准，企业或公司组织就不愿

成为该项技术的选择主体。国家对这些技术采用公共投资形式予以支持，这种支持包括研发支持和技术转移支持，也就是说会在技术研发和技术应用推广上给予资金、政策等的支持，使其成为一条完整的技术创新链条。这种支持会对国民经济和科技的发展产生重大而深远的影响，因为它们支持的技术是推动整体科学技术进步关键技术，对提高生产力的水平、对产业发展有巨大的影响。

表 2—10　2001—2008 年北京地区科技活动经费筹集情况表

（单位：万元）

年份	2001	2002	2003	2004	2005	2006	2007	2008
合计	1748973	2150964	2162419	2723464	3069422	3742236	4742871	5130195
科研院所	1369292	1655904	1654259	2058865	2206889	2752569	3450364	3671576
高等院校	205146.4	241650	272904	360240	455531	52960	630364	762061
企业	14335.9	200553	190378	215412	309919	264073	388230	381063
中央	1635021	2005414	2016395	2522909	2784115	3450668	4412996	4733793
地方	113952.1	145549	146024	200554	285307	291568	329875	396402

资料来源：《北京科技年鉴》2001—2008 年。

（五）政府对社会资源的巨大协调能力和科技创新体系布局，对技术转移具有重要影响

政府对资源的协调能力体现在两个方面，一是对创新体系的布局和调控；二是对社会资源的调控能力。在宏观层面，政府提供政策和资金扶持，设立相应的管理机构，制定相应的法律法规，打破区域壁垒，加强知识产权方面的保护，营造良好的外部环境，加强国际合作。在微观层面，政府完善了国家信息基础设施建设；加强知识基础设施建设；加强技术转移支撑机构的建设；引导风险投资的发展。

在美国的创新系统中，美国的产业一直能做到整个技术研究，而大学和科研院所只做基础研究，通过国家的实验室把创新链垫平了。在我国的创新系统中，无论是中科院、大学、实验室、院所，从基础研究到技术服务什么都做，国内研究所、科技园区、产业更多的趋向于后端。

政府直接支持技术创新主要通过三种方式：制定实施科技计划、组织搭

建信息平台和建设创新服务基地。

信息平台对技术创新的重要性不言而喻。国外一般由中央（或联邦）政府机构组织搭建全国性的技术创新信息平台。以法国为例，目前已经存在或即将建成的网络包括路上运输研究与开发计划网络、土木工程和城市网络、燃料电池网络、植物基因组网络、人类基因组网络、健康技术网络和欧洲标准食品网络、动物基因组网络、全国远程通信研究网、全国软件技术网、微米和纳米技术网、视听和多媒体研究与创新网等十几个网络。

目前，我国与技术创新相关的信息平台并不少，但存在着部门、地方分割问题，各自建网使得各网力量分散，规模小、相互之间缺乏联系，信息更替慢、内容陈旧。这就需要政府进行很好的顶层设计和资源整合，以形成覆盖面广、容量大、信息更替快、针对性强的创新服务信息网络，切实发挥基础信息平台作用。

高技术开发区、科技园区、孵化器等创新服务基地是政府支持社会技术创新的重要手段。英国的苏格兰科技区、印度的班加罗尔，都是成功的典范。这些创新服务基地都有一个共同的特点：除了能提供办公室、网络等硬件条件外。还非常重视软件条件建设。例如为企业提供多方面的优惠政策、帮助企业融资、协调企业建立管理团队、向企业提供培训服务、为企业发展提供咨询和指导等，还提供市场调研等其他服务（视情况可能需要支付一定的费用）。

（六）国家战略科研活动对技术转移有着巨大的影响

国家战略科研活动，是指由国家为确保国家安全和发展的战略优势以及其他涉及国家整体利益的需要而有计划、有组织的重点投入重大战略科学技术的研究，是以政府投资为主体的、政府组织、政府拥有产权，并由政府控制其技术试用范围的科研活动。这类行为包括两类技术。其一是国家重要战略构成和支撑技术，如我们的核能利用技术、卫星和航天技术等都是对我国国家安全和长远发展有决定性影响的技术。其二是产业关键技术。它的核心是选择对本国经济增长和产业结构升级极为关键，但仅依靠产业自身力量难以得到最大发展的产业，强调将国家利益和国家意志注入到这些产业的发展中。

我国当前实施的重大科技专项对促进技术转移与产业化就发挥了积极的导向作用。《国家中长期科学技术发展规划纲要（2006—2020年）》在重点领域中确定一批优先主题的同时，围绕国家目标，进一步突出重点，筛选出若干重大战略产品、关键共性技术或重大工程作为重大专项，充分发挥社会主义制度集中力量办大事的优势和市场机制的作用，力争取得突破，努力实现以科技发展的局部跃升带动生产力的跨越发展，并填补国家战略空白。确定重大专项的基本原则：一是紧密结合经济社会发展的重大需求，培育能形成具有核心自主知识产权、对企业自主创新能力的提高具有重大推动作用的战略性产业；二是突出对产业竞争力整体提升具有全局性影响、带动性强的关键共性技术；三是解决制约经济社会发展的重大瓶颈问题；四是体现军民结合、寓军于民，对保障国家安全和增强综合国力具有重大战略意义；五是切合我国国情，国力能够承受。根据上述原则，围绕发展高新技术产业、促进传统产业升级、解决国民经济发展瓶颈问题、提高人民健康水平和保障国家安全等方面，确定了一批重大专项。重大专项的实施，根据国家发展需要和实施条件的成熟程度，逐项论证启动。同时，根据国家战略需求和发展形势的变化，对重大专项进行动态调整，分步实施。对于以战略产品为目标的重大专项，要充分发挥企业在研究开发和投入中的主体作用，以重大装备的研究开发作为企业技术创新的切入点，更有效地利用市场机制配置科技资源，国家的引导性投入主要用于关键核心技术的攻关。

国家重大科技专项是为了实现国家目标，通过核心技术突破和资源集成，在一定时限内完成的重大战略产品、关键共性技术和重大工程，是我国科技发展的重中之重。《规划纲要》确定了核心电子器件、高端通用芯片及基础软件，极大规模集成电路制造技术及成套工艺，新一代宽带无线移动通信，高档数控机床与基础制造技术，大型油气田及煤层气开发，大型先进压水堆及高温气冷堆核电站，水体污染控制与治理，转基因生物新品种培育，重大新药创制，艾滋病和病毒性肝炎等重大传染病防治，大型飞机，高分辨率对地观测系统，载人航天与探月工程等16个重大专项，涉及信息、生物等战略产业领域，能源资源环境和人民健康等重大紧迫问题，以及军民两用技术和国防技术。

历史上，我国以"两弹一星"、载人航天、杂交水稻等为代表的若干重大项目的实施，对整体提升综合国力起到了至关重要的作用。美国、欧洲、日本、韩国等都把围绕国家目标组织实施重大专项计划作为提高国家竞争力的重要措施。

综观各国的关键技术实践，可以得出以下经验：（1）关键技术选择不是一般的单纯从技术发展的层面来考虑重点技术领域的选择，而紧紧围绕实现国家目标的需要而开展的技术选择工作；（2）对于已经制定了的关键技术选择计划，则需要根据国家发展目标和国际竞争格局进行动态的修正和调整；（3）关键技术选择必须立足于本国的实际国情，把握国际科技发展的大趋势，着眼于科技与经济的有机结合，才能为推动本国经济发展、社会进步以及保障国家安全的目标服务；（4）对于后发展国家来说，技术水平的赶超是实现经济赶超的关键，而技术能力的赶超又是真正实现和巩固技术水平赶超的关键，技术能力的赶超更具决定性意义。

国家战略科研活动和国家行为的重大技术攻关和技术应用对技术转移有着巨大的影响。国家战略科研活动会组织并吸引大批科研成果和科研工作者参与其中，这本身是一个技术转移和技术再创新，再转移的过程，也就是说有组织的大型科研活动本身就是一项巨大的技术转移工程。

四、技术转移服务者

随着技术转移的发展，为了提高技术转移效率，使技术供体和受体能够更加专注于技术研发及技术应用，一个以服务技术转移为宗旨的组织应运而生，这就是技术转移中介机构。技术转移中介机构是技术转移发展的产物，是技术转移工作精细化、专业化分工产生的。在技术转移活动中，技术转移中介与高校、科研院所和企业之间彼此分工，相互协作，服务于整个技术转移活动，其自身发展、经营模式及其信誉度将影响着技术转移活动。

（一）中介机构的发展

技术中介机构是技术转移的服务者，是整个技术转移体系发展不可或缺的组成部分，它的出现使技术供体和技术受体能够从事自己最擅长的工作。技术中介的服务主要针对技术供需双方订立和履行技术合同，提供硬、软件设施；提供法律、管理和技术咨询；提供贯穿洽谈、签约、履约的全程服务。技术中介的服务具有周期长，内容丰富、复杂的特点。中介机构是在技术转移工作快速发展过程中发展起来的，但是，当技术中介发展到一定阶段，当它成为技术转移工作顺利进行的润滑剂时，它的发展状况就在很大程度上影响着技术转移工作。只有技术中介机构的发展能够跟上技术转移发展步伐时，它才能起推动作用；当技术中介机构的发展滞后，它就会阻碍技术转移的发展。

（二）中介机构的经营模式

依据经营模式来划分，中介机构可分为营利性和非营利性机构。非营利性机构是指政府、社会团体为了促进技术转移工作而建立的，不以营利为目的的中介服务组织，如技术交易中心、生产力促进中心、高校和科研机构内部的技术转移办公室，等等，前者具有独立的法人地位，后者则为高校、研究院所的内设机构。营利性中介机构是指由企业、个人以获取利润为目的建立的中介服务组织，如科技中介公司、科技服务公司等。这种机构具有独立的法人地位，具有自主经营权，不受行政的过度干涉，运营状况由市场规律调节。营利性机构为了争取更多的客户，往往通过各种方式和策略来满足客户的要求，为客户提供详尽的信息和优质的全程服务。非营利性机构往往行使部分行政职能（如中关村地区的中国技术交易所就承担了政府一部分科技金融的功能），谋求区域技术转移的整体发展。对于技术转移的供体和受体来说，这两种不同经营模式的中介结构对于技术转移的发展作用并不相同，产生的影响也就不同。

（三）中介机构的信誉度

良好的信誉是企业的生存之本和发展之道。在中介机构的服务过程中，建立良好的信誉不仅仅依靠良好的服务，还需要中介机构能够为客户严守商业秘密。因为，中介机构在日常的经营活动中积累许多有关技术供需双方的信息，这些信息大都属于技术秘密或者商业秘密，技术转移双方能够将自己的信息交给中介，主要是出于对中介机构的信任。如果技术中介泄露这些秘密，或者利用这些信息牟利，那么它就会失去客户的信任，最终影响自身的发展。除此之外，还有可能因此而损害客户的利益，导致技术转移失败。所以，中介机构的信誉对技术转移的发展将产生较大影响。

第二节　影响技术转移的客体因素

技术是技术转移的客体，也是技术转移的核心，一切技术转移活动都是围绕技术而进行的，因此，技术及其自身的状况便成为影响技术转移的主要因素之一。

一、技术的供需情况和技术的商业价值

随着技术转移的快速发展，技术市场在各地逐渐形成。技术作为商品在技术市场上广泛流通，技术的市场价值可以通过技术的市场供需情况和商业价值来体现。而技术的供需情况和技术的商业价值又直接关系到技术的输出量和技术转移的成功率。

（一）技术的供需情况

技术转移就像商品流通，会受到"商品"供需情况的影响。当技术市场上的技术供大于求时，有一部分技术就不能够转移出去，技术供体之间的竞争将更加激烈，技术市场的技术水平将因此而得到提高，企业将成为受益者，但这将影响技术转移率，从而导致技术供体进行科研的积极性不高；当市场上的技术供不应求时，企业也将因此进行竞争，技术转移的速率就会加快，技术转移率就相对较高，从而技术供体进行科研的积极性也相应提高。

企业技术需求是带动技术转移的源动力，企业的技术需求越大，技术转移的概率越高，技术转移的发展就越快。

（二）技术的商业价值

技术具有学术价值和商业价值，技术转移所体现的是技术的商业价值。技术的商业价值表现在技术能够被企业应用于生产产品和提升产品性能的成功率。如果技术能够有效地提高企业产品性能，创造出新产品从而为企业带来巨大经济效益，那么这项技术的商业价值就很高。毫无疑问，商业价值高的技术将是企业争相追逐的对象，是高校和科研院所梦寐以求的科研成果，这种技术被转移出去的概率相当高，转化的成功率也高。当然，技术还有学术价值，当高校和科研院所的科研人员将科研成果以论文的形式公开后，科研人员会获得业界人士的认可和赞赏；科研人员也会获得晋升职位或者竞聘成功的机会，这里所体现的就是技术的学术价值。比如，2010 年北京地区发表科技论文数是 165322 篇，其中科研院所 44537 篇，占比 26.94%；高等院校 104784 篇，占比 63.38%；高等院校和科研院所合计发表科技论文 149321 篇，占比 90.32%。高校和科研院所的科研人员追求技术的学术价值不利于技术的转移，甚至是妨碍技术转移。所以，高校和科研院所要取得技术转移的发展，就必须保证科研人员能够为实现技术的商业价值而努力工作，想方设法提升技术的商业价值，提高技术转移的成功率。

二、技术的生命周期

根据技术生命周期理论，技术有着类似于生物从产生到消亡的生命特点，处于转移中的技术可以是尚未市场化的新技术，也可以是处于成熟期的技术，甚至还可以是已经在某一地区被淘汰的技术。技术的寿命与技术商品的寿命不同，技术的寿命是指技术从研发到完全被另外一种技术所取代为止的期限，如我国古老的四大发明之一的造纸术，如今早已被机械化的造纸工艺所取代，意味着原有的造纸术已经走到了生命的尽头。技术商品的寿命是指商品自从被投入市场销售到这种商品完全退出市场的过程，如已经在中国整整"红"了半个世纪的雪花膏,如今已经淡出了人们的视野,退出了化妆品市场,表明该商品的寿命已经终结。按照技术的生命周期理论,技术的生命周期分为技术的培育阶段、技术的发展阶段、技术的成熟阶段、技术的衰老阶段。

(一)技术的培育阶段

技术的培育阶段是技术的研究探索阶段,这个阶段包括技术的研发立项、技术的研发筹备,到技术的正式开发,各种科研方案都处于调试阶段。一项新技术的培育将为开发者带来无限的希望,该技术有可能成为技术市场上的佼佼者。所以,处于这一阶段的技术需要严格保密。但是由于缺乏稳定性和技术研发所特有的高风险性,该技术被转移出去的概率很小。企业一般不会因为这种技术的未来价值而冒险引进,然后进行后续研发和技术的产业化,这种冒险引进处于培育阶段技术的做法与其逐利的本性相去甚远。但是,一旦处于培育阶段的技术被证明很有市场价值或者市场潜力,那么,具有强大研发实力的企业将承担后续研发的高风险,为技术的潜在价值而放手一搏。

(二)技术的发展阶段

经过培育之后,技术就进入了发展阶段,稳定性有了较大的提高,各方面的性能也逐渐增强,研发风险逐渐减低。处于这一阶段的技术对于有研发实力的企业来说是很有价值的,企业可以完成技术引进后进行后续研发,提升该技术的水平。高校和科研院所转移这个阶段的技术,能够避免研发风险并在短时间内回收研发成本获取利润。企业引进这个阶段技术所付出的成本要比引进成熟技术的成本要小,可以通过自己的后续研发而获得一项新技术。但是,引进处于发展阶段的技术对于企业的对接能力和消化吸收能力要求比较高。

(三)技术的成熟阶段

处于成熟期的技术在稳定性和各项性能上都达到了最高值,技术研发风险接近于零，是一项完整的技术。成熟技术是高校和科研院所科研的目标，是企业引进的首选对象。新技术的诞生对于市场上原有的技术是一种冲击和挑战。急需通过技术引进提高企业产品性能、提高产品市场占有率的企业对于这种成熟技术非常青睐。因为这种技术尽管引进成本较高，但是产业化的风险降低，能够在短时间内为企业带来经济效益。

（四）技术的衰退阶段

处于衰退阶段的技术在稳定性等方面并不存在问题，而是由于技术受到新技术的冲击，失去技术的先进性而面临被取代的危险。处于衰老期的技术在技术竞争激烈的技术市场上很难获得转移出去的机会，对于正需要用新技术提高产品性能的企业来说，引进处于这一阶段的技术的可能性极低。但是，处于衰退期的技术在技术整体水平较弱的区域还是具有较大市场潜力的，还有可能被企业引进，从而延长其寿命。每项技术都会经历衰退阶段，但是技术的研发者可以通过对技术进行不断地更新来延迟衰退期的到来，也可以通过向低技术水平区域转移而延长技术的寿命。

三、技术的复杂程度

每一项技术都是一个复杂的系统，这个系统中的某些环节有可能通过改进而变得更加高效，从而使整个技术系统得到更新；如果这个技术系统比较简单，也有可能被另外一种具有相同功能或者功能更加强大的技术所取代，使原有技术系统失去原有的地位；简单的技术系统之间有可能通过集成形成一套更加复杂的技术系统。技术所具有的这些可更新性、可替代性、可集成性都体现了技术的复杂程度。而技术的这些特性将对技术转移产生影响。

（一）技术的可更新性

当技术的某个环节或者多个环节得到优化，整项技术的性能就得到了改进，这项技术实现了更新，技术寿命得到延长。可更新的技术不至于从竞争激烈的技术市场上直接被淘汰，可以为企业带来更多的收益。就像生产智能手机的技术一样，生产厂家可以对其技术功能进行不断地更新和增加，实现智能手机的不断更新换代，持续占据市场份额。技术的可更新性为技术供体提供了一个通过二次研发来应对新技术挑战的机会。可更新性的技术比较受技术受体的欢迎，技术转移的成功率也比较高。

(二) 技术的可替代性

技术的可替代性是指现有技术被功能相似或者功能更加强大的技术所替代的可能性。如果一项技术不具有可替代性，那么这项技术就有可能实现技术垄断，可以为技术所有者和使用者带来巨大的经济收益。不可替代性是相对的，只是指在一段时间内不可替代，而不是永久不可替代。不可替代的技术一般处在高端，是非常复杂的技术系统。在这个科学技术飞速发展的时代，能够保持长时间不可替代的技术很少。技术的可替代性越强，技术的商业价值就越小，技术转移的收益就越低；技术的不可替代性越强，技术的价值就越大；技术转移收益越大，技术转移出去的概率就越高。

(三) 技术的可集成性

一项技术具有可集成性是指这项技术能够成为另外一项复杂技术的一个环节，或者能够与其他简单的技术融合成一项复杂技术。这种技术对于企业具有不同的价值，企业可以将其作为一项完整的技术加以引进，实现产业化；也可以将其视为企业原有技术的一个环节而加以引进，实现原有技术的更新；还可以作为一项完整技术与其他技术一同被同一家企业吸收，实现多项技术的集成，开发出一项具有多功能的新的复杂技术。现在许多高校和科研院所都在走技术集成的道路，就是将现有的多项相对低层次的技术集成整合成为一项高层次的技术。如果一项技术具有较高的可集成性，那么它就很有可能作为一个有价值的单项技术而被企业引进成为多功能技术集成的拼图。可集成性高的技术既可以作为单项技术被企业引进，也可以作为多功能技术的组成部分被企业引进。

（四）技术匹配状态

技术匹配状态是制约其发生转移的又一重要因素。它是指各种相关技术要素之间的依存关系，其中包括技术系统自身的匹配，与其他技术系统之间的匹配，以及与技术受体原有技术系统的匹配等三重依存关系。技术系统自身的匹配状态，是表现技术发展程度与成熟程度的重要指标。现实中绝无孤零零的"元技术"能够发挥作用，任何技术形态都是若干单元技术的有机聚集，所以现实技术似乎都是天然匹配好的，只是匹配的程度不同而已。显然，技术的实用价值大小与发生转移的难易程度直接取决于技术系统内部各单元技术之间的依存关系。同时，一种技术体系的确立，除了内部诸单元技术之间的相匹配之外，还必须与外部相关的支持性技术系统相匹配，倘若缺乏这种匹配，该技术至少在即期是没有前途的。如渗灌技术尽管市场前景广阔，但因防堵技术不匹配而无法推广。相反，高速铁路改变交通运输面貌，是在机械加工、铁路、智能交通等技术系统匹配下才得以实现。而且更重要的是，即使成熟的技术，当与技术受体原有技术系统不匹配、欠匹配或一时无法匹配时也很难达到转移的预期结果，甚至招致惨重失败。

（五）产业的技术发展周期

科技成果的转化和推广直接受限于它可以在产品和服务的生产和流通中发挥的作用和所在的位置，因为科技成果是凝结在产品和服务中，并提高它们的品质或者降低产品和服务的成本，然后才是融合到产业中。产品和服务的成败受限于产业发展，只有符合产业发展特点和规律的科技成果（也就是和科研需求融合在一起）才可以顺利转化和推广。然后才是推动产业发展，带动产业升级。所谓的科研成果产业化就是科研成果在产业中得到大规模应用，而不一定是催生出一个新的产业来。而这一过程的根本力量是看一项技术能否给它服务的产品带来竞争优势或者使用上的方便。

不同的产业技术周期对技术的吸收能力有极大的不同，这里所说的产业技术发展周期实际上是指产业本身的发展过程中产业技术的发展阶段。某个产业的发展时间一般比较长，可能是几年、几十年、上百年乃至更长，这主要看社会对这个产业产品的需求状况了；产业技术发展则可能在该行业的生命历程中经历若干个周期，产生若干代技术。在市场经济条件下，行业内的企业处于自身的需要，不断地采用新技术或者改进生产方法，以便保持自己的竞争优势。如果某一个产业处在技术升级换代时期，它的产品有旺盛的生命力，则新一代产业相关技术会很快进入并大规模使用。一方面产业发展已经积累了一定的资金和市场渠道；另一方面新技术的进入能为企业带来现实的或潜在的利益，提升产品竞争力。

一般科研成果不会直接催生出某个产业来，科技可以创造出产业并推动产业发展，但主要是推动产业发展；创造产业的科技成果很少，统计数字表明新产品，特别是原创性产品开发的市场成功率还不到5%。因为一个行业的诞生和发展需要大量的技术做支撑，是一个庞大的技术群体和技术体系，所包含的技术可能会超过几千万项乃至几十亿项。如果没有一个支撑体系，一两项技术很难组合生产出满足生产和生活要求的产品。这也可以解释为什么投资商，选择项目时一般不会直接看技术状况而是首要看产业前景和市场发展。

第三节　影响技术转移的环境因素

影响技术转移活动的因素中，除了技术转移的主、客体因素之外，还存在另外一类影响因素，那就是环境因素。这里的环境因素是指影响技术转移的外部因素，如政策因素、法律因素、市场因素、资本因素、区域环境因素和知识产权发展环境因素等。

一、影响技术转移的政策因素

在高科技快速发展的时代，世界各国和各区域想要在这样的环境下，借助科技发展的动力推进社会各方面的全面进步，就需要制定一系列具有针对性的科技政策去引导、保证、促进科技的发展。技术转移不仅能够为技术转移活动主体带来经济利益，拓展它们的发展空间，还能推动区域经济的发展和国家经济的持续高涨。政府在权衡社会经济、科技发展状况、政治、经济体制条件等各种因素后，遵循科技发展规律，制定出与我国"科教兴国"、"科技优先发展"的战略思想保持一致的技术转移政策，来激励和鼓励技术转移主体参与技术转移活动，引导技术转移活动向有序、健康的方向发展。国家出台的有关技术转移的政策直接影响到技术转移的进程、发展方向和成功率。比如北京市针对技术转移制定的"1 + 6"政策体系，"新四条"、"京校十条"、"京科九条"等政策都大大促进了中关村地区的技术转移。

（一）政府政策的针对性

政府制定的政策有的是全局性、战略性的，并不对某一个领域和行业提出具体的措施。而是由其他相关部门以该政策为指导，制定出更加细化的、更加有针对性的政策来发挥作用。更加细化、有针对性的政策对于某个领域和行业的发展具有更加直接的关系。比如国家制定科技创新政策和科技成果转化政策。具体的政策性优惠措施，为技术创新和技术成果转化带来更大的发展动力，有力地促进了技术创新和技术成果转化的发展。例如：北京市制定关于科技研发的政策就有科技三项费用政策、科技计划和科技贷款政策、关于研发的税收减免政策、知识产权政策、科技人才政策。通过实施这些科技创新政策，北京整体的研究开发能力和技术转移能力获得了很大提高。

（二）政府政策的时效性

我国已经实现了由计划经济向市场经济的转变，国家经济活动环境也在不断地变化中。科学技术的飞速发展带动了技术市场和技术转移的发展。随着环境的变化和技术转移的快速发展，与之相配套的政策则显得相对滞后，政策不能够发挥其应有的作用。比如，伴随衍生企业而产生的母体的责任问题，高校通过建立校办企业的模式来推进高校技术的转移和转化工作遇到了重重困难。针对这种情况，原有鼓励衍生企业的政策措施就失去了其有效性。因此，在技术转移的发展过程中，政府需要在最短的时间里，认准形势，分析技术转移活动的发展趋势和需求，出台符合实际情况的具有指引性的优惠政策，以引导技术转移健康发展。比如北京市在 2014 年 1 月及时出台的"京校十条"就有高校可自主对科技成果转化进行审批、转化所获收益中不少于 70% 的比例可用于奖励、设立科技成果转化岗、鼓励校企、校地联合培养研究生等就及时解决了北京市属高校在技术转移中产生的新问题。

（三）政府政策的可操作性和地方政府的实施力度

技术转移政策具有指导作用和支持作用，但是，政策是否具有可操作性和地方政府对政策的实施力度才是检验其价值的重要标准。一般说来，可操作性强、实施力度大的政策，能对技术转移活动起到巨大的推进作用和引导作用。相反，如果政策的可操作性不强、实施力度不够，那么这个政策只能停留在纸面上，从而失去其应有的价值。政策本身的可操作性和政策的实施力度是决定这项政策是否具有价值的重要因素。如果技术转移政策不具有可操作性，那么技术转移主体就得不到相应的支持和鼓励，这势必会影响技术转移活动的发展。

比如当前困扰高校与科研等事业单位科技成果的处置问题，一直以来，根据财政部和北京市相继出台的国有资产管理相关政策，事业单位科技成果的处置、对外投资等事项应按照国有资产管理政策，需要严格履行审批手续，未经批准不得自行处置。由于涉及多个部门的审批流程，每个部门审批流程、要求、速度又不统一，一项科技成果处置的审批权拖个一年半载不是新鲜事。相比其他国有资产，这样的审批流程对于科研成果来说，着实不太合适。

"京校十条"的"开展高校科技成果处置权管理改革"这条政策，提出"建立符合科技成果转化规律的市场定价机制，试行科技成果公开交易备案管理制度"，打破了现行高校国有资产管理政策的困局。"公开交易"、"自主审批"成为关键词，提出可以用交易备案制代替原有的审批。这样一来，审批工作流程和时间大大缩短，有效保障了科研人员的积极性，提高企业合作转化科技成果的信心和效率。

二、影响技术转移的法律因素

市场经济实质是法制经济，所有的市场行为都要受到法律的规范和调整。技术转移也必须在法律的规范下运行，因此法律就成为影响技术转移的重要影响因素。技术转移活动通常都以合作的方式进行，合同的签订、履行都关系到技术转移的成功与否。双方的行为都要以合同为准则，在合同规定的范围内活动。在合作过程中，如果发生纠纷也应该依照合同约定的解决方式来解决。法律的保护在很大程度上解除了合作各方的后顾之忧，为技术转移活动创造了一种安全有利的环境。

（一）法律的系统性

法律是对市场进行规范和调整的手段，又是市场行为有序进行的保障。技术转移法律的系统性是指在技术转移的各个环节都要有相应的法律来规范，如果某一个环节存在法律的缺失，那么这个环节就缺少保障，技术转移就不能有序地进行。技术转移的过程存在多个环节，如技术的研发、技术专利的申请、技术交易和转让、技术的应用与推广等，在这些环节上都应该有相应的法律来进行调整，提供相应的保障。美国完善的科技法律体系使得美国的科技活动都能够在法律的保障下进行。20 世纪 80 年代以来，以 1980 年《拜—杜法案》，1980 年《史蒂文森—威德勒技术创新法》，1982 年《小企业技术创新进步法》，1984 年《国家合作研究法》等法案为支柱，美国建立了技术转移的法律体系。这期间还包括为进一步执行联邦技术转移法，在 1987 年通过的 12591 号和 12618 号总统令，1988 年通过的《综合贸易与竞争性法》，1989 年通过的《国家竞争力技术转移法》等。特别是在 90 年代初，由于冷战的突然终结，美国国会开始把冷战时代的国防先进项目研究机构转为军民两用研究机构，1993 年批准了《国防授权法》，根据这一法案，DARPA 的名称改为 ARPA，其目的是为了推动两用技术的发展。美国相对完整的技术转移法律体系，也为美国的技术产业化链条提供了强大制度保障。因此，我国技术转移方面的法律的系统性和体系的完整性，直接关系到技术转移的发展。

（二）法律的专项性

技术转移法律的专项性是指在技术转移的各个环节都有相应的法律规范，而不是依靠其他相关法律来调整。在我国，在技术研发环节上国家已经制定了《技术创新促进法》、《科学技术进步法》，在技术成果转化环节也制定了《促进科技成果转化法》、《关于促进科技成果转化的若干规定》。而在技术转移环节，却至今尚未出台相关专项性法律，而仅仅依靠《合同法》、《专利法》、《反不正当竞争法》等相关法律来调整，这就导致了政府促进技术转移的行政行为找不到法律依据。技术市场的规制和调控只能依靠政策或者其他相关法律，这样就使得技术转移活动失去了有力的法律保障，严重影响了技术转移活动的健康发展。所以，技术转移法的出台将为技术转移主体行为提供法律依据，为技术转移市场提供有效保障。

三、影响技术转移的信息因素

在科学技术飞速发展的时代，信息成为了一种宝贵的资源，谁能迅速快捷地获取可靠的信息，谁就能在交易与合作中获得主动权。技术转移客体的隐性特征和保密性，使得相关信息的获得在技术转移活动中就变得更为重要。

（一）信息的不对称性

在技术转移双方进行技术交易磋商和谈判时，除了经济实力之间的差距将影响磋商结果外，双方所获取的相关信息也将对磋商结果产生重大影响。对于高校和科研机构来说，由于受到其运行机制和功能定位的影响，学校的主要精力还是在教学与人才的培养上，对于技术市场的信息并不能完全掌握，或者说知之甚少，在谈判的过程中就会因为不了解市场行情而陷入被动。而对于企业来说，作为技术的接受者，对将要接受的技术并非完全了解，也很难获得其他技术信息，此时，作为技术提供方的高校和科研机构就成为了技术信息优势方。企业在磋商和谈判时就可能因为对交易对象不甚了解而受制于人。技术转移双方的信息性质和数量之间的差距，造成信息的不对称性。技术信息和技术市场信息对于技术转移的双方来说至关重要，它将引导双方进行技术转移活动。在技术转移活动中，信息成为合作各方合作谈判中的关键筹码。在利益的驱使下，信息优势方很有可能通过隐藏信息或者提供虚假信息来达到获利的目的，这样就损害了信息劣势方的利益，有碍于技术转移活动顺利进行。所以，拓宽各自获取信息的渠道，增加信息来源，在信息方面谨慎操作是减少因信息不对称而遭受损失的正确方法。

（二）技术转移信息的分析、筛选

信息本身并不足以让获得者取得直接利益，而只有将获得的信息进行分析、筛选和去伪存真、去粗取精之后，才能获得有用的信息，从而做出对自己有利的决定，才能获得相应的利益。所以，对技术转移信息进行有效而又正确分析才能实现信息的价值，才能很好地指导技术转移活动。否则将适得其反，将影响技术主体各方做出正确的判断，从而导致技术转移活动不能正常进行。

四、影响技术转移的金融资本因素

金融资本是社会生活中最活跃的因素之一，是个能量巨大的工具，成了操控整个人类社会经济、政治、科技、文化、思想、观念、道德、文明、发展的操盘手，聚能器。

金融资本的掌控者，都是资讯灵通、眼光独特、分析准确、拥有较强社会资源协调能力的人，他们有能力为实现一个目标聚集起所需要的团队、物资储备、科学技术、财力等各种资源。认识资本一定要认识掌握资本的人，认识他们的能量，学会利用这些能量为技术转移服务。

（一）资本的巨大资源配置能力

资本的资源优化配置的能力来自于人们的"逐利性"和它强大的购买力。当资本决定投向某一件事情（一个项目）后，会组织一大批的技术、管理和商业精英，为该项目服务，满足项目运作需求同时也满足精英们的发展需求。这些人带来技术、管理经验以及思想可影响技术供体和技术受体之间在技术转移中的力量分配，甚至会使技术由卖方市场变为买方市场。资本也为技术转移提供必要的物质条件，资本对其他社会资源的协调能力（资本背后的力量）是指资本通过对资金流向的引导而对资源配置发挥导向性作用。在技术转移中则主要体现在对技术支撑体系中其他力量的协调和调动上，这是给新技术寻找和搭建舞台的过程。

（二）技术转移与技术发展需要资本的支撑

技术的发展成熟，自始至终都需要资金的坚强支持。对高校和科研机构来说，在实验室阶段还可以通过一些渠道从政府获得资金，但走出实验室以后，特别是小试以后的技术发展就需要更大量资金支撑。从小试到成功中试再到定性生产，资金需求量往往是实验室的几十甚至上百倍，在我国的创新体系中这个阶段是"盲点"，没有明确的资金来源，基本上是科研机构千方百计自己筹集。当前在我国缺少金融资本的支持，是技术转移水平低的一个重要原因。

（三）资本的回报属性

资本是需要回报的，这是资本的本性，在技术转移中也毫不例外的存在这一铁的规律。资本支持某项或者说某个技术体系转移中，是希望技术能给他带来收益，一般是经济回报。他们特别注重对技术获利能力的评价，如果没有足够的利益驱动，那么资本是不会参与进来的。

科技成果的转化是投资者追求商业成功，获得经济效益，甚至获得潜在的超常规的效益的一个手段或者工具。认识到这一点，找准技术转移中资方的着眼点，就有可能把握资本的意图，正确引导资本为科学技术转化为现实生产力服务。

五、影响技术转移的地理位置和区域环境因素

高校和科研院所的地理位置对于技术转移非常重要的影响[①]。Coccia 运用重心理论作为工具，对意大利的 8 家研究所进行研究，表明技术转移比较密集的地方集中于技术来源（研究所）86.8 公里和 419.3 公里的范围之内，这说明研究机构的技术转移具有就近效应。

如果研究机构所在地存在着一些不利于技术转移的障碍，则会影响到该研究机构技术成果的转移。而如果研究机构所在地如果存在一些有利于技术转移的因素，例如某一领域的人才和技术特别集中，则转移更容易成功。

因此，我们的研究机构应当关注和地方的合作，地方政府应当尽量利用当地研究机构的资源，并且为技术转移做出投入，以促进区域经济的增长。

高校和科研院所产出的技术最有可能在本地区发生转移。地方政府大多会对本地区高校和科研院所的技术转移活动予以支持，包括资金支持、优惠政策（补贴、减免税、奖励）、平台支持（技术转移中心、大学科技园）等。地区企业是高校和科研院所技术转移的主要需求方，且其与高校和科研院所之间存在合作研发以及双向的技术溢出现象。由此，区域环境中的政府和企业是高校和科研院所技术转移的重要影响因素。Etzkowitz 提出了高校—企业—政府的三重螺旋模型，此三方参与者相互作用，共同促进创新螺旋的上升。

为了说明区域环境对技术转移的影响，浙江大学公共管理学院的范柏乃、余钧以高校为例，利用 1994—2009 年我国的省级面板数据，检验区域环境对高校技术转移的影响[②]。

从政府层面来看，政府经费是高校研发活动的重要资金来源，除直接投入外，政府科技支出还用于建立和完善高校技术转移的基础设施、服务体系以及培育和支持高校技术转移的其他主体（如企业、中介机构）等，原长弘

[①]　李文波：《我国大学和国立科研机构技术转移影响因素分析》，《科学学与科学技术管理》2003 年第 6 期。

[②]　范柏乃、余钧：《资源投入、区域环境对高校技术转移的影响——基于 1994—2009 年我国省级面板数据的分析》，《科学学研究》2013 年第 11 期。

等研究指出，政府科技支出正向调节高校知识转移效率。董洁等研究指出，政府地方财政科技拨款占地方财政支出比重对高校技术转移效率有显著的正向影响。

从企业层面来看，企业吸收能力是影响企业对高校技术转移需求的重要因素。若企业吸收能力不强，则不能顺利承接高校转移的技术并进行后续的开发、商品化和产业化，进而造成对高校技术转移的需求不足。影响企业吸收能力的因素主要有 R&D 投入、组织知识、组织制度、社会整合机制。黄攸立等指出，研发能力强的企业更有可能与大学研发合作。Siegel、Chapple 研究指出，地区 R&D 投入强度对高校技术转移有着显著的正向影响。廖述梅、徐升华研究指出，地区人均 R&D 投入对高校技术转移有着显著的正向影响。此外，地区经济发展水平也会对高校技术转移产生影响。Sigel 指出，地区经济增长是地区企业对高校 R&D 活动赞助能力的代理指标。Baldini 等研究指出，产业发展水平较高的地区，高校专利与许可活动更为频繁。Chapple、廖述梅，徐升华、吴凡、董正英研究均指出，地区 GDP 对高校技术转移有着显著的正向影响。

在范柏乃、余钧的研究中，对于区域环境指标，政府科技支持采用地方财政科技拨款。企业吸收能力研究则采用 1994—1998 年规模以上企业 R&D 经费投入，1999—2009 年采用大中型企业 R&D 经费投入；地区经济发展水平采用地区 GDP（相关原始数据来源于《中国统计年鉴》、《中国科技统计年鉴》以及中国科技统计网站中的中国主要科技指标数据库）。范柏乃、余钧通过研究，得到以下结论：

从区域环境与高校技术转移的关系来看，地方财政科技拨款和地区 GDP 的系数为正，地区企业 R&D 投入的系数为负，地方财政科技拨款、地区企业 R&D 投入在 10% 的统计水平上不显著，地区 GDP 在 10% 的统计水平上显著，即地方财政科技拨款对高校技术转移有着不显著的正向影响，地区企业 R&D 投入对高校技术转移有着不显著的负向影响，地区 GDP 对高校技术转移有着显著的正向影响。对于地方财政科技拨款不显著的正向影响，可能的解释是地方财政科技拨款具体支出内容繁杂，科目包括科技管理事务、基础研究、应用研究、技术研究与开发、技术条件与服务等，其中只有部分经费是支持高校技术转移的。对于地区企业 R&D 投入不显著的负向影响，可能的解释是研究中所采用的地区企业 R&D 投入指标是大中型企业 R&D 投入。对于大中型企业，其 R&D 投入的增加不仅增强了技术吸收能力，还意味着增强了技术创新能力，其自身便能完成新技术的研发以及后续的商品化、产业化，从而降低了对高校技术转移的需求。现实中，中小企业才是高校技术转移的主要需求方，有待收集数据验证中小企业 R&D 投入对高校技术转移的影响。

六、影响技术转移的知识产权发展环境因素

美国已在全球范围内形成了对维护本国利益极为有效的知识产权保护体系，具有完整的知识产权法律制度，通过《专利法》、《商标法》、《著作权法》和《反不正当竞争法》，对科技成果进行了全方位的知识产权保护，并制定《拜—杜法案》、《技术创新法》、《联邦技术转移法》等多项有关联邦政府技术创新和技术转移的法律，以明晰知识产权归属，建立有效保护和高效利用知识产权的体系。

作为专利大国和强国，知识产权战略是美国国家战略的重要组成部分，美国的知识产权战略为美国科技创新和技术转移提供了良好的环境，知识产权保护措施在法律上保护创新的思想，鼓励了科学家、发明家和企业家的创新和创业积极性，促进了美国的科技进步，巩固了美国在科技和经济上的竞争优势。

（一）中国专利体系现状

1984 年中国通过了首部专利法，建立了一个与欧洲和日本相似的体系。中国国家知识产权局（SIPO）负责管理全国的专利事务。中国主要有五种知识产权：专利权、商标权、著作权、商业机密权和新植物品种权。专利授予方式有三种：发明专利、实用新型专利、外观设计专利。发明专利在授予前需要通过实质审查证实其具有实用性、新颖性和创造性，而实用新型专利和外观设计专利则不要进行任何新颖性和创造性的审查。1992 年中国对专

利法进行了第一次修订和增补，扩大了专利保护范围并将发明专利保护年限延长至 20 年（实用新型专利仍维持 10 年的有效期）。在加入世界贸易组织的前期，为了遵守"与贸易有关的知识产权协议"（TRIPS），中国再次修订了专利法。修订后的专利法规定专利权人在起诉侵权人之前拥有向人民法院申请责令停止侵权行为的权利。此外，修订后的专利法还明确规定了如何计算侵权损失，以及国有企业和非国有企业拥有同等的专利保护权。

自专利法实施以来，中国的专利申请数量逐年增加。近 5 年来，专利申请年平均增长率达到 23%。截止到 2006 年 12 月 31 日，中国知识产权局受理的专利申请量累计达到近 3334000 件，授权专利数量约 1738000 件。截止到 2009 年，中国已经成为世界第三大专利申请国，其中 90% 是中国国内申请人的专利申请。根据业内人士的分析，即使把在华的外资企业如 GE 中国的专利申请归为外国企业所有，国内企业，如华为、中兴、海尔等的专利申请数量仍然远高于外国企业。业内人士特别指出，国内申请人的发明专利申请数量与国外申请人的发明申请数量的比率达到 3∶1，并且实用新型专利数量远远超过国外公司。

然而，不少业内人士在研究中国申请人的专利后，指出这些专利的质量非常差。在中国政府大力推动下，专利申请数量急剧增加，已经严重超出相应专利服务机构和专业服务人员的承受能力，中国国家知识产权局也不得不培养大批人员来审查专利。由于具有深厚的法律背景又能透彻理解技术的专业人才十分缺乏，导致这类岗位上充斥着大量不具备足够专业技能的行政人员。

增加专利申请数量的压力只能加重困境。因为专利申请和授权数量增加的太快，中国国家知识产权局不得不培训大量的人员来审查专利。其中必然会有一些审查员的专业技能达不到标准。结果是他们或者漏检了在先技术，授权了一些很容易被无效掉的专利，或者坚持一些偏离专利原则的严苛要求，只授权范围很窄的权利要求，极大地降低了授权专利的价值。

（二）大量的"垃圾专利"影响技术转移
中国政府非常重视专利数量的增长。由于专利数量是很多政府部门和各类国家和地方组织的统计指标，加之专利审查系统又十分宽松（极少量的在先技术检索，实用新型专利和外观设计专利则无实质审查程序），造成大量的专利申请涌现。此外，许多地方政府支付了专利申请头三年的各项费用，又进一步降低了申请专利的成本。不难预料，有大量的垃圾专利会在三年以后因政府资助终止而导致专利权的放弃。

很多其他因素也造成了中国专利申请数量的增加，其中显著的因素是：政府部门和科研院所的政策所导致的专利的不恰当使用。例如，政府科研基金资助部门通常要求课题组在资助项目结题时有1项以上的专利，致使很多项目负责人为结题不得不申请专利，而根本不考虑专利本身的商业价值。一些大学和研究所规定研究生只有发表科学论文或是申请了专利才可以毕业，这使一些学生为了毕业而不得不申请专利。专利申请其他不恰当的用途还包括：专利可以作为工作晋升或是申报城市户口时的评价指标等。另外，一些地方政府或研究机构规定对每一项专利的申请或授权都给予发明人一定的现金或其他奖励。非常明显，这些政策和规定关注的只是专利申请和授权的数量，却并未考虑这些专利申请或授权专利是否已经被商业化或者是否具有商业价值。

存在这些奇怪的政策和规定的主要原因是政策制定者没有充分理解专利的本质。实际上，递交一件专利申请十分容易，而且只要专利的权利要求范围足够窄，获得专利授权也会非常容易。但是，权利要求范围窄的专利通常毫无价值，因此申请这样的专利完全是浪费资源。尽管如此，除非这些政策和规定得到修正，否则它们还会造成大量垃圾专利的不断产生，浪费大量的社会资源，并给专利申请人带来不合理的申请动机。

中国高校和科研院所的发明人申请专利的动机各种各样。中国许多科研院所并不设立终身聘任制，而是采用5—7年的合同聘任制，定期开展科研评估。这就导致科研人员面临巨大的发表科研文章的压力。所以，申请专利对于许多科研人员来说并不重要。另外，更为关键的是，由于这些院所缺少经验丰富的技术转移中心，而专利代理机构能够提供的帮助又很有限，这迫使发明人不得不自己撰写专利申请书、答复审查意见、为专利申请提供数据和理论支持、开展专利许可谈判，最终导致专利质量差、成果转化率低和交易质量差。质量差的专利通常保护范围窄，在专利诉讼时无法有效保护专利技术。

由于中国的科研机构很少能从成果转化中获益，所以他们缺少申请高质量专利的动机①。对于美国的高校来说，专利许可费用是学校经费的一个重要来源，因为他们有能力将自己的技术许可出去，获得专利使用费和销售额提成，但大部分中国高校和科研院所做不到这一点。实际上，中国科研人员申请专利通常只是为了获得政府科研基金。

除非高校把自己的专利进行转化，他们才会关心专利质量，但即便如此，真正关心专利质量的也是被许可方，不是高校。目前教授获得科研项目经费主要是基于文章发表情况，只有少数的情况下专利才作为评价因素，即有专利才能获得政府资助。尽管各地政策不尽相同，但是大多数人申请专利只是为了获得政府资助，这造成中国存在许多毫无价值的垃圾专利。另外，教授们申请专利的原因之一，也是因为拥有专利可以使他们表面上看起来很光鲜。这是游戏的一环，但这个游戏的目的决不是为了专利诉讼。只有当专利是以诉讼为目的撰写时，专利质量才能提高。

（三）对技术转移工作的复杂本质缺乏充分了解影响技术转移

2001 年，中国教育部和原国家经济和贸易委员会联合批准在 6 所一流高校（清华大学、上海交通大学、华东理工大学、华中科技大学、西安交通大学、四川大学）成立国家技术转移中心。2008—2009 年，中国国家科技部也指定了 134 家技术转移中心作为国家技术转移示范单位。然而，一些学者指出这些中心成效不佳、与大学科研处的目标职责划分不明确、缺乏独立性。近来政府对专利申请数量的重视给这些技术转移中心的内部组织架构和运行效率增加了更多的压力。这类技术转移中心的员工通常是行政人员，他们缺乏足够的技能来判断发明是否具有巨大的潜在商业价值或在申请高质量专利方面提供增值服务。因此，大部分这类技术转移中心通常缺乏工作

---

① 李玉玲、赵德铸：《国外高校技术转移和知识产权保护运行机制研究》，《山东师范大学学报》（人文社会科学版）2010 年第 1 期。

成效。

由于对技术转移工作的复杂本质缺乏充分了解，中国政府部门采用了一种可以被称为"超市"的运作模式，来过分简单化地推动成果转化。例如，许多城市成立的技术交易中心，像超市把货物摆在货架上一样，只是简单地展示需要转化的技术，没有对技术转移提供任何增值服务。另一种情况是政府部门每年投入大量资金在各城市举办成果交易会，将成果进行展示，期望公司参加交易会来找到和许可他们需要的技术，就像顾客到超市选购日用品一样。政府要求研究机构参加技术交易会，交易会的所有费用都由政府承担。然而，许可一项技术与购买日用品完全不同（即便不是许可一项技术），而只是购买价格昂贵的大件商品如大屏幕电视或汽车，也要比购买一包薯片复杂得多。因此，中国每年有大量的资源被浪费在没有价值的成果交易会上。

与政府把大量资源浪费在成果交易会上截然相反的是，中国科研机构在专业化技术转移运作上投资极少。例如，北京大学和美国康奈尔大学每年都能产生大约 300 项发明，北大每年申请约 300 件专利，但仅有 2 人分别负责专利管理行政事务和专利许可事务。相比北京大学，康奈尔大学每年只申请约 150 件专利，然而其技术转移中心拥有 30 多人的专业团队负责管理知识产权和技术转移相关事务。为什么美国大学比中国大学在专业化技术转移团队的投入上会有如此巨大的差异？尤其是考虑到美国的人力成本远远高于中国，他们为什么还要这么做？对这个问题的深刻理解也许能够给中国政府在如何有效地促进技术转移方面带来一些极为重要的启示。

中国科研机构内部技术转移部门规模小和能力低在中国是非常普遍的现象，因此许多科研单位的发明人不得不自行开展技术转移工作，从专利申请书的撰写一直到技术许可谈判。由于发表科研论文和申请专利的数据要求完全不同，发明人通常不清楚如何准备足够的数据以获得更大的专利权利要求范围，或如何撰写一份公开充分的专利申请书。因此他们申请的专利，通常权利要求范围很窄，专利文本的撰写也并非以支持诉讼为目的。

在发达国家，一个典型的技术转移专业人才需要具备独特的知识和技能的组合，即科学、法律和商业的复合背景。通常是以自然科学博士或硕士为起点，然后加上工商管理或法律方面的高级学位，如工商管理硕士（MBA）或法学博士，即使具有这样背景的专业人才也还需要3—5年的工作积累来培养其法律和商业判断力，才能应对OTT工作中的各种任务，包括特定区域许可，筛选被许可方，以及确定合适的市场、客户、商业应用范围（scope of application）和可能的商业模式。在中国，具备这种能力和水平的人才即使在知识产权相关的政府机构和服务行业中也几乎没有。造成这种情况的部分原因可能是中国高中就要进行文理分科的教育体制，这种体制中理科生通常不需要学习社会科学的基础知识，反之亦然。另外，当前中国很少有人会在获得自然科学的博士或硕士学位后再去攻读一个商业或法律的研究生学位。因此，在中国本土几乎难以找到在科学、商学、法律三方面都接受过良好专业训练的人才。

在发达国家，技术转移中心可以将部分工作外包给各种服务机构，如专利律师事务所可以参与在先文献的检索和专利性的判断，法律顾问可以协助起草把技术许可给新公司或大企业的许可合同，风险投资公司和咨询公司可以参与评估专利价值和确定合适的商业模式。然而，在中国，这些服务机构还没有发展起来。如专利律师事务所或资产评估事务所的人员通常技术背景薄弱，导致专利撰写的质量差；法律顾问在与国外公司就专利许可合同或合作研究协议进行沟通或谈判时有很大的困难；评估公司没有能力提供以谈判为目的的专利价值评估，其评估报告的结果常常是根据客户要求的数目而定，主要是为了满足政府的要求而完成；几乎没有风投公司对投资早期技术感兴趣或者了解以知识产权和早期技术开发为基础的现代高科技或生物技术商业模式。

在中国，技术转移专业能力的缺乏，加上利益冲突和不良动机的存在，使情况变得更加复杂。一方面，专利事务所是以专利撰写的数量而不是质量获得报酬，这导致他们倾向于将一个专利申请分为多个专利申请，以便增加专利数量和代理费，这一做法极大地削弱了专利的权利要求范围和专利诉讼时的保护力度。另一方面，潜在的国内被许可企业本来应该很关心专利的质量，但通常因注重追求短期回报而对投资早期技术不感兴趣。这些国内企业普遍缺乏必要的技术转移专业人才和研发能力来判断早期技术的价值。而具有丰富技术转移经验的跨国公司对这些低质量专利也不感兴趣，因为他们可以绕道设计。由于上述种种原因，中国科研机构里很多好的早期技术面临着难以被转化的难题。事实上很多具有创新性的好技术由于无法被转化而被白白浪费了，其主要原因是因为这些技术的专利质量太差，无法给公司或潜在投资者提供有效的保护。

一些在国际市场上有较大市场份额的中国公司已经被迫提高其知识产权管理能力。在华为和中兴参与竞争的电信行业领域中，国际电信行业标准要求企业必须获得核心知识产权的许可才能参与行业竞争。对华为来说，早期的诉讼经历迫使其改变自己的策略。5 年前华为还鲜有重要的专利，而今日其拥有的专利数量和质量已经急剧上升，成为全球最大的专利申请人之一。华为目前拥有超过 300 人的知识产权团队，以诉讼为目的撰写专利，并且已经拥有足够多的高质量专利来与行业巨头如诺基亚、爱立信等企业抗衡。

不同行业的技术转移经验差别也很大。在电信行业新老技术交替迅速，许多公司可以越过老技术直接发展新一代的技术。相反在医药行业，老的专利通常是新一代技术和新专利的垫脚石。一些行业人士认为，中国医药公司的知识产权管理能力与西方竞争对手相比至少落后 10 年以上。

七、影响技术转移的人的因素

在由"官、产、学、研、资"构成的完整的技术转移体系中有一个共同的因素在起着关键性的作用——人。人的因素，才是技术转移能否成功的最关键、最核心的因素。人是一切生灵的主宰，也是一切事物的主宰。无论是"官、资"，还是"产、学、研"，所有的事情最终都是由人来完成的，每一件事情都要落实到具体的人。人是最活跃的因素，起着决定性作用。技术转移首先是技术供体和技术受体"人"的融合。难度在于他们的心态、价值观、技术判断标准、思维模式、对事情的把握能力、社会地位、对未来的判断等等都有很大的不同，这些都直接影响着技术转移能否顺利实现。由于技术转移各方的利益点、兴奋点和思维模式的不同，直接决定了他们对技术的价值判断可能会出现较大的偏差，以及在技术转移的过程中搭建什么样的机制、执行什么样的技术转移流程等等具体的事情。在技术转移过程中协调好人的关系，就是找到他们共同的利益点和共同的价值认同点，调动好他们的积极性。让不同主体之间很好的沟通协调、在价值上达成共识，是技术转移能否成功的关键。人的积极性是克服困难，推动事情发展的决定性因素。

在很多的技术转移成功案例中，我们发现一个非常耐人寻味的规律：技术供体和受体有一个基本共识，那就是某某人（绝大多数是技术受体的人）对成功的关键性和绝对性的影响，起决定作用的是某个人的战略眼光、决策能力、超人胆略和智慧，归根结底是靠技术受体（企业家）个人对技术价值的判断决定的。一定意义上讲，这是技术转移体系不完整的一个表现，缺少完备的技术评价体系和一个能发挥关键组织作用的机构，但从另一个角度也说明了人在技术转移中的绝对作用。

第三章 国内外技术转移的现状、经验与借鉴

第一节 国外技术转移的现状、经验与借鉴

目前，美国、法国、英国、德国和日本等发达国家已经探索出较为成熟的技术转移模式。技术转移也呈现出各自的特点，他们凭借自身优势，积极促进技术转移，为提高国家竞争力、推动经济发展发挥了重要作用。本节试图通过总结以美国为代表的发达国家技术转移的先进经验和成功案例，以期对促进中关村地区的技术转移有所借鉴和启发。

一、国外技术转移的现状

（一）美国技术转移现状

美国通过立法建立了国家技术转移中心（NTTC）、联邦实验室技术转让联合体（FLC）和国家技术信息中心（NTIS），还在大学建立技术转移办公室，构建了完整的技术转移模式和运行机制。

1. 美国联邦实验室技术转移现状与模式

（1）美国联邦实验室技术转移现状

美国联邦实验室系统拥有世界顶级科学家和先进研究设备，是国家技术创新的支柱。美国政府为确保联邦实验室技术转移顺利实现，在治理结构和技术转移模式选择方面给予了充分重视，有效扫清了联邦实验室技术转移的障碍。

联邦实验室技术转移联合体（FLC）成立于 1974 年，是一个由 700 多家联邦实验室所组成的全国性技术转移网络组织。1986 年出台的《联邦技术转移法》，要求联邦政府的大部分研究机构也加入该联合体，并正式向FLC 授予特许状。现在，美国几乎所有雇员在 10 人以上的联邦实验室、研发中心及其隶属的联邦部门和机构都是 FLC 的成员。FLC 的运转经费来自各联邦实验室的预算提成，各实验室将其预算（包括管理费用）的 0.008%用做 FLC 的活动经费。根据 1986 年《联邦技术转移法》和相关政策的规定，FLC 的主要使命是促进和协助联邦实验室（包括大学运作的国家实验室）的科研成果和新技术向美国产业部门快速转移。

为促进联邦实验室科研成果得到充分应用，1980 年出台的《史蒂文森—威德勒技术创新法》规定：技术转移应成为每一所联邦实验室的重要使命，技术转移是每一个实验室科学家和工程师的一项职责；授权在每一所大学联邦实验室设立"研究与技术应用办公室"（Office of Research and Technology Applications）。据此，几乎所有大学联邦实验室都成立了独立的"研究和技术应用办公室"，有的直接设为"技术转移办公室"。主要职能包括：加强对各州、地方政府或产业部门具有应用价值的联邦实验室研究和开发项目的应用价值评估；提供并传播对州、地方政府或产业具有应用价值的联邦占有或创造的产品、加工和服务等信息；加强同"联邦技术应用中心"及与联邦实验室的研发资源有关的组织合作，根据各州、地方政府和产业的实际需求提供技术指导或帮助①。美国大学管理的联邦实验室是联邦实验室系统的重要组成部分，在技术转移方面为美国产业部门做出了重大贡献。

（2）美国联邦实验室技术转移模式

20 世纪 80 年代以来，为激励联邦实验室技术转移，提升联邦实验室服务产业技术创新，美国政府出台了一系列政策法案，为规范大学运作的联邦实验室技术转移活动提供了重要保障。目前已形成比较完善的多元技术转移模式，如合作研发协议、为其他工作协议（Work—for—Others Agreement）、

---

① *Berkeley Lab's technology transfer program and its accomplishments* [EB/OL]. http://www.lbl. gov/Tech-Transfer/index.html. 2011-05-12 .

技术咨询与人员交流项目等。

A. "合作研发协议"（CRADA）模式。"合作研发协议"是指一个或多个联邦实验室与一个或多个非联邦组织（可以是其他联邦部门、州或地方政府、产业组织、公私基金会、包括大学在内的非营利性组织等）之间签署的相关协议。联邦实验室向合作方提供人员、服务、设备或其他资源，但不提供资金，而合作方应向联邦实验室提供资金、人员、服务、设备或其他资源，用于合作开展的研发活动。1989 年出台的《国家竞争力技术转移法案》把"合作研发协议"使用范围由"政府拥有政府运作"（GOGO）的实验室扩大到"政府拥有合同者运作"的实验室。这意味着，一方面，由联邦政府委托给大学管理运作的国家实验室和联邦资助研发中心可以实施"合作研发协议"；另一方面，产业部门可以参与大学运作的联邦实验室合作研发工作。1995 年出台的《国家技术转移与提升法案》规定："合作研发协议"伙伴可以保留由其自己研究人员独立生产的研究成果的所有权。即由大学与非大学组织运作的联邦实验室签署的"合作研发协议"中，大学可享有其研究者在协议中独立完成的研发成果的所有权，同时向政府提供无限制的免费许可使用权 ①。在合作研发伙伴的选择上，大学运作的联邦实验室应优先考虑小企业公司和小企业联盟，特别是在美国境内的小企业，确保实验室研究成果能在美国境内开发和生产，也可以适当考虑大公司或外国公司是否参与合作研发协议。

B. "为其他工作协议"模式。"为其他工作协议"主要是指为非联邦部门工作的技术协议，主要包括非联邦实体资助协议、技术服务协议、分析服务协议等形式。如伯克利国家实验室规定的"为其他工作协议"，主要是指一家公司向伯克利实验室科学家提供资助，利用实验室特有的设备和专家资源，围绕特定课题开展研发活动。协议的主要目的是向非联邦实体提供难以实现的、非重复性的技术成果；为工业企业提供国家实验室独特的高端技术设备、技术服务；加强国家实验室与产业部门之间的研发合作，促进技术

---

① FLC.2005. *Federal Technology Transfer Legislation and Policy*. Universal Technical Resources Services, Inc.ix.

转移。

C."技术咨询与人员交流项目"模式。技术咨询和人员交流也是美国联邦实验室技术转移的重要模式之一。1980 年出台的《史蒂文森—威德勒技术创新法》第 13 部分关于"人员交流"规定：商务部和国家科学基金会应联合创建一个旨在促进学术界、产业和联邦实验室之间的科技人员交流项目，项目应包括联邦支持的交流和非联邦资助的激励性交流[1]。里根总统发布的"12591 号执行令"鼓励技术交流，即不同部门的科学家和工程师之间的交流。联邦政府通过开发和实施交流项目，鼓励私营部门科学家和工程师承担联邦实验室（包括大学运作的 GOCO 实验室）的临时研发任务，联邦实验室也可以承担私营部门的临时研发任务[2]。

美国还通过立法建立了国家技术转移中心（NTTC）和国家技术信息中心（NTIS）。NTTC 成立于 1989 年，经费主要来自美国航空航天局（NASA）、能源部（DOE）、联邦小企业局（SBA）等，其主要任务是将联邦政府每年拨出 700 多亿美元资助的国家实验室、大学等的研究成果迅速推向工业界，增强美国工业的竞争力。NTTC 还在全国建立了 6 个区域技术转移中心：南部技术应用中心、中部技术转让中心（MCTTC）、东北部技术商品化中心、大西洋技术应用中心（MTAC）、中西部大湖工业技术中心、西部区域技术转移中心。NTIS 主要任务是整合国家相关研究计划、各类实验室以及大学专利、技术发明、可转移技术，建立数据库，为中介机构提供信息查询服务。

2. 美国大学技术转移现状与模式

(1) 美国大学技术转移现状

大学技术转移对企业科技创新和经济发展产生重要影响，美国大学技术转移始于 20 世纪初，其模式演变经历了三个阶段。

一是威斯康星大学首创的 WARF 模式（20 世纪 20—30 年代）。1925

---

[1] Stevenson-Wydler *Technology Innovation Act of 1980* (Public Law 96-480). Section.13.

[2] Ronald Reagan. *Executive Order 12591—Facilitating Access to Science and Technology*. April 10th, 1987. Section. 3.

年，威斯康星大学教授 Harry Steenbock 为了给包括自己在内的本校教师申请和管理专利提供方便，和几个校友发起成立了专门管理本校专利事务的机构——威斯康星校友研究基金会（Wisconsin Alumni Research Foundation，简称 WARF）。WARF 虽然是威斯康星大学的附属机构，但享有独立的法律地位。明尼苏达大学、俄亥俄州立大学等仿效 WARF 模式也成立了附属的"研究基金会"（Research Foundation），管理本校的专利事务。WARF 模式下，大学的专利许可收入较为可观，至今仍为上述大学所采用。但在当时，这种做法遭到很大非议，并未得到推广。

二是麻省理工学院首创的第三方模式（20 世纪 30—60 年代）。1912 年，加州大学伯克利分校教授 Frederick Cottrell 发起成立了美国首家专门面向大学的校外专利管理公司——研究公司（Research Corporation，简称 RC），RC 独立于所有大学，至今仍在运作。1937 年，麻省理工学院与 RC 签署协议，将学院的发明提交给 RC，由 RC 掌管专利申请和许可事宜，收入麻省理工学院得六成，RC 得四成，从而开创了大学技术转移的第三方模式。在第三方模式下，学校既完成了技术转移，获得了专利许可收入，又不会影响学校名声，因此许多大学纷纷与 RC 签订协议，当中就包括斯坦福大学。第三方模式的缺点在于：第一，RC 无法同时应付众多大学的专利管理事务；第二，RC 要分去相当一部分收入，双方容易在收入分配上发生争执，最终不欢而散。麻省理工学院在 20 世纪 60 年代终止与 RC 的协议，原因正在于此。

三是斯坦福大学首创的 TLO 模式（20 世纪 70 年代至今）。长期以来，斯坦福大学技术转移采用第三方模式。1968 年，斯坦福大学资助项目办公室副主任瑞默斯（Niels Reimers）发现学校有许多发明极具商业价值，于是游说学校管理当局同意他进行技术授权许可的试点，即由学校亲自管理专利事务，再把专利许可给企业界。在征得校方同意后，工程师兼合同经理出身、并在高技术企业工作过的瑞默斯，开始了为期 1 年的试点工作，当年就创收 5.5 万美元。斯坦福大学遂于 1970 年 1 月 1 日正式成立技术许可办公室（Office of Technology Licensing，简称 TLO），瑞默斯为首任主任。截至 2000 年，TLO 从刚成立时的 2 人，扩展到 26 人；TLO 累计受理 4359

项发明披露，累计申请 1050 件美国专利，累计创造专利许可收入 4.54 亿美元，累计给予 TLO 研究激励基金（TLO Research Incentive Fund）873.4 万美元。① 麻省理工学院特意向斯坦福大学请求借调瑞默斯 1 年，指导技术转移工作，而引入 TLO 模式之后，麻省理工学院的技术转移工作很快便有了起色。

硅谷的成功和斯坦福大学在硅谷所处的重要地位，使得斯坦福大学首创的 TLO 模式，引来众多大学的仿效。但是，美国早期的技术转移政策规定，由政府资助的科研成果，其知识产权归政府所有，致使研究人员积极性不高，技术转移工作遭遇瓶颈。直到 1980 年，美国国会通过了《斯蒂文森—威德勒技术创新法》，加强和扩大了美国各科研机构与产业界之间在技术转让、人员交流等方面的合作。同年 12 月 12 日，美国国会又颁布了著名的《拜—杜法案》，理顺了大学发明的产权归属问题，允许大学、非营利性机构和小企业可以拥有由联邦政府资助而产生的科研成果的知识产权，并通过科研成果转化取得商业利益。到 20 世纪 90 年代初，多数大学都采用 TLO 模式，技术转移办公室则成为大学实现科研成果转化的重要机构。TLO 模式现已成为当代美国大学技术转移的标准模式。这标志着美国的技术转移从偶尔的个体行为进入到了国家层面的行为。

各大学技术转移办公室逐渐发展成为了一个虽然依附于大学，却具有独立自主权，包含技术许可部门、专利咨询部门、企业合同管理部门及行政管理部门等在内的健全的组织机构。对美国 128 所大学进行的一项调查显示，美国大学技术转移办公室主要有 8 项职能：①专利、版权许可；②知识产权保护、管理；③为发明披露过程提供便利；④资助研究和为发明人提供帮助；⑤公共服务（推广、信息、技术）；⑥与产业部门的关系；⑦经济发展（地区、州）；⑧创业和创办新公司。各大学技术转移办公室结合自身的特色对核心职能的定位有所差异。例如斯坦福大学认为教师的主要职责就是教学与科研，所以学校坚持不创办企业，通过专利许可将新技术转移至企业界，因而其技术转移办公室重视专利许可、知识产权保护以及为教师的发明披露提

① 罗涛：《斯坦福大学技术转移的成功经验》，《新经济导刊》2001 年第 18 期。

供便利这三项职能。同时，美国各大学的技术转移办公室紧紧依靠本校学科和专业优势，将主要精力投入到与此相关的技术转移中。如美国加州大学圣地亚哥分校，该校的技术转移办公室将主要精力投入到生物医药、工程与物理科学、植物科学、信息科学与版权、研究试剂与细胞系、清洁技术等先进技术的许可和转移中，不仅为学校带来了巨大的收益，而且促使圣地亚哥在短短的 20 年之内，从最初的没有生物医药产业发展到现在有超过 600 家生物医药公司落户于此，并成为全球知名的生物医药企业集聚区。

美国大部分的大学技术转移办公室的收入主要来源于技术转移活动。技术转移所得收入主要分配给四大主体：发明人、试验室 / 系 / 院、大学、技术转移办公室。但每个大学所确定的分配比例有所不同。例如，斯坦福大学将毛收入的 15% 给技术转移办公室，其余 85% 的收入中，1/3 给发明人、1/3 给发明人所在系、1/3 给学院。而弗吉利亚大学是根据技术成果的收入额进行分配，其总体原则是：当收入额较小时，优先确保发明人获得更多利益；收入额较大时，虽然发明人获益比例下降，但绝对额增加。合理的专利许可收入分配策略，成为技术转移办公室的工作原动力，促进了大学科技成果有效地从实验室转移到企业，从而转化为生产力推动经济社会的发展。并非所有大学的技术转移办公室都有丰厚收入，依然存在许多大学的技术转移办公室由于经费不足难以维持正常运转的情况。

得益于明确的组织目标、合理的职能定位、科学的人力资源配置以及有效的激励策略，美国大学技术转移办公室取得了令世界瞩目的成绩。2009年至 2011 年间，美国共 300 余所大学的技术转移成果呈稳步发展态势：每年共新建 600—700 家公司，平均每所大学新建 2 家公司；技术许可数量共计 5000—6000 项，平均每所大学有 20 项左右；专利授权数量增幅加大，共计 3500—5000 项，平均每所大学取得 15 项授权。此外，从 2009 年至 2011年，美国大学技术转移收入总额呈上升趋势，平均每所大学能够取得 800 万元净收入，且始终保持稳步增长。[①]

---

① 陈旖旎、张俊、胡瑞：《美国大学技术转移办公室的发展及启示》，《中国高校科技》2013年第 8 期。

(2) 斯坦福大学技术转移模式

硅谷在 IT 领域的世界领先地位，很大程度上得益于斯坦福大学的技术支撑。斯坦福大学通过成立技术许可办公室（TLO），促进了斯坦福大学在技术成果的转化，使之成为为社会服务的切实产品，同时将成果收益还给发明者和大学，用于进一步的研究和开发。

目前，斯坦福大学 TLO 共分为 7 个部门，具体组成如下：许可授权部，由高级专业授权人员和专业授权人员组成，分别负责相应专业领域的技术许可过程；许可联络部，充当专业授权人员的秘书，协助与外界联系；企业合约办公室，负责处理由企业资助的研究项目与 TLO 的联系；商标许可部，负责版权（软件）、商标许可，有形研究资产以及生物原料的对外转让协议；信息部，负责相关数据库的管理和网站维护以及财务部和行政部。

TLO 有一套成熟有效的工作程序：

第一步，发明人向 TLO 提交"发明和技术披露表"，TLO 随即记录在案，并交由一名专业授权人员负责此项技术转让的全过程。

第二步，专业授权人员与发明人、企业等各方广泛接触，深入了解该项技术的用途、竞争优势、创新点、潜在的市场等信息，以决定学校是否将此成果申请专利。

第三步，专业授权人员主动去接触潜在被许可方，并与感兴趣企业签订意向信任协议，允许其进行具体、全面的信息评估。随后，进行专利许可谈判，签订专利许可协议或选择权协议[①]。为避免利益冲突（conflicts of interest），发明人不能参加 TLO 与企业之间的专利许可谈判，谈判由专业授权人员全权代表学校。

第四步，当一项技术通过谈判成功转让后，专业授权人员负责保持企业与 TLO 的弹性联系，具体包括监督被许可方的执行情况、了解产品市场化的进程、提供必要的咨询服务、及时获取反馈信息并向学校汇报、收取和分配技术许可收入等。

---

① 选择权协议是指企业认为该技术不够成熟，不能明确其使用价值或潜在市场，但仍然愿意支付一定费用，以期在一定时间内（一年内）优先获得许可

TLO 模式的主要创新之处在于：A. 将专利营销放在工作首位。TLO 模式强调大学亲自管理专利事务，并把工作重心放在专利营销上，以专利营销促专利保护。B. 专利政策兼具原则性和灵活性。斯坦福大学在发明所有权的归属问题上持毫不含糊的态度：依据《拜—杜法案》，联邦政府资助的发明所有权归大学；企业和其他机构资助下的发明所有权通常也归大学。灵活性则体现在，在专利许可收入的分配上以利益共享为原则。允许发明人分享收入旨在激励教师不断披露发明，并配合随后的专利申请和许可工作；而允许发明人所在院系分享收入的做法，则提升了发明人在院系中的地位和声望。

斯坦福大学 TLO 技术成果转让成效显著，从 1970 年成立至 2006 年，TLO 累计技术发布近 6500 件，累计转让技术成果 2000 余件，共获得技术转让收入约 11 亿美元。2005 年至 2006 年，发布技术成果 470 项，签订转让协议 109 件，获得许可金收入共计 6130 万美元，创 36 年来最高纪录[①]。

（3）麻省理工学院技术转移模式

技术许可办公室（TLO）是麻省理工学院技术转移机构的灵魂，绝大多数发明专利和研究成果都从这里走向市场。麻省理工学院多年来形成了一整套技术转移流程，建立了众多分工协作部门，科研成果转化率平均水平达 70%—80%。

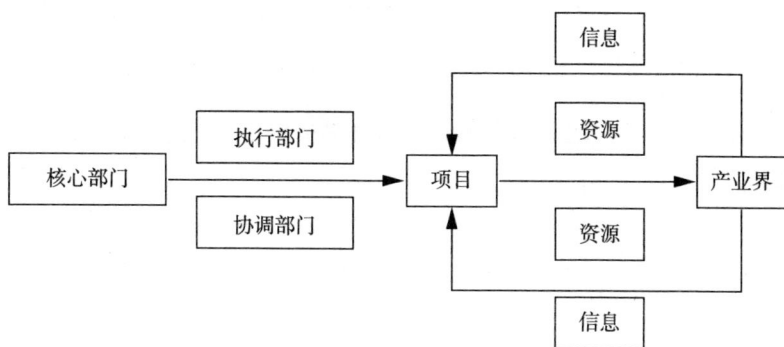

图 3—1　麻省理工学院技术转移流程图

---

① 彭术连、肖国芳：《斯坦福大学技术转移的路径分析及其启示》，《现代教育科学》2008 年第 2 期。

　　麻省理工学院的技术转移工作得益于核心部门——TLO 的高效运转。TLO 专门负责学校的专利申请和技术转让事宜，由技术许可人员、技术授权协会成员、专利管理人员等 30 多名成员组成，主管科研工作的副校长负责具体事务管理，校长直接向校委会汇报工作进展。

　　执行部门成功地搭建了麻省理工学院与产业界的桥梁，促使麻省理工学院的研发既符合社会需求，又能进行商业化和产业化运作。各执行部门具体职责如下：A. 产业联合项目。1948 年，麻省理工学院在产业界的建议下，创立了美国第一个将大学与产业界紧密相连的产业联合项目。产业联合项目的宗旨是在产业界和大学之间建立直接的和互利的纽带，通过向产业界提供知识资源和服务，进一步加强产业界与麻省理工学院的合作。B. 资助项目办公室。资助项目办公室负责协商、执行和管理学校与校外赞助者之间的协议和合同。C. 技术、政策、工业发展中心等机构。1985 年由麻省理工学院与政府、产业界共同建立技术、政策、工业发展中心，1992 年由该院的工学院创办的工业性能中心；1996 年由美国国家科学基金委员会与该院的工学院、斯隆管理学院以及 10 个大企业共同出资建立的产品开发创新中心；2002 年由该院的工学院成立的德什潘德技术革新中心[①]等。这些机构从不同层面上执行与技术转移相关的具体工作。

　　协调部门通过在制定法律法规、吸引资金、开发课程、共享知识等方面发挥作用，创造了许多有利资源，为校方和企业联合扫清了障碍。各协调部门的创建背景与现状、使命与宗旨、职能与工作内容。（见表 3—1）

表 3—1　麻省理工学院（MIT）技术转移协调部门的创建背景和职能

部门	创建背景 / 现状	职能
法律顾问办公室	由 MIT 校方创办，是 MIT 总的法律咨询办公室。	为 MIT 提供法律方面的咨询、辅导和服务，处理一切由 MIT 引发的法律问题。

---

① 德什潘德中心（DeshpandeCenter），以增强 MIT 在市场上的技术影响力为宗旨。依靠 MIT 肥沃的创新环境，中心为设计精良的创业计划提供小额现金补助，旨在培育和支持创新，加快商业应用思想从实验室转变成现实效益的速度。中心重点支持生物技术、生物医药设备、信息技术、新材料、新能源等新兴技术的研发。

（续表）

部门	创建背景／现状	职能
企业论坛	成立于 1978 年，是 MIT 校友会的一部分。	吸纳任何对企业领域有兴趣的人，包括 MIT 的毕业生、在校生、行政人员、商业领袖、投资专家、工业专家和服务机构。
MIT$100 竞赛	1988 年由斯隆管理学院、工学院以及行业伙伴共同举办。	给优秀人才提供资金支持和专家指导，帮助参赛团队兴办优秀企业。
创业中心	1996 年由斯隆管理学院交流办公室倡导成立。	由 MIT 提供最好的课程，同时提供实践项目，培养能够应对高科技风险的领导者。
风险投资俱乐部	2000 年 1 月由 MIT 的教务处倡导成立。	鼓励 MIT 的师生进行创业，对好的创新技术给予一定资金投入和无偿的专家帮助。

有了核心部门、执行部门、协调部门的三方合作，麻省理工学院内部形成了强劲的创新科研能量。在各部门的共同努力下，麻省理工学院充分利用各种优势资源，与产业界以项目的方式进行合作、交流。同时，产业界及时将各种有利于科学研究的信息反馈到麻省理工学院。这就是麻省理工学院的无壁垒、可持续循环的高校科研——工业生产模式。

麻省理工学院技术转移办公室总结出技术转移"十步法"：研究、预披露（指导，谈话）、披露（正式的书面登记）、评估、保护、营销、现有的或新创公司业务、授权、商业化、收入结算。运用技术转移"十步法"，TLO 每年从申请商业化开发的科研成果中挑选出大约 1/10 具有市场开发潜力的成果进入市场。MIT 非常重视与生物制药行业的合作，促进此类合作是 TLO 最基本的职责之一。20 世纪 90 年代末以来，促成了 250 多家科技创业企业的成立，其中包括生物技术领域内的领导企业里亚德制药（Ariad Pharmaceuticals）、立体派制药（Cubist Pharmaceuticals）、免疫逻辑制药（Immu Logic Pharmaceuticals）。

（二）欧盟主要国家技术转移现状

1. 英国技术转移现状

（1）英国技术集团（BTG）的技术转移现状与模式

1949 年，英国政府组建国家研究开发公司（National Research Development Company，简称 NRDC），负责对政府公共资助形成的研究成果的商品化。根据英国 1967 年颁布的《发明开发法》，NRDC 有权取得、占有、出让为公共利益而进行研究所取得的发明成果，所有大学和公立研究机构，无论是实验室还是研究所，也无论是团体还是个人，只要所进行的研究是由政府资助的，成果一律归国家所有，由 NRDC 负责管理。1975 年，英国工党政府又成立了国家企业联盟（National Enterprise Board，简称 NEB），主要职责是进行地区的工业投资，为中小企业提供贷款，研究高技术领域发展的投资问题。1981 年，英国政府决定，NRDC 与 NEB 合并，改名为"英国技术集团"（British Technology Group，简称 BTG），仍拥有原 NRDC 对公共研究成果管理的权利。

BTG 致力于从市场的实际需要出发挑选技术项目，并通过最有效的手段将技术推向市场。主要目标是实现技术的商品化，包括寻找、筛选和获得技术、评估技术成果、进行专利保护、协助进行技术的商业化开发、市场包装、转让技术、监控转让技术进展等。基本任务是推动新技术的转移和开发工作，尤其是促进大学、工业界、研究理事会以及政府部门研究机构的科技成果的产业化和商品化，鼓励私营部门的技术创新投资和扶持中小企业。BTG 现已成为英国技术开发和技术转移的核心机构，在国际上有很高的知名度。

BTG 的具体业务包括：

一是寻找、筛选和获得技术。BTG 每年在世界范围内从公司、大学和研究机构等机构预选 400 项技术和专利，然后从中筛选和评估出 100 项具有较大市场价值的技术项目，帮助实现专利申请或实施专利授权。BTG 拥有任何一家中介机构都无法比拟的丰富的专利发明和科技成果，包括 250 多种主要技术、8500 多项专利、400 多项专利授权协议。对那些还不够成熟但确有很好开发价值的技术项目，还可以投资一定的资金去开发。

二是开展技术转移活动。BTG 的技术转移一般经过技术评估、专利保护、技术开发、市场化、专利转让、协议后的专利保护与监督、收益分享等七个阶段。科研机构、大学或一些中小企业因缺乏专利保护的资金和专业知识，纷纷把自己的专利、发明等成果委托给 BTG。BTG 作为买方与卖方之间的桥梁，负责为卖方申请并保护专利，资助卖方进一步把技术开发到可以实际应用的程度，再转让给买方，所得收入由双方按一定比例分配。近10年来，BTG每年技术转移和支持开发、创办新企业等的营业额高达6亿英镑，其中核磁共振成像（MRI）、除虫菊酯、安全针等都是BTG成功的技术转移项目。

三是进行风险投资。作为专门以风险投资支持技术创新和技术转移的机构，根据1986年的英国国家开发发明方案，BTG有权授予专利保护和颁发技术许可证，有权根据社会需要对国有的研究成果或有应用前景的技术进行再开发，有权对国有的研究项目或有实际应用的研究领域给予资金支持。BTG的风险投资遍布于整个欧洲和北美洲，集中在英国和北美的中大西洋区域。BTG不仅关注技术开发的结果和早期阶段的投资，而且也考虑具有吸引力的后期阶段的投资。通过建立新的风险投资企业，把获得巨大报酬返还给技术提供者、商业合伙人和股东。

四是支持各种形式的技术开发。帮助公营机构申请获得专利和生产许可证；资助大学师生对一些有希望的但尚未证实的高技术设想进行早期开发，并与一些大学共同安排高技术实验项目，并提供"种子资金"（在试验期可提供10—30万英镑的优惠贷款）；在大学中设高技术奖励基金，一个奖励项目大约5000英镑奖金；不定期举办高技术发明创造竞赛；帮助有技术专长的集体或个人开办新企业，协助办理开办手续，提供资金方面的帮助。

BTG通过自身卓有成效的工作，充分利用国家赋予的职权，同国内各大学、研究院所、企业集团及众多发明人有着广泛的紧密联合，形成"技术开发—推广转移（销售）—再开发及投产"的技术转移链条，真正起到联结研究成果转化为现实生产力的桥梁和纽带作用。

（2）英国大学的技术转移现状与模式

作为BTG主要的技术来源方，英国的大学十分重视与产业界的合作，大学技术转移活动开展较早，而且十分活跃[1]。

为了对技术转移活动进行有效管理，英国大学形成了比较完善的两个层次的大学技术转移组织。在院校层面，英国大学通过纷纷成立专业化的大

---

① PraxisUNICO. *UK university commercialization survey: financial year 2002*[EB/OL].www.
praxisunico.org.uk/publications/, 2005.

学技术转移机构——大学技术转移中心；在国家层面，建立国家技术转移协会，对各大学技术转移中心进行系统的培训和指导，从而提高各个大学技术转移中心的运作效率。相较其他欧盟国家，英国大学建立技术转移办公室的数量比较多，比例比较高，技术转移中心的职能也比较完善，技术转移人员数量也是欧盟国家中最多的。

英国各大学技术转移中心并非参照统一的运作模式进行构建，不同的大学技术转移中心的职能也不尽相同。绝大多数的英国大学技术转移中心都具备了寻找技术转移机会的能力，通常直接进行许可合同活动。对于专利申请活动，超过三分之二的英国大学技术转移中心将专利申请外包给第三方机构进行。英国大学还建立了伴随技术转移全过程的技术转移服务体系，包括提供帮助产业界辨析技术需求、进行专利的技术经济分析、风险资本投入、技术转移的咨询等。

同时，不同于其他欧盟国家仅建立了一个国家大学技术转移协会的情况，英国根据技术转移活动的不同方式，成立了两个侧重点不同的全国大学技术转移协会，对大学技术转移的不同侧重点进行专业化的管理。PraxisUnico（The UK University Companies Association）和 AURIL（Association for University Research & Industry Links）是英国成立的两个国家大学技术转移协会，分别对大学技术转移活动的不同侧面进行管理。PraxisUnico 是一个非营利性的大学技术转移组织，由自愿者组织成管理委员会进行管理。该组织侧重于中小型大学衍生企业的建立和业务发展等方面的经验交流，主要承担服务协会会员、组织课程培训和安排会议三项职能。AURIL 是一个致力于知识创造、技术发展和技术转移方面的专业性的英国协会。该协会侧重于大学和大型企业、政府之间的沟通与协调。近年来，AURIL 已经成为向英国政府提供有关技术转移和创新的咨询和建议的关键组织。2007 年，还成立了技术转移学院（Institute of Knowledge Transfer），通过开展持续职业发展的培训项目对从事技术转移活动的工作人员展开培训，为英国大学、研发机构和产业界等建立技术转移的行业标准。

从 2004 年到 2008 年，英国大学签订的专利技术转移许可合同数量增加了 48.2%。通过分析专利许可合同授予的企业类型发现：中小企业获得的专利技术许可合同数量明显多于大型企业，非营利性组织成为专利技术的主要需求方，英国大学从非营利性组织获得的专利技术许可合同数量历年来都是最多的。（见表3—2）

表3—2 2004—2008年英国大学专利技术转移许可合同数量

（单位：项）

年份	2004	2005	2006	2007	2008
中小企业	756	639	811	1073	928
大型企业	325	452	578	664	796
非营利性组织	1073	1008	1318	1549	1469
共计	2154	2099	2707	3286	3193

资料来源：www.hefce.ac.uk/econsoc/buscom/hebci/。

从专利技术许可合同获得相应的收入看，从2004年到2008年，英国大学仅通过专利技术许可合同的收益（不考虑转让衍生企业股权等其他收益）就完全可以弥补知识产权保护的成本，并还可以获得可观的盈利。通过分析专利许可合同授予的企业类型发现：从大型企业获得的专利技术转移许可收入约为从中小企业获得收入的两倍，并且从非营利性组织获得的收入最小。（见表3—3）

表3—3 2004—2008年英国大学专利技术转移许可合同收入

（单位：千英镑）

年份	2004	2005	2006	2007	2008
从中小企业获得的收入	6773	8843	11537	12002	9032
从大型企业获得的收入	16780	17700	21794	17791	25001
从非营利性组织获得的收入	834	2789	2854	3307	4095
收入共计	24387	29332	36185	33100	38128
成本	14900	15596	16886	20597	21003

资料来源：www.hefce.ac.uk/econsoc/buscom/hebci/。

通过对英国大学专利许可合同数量和收入两个方面的情况进行分析，可以发现英国大学不再仅仅是从事教学和科研等活动的社会发展辅助机构，已经成为了直接促进英国社会经济发展的主要机构；大型企业并非是大学专利技术唯一的需求方，中小型企业、非营利性组织都是大学专利技术转移活动的重要参与者。

2. 德国技术转移现状

德国国内的科研能力60%以上集中于企业，高校约占20%，科研机构所占不到20%。国内科技研究和发展能力30%以上集中在西门子、拜耳等7家大公司。随着科技竞争的日趋激烈和研究开发的难度加大，德国大企业间的合作日益增多，从而在一定程度上推动了技术转移市场的发展。自20世纪90年代以来，德国逐步形成了结构合理、服务水平较高的技术转移体系。

德国技术转移服务机构主要有：德国技术转移中心、史太白技术转移中心和弗朗霍夫协会。三者在定位和服务侧重点上有明显的层次和分工：德国技术转移中心是国家级的公共技术转移信息平台，提供最基本的技术供需、专利等的信息查询和简单的咨询服务；史太白技术转移中心是完全市场化运作，已在国内和国际上建立庞大的分支系统，其服务内容除了有深层次的技术咨询、研究开发、人力培训、国际性技术转移外，还涉及企业管理运营方面的服务；弗朗霍夫协会则是凭借自身的物质基础（实验室、仪器设备等）和高校的人力，形成属于自己的研究所，直接为德国各中小企业提供技术创新和研发服务。

（1）德国技术转移中心

德国技术转移中心是一个全国性的非营利公共组织，原则上德国每个州有一个分中心。各分中心是在各州经济技术和交通部指导下开展工作。其运行经费由两部分组成，一部分来自政府，即各州的科技基金会。另一部分来自工商协会，即各行业企业缴纳的会费。中心的人员构成具有较严格的专业分类和配比，同时聘请领域内权威人士担任科技顾问。

德国技术转移中心主要服务职能包括：①技术交易服务。无偿为技术供需者提供中介服务，将企业和技术供需信息纳入技术数据网络，形成网上交易市场。②咨询服务。负责本地区范围内的企业技术咨询和技术服务工作，为企业寻求合作伙伴，支持该地区的技术创新。③专利及信息服务。帮助企业查询专利信息以及申请专利的咨询，为企业查询国内外的科技、经济和科研成果等各种数据。上述服务均为面向企业的无偿服务。除此之外，分中心还担负着本地区产业和科技发展的前瞻研究，组织各种形式的学术报告会和展会，引导企业和科研机构的技术创新方向，从政府部门、科技基金会和欧盟组织中为企业谋求创新资金资助等职能。

（2）史太白技术转移中心

史太白技术转移中心成立于 1971 年，是史太白基金会的子公司，是德国最大的技术转移服务机构。经过近 40 年的发展，史太白已由一个州立的技术转移机构发展成为国际化、全方位、综合性的技术转移网络。

史太白技术转移中心主要承担四项职能：①咨询服务。以其强大而完备的专家网络为基础，能够根据客户的具体需求迅捷而又弹性的做出反应。咨询的内容和形式分为：一是一般咨询。可提供一定时限的免费服务，通常免费时限为 5 个小时，此免费服务为中心带来了大量用户，是中心实质性项目的主要机会来源。二是专家咨询。由特定领域的专家提供有偿服务。三是管理咨询。为企业进行形象、产品设计，总体战略策划和全面质量管理策划等。四是评估和专家报告。对技术项目进行技术、经济、人力资源、风险和不确定性等方面进行可行性评估。②研究开发。史太白技术转移中心作为研究与企业界之间的中介，有一大批在各个领域具有真知灼见的专家，可以直接向企业提供第一手的高新技术，协助企业完成技术创新。同时，也会针对客户的研发需求，安排客户与研究院所和工业合伙人的合作。企业还可以就以下内容寻求服务：新产品、新工艺和新系统的样机开发、测试、专利申请到生产实施，现有工艺、程序和产品的工业技术进行优化改进等。③国际技术转移。目前，史太白技术转移中心已在 54 个国家设立了 739 个分中心。各分中心能够向顾客提供国内外技术项目信息，构建跨区域、国界的国际技术转移平台。④人员培训。通过举办技术或商务课题研讨会、信息对话等，为企业提供前沿技术的专业知识和成功管理战略培训。通过课堂培训，对企业人员进行在职培训，提升技术专家和管理人员的业务水平。1998 年成立了柏林史太白大学，宗旨是培养具有创新理念并有较强实战能力的工商管理人才。

（3）弗朗霍夫应用研究促进协会

弗朗霍夫应用研究促进协会是德国政府资助的公益性应用技术研究与技术转移机构，1949 年由德国联邦政府设立，在德国有 58 个下属机构，其中 55 个研究所、1 个技术开发组、1 个房屋建筑信息中心和 1 个专利部，共12600 名员工，年度预算超过 10 亿欧元。协会为独立的法人团体，不隶属于政府或其他部门，科研经费 70% 来自企业和政府委托项目的收入，30%为政府负担[①]。

协会致力于应用研究领域的技术开发，为中小企业及政府部门提供合同式的科研服务，通过改进技术能力和生产工艺，加强合作伙伴的竞争力。所提供的服务有：新产品、新工艺的研发和引进；旧有制造技术和生产流程的改进；与技术相关的咨询，包括技术的信息和数据、市场调查和可行性研究、质量和安全评估等。研究所是研发项目的具体实施单位，设立于各地的大学之中，选聘大学各研究领域的知名教授担任所长和技术骨干，负责研究所的研发工作。其中有 40% 员工为高校的在读博士和硕士，大大降低了研究所的人力开支，同时也使得学生们突破大学资源的限制，通过实际课题的锻炼提高自身的研发能力。

弗朗霍夫协会与史太白中心在研发服务的最大区别在于：史太白更多的是安排企业客户与科研机构进行研发合作，或直接将客户的需求委托给科研机构；而弗朗霍夫则是凭借自己的研究所，来攻克研发课题。因此，弗朗霍夫拥有大量的技术专利。

3. 法国技术转移现状

法国的科技发展总体水平居世界前列，特别是在核能、航空航天、农业、医疗和生物等传统领域，具有世界领先水平。同时，法国重视促进公共科研机构与企业间的技术转移。1999 年 6 月，法国通过了《技术创新与研究法》，旨在促进公共科研机构与企业间的技术转移。该法明确要求公共科研机构与企业合作，允许公共研究人员作为合作人或者管理者参与新公司发展，向其提供科研支持，甚至可以作为公司董事或监理会成员。

法国政府对技术转移的促进和推广主要通过法国科技部技术转移署（ANVAR）进行。ANVAR 是法国科技部和工业部共管的一个国有工商机构，

---

① 高志前：《全球主要国家技术转移体系的发展与特点》，《中国高校科技与产业化》2007 年第 10 期。

成立于 1967 年，是法国科技中介市场的组织者，由政府资助。旨在促进大学、研究机构和企业间的联系与沟通，推动科技成果转化和推广应用。法国对技术转移中介人员有严格的评审要求。如法国技术转移经理人资格的申请要求是：博士毕业、在相关行业工作两年、当过两年以上的企业老总、通过国家工商总局 ANVAR 的资格认证 [①]。

2006 年 7 月，法国政府公布了新的《科研指导法》。这也是继 1983 年法国首次制定这一法律以来，第二次全范围的重新制定。该法首次提出建立战略思路清晰、机能运转高效的"国家创新系统"，核心是通过提高原始创新能力来提高法国的国际竞争力。其中，加强科研机构、大学及企业间彼此合作，中央和地方集成互动，形成紧密、充满活力的合作体系，成为"国家创新系统"建设的一个重要方面。

ANVAR 的业务也被称作"创新"工程。它充分掌握国际和国内的技术创新情况，了解各种技术转让机构、咨询机构和金融资助机构的运作，可在 5 个方面向企业或研究机构提供资助：在欧洲范围寻找技术合作伙伴；技术转让；技术转让服务；搜集技术信息；为技术创新目的的招聘年轻的研究人员。

法国还设立了其他形式的中介组织推进科技成果产业化。例如，1992 年，成立了专门从事技术转让和许可证贸易的"科技创新与转让有限公司"（FIST），主要业务是在法国及欧洲范围内从事技术转移和许可证贸易，其工作内容包括选择项目、寻找转让对象和签订开发合同或许可证合同。2003 年底，法国在环境、空间、生命科学、信息技术科学、计算与通信领域建立了 16 个技术创新研究网络（RRIT），主要目标是促进研究部门和社会经济部门间的合作，加快技术转移和新技术的应用，满足产业需求。还建立了 31 个与高等教育和研究公共机构相联系的创业基地，为创业者提供市场分析，帮助制定商业计划等服务。2009 年 12 月，法国为摆脱金融危机的影响和振兴经济，时任总统萨科奇提出总投资 350 亿欧元的"大额国债计划"（2010 年更名为"未来投资计划"），其中 9 亿欧元用于技术转移促进机构，使资助

[①] 参见傅正华、林耕地、李明亮：《我国技术转移的理论与实践》，中国经济出版社 2007 年版。

技术转移成为了促进法国经济发展的重要一步。该计划的目标是通过大型集团和研究机构建立6所大型技术转移促进公司，改善技术转移的效率。

（三）日本技术转移现状

1.日本技术转移法律和政策的演变

日本在第二次世界大战后实施"技术立国"战略，通过大规模引进、消化欧美先进技术，积极实现二次创新，在经济上取得了令人瞩目的成就。进入20世纪90年代后，日本政府意识到仅仅满足于改进技术和开发外围技术，整个国家的后续发展能力不足，必须大力加强基础创新和源头创新。在这一背景下，日本政府出台了一系列促进技术转移的法律和政策。

（1）日本技术转移的法律发展

1983年，日本建立了大学与民间企业的共同研究制度。1985年，制定了加强中小企业技术基础税收制度。1995年，通过了《科学技术基本法》，强调国家与地方及民间团体、企业的协调和产学研的联合。1996年，颁布了《科学技术振兴事业团法》。1998年2月，日本文部省和通产省联合向国会提交了《促进大学等的技术成果向民间事业转移法》，促进大学和国立研究机构将技术成果向企业转移，还在通产省设立了"产业基础整顿基金"，对实施技术转移的大学提供资金支持和债务担保。1999年，日本政府出台《产业活力再生特别措施法》，规定了大学对于运用国家经费进行共同研究的专利拥有所有权。2001年，发布《以大学为起点的日本经济构造改革计划》，要求候选大学"科研成果要加快对新产业培育的速度"。2002年，制定《知识产权基本法》，把大学等研究机构的研究成果向民间转移作为工作的重心。同年，还制定了产学研合作促进税制和知识产权战略大纲。2005年，修改了《专利法》第35条，允许单位与发明人自由协商报酬。

（2）日本促进技术转移的两大改革

一是公务员制度改革。2001年以前，日本所有的国立大学和科研机构都是直属于政府部门的机构，经费由政府财政全额支出，雇员全部为国家公务员。2001年日本政府推行公务员制度改革，日本所有的国立大学和科研机构全部转变为独立行政法人，所有雇员脱离国家公务员序列，全日本共涉及 14 万人。改革方案规定，各国立大学和科研机构转变为独立行政法人后，政府拨款的经费每年削减 1%；对应用研究机构和大学的国家各项科技基金和科研资助总额的 2/3 要支持大学、研究机构与企业合作的项目。

上述改革，极大程度地影响和推动了日本大学和科研机构从事技术转移和科技成果转化、服务社会和企业的积极性。许多大学和科研机构，都把 2001 年的这次改革作为其开始大规模推动技术转移工作的新起点。

二是国立大学法人化改革。1978 年，日本文部省确立了对于国家发明以外的国立大学其他发明，其知识产权属于发明者个人的专利权属处理基本原则。在私立大学中，一般都采取与国立大学相同的知识产权管理原则。据统计，2004 年以前，日本国立大学中大约有 80% 的专利归教师个人所有，20% 的专利为国有。这一制度的弱点在于，受让方从个人发明者手中获得的专利技术的数量和质量难以得到保证。很多研究者与大企业之间有长期的合作关系，他们更倾向于将其研究成果直接转由该大企业申请专利，作为交换，大企业会给予研究者一定的经费支持。大企业获取这些专利后，并不一定乐于将其推向产业化，而是更多地作为一种技术储备或进行专利防御使用。这与日本政府力图促进技术创新和高科技初创企业发展的初衷不符。

2004 年的国立大学法人化改革对职务发明进行了全新规定，规定大学教员研究成果所得专利权归研究者所属的大学。大学可以通过转让其专利技术获利。一般而言，向企业转让专利权所得报酬的一部分返还给研究者，一部分返还给研究者所在系，一部分返还学校。在这一制度的刺激下，各国立大学申请专利、支持和介入 TLO 技术转移工作的积极性明显增强。

2. 日本 TLO 技术转移模式

2001 年之后，日本的国立科研机构和大学都把技术转移工作作为优先发展的重点领域，采取了一系列措施推动技术转移工作，其中主要的措施是设立专门机构和建立较为严密的制度体系。

（1）TLO 的建立

一些大学和科研机构都建立有专门的技术转移办公室（TLO）或相应机构，机构主要负责人一般由单位的高层领导担任。1998 年的《大学技术转让促进法》，确立政府从制度与资金方面对大学 TLO 予以支持。依据该法，由日本文部科学省和经济产业省共同承认的 TLO，可享受最多达 3000 万日元的年度资助（资助年限不超过 5 年）和上限为 10 亿日元的贷款担保等优惠措施。

在政府的积极推进下，截至 2008 年 7 月，被官方批准承认的 TLO 共47 家。比较有影响力的有日本国立产业技术综合研究所的 AIST Innovations、名古屋工业科学研究所的 CHUBU TLO、东京大学尖端技术孵化中心（CASTI）、位于京都科技园区的 Kansai TLO、东京工业大学 TLO、庆应大学 TLO、早稻田大学 TLO、关西地区 TLO、东京电机大学 TLO 等。

另外，日本各级政府还成立了许多中介机构，如日本科学技术振兴事业团（JST）和日本中小企业事业团（JASMEC）。JST 和 JASMEC 分别隶属于日本文部科学省和经济产业省（中小企业厅），相关职员都是国家公务员，大部分预算来自于国家拨款。日本的许多地方政府、大学和大型科研机构以及民间，近年来也成立了许多类似机构，参与技术转移的中介服务，对推动日本官产学研的结合和技术转移与技术合作发挥了重要的促进作用。

（2）TLO 的技术转移制度分析

为了有序推动 TLO 开展技术转移，日本的国立科研机构和大学根据自身的情况和特点，各自建立了一整套规范技术转移的制度体系。比如，在知识产权归属方面，一般都明确规定，职务发明或专利，产权归发明人所在单位所有。还规定在职员工不得兼职创办公司，但经过批准可在公司投资或担任顾问或董事等非专职工作；如果知识产权发明人参与创办企业，必须办理休职手续，但不能超过两年时间。这些制度较好地解决了技术转移过程中投资企业与大学、科研机构的冲突问题。

在 TLO 自身运作方面，它的主要职能包括：获得知识产权，为创新成果进行定位并申请专利；向外许可谈判、收取并分配许可费；组织大学——工业界的联络活动（如分享信息、召开旨在寻求合作研究的研讨会）；构建信息系统，为大学或研究机构确定未来研究方向提供评估；进行商业孵化，为新创公司提供物质或非物质方面的支持；支持大学研究的启发性团体[1]。通过一系列改革，各国立大学申请专利、支持和介入 TLO 技术转移工作的积

—————————

[1] 张晓东：《日本大学及国立研究机构的技术转移》，《中国发明与专利》2010 年第 1 期。

极性明显增强。

二、国外技术转移的经验与借鉴

(一) 美国技术转移的经验与借鉴

1. 通过完善立法，促进科研成果迅速产业化

(1) 1980 年《斯蒂文森—威德勒技术创新法》

美国国会于1980年通过了《斯蒂文森—威德勒技术创新法》(Stevenson − Wydler Technolgy Innovation Act)。主要内容包括：要求商业部和国家科学基金会建立附属于大学和其他非营利机构的一些产业技术中心，向产业界尤其是小企业提供技术援助和咨询服务，积极促进科技成果的转化进程；规定拥有联邦政府实验室的各部门对国家投入的R&D成果的转化负有责任；设立国家技术奖以奖励推进科技发展成果或发明创新应用的模范科技工程人员；在学术界、工业界、联邦实验室之间加强科学技术的人员交换；在商务部设置联邦技术利用中心，推广技术应用于各级政府及私营产业。

该法案是美国第一个为寻求在知识的生产者与知识的使用者之间建立一种联系的法案，是美国最早的技术转移立法。该法的制定旨在促进美国的技术创新，支持国内技术转移，加强和扩大各科研机构与产业界之间在技术转让、人员交流等方面的合作。

(2) 1980 年《拜—杜法案》

1980 年，美国第96届国会通过了另一个重要法案《拜—杜法案》(The Bayh—Dole Act)。法案规定，各大学、非营利机构以及小企业在联邦政府资助下所获得的研究成果，发明者可优先获得该成果的专利权[1]。它对由联邦政府资助的研究成果所获得的专利权归属进行了重新界定，把研发成果的所有权从政府手中转移到与政府签订合同或授权协议的大学、非营利性机构和小企业手中，是美国专利法的一次根本性的变革。同时，它还允许大学、非营利性机构和小企业将由政府资助所获得的研发成果，有权以专有或者非

---

[1]　参见鄙振庭：《日本战胜美国：日本是怎样占领美国市场的》，中国物资出版社1997年版。

专有方式授权给企业，从而实现技术转移。《拜—杜法案》有力地调动了广大科技人员的积极性，推动了大学等科研机构的研制和开发，极大地促进了美国的技术转移，加速科学技术信息的交流，使美国政府资助的各项研究成果所产生的发明创造能在产业界得到迅速推广并使之商业化[①]。

1984 年，美国出台了《拜—杜法修正案》，允许联邦实验室自行决定其专利的对外许可，允许委托机构收取专利权使用费，并规定大企业与小企业一样，可以获得政府资助所产生的专利的排他性许可，在一定限制范围内，允许大学和非营利机构运营联邦实验室所有的发明权。

(3) 20 世纪 80 年代以后有关技术转移的立法

1980 年的《技术创新法》明确指出，需制定强有力的国家政策以支持国内的技术转移和促进对联邦政府科学技术资源的有效利用。该法规定，凡是年预算在 2000 万美元以上的联邦实验室，必须设立专门的研究和技术应用办公室，从事研发成果的技术转移。《技术创新法》奠定了政府实验室技术转移的基础。

1982 年的《小企业创新进步法》(Small Business Innovation Deve lopm ent Act) 要求那些科研预算超过 1 亿美元的联邦研究机构都必须建立企业创新研究计划 (SBIR)，并且要拿出预算的一定百分比（通常 1.25%），即用于支持雇员少于 500 人的小企业。这一制度的安排常常和风险投资结合起来推动小企业的创业[②]。

1984 年的《国家合作研究法》，放松反垄断法的限制，加强知识的生产者与使用者之间的联系，加速了技术转移的进程。该法对出于竞争目的而进行联合研究开发的企业免除了关于反托拉斯的三倍惩罚的限制。

1986 年的《联邦技术转移法》，鼓励国家实验室与工业界合作建立联盟，明确技术转移工作是所有联邦实验室雇员的职责，并作为人事绩效考核的重要指标。该法提出政府所有或维持运行的实验室可以直接与工业企业签订合

---

① 王远达、陈向东：《技术转移的经济效益与技术转移政策》，《科学管理研究》2002 年第 2 期。
② 潘文华、黄丽华：《美国扶持企业的技术转移政策及其启示》，《哈尔滨商业大学学报》（社会科学版）2008 年第 3 期。

作研究开发合同（CRADA），推广实验室的技术，出资的企业至少可取得优先专属授权，并有权拥有 CRADA 开发的技术所有权。该法还准予联邦雇员在不造成利益冲突的情况下参与私营企业的商业开发活动。

1988 年的《贸易和竞争法》，提出将加强技术转移作为提高企业竞争力的一项主要措施。美国设立了国家标准与技术研究院，通过组织研究机构与企业共同实施先进技术计划（ATP），设立区域制造技术转移中心，促进政府与企业的合作。先进技术计划主要是向企业或企业与科研机构的联合体提供启动资金，重点支持能够促进美国经济增长、提高美国工业竞争性，但技术风险较高，仅靠私营企业本身难以独立承担的技术研究与开发项目。区域制造技术转移中心旨在推广应用政府资助的制造技术项目，为中小企业服务。

1992 年的《加强小企业研究与发展法》，提出设立一个阶段性研究计划 SBTTR（The Small Business Techno logy Transfer Program），要求有关联邦机构拿出其研究发展经费的一部分支持小企业与非营利研究机构的技术转移。

1993 年的《国防授权法规》将国防先进项目研究机构（DARPA）的名称改为军民两用研究机构（ARPA），进行国防部高级科研项目管理，其目的是为了推动两用技术的发展，并批准了为工业所用的两用技术计划[1]。

2000 年，美国通过《技术转让商业化法》，赋予联邦机构就拥有的发明进行专有或部分专有的许可权限，增加了中小企业优先条款。

自 20 世纪 80 年代以来，以 1980 年的《拜—杜法案》和《技术创新法》、1982 年《小企业技术创新进步法》和 1984 年《国家合作研究法》等法案为支柱，美国构建了一套完整的技术转移法律体系，并在技术转移的实践中不断修正和完善，有效促进了在美国联邦政府资助下获得的科研成果迅速产业化。

2. 完善联邦实验室运行机制，推进技术转移活动有效进行

（1）构建多利益相关者参与的治理体系

大学国家实验室技术转移涉及大学、国家实验室、产业以及政府等多元

---

[1]　付文林：《论提高我国技术成果转化率的市场与非市场途径》，《科学管理研究》2004 年第
1 期。

利益相关者。美国通过联邦实验室技术转移联合体加强外部宏观治理，并通过法律形式授权在大学国家实验室设立"技术转移办公室"类似治理机构，有效地协调了各利益相关者的责、权、利关系，提升了技术转移能力。因此，国家在加强对大学国家实验室技术转移外部管理的同时，有必要在大学国家实验室建立专门的技术转移机构，同时，积极构建多利益相关者参与的治理模式，提高国家实验室技术创新成果的利用效率。

(2) 建构多元技术转移运作模式

在推动大学国家实验室技术转移活动方面，美国政府通过相关法案授权创建了多元技术转移模式，有效地促进了高新技术成果的转移和开发利用。因此，国家实验室应不断创新产学研技术合作模式，特别要注重加强与产业部门之间在技术研发、人员交流、资源利用等方面的合作，不断拓展国家实验室技术转移运作模式和途径。

(3) 建立研发成果所有权制度

科研成果所有权是技术转移活动是否顺利开展的关键因素，也是各利益相关者之间利益之争的焦点。国家应根据人员、资金、设备资源的投入情况，充分体现国家实验室公益性，以公共利益最大化为最终价值目标，以法律形式确立各种明晰的研发成果所有权。

3. 发挥大学技术转移优势，提高科研成果转化率

(1) 注重发挥学科及专业的比较优势

大学技术转移在战略选择上要有所侧重，将主要精力投入到大学优势学科及专业的科技成果转移中，创立特色"品牌"，提升本领域技术转移的知名度和吸引力。斯坦福大学十分注重跨学科的研究。例如，1998年成立的"斯坦福 Bio—x 研究中心"，主要进行生物科学同物理学、化学、工程学、医学等学科的交叉研究。这种组织结构和研究方式，聚集了跨专业人才，重新整合了各自学科优势，从而产生了一系列创新性成果。这些优秀的科研成果成为技术转移获得成功的基础。

(2) 加快大学技术转移管理机构建设

专门技术转移管理机构的建设必须循序渐进，既需要市场经济的高度发达，也需要大学科研水平的成熟。在现阶段，应以大学科技成果管理办公室

等现有机构的职能转变为突破口，加强专利许可与知识产权保护，更多地与市场接轨，密切产学研相互联系，提高成果转化率。在此基础上，科研水平高、条件成熟的大学，可以将现有的成果管理、知识产权管理、科技开发管理、校办产业资源有效整合，成立一个类似美国大学的技术转移办公室，牵头负责学校的技术转移工作。

（3）组建结构合理的技术转移工作团队

技术转移服务业是知识密集型产业，要有一支训练有素、专业精良的工作团队，能够成为沟通政府、企业、学校之间的桥梁，从而提高技术成果转化率。在工作团队人员配置上，注重年龄结构、专业结构、能力结构，实现人力资源最优配置。技术转移的全过程不能仅凭借一个人的力量，需要发挥团队中每个人的专长，齐心协力共同推进技术成果的顺利转移。

（4）完善发明成果利益分配机制

完善发明成果利益分配机制，应以平衡发明人、实验室、学校等各方利益，实现共赢为目标。可以借鉴美国部分大学的做法，依据技术成果的市场价值进行分配，价值越高，发明人及所在实验室获得的收入比例也越高，以此激励教师研究更多更好的适合市场需求的新技术。

（5）建立权责利相统一的项目负责人制度

实施项目负责人制度，应将与优势学科相关的科研成果作为重点技术转移对象，成立专门项目组，任命项目负责人，赋予相应的职责权利，组建工作团队，明确每个人的工作职责。同时，实施科学合理的绩效考核，将物质激励与精神激励协同结合，最大程度地调动项目组工作人员的工作积极性和责任感。

（二）欧盟主要国家技术转移的经验与借鉴

1. 实施多元化的技术发展战略，提高科研成果转化收益

尽管英国的 BTG 在发展过程中也受到了全球经济不景气的影响，但得益于多元化技术发展战略，BTG 的技术转移取得了丰硕成果。BTG 成功的原因在于：

一是着眼于长期的技术转移，预先投资进行技术的进一步开发或技术的

升级，并不急于把不很成熟的技术推向市场，而是尽量把"饼"做大，获得最大的利益。

二是注重扩展已有专利的价值，不断帮助产生新的补充专利，来扩展或补充原有的主要专利授权。通过这种方式，BTG 与发明者一起分享关键专利带来的源源不断的市场利益。

三是集中关注有潜力的高附加值技术、产业和市场，更多地吸收成熟的技术，用更少的时间来完成技术的商业化。

四是开发非核心专利，到大型公司去寻找与主要业务方向不紧密相关的专利技术（非核心专利），采取专利授权的办法实现这些非核心专利的市场价值。

五是重视技术来源和技术转让的国际化，BTG 在美、日都设有分支机构，与世界各地产业界有着广泛地联系，使其能在国际市场上寻找到最好的公司来开发其专利技术，以保障技术商业化的成功运作。

2. 建立专业化和层级化组织，对技术转移活动进行有效管理

英国的各大学技术转移中心和国家层面的技术转移协会的建立，形成了大学技术转移组织的合理层次。并且，在国家层面，根据技术转移活动的不同方式，又成立了两个侧重点不同的国家技术转移协会。在其引导和帮助下，英国的大学技术转移中心的运作效率获得很大的提升。因此，在建立大学技术转移办公室的同时，我国应考虑建立国家大学技术转移协会，完善大学技术转移国家层面的组织保障。对于中关村地区来说，可以考虑建立区域性的大学技术转移协会。

3. 完善技术转移体系，全面推进科研成果产业化

目前，我国技术转移体系市场化步伐太快，政府未能在整个体系中起到很好的调控作用，而德国的技术转移体系，既有非营利性的德国技术转移中心作为全国性公共服务平台和完全市场化运作的史太白技术转移中心，又有半官方半市场形式的弗朗霍夫协会，这对于我国技术转移体系的构建是个很好的借鉴[1]。

---

[1]　刘强、赵晓洁：《德国国家技术创新系统运行机制》，《德国研究》2003 年第 4 期。

4.加强技术转移中介服务，搭建科研成果转化平台

作为推动技术转移的重要平台，中介机构是实现技术转移的桥梁和纽带。直接面向政府和科研机构，设立技术转移中介或促进机构，有助于技术转移计划或项目的实施。英国的 BTG 也是技术转移中介组织运作的成功典范。法国政府设立 ANVAR 及其他形式的中介组织推进科技成果产业化的这一做法，对推动我国技术转移工作有一定的借鉴意义。

（三）日本技术转移的经验与借鉴

1.破除制度障碍，营造推动技术转移的宽松环境

日本 TLO 发展起步较晚，与其国力及科技发展水平不符，尚有很大发展空间。主要的障碍在于，一是日本大学对于教师的评价机制过于偏向学术，政策上不鼓励在职教师开办新创公司；二是传统的教授——企业直接联系文化（企业提供研究捐赠，研究成果直接被教授私下转让给提供长期合作或捐赠的公司）存在消极影响；三是日本 TLO 在税收等方面的优惠比较少，难以获得较高利润，许多 TLO 不得不采用收取会费等形式来吸纳资金，限制了中小企业的加盟热情。这些障碍与我国技术转移的现状有诸多相似之处。2004 年国立大学法人化改革之后，日本 TLO 正在走向良性发展之路，其经验对我国大学的技术转移机构构建和运行有积极的借鉴价值。

2.依托重点大学，以点带面推动技术转移

在技术转移方面，重点大学拥有本国一流的科技人才，其科研成果也处于领先水平，加上重点大学的良好声誉，使得企业更加愿意与其合作。根据日本的经验，在以本校科研成果为主要技术转移资源的 TLO 中，有重点大学做后盾的机构就会脱颖而出，如东京大学尖端技术孵化中心、早稻田大学 TLO 等。以北京大学、清华大学以及中国科学院为代表的重点研究性大学及科研机构，已经具备与世界一流大学一较高下的实力，理应在推进技术转移方面与世界一流大学看齐。

3.完善支撑体系，构建推动技术转移的区域创新体系

TLO 作为连接大学、科研机构和企业的桥梁纽带，本身就是支撑技术转移的重要一环。完善的软硬件支撑体系，是 TLO 成功运行的基础。TLO

所在区域创新环境的改善，将不仅有利于 TLO 的发展，更重要的是将加大知识流、技术流、信息流、资金流等众多要素的互联互通，加快科技成果转化速度，从而提升区域竞争力。中关村地区是中关村自主创新示范区的核心区，如何利用并发掘现有区域资源及其潜力，是加速技术转移、实现创新发展的关键，也是本课题研究的应有之义。

三、国外技术转移典型案例

案例一：斯坦福大学孵化 Google 的回报——3.36 亿美元 [①]

赛吉·布林（Sergey Brin）和拉里·佩奇（Larry Page）是 Google 联合创始人，两人斯坦福大学攻读博士期间，一起创建互联网搜索引擎——Google。

1995 年夏天，斯坦福大学计算机科学系的二年级研究生赛吉·布林在一次带新生游览校园时，认识了刚被斯坦福录取的拉里·佩奇。同年秋天，在斯坦福数字图书馆的项目中，凭着佩奇在网络和电机工程上的专长，以及布林在数据采集和数学上的特长，两人创建了可以按照网页的链接数量和链接重要程度对网页进行逆向搜索的"Back Rub"。之后，这种算法被以佩奇的名字命名为"Page Rank"——Google 搜索技术的核心。

1996 年 3 月，佩奇将该搜索引擎放在了自己在校园网的主页上进行测试，他惊奇地发现其搜索效果远远超过当时流行的只对文本文字进行搜索的搜索引擎 AltaVista 和 Excite，很快就吸引了众多的搜索者。当年 8 月，两人将引擎命名为 Google，并向斯坦福大学技术授权办公室（OTL）公布了"Page Rank"技术。

OTL（Office of Technology Licensing）管理着斯坦福大学的知识产权资产，是美国"高校—产业"科技转让领域最活跃的机构之一。OTL 的目标就是把科学成果转化为有形的产品，接收来自斯坦福大学教师、员工以及学

[①] 案例来源：http://biz.163.com/40826/9/0UN0AKGJ00020QEF.html，根据《斯坦福大学慧眼识英雄 押宝 Google 获益良多》进行整理。

生公布的发明，评估这些发明的商业可行性，并决定何时将它们授权给产业界。当授权的发明取得成功时，OTL 将会把所得的授权使用费返还给发明者，以及发明者所在的院系，以支持更多的创新。

收到"Page Rank"的技术公布后，OTL 很快联系了硅谷的几家互联网公司来确定业界对 Google 的兴趣。许多公司对该技术表示了兴趣，不止一家和 OTL 进行了深入的谈判，但是经过衡量，OTL 认为没有一家公司能成为其理想的开发者。至于个中原因，OTL 主管 Katharine Ku 当年（2006 年）在邮件中对《二十一世纪经济报道》记者表示，"因为这些公司没有谁看清了 Google 的潜力，而且没有一家是真正想要它"。

赛吉·布林和拉里·佩奇为了完成他们博士学位要求，研究开发了"Page Rank"技术，所有研究是由学校投资的。因此，最终该软件的知识产权归斯坦福大学所有。随后，斯坦福大学对该项研究申请了专利。"Page Rank"一搁就是两年，直到 1998 年，转机出现。Google 在这两年里进行了不少的完善，加上越来越多的用户以惊人的速度涌现，布林和佩奇感觉到了 Google 背后蕴藏的商业潜力，于是，他们决定自己开公司经营。OTL 和两人讨论后决定让他们自己发展该技术，一方面是因为两人对"Page Rank"技术了如指掌，更重要的是他们对此有着清晰的远景。

自此，Google 从宿舍和车库起步，开始了传奇性的飞速成长，其间 OTL 不断向 Google 提供技术顾问并联络风险投资——2004 年 8 月，Google 在纳斯达克挂牌上市，2006 年 1 月，其市值一度逼近 1400 亿美元，超过了 IBM。

根据 Google 上市前向美国证券交易委员会（SEC）提交的文件表明，2003 年 10 月，Google 将"Page Rank"专利的独家使用权延长至 2011 年。作为回报，Google 向斯坦福支付一定数量 A 股和 B 股股票。在 2004 年 Google 的首次公开募股（IPO）之后，斯坦福大学手中持有 Google 7574 股 A 股和 1650289 股 B 股股票，总价值为 1.795 亿美元。斯坦福在其上市一周后通过出售股票获得了 1560 万美元进账。据 OTL 主管 Katharine Ku 称，所获得的 Google 股权中，三分之一分给了投资者，三分之二分给了学校的一个研究和奖学基金。2006 年 2 月 1 日，OTL 主管 Katharine Ku 告诉记者，斯坦福出售 Google 股票的总收入已经达到 3.36 亿美元。

据 OTL 的 2002—2003 财年年度报告，斯坦福大学在 2003 年获得了 4320 万美元的特许权收入，Google 只占其中一部分。该报告称，技术授权办公室从特许权收入中拿出 15% 冲抵成本，剩余部分在投资者、学校各系和各学院之间分配。

斯坦福大学之所以能处理如"Page Rank"等创新技术的知识产权，应归功于 1980 年《拜—杜法案》（Bayh—Dole Act）的实施。该法案明确规定，向私人企业进行技术转移是政府资助研发项目的重要目标，而允许企业拥有相应的专利权或独占性许可有时是达到这一目标的必要方式。因此，允许大学、非盈利机构自动保留由政府资助的研发所产生的知识产权，同时要求它们必须申请专利并加快专利技术的商业化。2005 年 12 月，美国众议院司法和科技委员会还专门提出一项继续支持《拜—杜法案》的决议。

斯坦福大学表示，在斯坦福校园创建的或是由校友、教员或职员创建的公司有 1200 家左右，斯坦福对其中 80 家公司持有股份。其中一些公司赫赫有名，比如 Sun 电子计算机公司（Sun Microsystems Inc.）、思科系统（Cisco Systems Inc.）和雅虎（Yahoo Inc.）。在美国大学按技术授权和股权收入进行的排名中，斯坦福名列第五，位居哥伦比亚大学（Columbia University）、加利福尼亚大学（University of California System）、纽约大学（New York University）和佛罗里达州立大学（Florida State University）之后。

点评：从"Page Rank"专利经过 OTL 孵化后，成长为市值千亿美元的 Google，再到后来国家层面的潜在帮助，不难看出一幅国家、学校、产业互动的美国创新路线图，而这仅仅是美国国家科技创新能力的一个侧面。

案例二：史太白技术转移中心——为技术转移提供全方位服务的典范①

1868 年，德国双轨制教育制度的创始人费迪南德·冯·史太白在巴符州成立史太白基金会，旨在按照双轨制理念加强对青少年的技术和商业能力培训。1923 年，德国爆发通货膨胀后，基金会业务基本陷入停滞。1971 年，

---

① 案例来源：http://de.mofcom.gov.cn/article/ztdy/201308/20130800276616.shtml，根据《德国史太白技术转移中心成功经验及合作建议》进行整理。

在巴符州经济部倡议下，该州工商会、行业协会、研究机构等共同出资 6.8 万马克（约合 3.5 万欧元），成立非营利公益组织——史太白经济促进基金会（STW）。基金会在巴符州的应用技术大学里设立了 16 个咨询处，提供技术咨询服务。1983 年，约翰·勒恩（Johann Löhn）出任巴州政府技术转移事务专员兼史太白董事会主席后，对基金会进行了一系列改革，将高校咨询处调整为技术转移中心。1998 年，成立史太白技术转移公司，负责技术转移中心的管理和市场化运作。同年，为培养更多技术转移专业人才，在柏林创办史太白大学。大学具备博士学位授予资格，学历得到国家承认。2005 年起，史太白技术转移公司的业务由单纯的技术转移延伸至咨询、研发等领域，并为此设立了多家咨询中心和研究中心。

史太白自成立、特别是勒恩改革以来实现了飞速发展，其地域覆盖范围由巴符州扩大至德国各地和巴西、美国等，业务遍及研发、咨询、培训、转移等各环节，形成了在全球范围内具有重要影响的技术和知识转移网络。截至 2012 年底，史太白共有 918 家专业技术转移机构，各类雇员超过 5200 名，教授 752 名，销售额由 1983 年的 235 万欧元增至 2012 年的 1.41 亿欧元。

史太白体系由经济促进基金会（STW）、技术转移公司（STC）及众多技术转移中心（STZ）、咨询中心（SBZ）、研发中心（SFZ）、史太白大学（SHB）及其他参股企业组成。其组织结构如下图所示：

史太白经济促进基金会（STW）	董事会和委员会 / 执行委员会
史太白技术转移公司（STC） / 管理委员会	
史太白分支机构（SU）	史太白专业技术转移机构（STC）
	史太白研究中心（SRC）
	史太白咨询中心（SCC）
	史太白大学（SHB）的史太白技术转移研究所（STI）
	史太白的持股公司（SBT）

基金会设有理事会和董事会。理事会相当于股份公司的股东大会，由巴符州州政府、经济部、科技部、州议会各议会党团代表、巴州工业联合会、高校、科研机构、工商会的 20 名代表组成，政府代表占半数以上。理事会每年召开两次会议，讨论通过重要决议，并为基金会的整体发展建言献策。

董事会、史太白大学、巴符州政府、巴州工业联合会等5名代表为常务理事，负责与董事会的沟通。董事会主席兼任基金会主席，同时担任技术转移公司总经理，负责日常运转。技术转移公司为基金会的全资子公司，管理技术转移中心、咨询中心、研究中心及其他下属公司。

技术转移中心为纯私营机构，宗旨是"企业的伙伴、促进创新的信息和咨询源泉、技术和知识的中心"。它是史太白体系的基石和主要收入来源，每个转移中心相对独立、实行市场化运作，最大的埃斯林根汽车电子技术转移中心员工超过300人，绝大多数则不超过5个人，有的甚至只有1个人。每年完成5000多个技术转移项目，主要集中在汽车、机械制造、航空航天、能源和环境等德国优势产业。

咨询中心向企业、公共部门提供中短期咨询服务，覆盖技术领域和企业设立、市场开拓、运营管理、企业发展战略等环节，同时为企业、信贷机构及投资者提供项目及企业分析和评估，帮助客户抓住机遇，规避风险。通过咨询服务，史太白赢得了大量技术转移客户。

研发中心利用大批优秀的技术专家和人才，深度开发已有技术，使其更好地与客户需求吻合，主要研发领域为信息通讯、生命科学、光电、工程技术、新材料、节能环保、工业传感器等。

史太白大学贯彻学以致用理念，致力于培养精通技术与经济的实用型人才和技术转移的使者，迄今已毕业6000多人，2011年有145个研究所、1519名教授、5620名在校生。此外，史太白还通过举办研讨会、培训班等为企业或员工提供在职培训。

技术转移流程：拥有技术或专利的高校教授或科研院所专家向史太白董事会提出申请，如董事会确认该技术有较大市场价值，双方签约成立转移中心或申请由现有的转移中心进行技术转移。技术转移中心需将年度营业额的10%上交史太白技术转移公司。

史太白技术转移公司为技术转移中心创造稳定、宽松的法律保障和发展环境，通过工商会等机构寻找企业作为技术的投资者和受让方，也为转移中心争取其他研究项目，以及协助申请商业贷款以及德政府或欧盟的项目资助。同时，提供财务、人事、保险、行政等服务，并承担技术转移给客户造成的实际损失。

为加强风险控制，技术转移中心需按月向技术转移公司提交财务报告，没有盈利能力或市场的技术转移中心会被立即关闭。目前，每年成立 40 至 50 家新的技术转移中心，同时关闭 30 余家亏损的转移中心。

史太白技术转移中心的成功经验如下：

一是创立产学研结合的技术转移模式，为高校、科研机构的技术拥有者提供合作平台。充分利用高校和科研机构中未转化为经济价值的知识和技术潜力，有效降低企业特别是中小企业的研发成本，有利于提高社会的创新能力和经济的整体竞争力。

二是政府支持与市场化运作完美结合，实现公共资源和市场资源的优化配置。政府从税收优惠、拨款资助、采购服务等方面对非营利组织提供支持。直到 1999 年，史太白每年都从巴符州政府得到 50 万至 200 万马克资助，目前仍能从州政府得到大量项目。1999 年以后，史太白开始完全市场化运作，自主性增强，竞争力不断提高，实现了快速发展，目前资产总额已高达 7000 万欧元。

三是依靠所在区域得天独厚的产业及研发优势，全力打造技术转移平台。一方面，史太白所在的巴符州科研力量雄厚，汇集了多所高校以及弗朗霍夫应用研究促进协会（欧洲最大的应用科学研究机构）、亥姆霍兹联合会（德国最大的科研团体）、马克斯—普朗克研究所等德国重量级科研机构，知识和技术来源充足。另一方面，该州汽车业、机械制造等行业发展水平高，大中小型企业同步发展，存在不同层次的市场需求。史太白为供需之间搭建了桥梁，成功实现了知识和技术的转移、科学与经济的结合、创新潜力向实践的转化。中关村地区的产业与研发现状与此极为相似，具备了孕育技术转移中心的肥沃土壤。

第二节　国内其他地区技术转移的现状、经验与借鉴

2009 年 3 月 13 日，国务院批复中关村科技园区建设国家自主创新示范

区，提出到 2020 年将中关村科技园区建设成为具有全球影响力的科技创新中心战略目标。2009 年 12 月、2011 年 3 月国务院又批复武汉东湖高新技术开发区、上海张江高新区建设国家自主创新示范区。因中关村、东湖、张江地理位置以及创新资源的不同，技术转移也呈现出各自的特点，他们凭借各自拥有的优势，在全国各类园区中脱颖而出。而近年来，江苏省的科技成果转化在综合排位上处于全国上游水平，展现出较强的发展势头。本节试图通过总结东湖、张江、江苏三个地区技术转移的成功经验和经典案例，以期对中关村地区的技术转移给予一定的启示。

一、国内其他地区技术转移的现状与做法

（一）东湖高新区技术转移现状与成功做法

1. 东湖高新区技术转移现状

武汉东湖高新区开始创建于 1988 年 10 月，1991 年 3 月被国务院首批批准为国家级高新技术产业开发区，2001 年被原国家计委和科技部批准为国家光电子产业基地。2006 年以来，被国家有关部委批准为国家服务外包基地城市示范区、国家生物产业基地、国家科技兴贸创新基地，被列为全国建设世界一流科技园区试点。2009 年 12 月 8 日，东湖高新区被国务院批准为国家自主创新示范区。高新区位于武汉东湖之滨，规划面积 518 平方公里。区内集聚了各类高等院校 48 所、56 个中央及省部属科研院所、60 多名两院院士、30 多万各类专业技术人员和 100 多万在校大学生，建成有大学科技园、光谷软件园、富士康武汉科技园以及汽车电子、金融后台等 10 多个产业园，还拥有 11 个国家重点实验室、10 个国家工程技术中心和 700 多个技术研发机构，融科学、技术、生产为一体，为园区技术创新和成果转化奠定了坚实的基础。

经过 20 多年的努力，东湖高新区走出了一条依靠自主创新、发展高新技术产业之路，形成了以光电子信息为核心产业，生物、环保节能、高端装备为战略产业，高技术服务业为先导产业的"131"产业格局。"中国光谷"在光通信、激光、空间地理信息系统、能源环保、数控系统等领域，代表了

国内最高水平，在国际竞争中赢得了话语权，成为我国在光电子信息领域参与国际竞争的知名品牌。而自批准为国家自主创新示范区后，东湖高新区大胆先行先试，以创新为动力，坚持企业优先，加快建设人才特区、资本特区、政策特区、创新特区，进一步优化投资发展环境，全力打造效率高、政策优、收费少、配套全、服务好的最佳投资环境高新区，努力成为推动"两型社会"建设、依靠创新驱动发展的典范。

东湖高新区全国综合排名上升至第 3 位，知识创造和技术创新能力上升至第 2 位。截至 2011 年底，东湖高新区注册企业达 19000 多家，其中世界 500 强企业 40 多家，上市公司 30 家。2011 年，高新区实现企业总收入 3810 亿元，同比增长 30.2%；完成规模以上工业总产值 2898 亿元，同比增长 27.2%；完成规模以上工业增加值 975 亿元，同比增长 26.1%；完成固定资产投资 355 亿元，同比增长 13%；实现全口径财政收入 133.87 亿元，同比增长 37.1%。2012 年，高新区企业总收入突破了 5000 亿元，增长 31% 以上；工业总产值突破 4000 亿元，实交税金 2585 亿元。2013 年，东湖高新区企业总收入达到 6517 亿元，增长 30.18%；完成工业总产值 5086 亿元，增长 26.77%。

同时，专利申请和授权总量的大幅攀升，凸显出东湖高新区企业自主创新能力和知识产权保护意识越来越强。自 2001 年以来，专利申请量平均每年以 40% 的速度增长。2011 年，东湖高新区发明专利申请量增量最快，达到 10365 件，同比增长 44.0%；专利授权量为 6662 件，同比增长 31.2%。2012 年，东湖高新区专利申请量首次突破万件，创历史新高，达 10365 件，占全武汉市专利申请量的 43.0%[①]。

2. 东湖高新区技术转移的成功做法

与中关村国家自主创新示范区"具有全球影响力的科技创新中心"的定位不同，东湖国家自主创新示范区是以成为"推动资源节约型和环境友好型社会建设、依靠创新驱动发展的典范"为建设目标。目前，示范区是我国重要的光电子信息产业基地和自主创新中心，产业布局已涵盖光电子信息、装备制造、生物、新能源、环保、软件与外包六大领域。根据产业发展规划，

---

① 资料来源：根据《中国科技统计年鉴》整理而得。

示范区积极围绕自主创新的主题进行产业结构升级和新兴产业布局，打造以光电子信息产业为龙头，以生物技术、新能源、环保、消费电子、现代装备制造、研发和信息服务业为重要支撑的产业结构。同时，示范区积极按照拓展产业链、打造产业集群的思路，分层推进光通信、激光等支柱型产业的进一步提升和半导体照明、OLED、太阳能光伏等战略性新兴产业的培育和加速发展，打造具有全球竞争力的高技术产业创新集群。近年来，东湖高新区不断深化体制机制改革，加强技术创新体系的建设，加速推进科技成果转化的步伐。主要做法如下：

（1）首创产权式孵化器发展模式，促进科技成果转化

东湖是中国孵化器事业的发源地。1987 年 6 月，我国第一家高新技术创业服务中心——东湖新技术创业中心成立，至今全国大多数企业孵化器所运用的运营模式仍为东湖新技术创业中心所创造。孵化器产业化理念由东湖创业中心首创性提出，定位于创业人社区建设，创造性地将房地产与所吸纳的民间资本相结合，开辟了"投资人拥有、创业者使用、创业中心管理"的光谷创业街（又名 SBI 创业街）。光谷创业街是科技企业孵化器发展到一定阶段的一种创新拓展方式，是一个集教育、培训、孵化、制造、休闲、居住于一体的增值服务系统，为企业提供多方服务并为企业创造价值。在这之前的创业中心，大多是由政府直接投资，再由创业中心培育企业，政府得到就业岗位和税收的回报，对民间资本的吸引力不大。而光谷创业街采取的是以营利为目标的房产开发模式和以非营利为目的的企业孵化模式相结合的形式，由创业中心开发管理、投资人所有、孵化企业使用、区域经济受益[①]。由于产权、使用权和经营权的分离、房地产商资金成本的降低以及政府的让利，使得区域内物业成本很低。低成本可以给投资者带来更高的利润，因此受到更多社会投资者的青睐。截至 2009 年底，东湖新技术创业中心已累计孵化科技企业 1103 家，毕业企业 681 家，成活率在 75% 左右。

在东湖高新区，孵化器的建立为携带成果、创建小企业的科技人员提供

---

① 刘迎、陈来芳：《中关村、东湖、张江创业投资的发展经验对合芜蚌的启示》，《中国集体经济》2012 年第 22 期。

了科技成果转化的渠道和企业发展的必备条件。一大批企业从那里诞生、发展成为国内知名的高新技术企业，如凯迪电力、三特索道公司、凡谷电子、楚天激光等企业通过充分获取"孵化器"的养分，已成长为国内著名企业，极大地促进了园区经济的发展[①]。

（2）注重搭建产学研合作平台，推动成果不断转化成社会财富

东湖高新区充分整合和利用国内外的科技资源，建设产学研结合的以国家实验室、国家重点实验室（中心）、工程技术研究中心、企业技术中心为核心的多层次技术创新支撑平台，推进企业、高校、科研院所的合作。经过20多年的发展，东湖高新区在产学研合作领域取得了很大进展，产学研合作浪潮日渐高涨，科研成果正源源不断地被产业化，转化成社会财富。例如，由国家光电实验室研发改进的我国首台具有自主知识产权的新一代红光高清视盘机 NVD 研制成功，武汉全真 LCOS 大屏幕投影仪产品试生产。据统计，2001—2008 年，高新区企业联合科研院所共承担国家重大科技支撑计划、国家"863"计划、"973"计划等国家级创新项目 320 多项[②]，开发了大批拥有自主知识产权的创新成果。尤其是烽火科技的 3 项 IP 网络技术标准、长飞光纤的"光纤链路测试方法"，均被国际电联批准为国际标准。

当前，随着高校和科研院所科研能力的不断加强，高新区产学研合作能力显著提升。科技成果的本地转化主要集中在以理工科为主的院校。其中，华中科技大学在机械、电子、光通信等领域具有比较明显的转化优势；武汉大学在本地转化的项目主要集中在测绘、化学化工、水电利设备及生物医药等行业；武汉理工大学在机电、汽车、材料等专业转化能力较强；华中农业大学的主要优势集中在畜牧、养殖、生物等专业方面[③]。同时，东湖高新区的产学研合作开始从国内走向国际，国际化水平明显提高。目前，高新区内的产学研主体已开始与国外企业开展合作，积极谋求在全球范围内实现资源配置和战略规划。例如，长飞光纤由中国电信集团、武汉长江通信集

① 夏亚民、陈丽娜：《东湖高新区科技成果转化的现状、问题及对策》，《中国高新区》2007年第 2 期。

② 湖北省科技厅高新处：《极目楚天论光谷》，[EB/OL].http://www.hbstd.gov.cn/, 2008-06-19。

③ 武汉市产学研工程协调小组办公室：《武汉市产学研工作发展报告》2006 年 11 月。

团与荷兰德拉克公司共同投资、合作研发；华工科技收购澳大利亚的 Farley 和 Laserlab，通过集成创新研制出世界一流水平的高精度等离子切割机和高性能激光切割机[①]。一些跨国公司也纷纷到高新区建设技术中心，如微软技术中心、IBM 软件创新中心、英特尔创新技术体验中心、EDS 全球服务外包中心等。

同时，高新区产学研合作模式也日趋多元化，形成的主要模式有：一是大学院所直接转化模式，即高校、科研院所依靠科研资源和科研优势，创办科技型企业以实现产学研的有机结合。科研院所的技术人员和高校老师带着自己的科研成果到高新区创业，将科研成果产业化，例如楚天激光、凯迪电力、凡谷电子。而华烁科技、中冶南方、烽火科技等则是科研院所依靠自身的科研能力、丰富的行业经验和资源，直接将科技成果进行产业化运作的典范。二是共建实体模式，即企业选择具有技术优势、人才优势和科研条件优势的高校、科研机构联合成立具有独立法人资格或不具有法人资格的实验室或研发机构，是产学研结合的高级形式。例如，武汉大学开发的"OSMAR—S 型便携式高频地波雷达"，选择凡谷电子公司作为实现雷达产业化的合作伙伴。三是松散型合作，即企业建立研发中心，并与高等院校和科研单位建立长期合作关系，园区内企业已建有国家级企业技术中心 4 家，省级技术中心 15 家。例如，楚天激光聘请中科院院士以及国内外一批知名激光技术专家组成顾问团，这种合作模式的特点是企业规模较大、研发力量较强，属于创新型企业的典范。四是建立产业联盟，即整合产学研的技术和产业资源，以联盟的方式提升整合能力，促进自主创新能力的提高[②]。例如，软件外包产业联盟、激光行业协会、新一代红光高清视盘机（NVD）产业技术联盟、光纤到户（FTTH）联盟、半导体照明工程研发及产业联盟等。五是"产业基地＋研究院"集成模式。高新区采取资源集聚战略，依托国家光电子产业基地、国家生物产业基地，成立了光电国家实验室和武汉生物技

---

① 张莹：《基于创新双螺旋理论的产学研结合研究——以武汉东湖新技术开发区为例》，《第七届中国科技政策与管理学术年会论文集》2011 年。

② 陈建安、李燕萍、吴绍棠：《东湖高新区产学研合作的现状、问题与对策》，"233"网校论文中心，2011 年 2 月 17 日。

术研究院。其中，光电国家实验室由教育部、湖北省和武汉市共建，依托华中科技大学，由武汉邮电科学研究院、中国科学院武汉物理与数学研究所、717所组建；武汉生物技术研究院由武汉大学牵头，由华中科技大学、中科院武汉分院、华中农业大学、武汉生物制品研究所、凯迪电力等单位组建。

(3) 推进大学科学园的建设，加快大学科研成果的产业化

大学科学园是一个以一定土地、建筑等硬件设施为基础的，由专业人员管理的组织机构，它是以发展高科技产业为目的，通过技术转移、孵育中小创新企业，培养企业管理人才等方式，来促进大学等科学研究机构的技术成果转化为现实的生产力。为加快大学科研成果的产业化，在教育部、科技部建设大学科技园精神的指导下，武汉市政府支持东湖高新区利用区内高等院校众多的优势，将大学科技园建设纳入高新区的总体发展规划。1999年11月，东湖高新区国家大学科技园项目按照"一园多校"的模式设立并开始建设。经过建设和发展，高新区形成了高校科技成果转化的"四级跳"模式：第一级，在校园内孕育新技术产业化的种子；第二级，在校园周边建立大学科技园孵化区；第三级，将孵化较为成熟的企业放到大学科技园产业区进行规模化发展；第四级，企业进入高新区大规模发展。

在科技成果转化中，大学科学园一方面可以利用大学的科研优势；另一方面以建立高水准的研究机构，针对科技园的发展需要研究开发重大项目，不断开发拥有自主知识产权的技术和产品，同时积极引进国内外有实力的高新技术企业、科研院所在园区内设立研究开发机构，实现技术上的高起点，形成科学园独特的研发优势。在此基础上，进行科技成果的转移。东湖大学科学园的成立为大学、科研机构的科研成果转化为现实生产力提供了宝贵的平台，为示范区提供充足的技术储备和技术保障，推动科学园、示范区及周边地区的社会经济发展。通过大学科技园的培育和引进，东湖高新区初步形成了具有特色的高新技术产业群。据统计，大学科技园已累计转化省级以上科技成果200多项，开发出具有自主知识产权的产品340多个，取得专利130多项，为高新区的可持续发展提供了有力支撑。

(4) 加快制定成果转化的各项政策，不断优化成果转化环境

为了优化成果转化的环境，高新区先后出台了一系列政策，包括人才引

进、资金管理等方面。2009 年，武汉市、东湖高新区就先后出台了《关于在东湖高新区建设"人才特区"的若干意见》和《关于实施"3551"人才计划的暂行办法》，得到海内外相关人士的关注和响应，吸引了大量海外留学人才回国创业。高新区还先后出台了《加快科技成果转化的暂行办法》、《科技创新基金管理办法》、《中国光谷创新奖暂行办法》、《关于推进科技人员创业的实施意见》等文件，设立了科技成果转化基金和中国光谷创新奖，鼓励科技成果的股权化、资本化。例如，在红光高清 NVD 项目的产业化过程中，科技人员和管理团队以知识产权入股 650 万元，占股比例达 27%。同时，高新区在改善投融资环境方面也做了大量的工作：一是扶持和促进企业上市，出台了《关于充分利用资本市场促进经济发展的暂行办法》；二是发展风险投资，已建立了华工创投、东湖创投、光谷创投、武大创新、创业者中心等 7 家风险投资机构，引进了汇丰控股公司、IDG 创业投资基金、Intel 等境外创业投资机构；三是完善了产权交易平台。中国（武汉）光谷联合产权交易所挂牌成立，在全国首创非上市公司开展股权质押融资，开展了主要污染物排污权交易和知识产权质押融资业务；四是促进金融机构为中小企业融资。例如，光谷基金与华夏银行签订协议，形成"贷款＋担保＋投资"的投融资新型融资模式，为中小城市企业提供超过 1 亿元的融资支持。①

（二）张江高新区技术转移现状与成功做法

1. 张江高新区技术转移现状

张江高科技园区成立于 1992 年 7 月，位于浦东新区中部，规划面积 25 平方公里，分为技术创新区、高科技产业区、科研教育区、生活区等功能小区。1999 年 8 月，上海市委、市政府颁布了"聚焦张江"的战略决策，明确园区以集成电路、软件、生物医药为主导产业，集中体现创新创业的主体功能。自此，张江园区步入了快速发展阶段。2006 年 3 月，国务院批准更

---

① 陈建安、李燕萍、吴绍棠：《东湖高新区产学研合作的现状、问题与对策》，"233"网校论文中心，2011 年 2 月 17 日。

名为上海张江高新技术产业开发区。2011年1月，国务院正式批复张江高新区创建国家自主创新示范区。目前，张江示范区形成了与上海城市创新带和战略性新兴产业发展地带相吻合的沿江沿海、沿沪宁线和沪杭线三大创新带。

经过20多年的建设发展，张江国家自主创新示范区已经形成了科技创新要素集聚、产学研联动发展、服务平台较为健全、战略性新型产业加速崛起的良好局面。目前，园区形成生物医药、电子信息、文化创意、航空航天、先进装备制造、汽车及零部件等七大战略性新兴产业集群和文化科技融合产业集群健康发展。其中，生物医药产业、新一代信息技术中的集成电路产业和新能源汽车产业在全国继续领先；高端装备制造、新能源、新材料、节能环保产业位于全国先进行列；以网络动漫、网络视听、数字出版、多媒体和文化创意产业为主的六个文化科技融合特色产业集群形成新的产业高地，产值占上海文化产业总产值的50%以上。当前，园区建有国家上海生物医药科技产业基地、国家信息产业基地、国家集成电路产业基地、国家半导体照明产业基地、国家"863"信息安全成果产业化（东部）基地、国家软件产业基地、国家软件出口基地、国家文化产业示范基地、国家网游动漫产业发展基地等多个国家级基地。在科技创新方面，园区拥有多模式、多类型的孵化器，建有国家火炬创业园、国家留学人员创业园，一批新经济企业实现了大踏步的飞跃。

多年来，张江示范区加快推进发展理念、发展模式和发展重点的转变，努力营造良好的创新创业环境，取得显著成绩。2009年，高新区完成工业总产值3549亿元，是1991年的136倍；完成企业总收入5169亿元，增加值1154亿元，上缴税收323.1亿元，分别同比增长13.5%、14.6%和52%。2010年，园区经营总收入达到1100亿元，年总收入增速达15%左右，成为中国高科技产业化的龙头区域。截至2012年底，园区累计注册企业9164家；从业人员27万，本科学历以上占比超过60%。截至2012年底，园区累计注册企业9164家；从业人员27万，本科学历以上占比超过60%。示范区管理范围内第二、第三产业销售总收入1.88万亿元，增加值3300亿元，出口额575亿美元，税收980亿元，有效期发明专利22000余件

（占上海市拥有量的2/3以上）①，为建设世界一流科技园区奠定了坚实基础。2013年，张江示范区经济总量继续保持20%以上的增长速度，实现技工贸总收入2.7万亿元、税收入1986.48亿元、出口创汇601.4亿美元，较2012年有较大幅度增长。其中，高新技术企业总收入为7319.7亿元，占技工贸总收入的27%。科技企业、研发机构分别从3万余家和1030个，增加到近5万家和1400余个，高新技术企业和技术先进型服务企业分别增加到2067家和163家，占全市总量的40%和54%。目前，示范区建立了促进科技人员积极研发和转化职务科技成果的激励机制，形成多方主体共同推进科技成果转化的模式。市政府10个部门的13类20项事权已向9个符合试点条件的分园下放，部分区县政府采取健全分园管理机构或建立分园行政审批绿色通道等方式推进行政管理服务创新，5个分园基本实现"园内的事园内办结"。

2. 张江高新区技术转移的成功做法

张江示范区始终坚持"开放创新先导区、战略性新兴产业集聚区、创新创业活跃区、科技金融结合区、文化和科技融合示范基地"的战略定位，不断推进技术创新，努力促进技术创新和成果转化，取得了较好的成效。目前，示范区已成为技术创新和科技成果转化、产业化的示范基地，产学研结合、综合配套改革的先试基地，创新人才、研发机构和高新技术企业的集聚与辐射基地，与市场经济和知识经济相适应的科技服务基地，逐步形成了独有的"张江模式"。

（1）汇聚了大量高端创新资源，为技术转移创造条件

园区内拥有集聚了300多家世界500强企业、43所高等学校、50多家国家科研院所、34个国家重点（工程）实验室、31个国家工程（技术）研究中心和300多家跨国公司研发机构，中科院浦东科技园、中科院上海高等研究院、中电集团上海基地、国家人类基因组研究中心、上海科学院等相继落户。同步辐射光源、传统及海洋工程国家实验室和超级计算中心等一批大科学装置创新基地也落户于此。张江示范区还是海内外高层次创新创业人才

---

① 资料来源：根据《上海张江国家自主创新示范区发展规划纲要（2013—2020年）》整理。

的主要汇聚地,有159名院士、380名国家"千人计划"人才、2万多名归国海外留学人才、20多万名科技人员以及60多万名在校大学生和研究生汇聚张江示范区创新创业。

(2)涌现出一大批重要创新成果,为技术转移提供坚实的基础

张江高新区积极打造以企业为主体、产学研结合的技术创新战略联盟。普华软件、上海贝尔、上海广电等龙头企业牵头组建了22个产业创新联盟,在技术研发、共同攻关、产品配套、分工协作、共享专利、市场拓展等方面加强合作。产业创新联盟促进了以企业为主体的产学研结合,提升了企业的自主创新能力,园区内科技成果不断涌现。在这里,产生了世界首台20流明微型激光投影仪、中国第一款具有自主知识产权商用微机点陀螺仪、中国首台MOCVD(金属有机化合物化学气相沉淀)设备等创新产品;诞生了4项国家科技进步特等奖等一大批国家级科技奖励,涌现出22纳米离子刻蚀机、高端硅基SOI(绝缘衬底硅)材料、高温超导材料、7500吨全回转浮吊、超临界和超临界燃煤发电技术等一批自主创新成果。在这里,45纳米离子刻蚀机、100纳米先进封装光刻机等高端装备实现销售,65纳米12英寸硅片清洗设备、大型地铁盾构等先进装备走向国际市场,TD−SCDMA(时分同步码分多址)和TD−LTE(时分长期演进)终端基带芯片和射频芯片、高频语音通讯SOC(系统级芯片)、模拟移动广播电视芯片、多媒体编解码芯片、CMOS(互补金属氧化物半导体)图像传感芯片等重要产品在国际市场占据重要份额。高新区还曾参与制定国际标准749项,参与制定或承担修订国家和行业标准531项;累计申请知识产权得到公开和授权的10万余件。特别是1000多项科技产品和技术在世博会上广泛运用,向世界展示了中国自主创新的成就[①]。

(3)培育了一批创新型产业集群,推动技术转移活动的开展

张江示范区是综合性国家高技术产业基地和国家微电子产业、软件产业(出口)、生物产业基地,也是高端装备、民用航空等领域的国家级新型工业化示范基地。集成电路、生物医药和通信设备研发制造等特色产业在全国居

---

① 资料来源:《上海张江国家自主创新示范区发展规划纲要(2013—2020年)》。

于领先地位，其中集成电路产业产值约占全国的1/3，形成了国内最为完善、技术水平最高的集成电路设计研发和产业链；生物医药领域汇聚了覆盖新药创制各环节的机构400多家，形成了完整的研发和产业链。新能源装备、物联网、云计算、半导体照明、航空航天等产业快速发展，研发外包服务等高端研发产业处于国内领先地位，金融服务、文化创意、数字出版等产业也具有竞争优势。

（4）形成了良好的创新创业环境，助推企业科技成果转化

积极开展企业孵化、产学研合作、新兴产业培育、投融资行政管理等方面的改革试点，初步形成了开放、公平的市场环境，较为完善的科技基础设施和丰富的专业服务资源。在大学校区、科技园区和公共社区实现了"三区联动、融合发展"。示范区内9家国家大学科技园、50家各类科技企业孵化器聚集了3万余家科技企业，成为吸收上海和长三角高校毕业生就业的重要基地。一大批创业投资、股权投资机构落户张江示范区，"投贷联动"、"投贷保联动"、"保贷联动"等金融服务创新以及科技型中小企业履约保证保险贷款、知识产权质押贷款等金融产品创新得到较大范围的推广。按照"行政效率最高、行政透明度最高、行政收费最少"的要求，建立了"小机构、大服务"的示范区管理服务体系。在这里，诞生了知识产权质押贷款、通关电子账册等无数个中国第一。

（三）江苏省技术转移现状与成功做法

1. 江苏省技术转移现状

江苏省地处美丽富饶的长江三角洲，地形以平原为主，自然条件优越，经济基础较好。近年来，由于省委省政府大力倡导自主创新，江苏的技术转移呈现蓬勃向上的态势。截至2007年，全省各类科技企业孵化器已达130余家，拥有国家级科技企业孵化器27家，总量居国内第一位（其中国家高新技术创业服务中心18家、国家大学科技园5家、国家软件园5家）。到2010年底，全省共有各类研发机构6300个，从事科技活动人员68万人；两院院士87人，人数仅次于北京、上海。全社会研发投入840亿元，占GDP比重达2.1%；其中企业研发投入680亿元，占全省的81%，本土大中型工

业企业建有研发机构比例达70%。2010年实施的产学研项目近1万个，其中与中科院合作项目达1155个，销售收入408亿元，均连续5年居全国第一。全省的高新技术企业总数达3093家，高新技术产业产值达30355亿元，增长38.1%，占规模以上工业比重提高到33%，比2009年提高2.9%。2010年全省的专利申请量、专利授权、企业专利申请、企业专利授权总量四项指标保持全国第一，发明专利申请量首次跃居全国第一。

近几年，江苏省技术交易保持强劲发展势头，技术交易规模和水平大幅度提升，科技创新成效明显，高新技术企业产业化进程不断加快。2011年，全省技术市场共登记技术合同25321项，成交金额463.12亿元，较2010年增长了46.08%。2011年全省专利申请与授权数持续增长，专利申请量达348381件，发明专利申请量84678件，同比增长47.69%、56.83%。全省专利授权量199814件，发明专利授权量11043件，企业专利授权量118919件，同比增长44.39%、53.2%、65.67%。全省专利申请量、授权量、企业专利申请量、授权量和发明专利申请量的五项指标在全国处于第一位置。

研发机构是企业开展技术创新、实现科技进步的基础条件，江苏省对研发机构建设相当重视，力求形成体系健全、功能完备、开放竞争、富有活力的发展格局。到2012年，全社会的研发投入达到了1230亿元，占GDP的比重达到了2.3%，R&D项目（课题）经费内部支出1104亿元、R&D项目（课题）数97597件。2012年，全省共有各类科技机构6735个，拥有研究与试验发展人员15.77万人，其中县以上国有独立研究与开发机构135个，拥有研究与试验发展人员0.89万人；高校科技机构579个，拥有研究与试验发展人员0.78万人；规模以上工业企业技术开发机构5886个，拥有研究与试验发展人员12.75万人。全省县以上国有独立研究与开发机构全年总收入67.22亿元，科技活动总支出44.61亿元，其中研究与发展活动支出26.02亿元；创办经济实体47个。全省共建产业技术研究院4个，企业研究院19个，国家和省级重点实验室84个，国家和省级工程技术研究中心1422个，国家和省级科技公共服务平台245个，企业院士工作站264个，国家级高新技术特色产业基地80个。全省拥有科技创业园、大学科技园、软件园、创业服务中心等各类科技孵化器301家，总量居全国第一位。孵化场地1504万平方米，比上年增长 59.8%，在孵企业 15000 多家，累计毕业企业 4456 家。从事科技服务的单位 1461 家，比上年同期减少 40 家，下降了 2.66%，拥有从业人员 109191 人。

表 3—4　江苏省 2009—2012 年科技能力和科技活动主要指标

年份	研究与试验发展（R&D）人员（人）	R&D 经费内部支出（万元）	国内专利申请授权数（件）	国内有效专利数（件）	技术市场成交合同数（项）	技术市场成交合同金额（万元）	研发机构专利申请数（件）	研发机构有效发明专利数（件）	专利所有权转让及许可数（件）
2009	549159	7019529	87286	154887	13938	1008296	828	422	11
2010	455135	8579490	138382	273249	19815	2493406	1166	712	11
2011	406231	10655109	199814	371322	24526	3334316	1373	1340	31
2012	369403	12878616	269944	537180	28921	4009141	1878	1973	31

资料来源：根据《中国科技统计年鉴》中北京、上海、湖北、安徽、江苏、浙江、广东七省市科技能力和科技活动情况对比分析数据整理所得。

2. 江苏省技术转移的成功做法

20 世纪 90 年代以来，江苏省开放型经济保持了健康、快速发展态势，与国际和国内其他地区的经济交往日益密切。这种外向型经济加快了江苏省工业技术进步的步伐，促进了其高新技术产业的发展，带动了其产业结构的优化升级。近年来，江苏省大力推进自主创新，高新技术产业持续快速发展，企业自主创新产出大幅度提升。江苏省的经济社会发展在全国范围内处于领先地位，特别是科学技术发展，在全国各省市名列前茅，许多研究领域在全国甚至是世界都处于领先地位。而科技成果的转化也是突飞猛进，对地区的经济发展起到了十分重要的促进作用。归纳起来，江苏省在技术转移方面的主要做法如下：

（1）启动职务成果挂牌转让，加速政府科研项目转化

江苏省通过制定发布《职务技术成果挂牌转让实施细则（试行）》，为推动政府科技计划项目所形成的职务技术成果加速转化。在 2005 年，江苏省 39 所高等院校的职务成果总量为 13503 项，而真正实现转化的仅有 558 项，其转化率不足 5%。为此，江苏省实施了职务技术成果的挂牌转让措施，这有利于加快江苏省科技创新成果转化及其产业化进程，增强企业自主创新能

力、有利于规范、繁荣和活跃技术市场、有利于加强技术产权交易公共服务平台建设，促进科技资源的优化配置和集成利用、有利于加强科技计划项目验收的后续管理，提高职务技术成果规范化管理水平。自 2007 年《实施细则》实施以来，全省已有职务技术成果挂牌项目达 800 多项，促成 247 项职务技术成果转让，交易额达 3.8 亿元。

（2）加强专项资金管理，促进科技成果产业化

自 2004 年开始，江苏省政府设立了科技成果转化专项资金，并制定了《科技成果转化专项资金管理办法》，积极引导和推动具有自主知识产权的重大科技成果向规模产业转化。在《科技成果转化专项资金管理办法》中明确了成果转化资金每年由省财政拨款，并由省财政厅、省科技厅两部门共同管理。成果转化资金主要支持电子信息、生物技术与新药、现代装备制造、新材料、新能源、环境保护技术及高科技农业等重点领域的重大科技成果转化项目，项目的实施以江苏省境内注册的企业为主，资金使用的主要方式有拨款资助、有偿资助、贷款贴息等。江苏省科技成果转化专项资金实施十年来，组织了多个项目，成功实现了一批具有自主知识产权的重大科技成果的转化，突破了一批制约产业发展的关键技术，培育出一批高技术新兴产业，打造出一批掌握核心技术、具有典型示范作用的创新骨干企业，推动了产学研合作的纵深开展，并积极推动国内外技术成果和人才团队纷纷向江苏集聚。

（3）创新技术转移服务模式，推动科技成果产业化

江苏省在技术转移服务模式上不断推陈出新，以推进科技成果转化的进程。一是首创纯知识产权质押贷款业务。从 2007 年 6 月开始，江苏省技术产权交易所和南京银行正式开展无抵押、无担保知识产权质押贷款业务，为解决科技型中小企业融资难的问题创新了路径与模式。二是积极探索服务入股的新模式。江苏省技术市场与无锡市当家易现代农业科技发展有限公司签订了关于股份制改制、私募股权融资及首次公开发行股票并上市前期准备工作的委托协议。通过在企业的不同发展阶段给予企业多方位的支持，通过享有企业相应股份、享受分红的方式来实现服务的回报。这种多方位的支持包括了帮助企业解决各方面的资金缺口、帮助企业召开了项目推介会、辅导企业进行科技政策咨询等等，这一系列的服务将加速企业的发展，最终也能实

现单位与被服务企业的双赢。目前，无锡市当家易现代农业科技发展有限公司同意向江苏省技术市场转送相应的公司 5% 股份价值 80.2 万元作为未来提供相关服务的报酬，并且及时作了工商变更。三是推动省级服务标准化试点建设。江苏省起草了《技术交易与技术产权交易服务规范》、《科技企业创业服务规范》和《知识产权质押贷款服务规范》，并分别于 2008 年 10 月、2009 年 3 月和 2009 年 5 月由江苏省质量技术监督局正式对外发布。其中包括了有关技术产权交易项目筛选评价、信息披露制度、交易、鉴证、登记等工作制度和流程以及为科技企业创业辅导和培训的一系列工作制度和流程，在流程化操作方面形成了一套切实可行的服务标准[①]。

（4）开展多形式的技术转移交流活动，为技术转移搭建平台

江苏省通过举办各类培训、开展丰富多彩的对接活动，搭建了技术转移工作的平台，以扩大技术交易与技术产权交易量。其中有影响的活动有："中新创投杯"首届长三角科技创新创业大赛暨大学生科技创业大赛及电视颁奖晚会，服务来自江、浙、沪、皖三省一市的近 900 家企业和近百家创投机构，促进了长三角地区项目与资本的对接。还有 2010 年的中国（江苏）科技金融论坛暨创业投资项目对接推进会，来自全省的 200 家优秀科技型企业和 100 家创投机构参展，累计参加人数 2000 余名，产生了广泛的社会影响[②]。

（5）扎实建设技术转移人才队伍，为技术转移提供人才支撑

江苏省定期开展技术转移从业人员的培训工作，组织开展技术转移政策宣传讲座。为宣传技术转移相关政策，编印了《技术合同与科技成果转化相关法律、法规、政策选编》，每年进行修改、补充，供技术转移从业人员学习、贯彻与执行。江苏省还与上海、浙江、安徽三地科技部门联合编撰出版《技术经纪人培训教材》用于培训技术经纪人。培训人员主要由省内重点高校和研究院所的工作人员构成，初步形成了一支具有一定规模和业务水平的技术转移人才队伍。

---

① 顾宁：《江苏省技术转移服务体系建设构想》，《科技创业月刊》2012 年第 8 期。

② 郑宁：《江苏省技术转移工作现状分析》，《科技创业月刊》2012 年第 8 期。

二、国内其他地区技术转移的经验与借鉴

近年来，随着创新型国家的建设，各个地区对增强自主创新能力、加大技术转移和产业化工作都十分重视，也出现了一批发展强劲的科技园区和地区。比如东湖高新区、张江高新区、江苏省等地区，这些地区技术转移方面的经验也给中关村技术转移提供一定的借鉴意义。

（一）东湖高新区技术转移的经验借鉴

东湖示范区总体规划为"一轴六心、三区两城、两楔多廊"的空间结构，确立了以光电子信息产业为主导，能源环保、生物工程与新医药、机电一体化和高科技农业竞相发展的格局。东湖示范区在国家和省市政府的大力支持下，在企业培育、行业重组产业升级、国有资产改制、产学研合作、资金与人才要素引进与培育等方面探索新的体制机制，特别是在技术转移和产业化方面积极推进，取得了较好的成效。具体经验有：

1. 制定相关政策，鼓励科技成果转化

东湖高新区先后出台了《加快科技成果转化的暂行办法》、《科技创新基金管理办法》、《中国光谷创新奖暂行办法》和《关于推进科技人员创业的实施意见》等文件，设立了科技成果转化基金和中国光谷创新奖，鼓励科技成果的股权化、资本化。例如，在红光高清 NVD 项目的产业化过程中，科技人员和管理团队以知识产权入股 650 万元，占股比例达 27%。

2. 紧紧依托"大学、大所、大型企业"优势，实现高新技术产业化

高新区内高等院所、科研单位、高新技术企业集聚，形成了产学研联动的机制。高新区定期召开由大学、科研院所、企业家及相关政府部门等参与的产学研联席会议，促进产学研之间的互动，协同效应开始显现。东湖高新区在建设过程中重视发挥"大学、大所、大型企业"的优势，使沉淀的科技成果走向市场，实现高新技术产业化。几年来，东湖高新区以"三大"单位为依托，以火炬计划项目为龙头，加大高新技术产业化力度，已形成通信、生物工程、新材料、激光技术、电子信息和机电一体化等六大高新技术产业。武汉邮电科学院、长飞光纤光缆公司、武汉电信器件公司、武汉日电光

通信公司等一批重点骨干企业迅速崛起，已形成高新技术转移和产业化的规模。同时，高新区重视从实际出发，依靠区内智力与技术密集优势，利用现有资产存量，改造传统产业，采用将科技成果直接向老企业转让、由高新技术企业承包租赁兼并老企业、老企业创办高新技术企业多种形式，推动企业自身发展。目前，已有 30 多家高新技术企业采取联营、技术参股的形式与传统企业合作。

3. 改善投融资环境，促进高新技术孵化、产业化

高新区积极探索新办法，不断完善了投融资环境。一是扶持和促进企业上市，出台了《关于充分利用资本市场促进经济发展的暂行办法》；二是鼓励发展风险投资，建立了华工创投、东湖创投、光谷创投、武大创新、创业者中心等 5 家风险投资机构，引进了汇丰控股公司、IDG 创业投资基金、Intel 等境外创业投资机构；三是完善产权交易平台。中国（武汉）光谷联合产权交易所挂牌成立，在全国首创非上市公司开展股权质押融资，开展了主要污染物排污权交易和知识产权质押融资业务；四是促进金融机构为中小企业融资。例如，光谷基金与华夏银行签订协议，形成"贷款＋担保＋投资"的投融资新型融资模式，为中小城市企业提供超亿元的融资支持。

4. 推动股权激励试点，加快科技成果转化

股权激励试点是示范区建设的重点内容，是促进科技成果转化的重要举措。主要工作有：一是在武汉邮科院、华工科技、中冶南方等一批发展潜力大、公司治理结构完善、管理规范的高新技术企业率先开展股权激励试点工作；二是试行以技术、管理经验等人力资本作价出资注册企业的试点，积极引导区内民营企业开展多种形式的激励，重点推进区内上市公司实施股权激励计划；三是加强科技成果交易和信息发布平台建设，建立了一个与高等院校、科研机构、科技管理部门、企业互联互通的网上信息平台。

5. 完善科技成果转化平台，推进成果产业化

充分发挥市场机制及政府引导作用，建立和完善产业创新平台、科技成果孵化平台、科技投融资服务平台和科技资源共享平台，整合集聚科技资源，推进集成创新，构建基础扎实、功能完善的创新体系，加快科技优势向经济优势的转化。高新区重视加快生物技术专业孵化器、大学科技园等建设

步伐，深入推进全民科技创业，促进科技成果转化。进一步完善企业孵化体系，促进孵化器市场化、专业化、网络化发展，建立支持科技孵化企业由小到大迅速成长的梯次推进机制、多级助推模式和全程孵育体系，培育一批成长性强的高新技术企业。组建新能源、新材料、物联网等一批技术产业联盟，通过技术产业联盟开展关键共性技术的合作研发，协同开拓市场，提升产业竞争力。同时，高新区重视搭建高端人才创新创业平台，深入推进"人才特区"战略，大力实施"3551"人才计划，加快建设国家"海外高层次人才创新创业基地"，吸引更多高层次人才到高新区创新创业。通过对高端人才实行创业扶持、项目资助、产业化推广以及个人所得税先征后奖等激励政策，积极引进一批科学家和创新创业领军人才，包括高层次管理人才、能突破产业关键技术的人才以及拥有重大项目技术的人才，提升高新区产业创新能力和发展水平。

6.培育产业集群，促进科技成果产业化

高新区建设的重要任务之一就是要做大做强一批具有全球竞争力的创新型企业，培育一批特色鲜明的战略性新型产业。根据培育特色产业集群的需要，武汉市政府将积极支持东湖高新区扩大产业空间，切实搞好产业园区的规划建设，进一步提高建设开发水平，加快实现从设施建设向功能开发的转变，努力把东湖高新区建设成为既有一流的科研、生产环境，又有一流的生活、生态环境的科技园区。充分利用自身的比较优势，进一步营造良好的产业发展环境，加大企业引进和培育的力度，加快形成企业聚集效应，壮大特色产业的规模，并不断增强新兴产业的生成能力。高新区按照巩固提升特色性支柱产业、培育壮大战略性新兴产业的思路，做强光电子产业，做大生物产业，加速发展新能源、环保和消费类电子等新兴产业，快速形成了产业集群。

（二）张江高新区技术转移的经验借鉴

自实施"聚焦张江"战略以来，上海张江示范区在战略发展高度出发，加大创新资源统筹力度，以提升原始创新、集成创新和引进消化吸收再创新能力为重点，加快科技成果转化和产业化，提升产业持续竞争力。近年来，张江在增强自主创新能力、加大培育创新型企业、发展科技服务业等方面积极作为，在促进成果转化和产业化方面取得了较好的成效。

1. 增强自主创新能力，为技术转移奠定基础

张江高新区通过积极承接和实施国家科技重大专项项目、建设产业技术创新平台、提升高等学校和科研院所的创新效能等措施，增强自身自主创新能力，为技术转移奠定基础。一是积极承接和实施国家科技重大专项。依托张江示范区科研力量，积极承接和实施核心电子器件、高端通用芯片及基础软件产品、极大规模集成电路制造装备及成套工艺、新一代宽带无线移动通信网、重大新药创制、大型飞机等国家科技重大专项和"863"计划、"973"计划等国家科技战略任务，力争突破一批关键核心技术，获得一批自主知识产权。探索项目组织实施新机制，支持新型产业组织和民营科技企业、留学人员创办企业参与国家科技项目实施、科技基础设施建设、高新技术产业化项目实施等。二是建设产业技术创新平台。在电子信息、航空航天、新能源、环保、生物医药、轨道交通、机器人等领域，建设和完善一批高水平共性技术创新平台，突破一批产业关键核心技术和共性技术，构建定位明确、层次清晰、衔接紧密的产业科技支撑体系，服务推动国家重点产业振兴和战略性新兴产业快速成长。三是提升高等学校和科研院所创新效能。积极发展研究型大学与研发机构，促进中央部门所属在沪高等学校、科研院所融入本地创新体系，全面推进中科院浦东科技园和浦东高等研究院等研发基地的建设发展和功能发挥，提升张江示范区面向产业的知识创造创新能力。结合现有基础，打造一批国际高端科研人才领衔、面向应用、机制高效的高水平科研机构，加快上海产业技术研究院和上海紫竹新兴产业技术研究院的建设发展，深化转制院所改革发展，支持企业和社会团体设立研发机构。积极提升高等学校和科研机构服务经济社会发展的能力。

2. 发展产业技术创新战略联盟，搭建技术转移平台

张江高新区打造了一批由企业牵头的产业技术创新战略联盟，围绕战略性新兴产业重点领域，促进行业龙头企业或骨干创新型企业与高等学校、科研院所及相关中介服务机构，在大飞机、集成电路、嵌入式软件、半导体照明、激光显示、电子标签、下一代广电网、新能源、智能电网、新能源汽车、抗体药物、医疗器械、智能制造等领域，共同构建若干个产业技术创新战略联盟，实现人才、资金和技术的倍增效应。同时，建立健全产业技术创新战略联盟合作机制，充分运用市场机制，支持联盟内各主体开展协同创新，探索完善彼此间合作的信用机制、责任机制和利益机制，实现优势互补、利益共享、风险共担。

3. 建立以市场为导向的技术转移机制，推动技术转移前行

张江高新区重视加强大学科技园、科技创业服务中心（科技企业孵化器）和企业"加速器"建设。探索在示范区内的大学建设一批知识产权转移转化中心。鼓励社会资本参与科技创业服务中心（科技企业孵化器）和企业"加速器"建设和运营，提高创业孵化服务能力。同时，建立了以市场导向的技术转移机制，积极推进科研项目立项评审和人员考评制度改革，引导高等学校和科研院所围绕经济社会发展重大科技问题和战略性新兴产业急需问题开展创新活动。探索建立适应公共技术扩散和市场技术转移的多种模式的技术转移机构。鼓励高等学校、科研院所与大型企业联合开展研发和成果转化活动。

4. 启动"4＋1"试点任务，破解阻碍科技创新和成果转化的瓶颈

一是开展股权激励试点。针对上海高校、科研院所密集和国有企业比例高的特点，落实"职务科技成果股权和分红"、"实施期权、技术入股、股权奖励"以及"科技成果转移和转化收益奖励"等股权和分红权激励试点，着力激活广大科技人员和国有企业的创新活力。二是建设创新人才特区。进一步加大高层次创新创业人才和团队引进与培养力度，完善人才服务体系，试点柔性创新创业试点，鼓励各类人才在示范区创新创业，建设创新创业人才高地。三是加快财税政策改革。制定实施有利于创新的财政政策，通过政府采购支持企业技术创新和科技成果示范应用，加快推进集成电路全程保税监管试点和研发外包企业便捷通关等试点。四是促进科技金融结合。充分发挥上海国际金融中心建设的条件与优势，积极开展科技与金融结合的试点。大力发展"天使投资"，加快商业银行专营服务机构建设和科技型小额贷款公司发展，发展担保和再担保公司，促进投贷联动。积极扶持科技型中小企业上市融资，加快推动非上市股份公司代办股份转让系统试点。进一步推进科技保险试点。

加快建设科技金融信息服务平台和科技企业信用体系。五是聚焦张江核心园。依托浦东综合配套改革试点的有利条件，充分发挥张江核心园在技术创新和产业集聚等方面的综合优势，率先推进各项试点，进一步聚集各类创新要素，培育具有国际竞争力的科技领军企业，充分发挥引领示范作用。

5. 培育文化和科技融合产业集群，打造产业集聚区

积极培育形成动漫游戏、数字出版、广告会展以及网络文化信息服务四大产业集群。加大引进动漫游戏龙头企业和扶持中小企业的力度，形成龙头企业带动中小企业共同发展的动漫游戏产业集群。积极推进数字出版关键共性技术的研发，重点研究数字出版行业中相关的商业模式、行业标准、关键技术等重大课题，促进传统出版的数字化转型。支持广告创意企业发展，鼓励和支持知名国际会展活动。建立从内容素材到接收终端的网络视听完整产业链条，推动发展多媒体影视制作、新媒体视频配送、互动电视媒体等产业。重点推动张江国家级文化和科技融合示范基地内各文化专业园区建设发展，培育新的文化产业业态，打造有影响的文化精品。引导文化专业园区明确产业定位，有针对性地提升面向文化科技融合企业的技术、融资、人才培训等园区服务。充分发挥财政资金的示范、引导和放大效应，积极探索有效的财政投入机制，不断提高财政资金的使用效益。上海市财政资金和示范区所在区县财政资金联合设立张江国家自主创新示范区专项发展资金，上海市设立政府引导、社会参与的产业投资基金。

(三) 江苏省技术转移的经验借鉴

近年来，江苏省政府对技术转移工作非常重视，把科技成果转化视为科技工作的终极目标。2004 年，江苏省就设立了"江苏省科技成果转化专项基金"，并通过各种方式促进成果转化，在技术成果转化方面积累了一定的经验，值得借鉴。

1. 突出重点领域，明确科技成果转化的产业化目标

科技成果转化的目的就是要提升产业技术创新能力，扩大产业规模，增强地区科技经济竞争力。江苏省科技成果转化的目标很明确，一是引导新兴产业跨越发展，促成了一些新兴产业从无到有、从小到大到强。二是推动优

势产业向高端发展，促成了优势产业始终处于技术制高点。省政府深入研究了世界经济技术发展趋势和江苏省现实基础，提出在今后一个时期要重点发展新能源、新材料、新医药、环保、软件和服务外包、新传感网六个新兴产业，力争尽快培育成为引领下一轮经济发展的主导产业，加快向创新型经济转型。

2. 集中优势资源，加大科技成果转化的投入

科技成果转化需要有大的转化投入，江苏省在科技成果转化过程中比较注重集中资源，一旦确定了目标，便加大科技成果转化的投入。江苏省从 2004 年起，就利用科技成果转化专项资金组织实施了 543 个项目，安排专项资金 58 亿多元，每个项目的平均资助强度达到 1075 万元，最大的达到 4000 万元。

3. 建立完整有效的管理体制和运行机制，助推科技成果转化

科技成果转化是一项复杂的系统工程，需要做到规范科学。江苏省在实施科技成果转化专项资金过程中，坚持制度先行，严格把握规范程序。该省先后制定了专项资金管理办法、项目实施细则、财务核算办法、重大事项报告制度等十几个规范性管理文件，基本涵盖了项目组织申报、评审筛选、过程管理、经费使用和项目验收等全部环节，精心设计了三个阶段的项目评审机制。为确保项目取得预期成效，落实了项目管理责任制，一是基本实现了立项与管理适当分离，专门组建了江苏省项目管理中心。二是大力推进项目精细化管理，严格项目季报、半年报、年报和重大事项报告制度。三是切实加强项目实施的信任管理。分别对各级科技、财政部门、项目单位、中介机构及专家在项目立项、实施、验收等关键环节的管理和工作纪律执行等情况实施信任等级评价。四是强化地方管理部门责任和企业的实施主体责任，增强项目执行的严肃性和约束力。该省针对本省科技成果、国际合作科技成果、中科院科技成果和军工企业科技成果等不同源头的科技成果转化，分别制定了管理办法[①]。

---

① 谢景伟、王津：《江苏、浙江等发达地区科技成果转化的经验与借鉴》，《湖南大众传媒职业技术学院学报》2011 年第 4 期。

4.加大产学研合作，促进科技成果的转化

科技成果转化工作不是一项孤立的事情，它是整个科技工作中的一个重要环节，同时又对科技工作中的各环节产生影响。江苏省通过组织实施科技成果转化专项资金，鼓励企业在全国范围内寻求技术合作，激发了全国的高校和科研机构到江苏推介研究成果的激情。据有关统计，在该省立项的543个专项资金项目中，属于产学研合作的项目有430个，占项目总数的近80%。在项目实施过程中，又带动了多个新的产学研合作项目在这些企业开花结果，一批新的产学研合作共同体在专项资金支持下应运而生，从而实现了更高层次的产学研合作。与此同时，通过专项资金项目的组织实施，极大地激发了该省企业自主创新的热情，从整体上提高了全省企业的自主创新能力。

三、国内其他地区技术转移典型案例介绍

案例一：架起合作金桥，推进光电子与新一代信息技术产业发展 ①

武汉市光电子与新一代信息技术产业是高新技术产业的骨干产业、支柱产业，是武汉·中国光谷的核心产业，2011年全市光电子产业产值达1021.71亿元。2012年5月，市委市政府发布了《武汉市加快高新技术产业发展五年行动计划（2012—2016年）》，通过组织"三大行动"、推进"三大工程"、实施"八大专项"，提出千亿产业打造工程，百亿产业培育工程，到2016年光电子与新一代信息技术产业要实现高新技术产值3000亿元。由高新处和成果转化中心策划的对接会，目的就是推进光电子与新一代信息技术产业发展，让科技成果就地转化，让科技人员对社会贡献的价值追求在高新技术企业中能够真正得以实现。

2012年3月，市科技局高新处与武汉成果转化服务中心联合对我市重点领域科技型企业开展技术需求专项调查，收集近百项企业需求。根据光电子与新一代信息技术企业提出的需求，有针对性地与武汉大学、华中科技大学、武汉理工大学等高校相关学院取得联系，并向他们提交了企业具体

① 案例选自：工业成果部《成功案例——武汉科技供需对接平台》。

需求。在随后 3 个多月时间里，与技术需求企业一道深入高校院所进行洽谈，取得了一系列的成果，为武汉市光电子与新一代信息技术专题科技供需对接会的成功召开奠定了坚实的基础。武汉大学、华中科技大学、武汉理工大学、华中农业大学等高校与湖北省电力勘测设计院、武汉长光科技有限公司、武汉光庭科技有限公司等企业成功签订 20 项技术合同，签约金额达 2500 万元人民币。

点评：通过发挥武汉高校科技资源优势，帮助企业解决光电子信息领域的技术难题，满足企业的技术需求，突破一批关键技术，需要与行业有关企业建立沟通机制，通过产学研结合的模式，组织技术攻关，提升产业层次。同时，加强高校、科研院所与企业之间的信息沟通，搭建一个科技成果转化和技术转移的公共服务平台，架起一座本地企业与高校院所技术成果合作的金桥。

案例二：武汉纺织大学普适信柔洁纺纱技术专利包项目 [①]

2012 年 4 月 28 日，武汉纺织大学的普适信柔洁纺纱技术专利包（共九项专利）转让与功能性纺织面料技术专利分别以 500 万与 380 万的增值率在科技成果推介会上被成功受让，在此次推介会中增加的专利竞价拍卖方式，为专利的价值评估提供了一种新方式。

徐卫林教授是"新世纪百千万人才工程"国家级人选，其主持研发的"高效短流程嵌入式复合纺纱技术"曾获得国家科技进步一等奖。目前国内企业纺出来的线在显微镜下看，就会发现有很多毛羽，织成布后，很粗糙，需要烤平，浪费原料和能源。国内纺织企业大都以 350 元 / 个的价格从瑞士进口能把毛羽降低的装置，装在每个锭子下面。徐教授利用普适性柔洁纺纱技术开发出来的柔洁纺纱装置，能够使纱线的短毛羽下降 70% 以上，同时可以改善纱线的强力以及条干等指标，省去了烤的工序，开发成本只要 50 元，成本低廉效益明显。王教授的功能性纺织面料技术，通过在涂料载体中添加合适的功能性单体，能使面料同时具备阻燃、防水透气、抗菌、导电等功能

---

① 案例选自：李志男编写的《案例汇编及点评》。

性，并且固化速度比传统热固化快，能耗仅为热固化的 1/40，织物手感柔软，具有节能、环保、高效创新等优势，引起了企业的广泛关注与兴趣。

然而就是这样两项极具应用价值的专利技术，在此次推介会召开之前，却依然面临着寻找投资人的难题。于是借这次省科技厅组织的科技成果推介会之机向我所推荐，希望通过光谷联交所的交易平台寻找到合适的投资人。光谷联交所在接到纺织大学对于这两个专利的特别推荐后，咨询了行业专家和企业界人士，了解到这两个专利的价值后，通过中国创新驿站多种渠道联系到了一定数量的投资人，但是由于对专利的转让价格存在分歧，迟迟无法达成一致意向，于是在征求武汉纺织大学意见的情况下，决定用多家投资人竞价购买的方式来确定最终的价格。通过竞价模式来寻找市场所能给出的最高的价格，最终两项专利都以较高的增值率被经纬纺织机械有限公司与际华三五九四纺织公司竞价购得。从寻找投资人到组织竞价交易，体现了交易所的"发现价格、发现投资人"功能。

点评：技术交易机构的交易推介方式也要不断创新。武汉光谷联合产权交易所专利竞价拍卖方式获得成功的经验值得总结。

案例三：上海影科数码科技有限公司运用人工智能动力学打破原有技术壁垒[①]

上海影科数码科技有限公司研发出了运用人工智能动力学的新型动作捕捉技术的算法，打破了原有的技术壁垒，却无法很好的推广到市场。虹口创新驿站通过走访企业发现了影科的难题，并通过创新驿站服务体系为影科找到了理想的合作伙伴，成功地将新技术推向市场。

传统上，要做出角色动画逼真的运动画面，通常都需要仔细描述每个动作的规律，手工的设置每个时间点的关键帧，然而这种方式不仅繁琐也需要大量人员的开发成本。而上海影科数码科技有限公司（以下简称"影科"）根据其自主研发，首创了运用人工智能动力学算法，大大节省了资源并更好地完成了原有目标。不过光有研发是不够的，如何寻找适合的市场，如何投

---

① 案例选自：李志男编写的《案例汇编及点评》。

入市场成了企业的难题。

驿站在走访中发现了影科的问题，并立即通过与其他创新驿站（上海技术交易所）协同合作，收集、整理可能合作的企业。最终发现上海艺炫数字科技有限公司可能有合作的机会。上海艺炫数字科技有限公司(以下简称"艺炫")是一家从事计算机软件开发的公司，此公司曾设计过一款名为：MCAP的软件。此软件是针对虚拟现实项目、影视动画项目、游戏互动项目等专业领域而开发的智能化项目协作管理软件，给我们很深刻的印象。而此软件所对应的这些项目与影科所擅长的技术运用又不谋而合。由此为契机，驿站不断在双方之间进行走访、洽谈和协商，最终成功地促成此次合作。最终双方决定在艺炫所开发的最新网络互动游戏中，加入影科所开发的系统模块，用于角色置换、时间 noise 节点、动作融合仿真、预览、智能集群的仿真等。此系统可进行实时的数据输入和 3D 动画的建模。让开发者可以在统一环境下完成设置、校准、捕捉、识别、匹配、建模、编辑及数据分析及输出实时演示功能。其中智能集群的仿真系统是整个系统的亮点，只需把重力和人物的肌肉结构都设定好关联之后，透过动作传感技术来驱动肌肉的运动，控制虚拟人物角色自动演算出逼真的动作反应。使虚拟角色的运动轨迹根据软件分配的参数调整出符合客观世界的运动规则的动画，其强大的功能可完成各种手工动画无法实现的复杂的动画特效，极大地提升了传统动画制作流程。

此项目使影科累计实现销售收入 126 万元，净利润 35.6 万元。且该项目经过技术查新显示：总体技术达到国内领先及国际先进水平，且各项指标经"上海市软件评测中心"测试通过，应用领域主要为各动漫、影视，游戏和广告公司等文化创意类企业，市场前景十分广阔。

点评：创新驿站从走访用户开始，与其他驿站合作将新技术推向市场。

案例四：江苏技术师范学院走产学研结合之路 ①

江苏技术师范学院以培养中高等职教特色师资为主，是江苏省唯一独立设置的省属本科师范院校。该学院在"教学是立校之本，科研是强校之路"

---

① 案例选自：《中国高校科技与产业化》2006 年 6 月。

理念指引下，学院坚持科研工作要"服务职教事业，侧重应用研究"的发展方针，求真务实，走出了一条符合校情、特色鲜明、成效显著的产学研发展之路。

江苏技术师范学院充分明确科技工作要"立足长三角，辐射全国，面向世界"，努力谋求"错位经营，错位发展"。近年来在科技工作中充分发挥地域与行业优势，抢抓国家大力发展职业技术教育的机遇，面向地方经济建设主战场，大力实施科技创新团队和优势特色学科的建设。在此指导思想指引下，江苏技术师范学院出台了一系列文件和政策，极大地增强了广大教职工的科技创新意识，广大教职工科技工作热情空前高涨，主动走向企业、走向社会找项目、搞技术开发。学术会议、学术报告、科技项目论证会、科技成果鉴定会等活动日益频繁：仅 2005 年学校邀请校外专家举办高水平学术讲座 71 场次，有近 30 项科技成果通过省级鉴定。

江苏技术师范学院还不断加大人才引进力度，吸引了一批高职称、高学历人才加盟到学校科研队伍中来。另一方面学校通过派教师到国内外知名高等院校学习、进修等多种途径，加大内部人才的培养力度。这些积极措施优化了师资队伍的学历和职称结构，提高了教职工科研能力，推动了学校科技工作水平。目前，江苏技术师范学院已有正高师资 68 人，副高 210 人，博士和在读博士 68 人，享受政府特殊津贴、省"333 工程"培养人选、省高校"青蓝工程"学术带头人培养人选、省高校"青蓝工程"优秀青年骨干教师和曾宪梓教师奖获得者等 60 多人。

同时，江苏技术师范学院在科技创新平台建设方面也取得了长足进步。以学科建设为依托，先后建立了江苏省职教研究中心、贵金属深加工技术及应用省级重点建设实验室、CAD/CAPP/CAM 技术研究室、机电控制与检测技术研究室、计算机网络与控制研究室、CIMS 技术研究推广中心、信息与控制研究所、应用材料研究所、广告设计中心、服装设计中心、产品造型与企业形象设计中心、民营经济研究所，与高新技术产业开发区合作建立工业设计中心等一批承接各级各类项目、为社会发展和经济建设服务的重点实验室、研究所或工程中心。借助科技创新平台建设，江苏技术师范学院承担的国家、省、市纵向项目和重大横向项目逐年大幅提升，科研经费以年 40% 幅度增长，发表论文及出版专著、教材数量实现年 20% 以上的增长幅度，尤其是在核心期刊发表的论文及被 SCI、EI、ISTP 收录数量年增长率超过 30%。

学校能实际产业化应用的技术成果批量涌现，服务地方经济建设的能力不断增强。如化学化工学院的贵金属深加工技术、电子废弃物再生利用技术已得到较好的社会应用。"十五"期间，学校先后承担完成了国家级、省级"火炬计划"项目、"江苏省高校科技成果产业化基金"项目多项。学校还设立有"校科技成果产业化基金"，将能产业化的应用性成果进行产品化开发，积极寻求社会资金注入，以多种方式培育高校科技产业，形成以科技成果向社会转移为主、学校直接兴办科技产业为辅的科技成果产业化良性运行机制。

点评：产学研合作将企业与大学、科研院所紧密结合起来，为三者开展合作搭建了平台，也为技术转移带来了机遇。

案例五：小企业的创新国际化之路 ①

江苏太仓某合金企业总经理，年轻富有魄力；刚刚从家族接管企业，老的厂房面临搬迁和企业面临转型升级，对新技术的渴求使他走进省跨国技术转移中心的视线。经过江苏省跨国技术转移中心的沟通与调研得知，该企业十分重视研发投入，公司主要负责人具有干劲和闯劲，具备专业技术知识和一定的国际化能力。

2012 年 3 月，江苏省跨国技术转移中心邀请以色列魏兹曼研究院耶达技术转移公司首席执行官、项目及法律专家在南京举办了以色列技术转移培训活动，该企业全程参与了培训，被以色列高科技技术和成功的技术转移模式深深吸引，从而确定了将对以色列合作作为本公司的未来重点发展方向。5 月，省跨国技术转移中心再次组织企业赴以色列参加第十一届生物医药展开展项目对接，省中心为该企业量身定做，为企业预约了风投公司、技术转移公司和新材料公司一对一洽谈。在参观访问以色列理工学院时，深刻地认识到以色列理工学院才是他要找的最终的合作伙伴。7 月份，省跨国技术转

---

① 案例选自：江苏省跨国技术转移中心网站，http://www.jittc.org/Apply/ViewNews/2846。

移中心赴该企业实地调研，为企业开展国际合作、技术转移和申请江苏—以色列产业研发合作计划提供了一揽子的方案和建议。11 月份，省跨国技术转移中心邀请以色列理工学院一同参加我省举办的第三届跨国技术转移大会，并于大会期间签署了成立联合研发实验室的协议，企业与俄罗斯 Manel 公司建立了合作关系，将通过多国多边合作提升企业技术实力和竞争力。企业借助此次机会，不单单开展此合作项目，还决定在新厂址建立研发大楼，与以色列理工学院开展更多的新材料项目合作。

  点评：通过近半年的谈判，太仓某合金企业在省跨国技术转移中心大力支持和帮助下，就顺利完成了与国外企业的项目对接，走上了国际化之路。就像企业某负责同志所言："我要是早知道政府还有这个职能部门帮助企业对接项目，我早就来联系了，之前我们也联系了一家以色列公司，都是自己在弄，费了老大劲还谈不拢，这一次才知道我们走了很多弯路。"

第四章　中关村地区技术转移组织机构和现有政策

第一节　中关村国家自主创新示范区技术转移组织机构和管理职能

一、中关村国家自主创新示范区基本情况

中关村国家自主创新示范区起源于 20 世纪 80 年代初的"中关村电子一条街"。党中央、国务院高度重视中关村的发展建设，国务院先后 6 次做出重要决定。1988 年 5 月，国务院批准成立北京新技术产业开发试验区（中关村科技园区前身），由此中关村成为中国第一个高科技园区；1999 年 6 月，国务院要求加快建设中关村科技园区；2005 年 8 月，国务院做出关于支持做强中关村科技园区的决策；2009 年 3 月 13 日，国务院批复建设中关村国家自主创新示范区，要求把中关村建设成为具有全球影响力的科技创新中心，这也是我国第一个国家自主创新示范区；2011 年 1 月 26 日，国务院批复同意《中关村国家自主创新示范区发展规划纲要（2011—2020 年）》；2012 年 10 月 13 日，国务院批复同意调整中关村国家自主创新示范区空间规模和布局，这成为中关村发展新的重大里程碑。

中关村经过 20 多年的发展建设，已经聚集以联想、百度为代表的高新技术企业近 2 万家，形成了以下一代互联网、移动互联网和新一代移动通信、卫星应用、生物和健康、节能环保以及轨道交通等六大优势产业集群以及集成电路、新材料、高端装备与通用航空、新能源和新能源汽车等四

大潜力产业集群为代表的高新技术产业集群和高端发展的现代服务业，构建了"一区多园"各具特色的发展格局，成为首都跨行政区的高端产业功能区。

中关村围绕国家战略需求和北京市社会经济发展需要，取得了大量的关键技术突破和创新成果，涌现出汉卡、汉字激光照排、超级计算机、非典和人用禽流感疫苗等一大批重大科技创新成果，为航天、三峡工程和青藏铁路等国家重大建设项目实施提供了强有力的支撑；中关村企业获得国家科技进步一等奖超过 50 项，承接的"863"项目占全国的四分之一，"973"项目占全国的三分之一；创制了 TD—SCDMA、闪联等 86 项重要国际标准，798 项国家、地方和行业标准；中关村技术交易额达到全国的三分之一以上，其中 80% 以上输出到北京以外地区。

2012 年中关村示范区实现总收入 2.5 万亿元，同比增长 25% 以上；高新技术企业增加值超过 3600 亿元，占北京市 GDP 比重达到 20%，比上年提高了一个百分点；企业实缴税费达到 1500 亿元，同比增长超过 60%；企业从业人员达到 156 万人，比上年增加 18 万人；企业利润总额 1730 亿元，同比增长 13%；实现出口 230 亿美元，约占全市出口总额近四成；企业科技活动经费支出超过 900 亿元，同比增长 25%。

中关村目前"一区多园"的空间格局包括东城园、西城园、朝阳园、海淀园、丰台园、石景山园、门头沟园、房山园、通州园、顺义园、大兴—亦庄园、昌平园、平谷园、怀柔园、密云园、延庆园等十六个园区。"十二五"期间，中关村继续完善"一区多园"各具特色的发展格局，重点建设"两城两带"，即中关村科学城、未来科技城和由海淀北部、昌平南部和顺义部分地区构成的北部研发服务和高技术产业带，以及由北京经济技术开发区、大兴和通州、房山的部分地区构成的南部高技术制造业和战略性新兴产业带，促进高端产业集群发展。

中关村国家自主创新示范区坚持"深化改革先行区、开放创新引领区、高端要素聚合区、创新创业集聚地、战略产业策源地"的战略定位，服务于首都世界城市的建设，力争到 2020 年建成具有全球影响力的科技创新中心。

二、中关村国家自主创新示范区技术转移组织机构和主要职能

作为国家自主创新示范区，中关村围绕科技成果转化和高等学校、科研机构、企业等创新主体创新创业的关键环节和重点问题，借助中关村创新平台工作机制和跨层级的统筹协调机制，草拟并研究推进了8个方面创新发展的近百条政策创新建议。统筹推进是重大科技成果转化的主要途径，建立目标清晰、有制度安排的科技成果转化和产业化路线图并将其机制化，是中关村示范区技术转移方面建设的新亮点。

（一）中关村科技园区管理委员会

中关村科技园区管理委员会（简称"中关村管委会"）是负责对中关村科技园区发展建设进行综合指导的市政府派出机构。其包括东城园、西城园、朝阳园、海淀园、丰台园、石景山园、门头沟园、房山园、通州园、顺义园、大兴—亦庄园、昌平园、平谷园、怀柔园、密云园、延庆园等十六个园区。中关村管委会内设机构主要有办公室、产业发展促进处、自主创新能力建设处、规划建设协调处、科技金融处、人才资源处、创业服务处、军民融合创新工作处、经济分析处、国际交流合作处、研究室、宣传处、资产监管和审计处、财务处、监察处、人事处、机关党委等处室。

中关村管委会其主要职能是：贯彻落实国家有关法律法规和政策，研究拟订园区的发展战略和规划，参与组织编制园区有关空间规划，组织研究园区相关改革方案，促进可持续发展；研究制定园区发展和管理的相关政策，起草相关地方性法规草案、政府规章草案；协调整合各类创新资源，开展园区创新创业、高新技术研发及其成果产业化、科技金融、人才资源、中介组织、知识产权保护等方面的促进和服务工作；负责管理市财政拨付的园区发展专项资金，并协助有关部门监督专项资金的使用；根据市政府授权，对北京中关村发展集团股份有限公司市级财政投入资金履行出资职责，依法对其国有资产进行监督管理，并加强业务指导；统筹产业空间布局，对各分园整体发展规划、空间规划、产业布局、项目准入标准等重要业务实行统一

领导；承担示范区领导小组的具体工作，负责园区内各类协会组织的联系工作；开展园区国际交流与合作，提升园区国际化发展水平；承担园区外事、宣传、联络等工作；承办市政府交办的其他事项。

（二）中关村科技创新和产业化促进中心

2010 年 12 月 31 日，在中关村国家自主创新示范区部际协调小组领导机制下，"中关村科技创新和产业化促进中心"（简称"首都创新资源平台"）在京成立。首都创新资源平台由国家有关部门和北京市共同组建，重在进一步整合首都高等院校、科研院所、中央企业、高科技企业等创新资源，采取特事特办、跨层级联合审批模式，落实国务院同意的各项先行先试改革政策。

首都创新资源平台下设重大科技成果产业化项目审批联席会议办公室、科技金融工作组、人才工作组、新技术新产品政府采购和应用推广工作组、政策先行先试工作组、规划建设工作组和中关村科学城工作组等七大工作机构，这七大工作机构是落实示范区建设的各项重大决策，整合资源，提高效率，对跨层级审批和跨部门审批强化协调和督办，构建有利于政策先行先试的工作机制，形成高效运转的科技创新和产业化服务体系。

首都创新资源平台由来自北京市 29 个部门（单位）、中关村 10 个分园的 99 名工作人员常驻办公，来自 19 个国家部委的 37 名负责人参与重大事项的决策审批，围绕重大科技成果转化和产业化项目、先行先试政策扶持等 13 项受理事项开展工作。

2011 年 1 月底，首都创新资源平台正式开展工作。这个平台的主要职能有：一是研究和落实中央与北京市支持示范区发展的各项政策；二是开展政策宣传和辅导；三是开展联合审批事项的申报受理；四是组织跨层级、跨部门联合审批；五是加强信息沟通和报送工作。着重做好建立完善科技成果转化和产业化促进机制，支持一批国家科技重大专项、科技基础设施和重大科技成果产业化项目。健全科技和资本的对接机制，开展符合科技创新企业特点的科技金融创新，建立并完善政府资金与社会资金、直接融资和间接融资有机结合的科技金融创新体系。完善高端人才和创新资源服务工作体制，建立高层次人才创新支撑体系，推动中关村新技术、新产品的市场应用等重点工作。

具体来看，各机构主要负责工作有以下方面：

联席会议办公室是重大科技成果产业化项目审批联席会议的日常办事机构，承担联席会议的日常工作，负责具体推进重大科技成果转化和产业项目统筹工作。

科技金融工作组负责协调金融机构开展符合科技企业特点的制度创新、产品创新、服务创新，吸引聚集金融服务资源等工作。

人才工作组主要负责搭建吸引和聚集高端领军人才创新创业的服务平台，吸引国际一流人才团队和科研机构，推动建立有利于创新工作的学术环境和与国际接轨的创新创业服务体系。

新技术产品政府采购和应用推广工作组负责推动实施新技术、新产品政府采购和重大应用示范工程，促进新技术、新产品的应用和推广。

政策先行先试工作组负责研究制定中关村国家自主创新示范区内有关单位股权激励试点方案审批实施细则，加快推进股权激励、高新技术企业认定、科研经费改革、税收政策、工商管理改革、社会组织改革、知识产权与标准、商标品牌试点等工作。

规划建设工作组按照土地集约利用原则，负责推进实施中关村国家自主创新示范区空间布局规划，协调推进重大科技成果产业化项目的选址、规划建设等方面审批工作，促进重大项目落地实施。

中关村科学城工作组负责推进中关村科学城建设，推动特色产业园区建设，促进重大科技成果产业化项目落地，支持产业技术研究院建设。

凡是国家科技重大专项、重大科技基础设施、重大科技成果产业化项目，围绕项目确定、资金支持、选址和产业布局等重大问题，都通过重大科技成果产业化项目审批联席会议由专家组成员评定。围绕重大科技成果产业化和产业基建项目、科技金融扶持、高端人才引进、股权激励试点方案、高新技术企业认定等审批，由各工作组联合推进，并行审批，共同研究决策。各工作组通过联席会议为申报企业提供优惠政策支持的"一条龙"服务。

首都创新资源平台受理大厅已正式启用，大厅设立6大类受理窗口，包括重大科技成果产业化项目审批、科技金融、人才、新技术新产品政府采购和应用推广、政策先行先试和规划建设等。其中高新技术企业认定受理窗口主要受理示范区内高新技术企业的申报材料，并接受高新技术企业认定相关工作的咨询，进一步加强高新技术企业认定指导和政策宣传工作。在受理方面设两类窗口：一类是负责受理各区县、园区管委会统一收集申报企业材料窗口；另一类是负责受理海淀园内注册企业的高新技术企业认定申报材料窗口。

经过几年的发展，首都创新资源平台整合资源的作用不断增强，不断完善"1 + 6"先行先试政策支撑体系，推动政策落地。到目前为止，首都创新资源平台已初步实现了央地联动和部门协同的职能，形成了"集中办理、主动受理、联合审批"一条龙服务的工作机制，这在一定程度打破了传统行政格局，建立起了灵活科学的工作机制。利用这个平台，中关村与六部委建立了部市会商机制，根据各部门主管业务领域和支持方式的不同，确定了不同的部市会商工作内容，有效统筹配置了科技资源。中关村创新平台实施与军队总部的军民融合战略，分别与总参谋部、总后勤部、总装备部和海军签署了相关的战略合作协议，大力推动中关村企业开展军品采购，加快了军民融合领域的创新发展。利用这个平台，中央部委共牵头出台支持中关村先行先试政策文件和北京出台配套实施文件数十项。与财政部、国家发改委等联合开展现代服务试点，中央财政和北京市计划投入专项资金和配套资金数十亿支持试点项目。

平台各工作组加大对政策的宣传力度，围绕重大科技成果产业化项目、中关村科学城项目资金支持和规划建设，"十百千工程"重点企业，高端人才引进，新技术新产品政府采购和应用推广、股权激励、税收、高新技术企业认定等政策试点工作，到高校、科研院所、企业、产业联盟、行业协会进行讲解、培训，主动了解需求和问题，帮助解决与政策有关的问题。

中关村创新平台的重大意义在于建立了"上通下达"的组织管理机构，能够高效运转，具有特事特办的优势，能够发挥出中关村地区的科教治理资源和人才密集优势，强力整合高等院校、科研院所、中央企业、高科技企业等创新资源，促进这些创新资源和政府协同创新。

（三）海淀园管理委员会

1999 年 6 月 16 日，国务院批复，成立"中关村科技园区管理委员会"，同年 8 月，海淀试验区正式更名为中关村科技园区海淀园。海淀区以海淀园为载体，通过不断的体制创新、知识创新和技术创新，走出了一条以创新引领发展的道路，成为我国高技术产业发展和自主创新的标杆。同年 12 月，北京市新技术产业开发试验区海淀试验区管理委员会更名为中关村科技园区海淀园管理委员会。2001 年 12 月，中关村科技园区海淀园管理委员会和中关村科技园区管理委员会合并，不再保留海淀园管委会的牌子和名义。北京市编办下发文件成立中关村科技园区海淀园数字园区管理服务中心。2004 年 4 月，撤销中关村科技园区海淀园数字园区管理服务中心，重新挂牌成立中关村科技园区海淀园管理委员会，为区委区政府统一领导和协调海淀园区建设和管理工作的议事协调机构。

目前海淀园管委会内设 8 个职能处室，办公室、科技发展处、产业规划发展处、服务体系建设处、对外合作处、企业发展促进处（海淀区经济和信息化办公室、海淀区政府信息化工作办公室）、知识产权处（海淀区知识产权局、行政审批处）、投资促进处（海淀区投资促进局）。

海淀园管委会内设 8 个处室其主要职能是：

办公室：负责机关政务工作；负责文电、会务、机要、档案等机关日常工作；负责信息、信访、法制、计划生育、信息化建设、信息公开、建议、提案、后勤保障、机关财务和资产管理等工作；负责机关及所属事业单位人事、机构编制工作；负责重要事项的组织和督察工作。

科技发展处：负责编制本区科技发展中长期规划并组织实施；负责编制本区科普工作总体规划；负责促进本区技术研发和技术转移；负责本区科技研发项目、科普项目的申报、立项和管理工作；负责市级以上科技计划的推荐及管理工作；负责北京市科学技术奖励相关工作；指导基层部门的科技工作；负责区政府专家顾问团的管理工作；组织专家顾问对本区经济建设、城市发展等方面的重大科技项目和课题进行咨询论证。

产业规划发展处：负责编制园区产业发展规划及其他专项规划，研究园区产业发展问题，拟订产业促进措施并组织实施；负责推动本区高新技术产业化；负责园区重大产业项目的申报、评审和管理工作，协助完成国家、市、区相关产业计划实施工作；指导园区在镇、村产业用地方面的产业定位；负责园区在基础设施项目方面优惠政策的落实；负责园区产业发展数据统计工作。

服务体系建设处：负责本区创业创新服务体系、科技中介服务体系的建设工作，研究制定相关支持办法；负责产学研合作工作；负责园区创新人才体系、创业孵化体系、公共技术服务平台的建设工作；负责建立完善中关村国家自主创新示范区核心区企业服务中心的协调机制和运行机制，并组织实施；负责中关村国家自主创新示范区核心区企业服务中心的组织协调工作；参与园区投融资服务体系建设工作。

对外合作处：负责园区国际交流与合作；负责园区新闻、公关、品牌建设和推广工作；负责园区大型活动及相关会展业务的组织实施；负责园区企业因公出国（境）人员的政审及相关手续的办理；负责组织园区外事活动；负责邀请外商来华手续、签证的申报工作；负责本区科技外事工作，承担邀请国外专家来本区进行技术交流以及配合上级部门开展国际科技交流与合作项目工作。

企业发展促进处：拟订本区关于工业、软件和信息服务业、信息化方面的发展规划并组织实施；负责本区工业行业管理，监测本区工业经济运行、技术改造升级、能源节约和资源综合利用、清洁生产、新产品推广应用工作；指导和促进本区中小企业发展；根据市科委的委托，开展国家高新技术企业认定管理辅助工作；收集整理园区内高新技术企业数据；负责推进本区信息化工作，统筹协调本区信息化基础设施的规划和管理；负责制定本区机关、事业单位信息化工作方案，并组织实施；负责本区机关、事业单位信息化建设中的重大工程审核验收工作；指导本区机关、事业单位的网络安全工作；组织协调本区机关、事业单位信息资源开发和利用；负责本区无线电管理工作。

知识产权处：负责制定知识产权工作计划，推动知识产权保护工作体系建设；研究制定本区知识产权政策；统筹协调本区知识产权相关工作；协调解决本区知识产权重大问题；组织推动知识产权质押融资工作；负责知识产权的宣传普及与培训工作；开展专利行政执法工作；组织推动专利技术的产业化和商用化；负责本区专利信息服务工作；指导基层部门的知识产权工作；负责本区技术市场管理工作；负责技术合同的认定、登记及相关培训；负责本区技术交易统计分析工作；负责科技类民办非企业单位、社会团体、事业单位的登记、变更、注销初审工作。

投资促进处：落实区委区政府有关投资促进和招商引资方面的措施，负责制定本区投资促进中长期发展规划和年度工作计划并组织实施；负责本区投资促进和招商引资工作；推进优化本区投资环境工作，协调落实对驻区重点企业的各项服务制度；负责引进重点企业及产业化项目，组织项目评估。

第二节　中关村地区典型科研院所技术转移组织机构和具体职能

一、北大科技园

（一）北大科技园发展状况

北大科技园始创于 1992 年，是北京大学为响应国家"科教兴国"战略、"985"工程战略，促进北京大学科研成果产业化而建立的，是国家科技部、教育部首批认定的国家级大学科技园，是国家科技部评审认定的国家级科技企业孵化器。北大科技园原称北大科学园，由北大资源集团负责建设开发与经营管理。1999 年北大科技园被国家科技部、教育部列为首批十五家国家大学科技园试点之一。2000 年 9 月北大科技园建设开发有限公司正式注册成立，同时将北大科学园更名为北大科技园。2001 年 5 月北大科技园被科技部、教育部正式授予"国家大学科技园"称号。

北大科技园以依托北京大学科技与人才资源，结合地方产业转型升级发展需求，建立了创新要素聚集、互动、合作、发展的空间，成为区域经济发展的创新集核。北大科技园以北京大学为依托、相关高校及企业协同的集团创新模式，以高校的科技创新资源转化为现实生产力，将综合智力资源与社会优势资源相结合，是为科技成果转化、企业孵化、创新人才培养、产业集聚提供支撑平台和服务的机构。北大科技园经过数十年发展已经成为北京大学最大的科技成果转化基地、科技企业孵化基地、创新创业人才培育基地和高科技产业化发展基地。

（二）八大业务平台

北大科技园下属机构由北京北大科技园建设开发有限公司和北大科技园创新技术有限公司两大部门组成。北京科技园下属八大业务平台。其中，北京北大科技园建设开发有限公司下属综合管理部、财务管理部、法务部和招采部四个部门。北大科技园创新技术有限公司下属项目开发部、项目招商部、园区运行部和基金管理部四个部门。拥有北京北达燕园科技孵化器有限公司、北京北大创业园有限公司、江西北大科技园区发展有限公司、北大博雅国际酒店、北大国际旅行社、北大科技园（昆山）有限公司等多家实体公司；已建和在建园区包括北京大学成府园区、北京上地创业园、江西南昌科技园、美国硅谷科技园、内蒙古包头科技园、江苏南京科技园、浙江杭州科技园等项目。

（三）主要职能

作为北京大学科技园区开发建设与经营管理的主体，北大科技园主要职能是运行科技成果转化与落地为核心的基础服务业务、以孵化投资为核心的产学研用高端经营业务、以园区规范发展构建综合商务环境为核心的不动产开发建设业务、以北大元素与品牌形象为核心的园区运营与管理业务。

二、清华科技园

（一）清华科技园发展状况

清华科技园始建于 1994 年，是我国最早建立的大学科技园之一，也是科技部、教育部评定的 A 类大学科技园。清华科技园是清华大学加速科技成果向生产力转化，促进产学研合作，建设世界一流大学的重要基地，是中关村核心区中建设速度最快、入住率最高、入园企业质量最好、服务体系最完善的区域之一。经过 20 多年的探索和实践，清华科技园在推动区域自主创新、搭建产学研合作平台、促进科技成果转化和孵化创业企业等方面取得了丰硕成果。

清华科技园为清华大学服务社会的平台，近年来清华科技园与各地政府合作，通过投资建设、品牌加盟和管理输出等多种方式，在北京、上海、广州、昆山、南京、西安、天津等地区建立分园 30 多个。目前，清华科技园形成产学研创新集群，主要包括：企业孵化器群、技术研发机构群、高校科技产业群、教育培训机构群、中介服务机构群和配套服务机构群，最终成为创新、创业资源的富集区域，形成持续不断的创新创业能力。

（二）运行平台：启迪控股股份有限公司

清华科技园的运营单位是启迪控股股份有限公司，启迪控股股份有限公司成立于 2000 年 7 月 24 日，其前身是成立于 1994 年 8 月的清华科技园发展中心。启迪控股是一家依托清华大学设立的综合性大型企业，是清华控股旗下四大引领型企业之一，是北京清华科技园开发、建设、运营与管理单位。启迪控股是一家依托清华大学设立的综合性大型企业，是清华控股旗下四大引领型企业之一，是北京清华科技园开发、建设、运营与管理单位，是紫光股份有限公司的第一大股东。公司旗下控参股企业 200 多家，管理总资产超过 300 亿元人民币。作为启迪控股的旗舰产品，清华科技园北京主园区是世界上单体最大的大学科技园，园区总面积 77 万平方米，入驻企业超过 400 家。目前，清华科技园已经成为跨国公司研发总部、中国科技企业总部和创新创业企业的聚集地，成为清华大学服务社会功能的重要平台，成为推动区域自主创新的重要平台。

启迪控股股份有限公司集团总部设四个职能部门：综合管理部、财务审计部、战略规划与投资发展部、企业策划与公共关系部；一个业务中心：经营性物业运营中心；一个研究机构：清华大学启迪创新研究院；一个培训机构：启迪商学院；一个办公室：园区发展办公室。启迪控股主要开展地产、金融、实业、酒店、教育、传媒、服务等领域的业务。

启迪控股股份有限公司参控股公司主要有清华科技园管理委员会、北京启迪创业孵化器有限公司等园区内运营服务机构、启迪金控集团、江苏启迪集团、启迪置业集团、启迪酒店集团、启迪教育集团、启迪实业集团、启迪传媒集团等实体企业，这些企业在技术创新和技术转移方面发挥了重要作用。

（三）主要职能

清华科技园区是高科技企业的孵化基地，作为连接企业、大学、政府及社会资源的纽带，为入园企业提供技术、信息、人才、商务和管理等方面的支持和服务，帮助企业降低创业成本，减少创业风险，完善创业所需要的各种要素，尽可能地提高创业的成功率。

创新人才的培养基地，清华科技园利用清华大学及海内外其他高校、科研机构的网络教育资源，举办各种形式、多学科和多层次的学历教育和非学历教育，为企业培养各种创新型人才。

高科技产品的研发基地，清华科技园从事软件的开发与生产、信息技术、生物医药、环境保护和新材料，为企业提供越来越强大的技术研发支撑平台。

高科技成果的推广基地，积极引导清华大学及国内其他高校、科研院所的科研成果在园区产业化，促进国外技术成果国产化，整合科技资源，形成规模效益，推动区域性经济发展。

三、中国科学院

中国科学院是全国技术研发和技术转移的重要机构，共拥有 12 个分院、100 多家直属研究机构、100 多个国家级重点实验室和工程中心以及 212 个野外观测台站，中科院具有较为合理的学科布局，科技创新能力明显提高，高水平的创新成果不断涌现；创办了以联想为代表的高技术企业，推动了科技成果产业化迅速发展。以中国科学院软件研究所和中国科学院直属院校中国科学院大学为例，介绍和分析其在技术研发和转移方面的管理机构和主要职能。

（一）中国科学院软件研究所

1. 软件研究所发展状况

中国科学院软件研究所成立于 1985 年 3 月 1 日，是一所致力于计算机科学理论和软件高新技术的研究与发展的综合性基地型研究所。建立起以多个国家重点实验室、国家工程研究中心为龙头的基础前沿研究、软件高技术研究和软件应用研究三大科研体系。

2. 组织机构和主要职能

软件所下设软件基础研究部、软件高技术研究部、软件应用研究部和软件发展研究部等四个研究部以及总体部。

其中软件基础研究部主要职能是负责研究以并发性、实时性和移动性为主要特征的计算现象，建立和发展描述并发系统和实时系统的行为与性质的模型、理论和逻辑；研究建立在这些模型、理论和逻辑上的技术和方法，探讨这些技术和方法在软件开发、网络系统、生命科学等领域的应用以及高性能计算机上的并行算法和大型并行软件优化实现技术、大规模高效精细并行数值模拟、大型数值模拟并行计算可视化、非数值并行计算、高性能新算法以及高性能计算机的评测。

软件高技术研究部主要职能是对基础软件领域的核心技术进行研究、攻关和开发，旨在为国产基础软件产品研制基础软件平台体系，同时面向新的计算平台和计算环境开展软件工程、系统工程、中文信息处理、系统安全等基础软件前沿技术研究。从事以中间件为核心的网络分布式软件基础支撑技术的研究。

软件应用研究部主要职能是负责以提高国家开展综合信息系统开发与应用的自主创新能力为目标，紧密结合国家特定领域的发展和建设需求，探索和解决综合信息系统中的基础性、关键性技术难题，提高我国开展复杂综合信息系统技术的应用基础研究及先期技术开发的自主创新能力。

软件发展研究部主要职能是多媒体通信和网络工程研究和电子商务技术研究。

（二）中科院北京国家技术转移中心

中国科学院北京国家技术转移中心（简称"北京中心"）成立于2003年3月，是经原国家经贸委、教育部和中国科学院批准成立，并由中国科学院北京分院与中关村科技园区管委会共建，专门从事技术转移、科技成果转化的高科技服务机构，是科技部认定的首批国家技术转移示范机构，也是中国科学院开展科技成果转化、技术转移工作的重要平台。

1. 组织机构和平台建设

北京中心实行理事会领导下的主任负责制，中心重点围绕中关村专项平台、首都科技条件平台、知识产权管理与运营平台、京外院地合作平台等四大平台开展工作。北京中心下辖综合管理部、平台管理部、京外院地合作部和成果转化部等四大部门，四大部门下设综合事务、项目管理、首都科技条件平台、国际技术转移、京外院地合作、财务人事、投融资管理、知识产权运营八大部门。

首都科技条件平台建设是"科技北京"行动计划的重要内容之一，旨在聚拢首都各类创新资源，充分发挥资源优势，实现对国家重大科技专项、北京科技振兴产业工程的支撑。为进一步发挥中科院京区科技条件资源优势、服务首都科技创新，首都科技条件平台中国科学院研发实验服务基地是依托中科院京区研究机构科技条件资源，重点围绕新材料、生物医药、电子信息、能源环保、装备制造等领域为科研院所、高校及企业等国家创新单元提供高质量、高效率、高水平服务的一家综合性研发实验服务基地，是首都科技条件平台众多研发试验服务基地中规模最大、综合性最强的基地。

重大项目平台建设工作重点为促进中科院重大成果落户北京，并组织中科院京区院所针对企业生产经营中技术难题和行业发展中共性及关键性技术的研发攻关，推进成熟技术的产业化。通过推荐中科院京区行业技术支撑能力强的研究所或实验室参选中关村开放实验室工程，协助中科院开放实验室参与以中关村科技园区企业为主体的标准联盟、技术联盟及产业联盟建设。重大项目平台紧密围绕北京市产业需求，紧密结合市场需求，以中关村产业发展方向为导向，为北京市企业和已落户重大项目提供深入技术分析、市场需求调研、知识产权战略规划、项目运营评估策划等专业咨询服务。同时，重大项目平台围绕北京市重点发展产业领域和中科院科研布局规划深入探讨由北京中心、政府资金与社会资金相结合的科技成果培育企业实体，聚焦能够带动北京市战略新兴产业发展的、具有前瞻性的重大突破性技术成果，由政府资金引导、社会投融资机构资金介入，形成科技成果转化、孵化平台，推动中科院具有自主知识产权的成果在京实施、转化，为北京科技产业发展提供有力支撑。

京外院地合作平台是通过与京外地方政府共建公共服务平台的形式，推动中科院的优秀技术成果及人才等资源与地方经济发展相结合。北京中心在京外与地方政府共同建立了包头、嵊州、丹徒、沾化、文登、平阳六个分中心平台。分中心以聚焦地方产业共性技术难题，助力区域经济发展为宗旨，结合地方产业发展情况，不断推动中科院优秀科技成果落户地方。同时，解决地方企业发展技术瓶颈和难题并以优秀的科技人才引进为支撑，助力地方产业经济快速发展。

知识产权运营管理平台是 2007 年由中国科学院北京分院与北京市科学技术委员会共建的以专利成果转化为核心的知识产权公共服务平台。平台主要致力于整合中国科学院专利成果、智力资源与北京市产业需求相结合，推进中国科学院京区院所和北京市企业的自主知识产权创造、运营、保护和管理能力建设，提高中国科学院京区院所专利成果的实施转化率。知识产权平台通过整合研究所、企业和投资者三方资源，提高我院知识产权商用化水平，促进科技成果产业化，缩短产业化周期。知识产权运营管理平台主要有地方知识产权战略规划和专利战略、知识产权托管经营、知识产权交易、知识产权培训、市场调研和投融资策划等专业部门。

2. 主要职能

北京中心主要职能是积极探索中国科学院技术转移的新机制、新模式和新渠道，推动中国科学院系统单位与北京市各委（办、局）及全国各地区之间的交流与合作，形成立足北京、服务全国的中国科学院技术转移服务平台网络体系。北京中心立足于中国科学院的科技与人才优势，整合资源，促进地方经济发展和区域创新体系建设，推动中国科学院科技成果转化，发挥国家技术转移示范机构的引领带动作用，建成特色鲜明、国内一流且可持续发展的国际化技术转移服务机构。北京中心做到了为地方政府挖掘、筛选、推荐重大产业化项目；为研究所、企业、投资者建立网格化联系通道，提供专业化服务；促成了一大批中国科学院优秀科研成果向地方转移转化，产生了显著的经济社会效益，在区域产业升级、企业创新能力提升等方面做出了积极的贡献。

（三）中国科学院大学京中科研源科技发展有限公司

1. 京中科研源科技发展有限公司发展状况

京中科研源科技发展有限公司由中国科学院大学控股，和北京有色金属研究总院、北京清华科技园发展中心共同出资组建，成立于 2002 年 12 月 11 日，北京中科研源科技发展公司是科技成果转移转化平台，着力促进科技成果与社会需求紧密结合，进而实现产业化；努力为中国科学院研究生培养工作服务，为我国科技成果转移转化工作提供人才保障。

2. 组织机构和主要职能

公司下属六个部门，综合部、财务部、人力资源部、业务一部、业务二部、业务三部。其中业务一部负责科技研发的信息项目、生物项目、文化项目的技术研发和应用。例如，信息项目主要是针对当前移动通信网络优化问题的现状，组织一批通信、数学、计算机等领域的专家研究了移动通信网络优化问题。该研究以数学最优化技术的应用特色、辅以相应的概率、统计及函数插值、拟合等方法，最终研发形成了一套具有国际先进水平的移动通信网络优化系统。生物项目是根据最新研究发现人血清硫氧还蛋白活性与同型半胱氨酸水平的密切关系，及其与冠心病患者冠脉受损的密切关系，研制了"高通量硫氧还蛋白活性检测试剂盒"，能广泛地用于生物样品中硫氧还蛋白以及纯化硫氧还蛋白活性的测定。快速高通量测定生物样品，包括血清、血浆、组织及细胞裂解液中硫氧还蛋白以及纯化的硫氧还蛋白活性。在新技术研发及应用方面有冠状动脉造影、临床症状与静息心电图症状改变、心脏负荷试验等这些方法主要用于慢性稳定性冠心病的筛查，多层螺旋 CT 冠脉成像，心肌酶学和心肌损伤标志物检测。

第三节　中关村国家自主创新示范区现有技术转移政策

自 20 世纪 80 年代开始，我国在技术转移法制建设方面取得了巨大的成绩，形成了以《技术合同法》为代表的技术转移法律体系。进入 90 年代以后，特别是 2000 年以后，我国政府又出台了一大批推进技术转移的法律和法规，对于技术转移及其产业化的健康发展起到积极推动作用。

一、科技成果转化相关的法律法规和政策

1996 年 10 月 1 日起施行的《中华人民共和国促进科技成果转化法》中规定的科技成果转化，是指为提高生产力水平而对科学研究与技术开发所产生的具有实用价值的科技成果所进行的后续试验、开发、应用、推广直至形成新产品、新工艺、新材料，发展新产业等活动。从对科技成果转化的定义中我们可以认识到技术转移的本质是在不同的组织中进行知识转移，所以知识性质对不同技术转移的模式非常重要。科技成果转化政策在一定意义上说也是技术转移的相关政策。

（一）国家鼓励科研创新方面的法律法规和政策

1. 鼓励研发新技术

在 1993 年颁布实施的《科学技术进步法》第十条中规定国家鼓励研究开发新技术、新产品、新材料、新工艺，开展合理化建议、技术改进和技术协作活动，不断提高产品质量，提高劳动生产率和经济效益，发展社会生产力。

2. 大力推动高校技术转移及产业化

为了全面贯彻落实"科教兴国"战略，推进国家创新体系建设，进一步发挥高校科技创新作用，2002 年，科技部、教育部联合制定了《关于充分发挥高等学校科技创新作用的若干意见》，在此文件中提出加大国家对大学

科技园、高校技术创新孵化服务网络等基础设施的支持力度，努力提高大学科技园等孵化机构为创新创业服务的质量和水平，创造社会资金与高校师生科技知识相结合、共同创业发展的良好环境和平台。

3. 完善技术转移机制

2006 年，国务院制定国家科学和技术长远发展规划。即：《国家中长期科学和技术发展规划纲要（2006—2020 年)》。纲要在支持鼓励企业成为技术创新主体部分论述中提出要完善技术转移机制，促进企业的技术集成与应用。建立健全知识产权激励机制和知识产权交易制度。大力发展为企业服务的各类科技中介服务机构，促进企业之间、企业与高等院校和科研院所之间的知识流动和技术转移。国家重点实验室、工程（技术研究）中心要向企业扩大开放。要加快现代企业制度建设，增强企业技术创新的内在动力。把技术创新能力作为国有企业考核的重要指标，把技术要素参与分配作为高新技术企业产权制度改革的重要内容。坚持应用开发类科研机构企业转化制的方向，深化企业转化制科研机构产权制度等方面的改革，形成完善的管理体制和合理、有效的激励机制，使之在高新技术产业化和行业技术创新中发挥骨干作用。

在深化科研机构改革论述中提出要加快建设一批高水平大学，特别是一批世界知名的高水平研究型大学，是我国加速科技创新、建设国家创新体系的需要。

在若干重要政策和措施论述中提出要优化高新技术产业化环境，继续加强国家高新技术产业开发区等产业化基地建设。制定有利于促进国家高新技术产业开发区发展并带动周边地区发展的政策。构建技术交流与技术交易信息平台，对国家大学科技园、科技企业孵化基地、生产力促进中心、技术转移中心等科技中介服务机构开展的技术开发与服务活动给予政策扶持。

（二）科技成果转化有关权益归属权方面的法律法规和政策

1. 科技成果和职工利益相结合

1996 年 10 月 1 日起施行的《中华人民共和国促进科技成果转化法》中对科技成果转化有关权益归属权方面进行了相关的规定。科技成果完成单位与其他单位合作进行科技成果转化的，应当依法由合同约定该科技成果有关权益的归属，合同未作约定的，按照下列原则办理：（一）在合作转化中无新的发明创造的，该科技成果的权益，归该科技成果完成单位；（二）在合作转化中产生新的发明创造的，该新发明创造的权益归合作各方共有；（三）对合作转化中产生的科技成果，各方都有实施该项科技成果的权利，转让该科技成果应经合作各方同意。

职工不得将职务科技成果擅自转让或者变相转让。科技成果完成单位将其职务科技成果转让给他人的，单位应当从转让该项职务科技成果所取得的净收入中，提取不低于 20% 的比例，对完成该项科技成果及其转化做出重要贡献的人员给予奖励。企业、事业单位独立研究开发或者与其他单位合作研究开发的科技成果实施转化成功投产后，单位应当连续 3 至 5 年从实施该科技成果新增留利中提取不低于 5% 的比例，对完成该项科技成果及其转化做出重要贡献的人员给予奖励。

2. 高校科研成果转化方面政策规定

（1）为有效保护高等学校知识产权，鼓励广大教职员工和学生发明创造和智力创作的积极性，发挥高等学校的智力优势，促进科技成果产业化，1998 年 12 月 1 日教育部部长办公会议讨论通过《高等学校知识产权保护管理规定》，该规定关于科研成果转化受益方面的政策主要有以下几个方面。

第一，执行本校及其所属单位任务，或主要利用本校及其所属单位的物质技术条件所完成的发明创造或者其他技术成果，是高等学校职务发明创造或职务技术成果。职务发明创造申请专利的权利属于高等学校。专利权被依法授予后由高等学校持有。职务技术成果的使用权、转让权由高等学校享有。

第二，高等学校的离休、退休、停薪留职、调离以及被辞退的人员，在离开高等学校一年内完成的与其原承担的本职工作或任务有关的发明创造或技术成果，由高等学校享有或持有。

第三，职务发明创造或职务技术成果，以及职务作品的完成人依法享有在有关技术文件和作品上署名及获得奖励和报酬的权利。

第四，高等学校的教职员工和学生凡申请非职务专利，登记非职务计算机软件的，以及进行非职务专利、非职务技术成果及其非职务作品转让和许可的，应当向本校知识产权管理机构申报，接受审核。对于符合非职务条件的，学校应出具相应证明。

第五，高等学校将其知识产权或职务发明创造、职务技术成果转让给他人或许可他人使用的，应当从转让或许可使用所取得的净收入中，提取不低于20%的比例，对完成该项职务发明创造、职务技术成果及其转化作出重要贡献的人员给予奖励。为促进科技成果产业化，对经学校许可，由职务发明创造、职务技术成果完成人进行产业化的，可以从转化收入中提取不低于30%的比例给予奖酬。

第六，高等学校及其所属单位独立研究开发或者与其他单位合作研究开发的科技成果实施转化成功投产后，高等学校应当连续三至五年从实施该项科技成果所取得的收入中提取不低于5%的比例，对完成该项科技成果及其产业化作出重要贡献的人员给予奖酬。采用股份制形式的高等学校科技企业，或者主要以技术向其他股份制企业投资入股的高等学校，可以将在科技成果的研究开发、产业化中做出重要贡献的有关人员的报酬或者奖励，按照国家有关规定折算为相应的股份份额或者出资比例。该持股人依据其所持股份份额或出资比例分享收益。

(2) 为了鼓励科研机构、高等学校及其科研人员开发新技术，转化科技成果，发展高新技术产业，1999年3月科技部、教育部等七部委联合下发了《关于促进科技成果转化若干规定》，该文件大力鼓励高新技术研究开发和成果转化，在成果转化相关利益方进行了相关政策规定。

第一，科研机构、高等学校转化职务科技成果，应当依法对研究开发该项科技成果的职务科技成果完成人和为成果转化做出重要贡献的其他人员给予奖励。其中，以技术转让方式将职务科研成果提供给他人实施的，应当从技术转让所取得的净收入中提取不低于20%的比例用于一次性奖励；自行实施转化或与他人合作实施转化的，科研机构或高等学校应在项目成功投产后，连续在3—5年内，从实施该科技成果的年净收入中提取不低于5%的比例用于奖励，或者参照此比例，给予一次性奖励；采用股份形式的企业实施转化的，也可以用不低于科技成果入股时作价金额20%的股份给予奖励，该持股人依据其所持股份分享收益。在科技开发和成果转让中作出主要贡献的人员，所得奖励份额应不低于奖励总额的 50%。上述奖励总额超过技术转让净收入或科研成果作价金额 50%，以及超过实施转化年净收入 20% 的，由该单位职工代表大会讨论决定。以股份或出资比例等股权形式给予奖励的，获奖人按股份、出资比例分红，或转让股权所得时，应依法缴纳个人所得税。

第二，国有科研机构、高等学校持有的高新技术成果在成果完成后一年未实施转化的，科研成果完成人和参加人在不变更职务科技成果权属的前提下，可以根据与本单位的协议进行该项技术成果的转化，并享有协议约定的权益。科研成果完成人自行创办企业实施转化该项成果的，本单位可依法约定在该企业中享有股权或出资比例，也可以依法以技术转让的方式取得技术转让收入。对多人组成的课题组完成的职务成果，仅部分成果完成人实施转化的，单位在同其签订成果转化协议时，应通过奖励或适当的利益补偿方式保障其他成人的利益。本单位应积极组织力量支持、帮助成果完成人进行成果转化。

第三，对科研成果转化执行现行的税收优惠政策。科研机构、高等学校的技术转让收入免征营业税。科研机构、高等学校服务于各业的技术成果转让、技术培训、技术咨询、技术承包所取得的技术性服务收入免征收所得税。

（三）科技成果产权保护方面的法律法规和政策

在《高等学校知识产权保护管理规定》中规定高等学校所属单位对外进行知识产权转让或者许可使用前，应当经学校知识产权管理机构审查，并报学校批准。高等学校应当重视开展知识产权的资产评估工作，加强对知识产权资产评估的组织和管理。高等学校对外进行知识产权转让、许可使用、作价投资入股或者作为对校办科技产业的投入，应当对知识产权进行资产评估。

2002 年 3 月 5 日，为了促进我国自主知识产权总量的增加，加速科技成果转化，保障国家、单位和个人的合法权益，科技部、财政部出台了《关于国家科研计划项目研究成果知识产权管理的若干规定》，该规定要求科研项目研究成果及其形成的知识产权，除涉及国家安全、国家利益和重大社会公共利益的以外，国家授予科研项目承担单位。项目承担单位可以依法自主决定实施、许可他人实施、转让、作价入股等，并取得相应的收益。同时，在特定情况下，国家根据需要保留无偿使用、开发、使之有效利用和获取收益的权利。项目承担单位应当建立科技成果转化机制，采取有效措施，积极促进科研项目研究成果的转化。项目承担单位转让科研项目研究成果知识产权时，成果完成人享有同等条件下优先受让的权利。

二、中关村地区技术转移相关政策

（一）技术创新资金支持的相关政策

2006 年，北京市财政局、市科委为规范创新资金的管理，提高资金的使用效益，制定了《北京市科技型中小企业技术创新资金管理办法》。管理办法中关于科技成果转化资金支持方面做了一些规定。

第一，规定了设立创新资金的目的和资金来源问题，目的在于增强科技型中小企业自主创新能力，引导企业、投资机构和金融机构对科技型中小企业自主创新的投资，逐步建立起北京市支持科技型中小企业自主创新的机制和模式。规定创新资金来源于北京市财政预算拨款。

第二，市科委、市财政局委托北京高技术创业服务中心负责创新资金项目的组织实施工作，并委托第三方中介机构对创业中心的组织实施工作进行监督。

第三，创新资金优先支持具备以下条件的项目。比如，科技成果转化项目；利用高新技术改造传统产业的项目；在国际市场上有较强竞争力并能形成出口创汇的高技术项目；以企业为主体的新型产学研联合创新的项目。

（二）促进技术成果产业化资金支持的相关政策

1. 产业化投资资金政策

2009 年，北京市政府为探索政府资金使用新模式，加快推进重大自主创新成果在京转化和产业化，支持国家战略性新兴产业发展，制定了《中关村国家自主创新示范区重大科技成果转化和产业化股权投资暂行办法》）。

第一，规定产业化投资资金在中关村国家自主创新示范区开展试点，以股权投资方式，支持重大科技成果在京转化和产业化。产业化投资资金体现市政府政策引导性，不以营利为目的。产业化投资资金根据"政府出资、市场运作、重在激励、及时退出"的原则进行投资运作。产业化投资资金主要来源于北京市重大科技项目和产业化项目资金。

第二，产业化投资资金通过委托投资和循环使用的方式运作。产业化投资资金不得用于从事贷款或股票、期货、房地产、基金、企业债券、金融衍生品等投资以及用于赞助、捐赠等支出。产业化投资资金的出资比例原则上不超过参股企业注册资本的30%。除产业化投资资金外，其他货币资金和实物资产的出资应不低于企业注册资本的30%，鼓励采取包括科技成果作价入股在内的多种股权激励方式，鼓励采取多元化投资方式吸引社会资金共同投资。

第三，投资管理机构以产业化投资资金的出资额为限对被投资企业行使出资人权利，但股权转让权（处置权）、参加清算权、分红权除外。被投资企业应采取股权奖励、股权出售、股份期权、科技成果收益分成以及其他激励方式，对做出突出贡献的科技人员和经营管理人员进行激励。产业化投资资金所得年度分红可按一定比例奖励给被投资企业中做出突出贡献的科技人员和经营管理人员。产业化投资资金形成的股权优先转让给被投资企业的科技人员、经营管理团队及原始股东。

2.科技资金投入和专项资金政策

2010年12月23日，由北京市第十三届人民代表大会常务委员会第二十二次会议通过的《中关村国家自主创新示范区条例》中对科技资金投入和专项资金做了规定。

第一，市人民政府应当不断加大科技资金的投入；建立健全资金统筹机制，统筹各类资金的使用，采取股权投资、贴息、补助等方式，重点支持示范区内的重大科技研发、成果转化项目；逐步提高科技和产业化资金的统筹比例和使用效率。

第二，市人民政府设立示范区发展专项资金，支持在示范区创新创业、建设创新环境和促进产业发展。市人民政府可以运用科技产业投资基金和绿色产业投资基金等产业投资基金，支持科技成果在示范区转化。

3. 重大专项资金政策

2011年1月，国家颁布《中关村国家自主创新示范区发展规划纲要(2011—2020年)》中规定成立重大科技产业化项目审批联席会，由北京市政府5年出资300亿元，按照资金集中使用、项目集中支持的原则，重点支持国家科技重大专项和科技基础设施、重大科技成果产业化项目。

4. 科技投入和股权投资政策

在2011年颁布的《北京市人民政府关于进一步促进科技成果转化和产业化的指导意见》中对科技投入和股权投资进行了规定。

第一，强化政府科技投入统筹机制。确保市、区两级政府用于科技创新和成果转化等财政科技经费的增长幅度，不低于财政经常性收入增长幅度。市政府建立健全资金统筹机制，从科技成果的研发、筛选、评价、信息发布，重大项目的立项、投资、产业化推进以及园区统筹布局和相关配套服务等方面，明确各职能部门职责，共同推进科技成果转化和产业化。

第二，加大创业投资和股权投资支持力度。支持境内外个人和机构开展天使投资业务。支持由社保基金、保险资金、大型企业及其他投资机构出资的股权投资基金的设立和发展。市、区（县）人民政府及其职能部门设立创业投资引导资金和基金，采取阶段参股、跟进投资、风险补助等多种方式，支持科技成果转化和产业化。

5. 技术创新的资金支持和管理办法

2012年，海淀区发展改革委为进一步创新运行管理模式，提高专项资金使用效能，最终形成核心区自主创新和产业发展政策体系，即"1 + 10"政策体系。

第一，在这个政策体系中"1个资金管理办法"主要是加强专项资金管理机制建设，增强效果评估和责任要求。

第二，积极争取国家、北京市对企业技术创新的资金支持，围绕重点产业方向进行配套。对"十百千工程"重点培育企业、"瞪羚计划"重点培育企业、海淀区重点创新型企业的具有一定水平和规模的技术创新项目扩大生产规模给予贷款贴息支持，贴息额度为银行当期基准利率贷款利息的 50%，最高贴息金额 100 万元。结合区域重点产业发展方向，对于专利申请、授权数量持续、稳定较快增长且知识产权制度健全、管理规范的企业，依据其年度国内发明专利授权数量，给予最高 50 万元的资金支持。对企业获得美、日、欧、韩及其他主要新兴国家（地区）授权的国际发明专利，每件资助 1 万元，同一专利获得多个国家（地区）授权的，最多对 5 个国家（地区）的授权进行资助，每家企业最高资助金额 200 万元。

第三，支持企业推进专利技术成果转化。对于技术先进、市场需求度高并且实际货币收入在 500 万元以上的发明专利和实用新型专利项目，根据其专利交易成本、经济效益等给予资助，最高资助金额 50 万元。支持企业建设国家重点实验室、国家工程技术研究中心及市级研发中心，不断加大研发投入。对于连续增加研发投入、成果转化效果显著的企业研发中心，可按其上年新增研发经费 30% 比例给予补贴，最高补贴金额 200 万元。支持企业参与军工项目，对于获得采购订单、围绕特定需求进行技术攻关的给予一定支持。

第四，在海淀区重点产业领域内筛选具有自主知识产权、处于国内领先或国际先进水平的重大成果产业化项目，给予最高 1000 万元的资金支持。支持资金优先以股权投资的方式安排。对利用贷款扩大生产规模的重大成果产业化项目，采取连续三年贷款贴息方式予以支持，贴息额度为银行当期基准利率贷款利息的 50%，年度最高补贴金额 500 万元。

第五，鼓励重点产业技术研究院引入社会资本，共同出资设立科技成果转化基金，对成果转化项目进行股权投资，政府投资基金按照不超过基金总规模 25% 的比例入股，最高金额 1000 万元。积极探索以股权投资的方式支持重点产业领域初创期、成长期科技型企业发展，加速成果转化和企业成长。设立初创期投资基金，由政府全额出资设立，采用直投和跟投的方式引导社会资本跟进投资，支持海淀区初创期企业发展。设立初创期参股基金（含天使基金）和成长期参股基金，联合社会资本共同出资设立，通过采取对社会资本和基金管理机构适度让利的方式，引导社会资本投资于海淀区初创期、成长期企业。

6.高等学校产学研用合作的经费支持政策

北京市政府于 2014 年 1 月 14 日发布了《加快推进高等学校科技成果转化和科技协同创新若干意见（试行）》（简称"京校十条"）。"京校十条"中规定根据高等学校的实际需求，进一步加大市级财政性高等教育经费中高等学校科研经费的规模和比例，重点支持高等学校与企业通过联合共建产业技术创新战略联盟、新型产业技术研究院和产业创新园等形式，合作开展科技研发和成果转化；支持企业建立高等学校学生实践训练基地，联合培养研究生。根据高等学校科研经费的支持方向和特点，开展间接费用补偿、分阶段拨付、后补助和增加经费使用自主权等经费管理改革试点。

这条政策将中关村示范区开展科研项目经费管理改革试点扩大到北京市属高校。通过开展间接费用补偿试点，将调动北京市属高校开展科研工作的积极性；通过开展科研经费分阶段拨付和后补助试点，将促使高校围绕目标任务、全身心地投入科研，是科研经费管理体制的重大改革。同时，通过加大北京市级财政性高等教育经费中高等学校科研经费的规模和比例，适当调整市级财政性高等教育经费的使用结构，特别是将经费重点支持方向明确为高校与企业合作开展的协同创新活动，将进一步增强高校开展科技协同创新的主动性和积极性。

7.鼓励金融机构积极支持中小企业技术创新政策

2007 年 10 月 23 日，国家发展改革委、教育部、科技部等部门制定了《关于支持中小企业技术创新的若干政策》。在此政策中规定商业银行对纳入国家及省、自治区、直辖市的各类技术创新计划和高新技术产业化示范工程计划的中小企业技术创新项目，应按照国家产业政策和信贷原则，积极提供信贷支持。各地可通过有关支持中小企业发展的专项资金对中小企业贷款给予一定的贴息补助，对中小企业信用担保机构予以一定的风险补偿。各级中小企业管理部门、知识产权部门要积极向金融机构推荐中小企业自主知识产权项目、产学研合作项目、科技成果产业化项目、企业信息化项目、品牌建设项目等，促进银企合作，推动中小企业创新发展。

（三）科技成果转化创新服务平台方面的政策

1. 北京市政府鼓励建立企业技术研发机构和技术转移中心政策

2007年，北京市为鼓励企业与高校、科研院所进行产学研合作，促进企业成为创新主体，提高企业的核心竞争力，结合北京市的实际情况，颁布了《北京市鼓励企业与高校、科研院所进行产学研合作的若干意见》。在此意见中提出要鼓励企业引入高校、科研院所的科技资源，建立企业技术研发机构。对此类研发机构，经市科委认定为"科技研究开发机构"的，可享受相关优惠政策，经市工促局、市发展改革委、市科委、市财政局、市国税局和市地税局联合认定为"北京市企业技术中心"的，可优先获得自主创新专项等资金资助，并优先推荐参加"国家认定企业技术中心"的认定。鼓励企业与高校、科研院所联合建立技术转移中心。市教委、市工促局支持在京高校与企业联合，共同建立电子信息、车辆、新材料、化工与环保、城市交通、先进制造、新医药等领域的技术转移中心，支持中科院建立国家技术转移中心（北京），为企业进行科研开发提供技术服务和智力支持。

鼓励设立研发机构和建立成果转化中心。2010年12月23日，为了促进和保障中关村国家自主创新示范区建设，北京市第十三届人民代表大会常务委员会第二十二次会议通过了《中关村国家自主创新示范区条例》。条例中提出鼓励示范区内的企业自行或者联合高等院校、科研院所在境内外设立研发机构和成果转化中心。鼓励高等院校、科研院所和示范区内的企业联合研发新技术、开发新产品。鼓励高等院校、科研院所组织科技人员为示范区内的企业创新创业提供服务。市人民政府会同国务院相关部门建立示范区科技创新和产业化促进中心服务平台，健全跨层级联合工作机制，统筹政府的资金投入和土地、人才、技术等创新资源配置，推进政策先行先试、重大科技成果产业化、科技金融改革、创新型人才服务、新技术应用推广和新产品政府采购等工作。

2. 国家鼓励培育技术中介服务机构和加强技术信息服务政策

2007年10月23日，国家发展改革委、教育部、科技部等部门制定了《关于支持中小企业技术创新的若干政策》。在此意见中鼓励培育技术中介服务机构，鼓励技术中介服务机构、行业协会和技术服务企业为中小企业提供信息、设计、研发、共性技术转移、技术人才培养等服务，促进科研成果、尤其是拥有自主知识产权科研成果的商品化、产业化。国家有关部门要研究制定支持技术中介服务机构发展的政策，各地要加大对技术中介服务机构的支持力度。

加强技术信息服务，各级中小企业管理部门要健全信息服务网络，改善中小企业信息化建设的基础条件，优化技术资源配置，促进中小企业间、中小企业与大学和科研机构间、中小企业与大企业间的技术交流与合作。要逐步建立网上技术信息、技术咨询与网下专业化技术服务有机结合的服务系统，提高技术服务的即时有效性。

3. 鼓励建立产业服务平台、高技术产业基地和技术产权交易中心相关政策

2011 年 1 月，国家颁布《中关村国家自主创新示范区发展规划纲要(2011—2020 年)》，规划纲要在增强支撑创新型国家建设的能力中提出建设一批产业技术创新平台，新建一批共性技术平台和高技术产业化服务平台，加强企业技术中心、技术转移中心等技术创新载体建设，不断健全、优化和扩大技术创新体系。支持以企业为主体，联合高等院校和科研院所在电子信息、航空航天、新能源、生物、轨道交通等领域建设一批国家工程中心和国家工程实验室，突破一批产业关键核心技术，支撑国家重点产业振兴和新兴产业快速成长。

在大力推进自主创新成果产业化中提出实施自主创新成果产业化工程。按照首都功能定位，由北京市安排专项资金，组织实施自主创新成果产业化专项工程，开展信息、生物、新能源和节能环保、新能源汽车、新材料、装备制造、航空航天等领域一批重大自主创新成果的产业化，建设一批国家级的高技术产业基地。

提出推进构建知识产权信息公共服务平台，建设高质量的专利、商标、版权等知识产权信息库，促进知识产权系统集成、资源整合和信息共享。加快建设中国技术交易所，建立健全知识产权交易平台与交易网络，规范和完善技术产权挂牌竞价、交易、结算、信息检索、政策咨询、价值评估等服务功能，建成辐射全国的技术产权交易中心。

设立中关村科技创新和产业化促进中心。2011 年 1 月，国家颁布《中

关村国家自主创新示范区发展规划纲要（2011—2020年）》，规划纲要在搭建国家与地方创新合作平台中提出北京市会同部际协调小组相关部门共同设立中关村科技创新和产业化促进中心，下设若干具体办事机构，建立高效的工作机制和服务体系。成立重大科技产业化项目审批联席会，由北京市政府5年出资300亿元，按照资金集中使用、项目集中支持的原则，重点支持国家科技重大专项和科技基础设施、重大科技成果产业化项目。成立新技术新产品应用推广工作组，促进新技术、新产品的应用和推广。

4. 央地共建创新平台和成果转化服务平台建设政策

2011年3月15日，北京市人民政府颁布《关于进一步促进科技成果转化和产业化的指导意见》，意见中提出要加强央地共建创新平台的工作力度。依托首都智力资源优势，加强央地合作、校企合作，高效配置和集成创新资源，努力将科技资源优势转化为创新资源优势，提升创新引领能力，建立和完善重大科技成果转化和产业化、中关村人才特区建设、科技金融创新服务、政府采购创新产品、政策先行先试、示范区规划建设等平台。大力推进与中央单位共建成果转化平台的工作，构建高效运转、充满活力的科技创新和产业化服务体系，推动科技成果转化和产业化。

深入推进各类创新服务平台建设。深化产业共性技术创新服务平台建设，加强对研发活动的支撑与服务，帮助企业提高研发效率。深化科技成果产业化情报系统和科技成果转化的信息数据平台建设，健全创新成果的发现、跟踪和筛选机制，搭建技术成果与信息的供需对接、发布与交流平台。支持技术转移中介机构做好技术评价等服务业务。推进北京市服务中央单位和驻京部队综合服务平台科技成果转化服务分平台建设以及生物医药、设计产业、高端装备制造等重点领域的科技成果转化平台建设，为科技成果转化和产业化做好对接服务。

加强科技成果转化基地建设，聚焦北部研发服务和高新技术产业发展带及南部高技术制造业和战略性新兴产业发展带，加快建设新兴产业基地。围绕新一代信息技术、生物、节能环保、新能源、新能源汽车、新材料、航空航天、高端装备制造等战略性新兴产业，整合创新资源，建设一批科技成果转化基地和新型产业技术研究院。

培育一批专业的成果转化服务机构，推行北京技术转移示范基地挂牌制度，对成效显著、机制创新的服务机构给予专项资金支持。加强科技孵化体系建设，引导科技企业孵化器、大学科技园、留学人员创业园、中试基地、大学生创业基地等孵化机构专业化、市场化发展，鼓励各类科技企业孵化机构提升科技条件、技术转移、专业咨询、投融资和市场推广等方面的专业服务能力，与其他社会资本合作并采取股权投资等形式参与在孵企业的孵化培育。

5. 产业技术创新战略联盟平台政策

2011 年 9 月 21 日，北京市发布《关于促进产业技术创新战略联盟加快发展的意见》。在意见中支持联盟科技条件平台建设，支持产业技术创新战略联盟内各成员单位进一步开放科技条件资源，健全科技条件资源开放、共享机制，为联盟内成员单位及行业企业提供检测、分析、测试等科技条件服务。鼓励现有各类科技条件资源向联盟开放。

2012 年，海淀区发展改革委会同海淀园管委会（区科委）、区委宣传部、区旅游委、商务委、金融办、财政局等部门制定和形成了核心区自主创新和产业发展政策体系，即"1 + 10"政策体系。该政策体系中鼓励技术转移机构、知识产权服务机构与高校院所、科技金融机构、企业开展合作，搭建技术转移、知识产权服务平台。鼓励企业组建专利联盟和产业技术联盟构建专利池，对于影响我区重点产业领域发展的关键技术及行业共性技术，鼓励该领域的联盟等从国内外购买有重要影响的专利并对联盟成员开放，可按照其实际发生费用给予 30% 的补贴，最高补贴金额 200 万元。

6. 建设国际化科技成果转化合作平台政策

北京市政府于 2014 年 1 月 14 日发布了《加快推进高等学校科技成果转化和科技协同创新若干意见（试行）》（简称"京校十条"）。"京校十条"中鼓励和支持高等学校搭建国际化科技成果转化合作平台。支持高等学校实施高端人才引进计划，聘任入选国家"千人计划"、教育部"长江学者奖励计划"、北京"海聚工程"、中关村"高聚工程"等全球一流的专家和科研人员，利用国际创新资源开展科研项目研究和研究生联合培养工作，搭建国际化科技成果转化合作平台。

（四）鼓励科研人员技术创新与成果转化的激励政策

1. 鼓励科研院所、高等学校科技人员科技创业和成果转化政策

鼓励科研人员发展高新技术产业。1999 年 3 月科技部、教育部等七部委联合下发了《关于促进科技成果转化若干规定》，该文件中规定科研结构、高等学校及其科研人员可以采取多种方式转化高新技术成果，创办高新技术企业。以高新技术成果向有限责任公司或非公司制企业出资入股的，高新技术成果的作价金额可达到公司或企业注册资本的 35%，另有约定的除外。

鼓励科研人员以无形资产入股办企业。2010 年 12 月 23 日，由第十三届人民代表大会常务委员会第二十二次会议通过的《中关村国家自主创新示范区条例》中规定鼓励科技人员以知识产权、科技成果等无形资产入股的方式在示范区创办企业。以知识产权和其他可以用货币估价并可以依法转让的科技成果作价出资占企业注册资本的比例，可以由出资各方协商约定，但是以国有资产出资的，应当符合有关国有资产的管理规定。

鼓励科技人员科研成果转化的奖励政策。2011 年 3 月 15 日，北京市人民政府颁布的《北京市人民政府关于进一步促进科技成果转化和产业化的指导意见》中提出要强化高等院校校办或与社会企业合办企业促进产业发展，鼓励科技人员创办企业或以科技成果入股参与创办企业，转化科技成果；在专业技术职称评聘中，确保一定比例的名额用于参与技术转移、成果转化和产业化的人员。强化对国有企业的技术创新能力和成效的考评，将国有企业创新成效、科技成果转化和产业化情况，纳入国有企业负责人绩效考核范围。对于高等院校、科研院所和国有企业中参与科技成果转化人员的股权和奖金奖励，应记入其个人档案，作为对其考核、晋升或评审专业技术职称的依据。

激发科研单位和科研人员的创新活力。2011 年 2 月，国家推出中关村"1 + 6"先行先试政策，该政策规定一次性处置单位评估价值或批量评估价值 800 万元人民币以下的科技成果，由中央级事业单位自主处置，报财政部备案；800 万元人民币以上（含）的，仍按现有规定经主管部门审核后报财政部审批。一次性转化（转让）单位评估价值或批量评估价值 800 万元人民币以下的科技成果，要经主管部门审批后报财政部备案。审核流程长，市场

商机可能丧失。新政给中央级事业单位自主处置权，减少了科技成果转化审批的时间。这将进一步提高科技成果转化效率，激发科研单位和科研人员的创新活力。

北京市政府大力鼓励高等学校教师和学生创办科技型企业。北京市政府于 2014 年 1 月 14 日发布了《加快推进高等学校科技成果转化和科技协同创新若干意见（试行）》（简称"京校十条"）。"京校十条"在深化科技成果体制机制改革、支持高等学校开展协同创新、鼓励高等学校科技人员和在校学生实施科技成果转化等方面，实现了新突破，进一步激发了高等学校教师和科技人员开展科技成果转化和科技协同创新的积极性。意见中提出鼓励高等学校拥有科技成果的科技人员，依据中关村示范区股权激励试点政策和以现金出资方式，在中关村示范区创办科技型企业，并持有企业股权。创办的企业可按照科技人员现金出资额度的 20% 申请政府股权投资配套支持；政府股权退出时，按照原值加同期银行活期存款利息优先回购给创业团队。高等学校科技人员经所在学校同意，可在校际间或中关村示范区科技型企业兼职，从事兼职所获得的收入按有关规定进行分配；科技人员在兼职中进行的科技成果研发和转化工作，作为其职称评定的依据之一。支持高等学校拥有科技成果的科技人员离岗创业，高等学校可在一定期限内保留其原有身份和职称。这条政策明确规定了高校科技人员创办企业，持有企业股权，校际间兼职和到科技企业兼职相关的收入分配等内容，进一步加大科技人员通过创业和兼职方式，参与科技成果转化的政策保障力度。

2. 人才激励政策

2007 年 10 月 23 日，颁布的《关于支持中小企业技术创新的若干政策》中规定建立创新人才激励机制，鼓励中小企业建立健全培训、考核、使用与待遇相结合的机制，激励员工发明创造。对作出突出贡献的技术创新人才，可采取新产品销售提成、科技成果或知识产权入股等多种形式，予以奖励。

2011 年 1 月，国家颁布了《中关村国家自主创新示范区发展规划纲要(2011—2020 年)》，规划纲要在完善科技成果转化激励机制方面提出积极探索人才激励政策，鼓励智力要素和技术要素以各种形式参与创新收益分配。对高等院校、科研院所、院所转制企业及国有高新技术企业的职务科技成果发明和转化中做出突出贡献的科技人员和管理人员，由实施科技成果产业化的企业按规定给予股权、分红等多种形式的激励，释放创新活力，促进创新成果产业化。

3. 开展高等学校科技成果收益分配方式改革政策

北京市政府于 2014 年 1 月 14 日颁布的"京校十条"中规定高等学校科技成果转化所获收益可按不少于 70% 的比例，用于对科技成果完成人和为科技成果转化做出重要贡献的人员进行奖励，支持高等学校科学研究、成果转化和教育教学工作。科技成果转化所获收益用于人员激励支出的部分，经批准可一次性计入当年高等学校工资总额，但不纳入工资总额基数。这条政策一是将高校实施科技成果转化给予科技人员奖励比例下限由 20% 提高至70%；二是允许高校科技成果转化收益中用于人员激励支出的部分一次性计入当年高等学校工资总额，但不纳入工资总额基数。提高高校实施科技成果转化给予科技人员奖励的比例，让科技人员能够更多的参与科技成果转化收益分配，能够更加充分地调动科技人员开展科技研发和科技成果转化的积极性。

（五）高端人才引进相关政策

1. 授权北京市及有关部门为人才引进提供便利

支持中关村国家自主创新示范区引进高端人才政策。2010 年 12 月 23 日，由第十三届人民代表大会常务委员会第二十二次会议通过的《中关村国家自主创新示范区条例》中规定支持示范区内的组织根据需要引进高端领军人才和高层次人才。市和区、县人民政府及有关部门应当根据国家和本市的有关规定为高端领军人才和高层次人才在企业设立、项目申报、科研条件保障、户口或者居住证办理、房屋购买和租赁等方面提供便利。

2. 人才引进具体政策

北京市在示范区建立与促进科技成果转化相适应的职称评价制度，为工程技术人员提供职称评价服务；对示范区内的企业引进科技研发和成果转化方面的紧缺人才，建立侧重能力、业绩、潜力、贡献等综合素质的人才评价机制和突出贡献人才的直接引进机制。示范区内的高等院校、科研院所和企业按照国家和本市有关规定，可以采取职务科技成果入股、科技成果折股、股权奖励、股权出售、股票期权、科技成果收益分成等方式，对作出贡献的科技人员和经营管理人员进行股权和分红激励。示范区内的高等院校、科研院所和企业可以探索符合自身特点和有利于鼓励创新的激励机制。

（六）鼓励产学研合作与成果转化相关政策

1. 北京市政府大力支持产学研合作政策

2007 年，北京市政府颁布《北京市鼓励企业与高校、科研院所进行产学研合作的若干意见》，在此意见中提出对企业与高校、科研院所合作产生的技术转让、技术开发以及相关的技术咨询、技术服务合同，经认定登记，所获得的收入可享受免征营业税的优惠。技术转让以及在技术转让过程中发生的技术咨询、技术服务、技术培训的所得，年净收入在 30 万元以下的，按规定暂免征企业所得税。鼓励企业联合高校、科研院所对引进的技术或知识产权进行消化吸收再创新。市科委"企业创新应用知识产权与技术标准试点"专项重点支持企业引进国外或港澳台地区技术或知识产权，并联合高校、科研院所消化吸收再创新，形成自主知识产权或技术标准。

2. 鼓励中关村国家自主创新示范区内的企业、高等院校、科研院所依法转让科技成果

2010 年 12 月 23 日，北京市第十三届人民代表大会常务委员会第二十二次会议通过了《中关村国家自主创新示范区条例》，条例中提出高等院校、科研院所按照国家和本市有关规定，可以将科技成果转化收益用于奖励和教学、科研及事业发展。鼓励高等院校、科研院所的科技人员在示范区创办企业，转化科技成果。对本市财政资金支持的科技项目，政府有关行政管理部门应当与示范区内承担项目的高等院校、科研院所、企业等组织就项目形成的科技成果约定知识产权目标和实施转化期限，在项目验收时对知识产权目标完成情况进行考核评价。市人民政府有关部门应当根据国家自主创新战略和首都科学发展需要，定期发布一批关键核心技术研发和重大科技成果产业化与应用示范项目，按照公开、公平、公正原则，组织示范区内的企业、高等院校、科研院所和由其组成的联合体参与招标。

3. 产学研用合作的新模式

2011 年 1 月，国家颁布《中关村国家自主创新示范区发展规划纲要 (2011—2020 年)》，规划纲要在强化企业技术创新的主导能力中提出探索企业主导产学研用合作的新模式。突破制约产学研用合作的体制机制障碍，建立高等院校和科研院所创新成果向企业顺畅流动的新机制。实施中关村产学研用合作工程，以企业为主导，进一步探索共建研发机构和委托研发、技术许可、技术转让、技术入股等多种产学研用合作模式，营造有利于产业技术创新联盟等新型产业组织发展的政策环境，发挥新型产业组织在产学研用合作中的重要作用，建立高效的协同创新网络。

4. 释放高等院校和科研院所创新效能政策

2011 年 1 月，国家颁布的《中关村国家自主创新示范区发展规划纲要 (2011—2020 年)》中提出要建立市场导向的技术开发和转移机制。推进科研项目立项评审和人员考评制度改革，引导高等院校和科研院所围绕经济社会发展重大科技问题开展创新活动。改革高等院校和科研院所技术成果管理制度，探索建立适应公共技术扩散和市场技术转移的多种模式的技术转移机构。鼓励高等院校、科研院所与大型企业共建科研实体，联合开展研发和成果转化活动。建设一批面向国内外的创新创业与技术转移服务机构，建立风险共担、利益共享的技术转移利益分配机制。

2012 年，海淀区"1 + 10"政策体系中促进企业创新发展支持办法规定支持企业加强产学研协同创新，与高校、科研单位开展技术转让、委托开发、合作研发、共建研发机构和研发平台等多种类型合作。对产学研合作成效显著、取得较大经济效益的，授予海淀区产学研合作示范基地，可给予最高 100 万元的资金支持。

(七) 建设京津冀区域创新协作技术转移中心相关政策

1. 提出跨地区创新合作战略要求

2011 年 1 月，国家颁布的《中关村国家自主创新示范区发展规划纲要 (2011—2020 年)》中提出在深化国内创新合作中提出要构建京津冀区域创新协作体系和推进跨区域的创新合作要求。发挥中关村在京津冀地区自主创新的龙头作用，强化与天津滨海新区、河北曹妃甸工业区等重点产业聚集区的战略合作。

2.建立创新发展合作机制

建立健全北京与京津冀区域主要城市间的创新发展合作机制，促进示范区技术、产品、服务、品牌和模式的输出，形成分工协作和优势互补的区域创新格局。把中关村建设成为京津冀都市圈乃至全国的知识创新中心、技术研发中心、高素质创新人才培养和技术成果转化基地。进一步探索推广示范区与其他区域共建高技术产业基地的模式，发挥大学科技园和孵化器等对全国的辐射作用。推进示范区科技创新成果向全国进行转移和产业化。向全国推广示范区创新发展的经验。

（八）深化科技成果管理和技术转移制度改革的相关政策

1.国有无形资产和科技成果管理制度改革试点政策

2011年3月15日，北京市人民政府颁布《关于进一步促进科技成果转化和产业化的指导意见》，该意见中提出进一步处理好国有无形资产和科技成果管理的所有权、处置权和收益权的关系。完善科技成果在评估、对外投资、审批和变更等环节的审批制度。对于科技成果形成的国有无形资产，探索建立与其相适应的管理制度。建立和完善事业单位自主处置科技成果的相关制度，对于一次性处置单位评估价值或批量评估价值800万元人民币以下的科技成果，原则上由事业单位自主决定，报市财政局备案；800万元人民币以上（含）的，经主管部门审核后报市财政局审批。对财政性资金资助科研项目形成的科技成果，授权项目承担者依法取得。按国家和本市有关规定，项目承担者可自主决定转化科技成果，转化收益归项目承担者所有。

2.深化高新技术企业和科技成果转化项目认定工作的相关政策

《关于进一步促进科技成果转化和产业化的指导意见》中提出贯彻落实中关村国家自主创新示范区高新技术企业认定管理试点办法，支持企业自主创新，促进企业科技成果转化。推进科技成果转化项目认定制度，对经认定的成果转化项目，通过专项资金进行支持，推动企业进一步加强自主创新，开拓市场，扩大规模，培育新的产业形态。

3. 深化科技资源招商工作的相关政策

《关于进一步促进科技成果转化和产业化的指导意见》中提出聚焦战略性新兴产业，广泛调动园区、企业、投融资机构以及科技中介机构等的积极性，以科技资源为纽带，通过建立科技资源信息系统和发布平台、组织科技资源招商对接活动、开展科技资源招商全国路演等方式，创造条件，广泛吸引各地区优质产业资本进入北京，与本市优质科技资源开展实质性合作，促进科技成果快速转化和产业化。

4. 高等学校科技成果处置权管理改革政策

"京校十条"中提出加强知识产权交易市场建设，建立符合科技成果转化规律的市场定价机制，试行高等学校科技成果公开交易备案管理制度。科技成果的知识产权由承担单位依法取得，赋予高等学校自主处置权。高等学校可自主对科技成果的合作实施、转让、对外投资和实施许可等科技成果转化事项进行审批，报主管部门和财政部门备案。这条政策是对现行高校国有资产管理政策的深化补充。"建立符合科技成果转化规律的市场定价机制，试行科技成果公开交易备案管理制度"是尝试通过市场机制促进科技成果转化的一项重要举措；"赋予高校自主处置权，高校可自主对科技成果的转让、对外投资进行审批"是对财政部第 36 号令的进一步深化；"高校可自主对科技成果的合作实施、实施许可等进行审批"是对现行行政事业单位国有资产管理政策的积极探索。

5. 建立高等学校科技创新和成果转化项目储备制度

"京校十条"中提出鼓励高等学校和企业联合开展科技创新和成果转化，支持高等学校加强自身科技研发能力建设，定期对符合条件的拟研、在研科技创新和成果转化项目进行评估，选择一批符合首都科技创新和经济社会发展需要的重大科研和成果转化项目，纳入高等学校科技项目储备库进行跟踪支持。

通过加强对高校科技创新和成果转化项目的支持，更好地发挥高校对首都科技创新和经济社会发展的支撑作用。一是通过建立高校科技项目储备库，围绕首都科技创新和经济社会发展重大需求评估和选择高校科技创新和成果转化项目，引导高校进一步服务首都经济社会发展。二是对储备库内项目采取跟踪支持的方式，资金使用更加聚焦、更有针对性，有利于提高项目成功率。

6. 改革高校岗位设置政策

"京校十条"中提出专门设立科技成果转化岗。目前高校以教学科研为主，为鼓励高校与企业进行产学研合作，促进科技成果转化及产业化，在高校专门设立科技成果转化岗是一个较大的政策突破：一是在目前高校岗位设置的框架体系内，在专业技术岗位新设科技成果转化岗，专门用于聘任高校中适合从事科技成果转化的教师或研究人员，与企业开展产学研合作。二是在科技成果转化岗上工作的高校教师或研究人员可以享受中关村高端领军人才职称评审直通车政策，参评教授级高级工程师专业技术资格，取得资格后，高校根据科技成果转化岗的职责要求，聘任相应的职务级别。三是在科技成果转化岗职务评聘指标方面给予了倾斜，对于科技成果转化岗高级职称指标单独设立，不占现有教授（研究员）专业技术岗位职数。通过设立科技成果转化岗，主要是解决高校中专门从事科技成果转化科技人员的岗位聘任和职称评定问题，明确身份及职业发展方向，探索解决这部分科技人员的后顾之忧，调动工作积极性，使他们全身心地投入产学研用合作中去，促进高校与企业科技成果转化及产业化。

7. 核心区科技创新新举措："1 + 4 + 1"政策体系

为了充分发挥市场对创新资源配置的决定性作用，搭建产学研用协同创新平台，引导创新资源围绕企业需求释放活力。2014 年 5 月 13 日，海淀区政府研究制定了核心区推动新一轮创新的"1 + 4 + 1"政策体系，这个政策体系中，"1"是一个意见，即《关于进一步加快核心区自主创新和战略性新兴产业发展的意见》；"4"是四个政策办法，即《海淀区优化创新创业生态环境支持办法》、《海淀区激发科技创业活力扶持办法》、《海淀区提升企业核心竞争力支持办法》、《海淀区促进重点产业发展支持办法》，这四个办法分别涉及创新环境五条、创业活力五条、核心竞争力六条和重点产业六条；最后的"1"即指一个试行评价方法——《海淀区技术创新项目市场化评价实施细则》。新政策是在国家全面深化改革和新时期首都面临重大战略转变等大背景下，根据实际需要，对 2012 年实施的"1 + 10"政策体系进行的较大调整和完善。

这次政策调整，主要集中在支持方式、支持对象和支持领域三方面。在支持方式上，新政策重点加大了对支持项目"后补贴、后奖励"等支持方式，提高注重绩效的"事后补贴"专项比重，实现支持方式"效果化"转变。在支持对象上，新政策实现"普惠制"转变，更加突出对各类创新平台的支持，弱化对单个项目、单个企业或机构的散点式支持。如：政策提出"支持服务载体设立创新驿站"，建设创新导师队伍，根据效果，给予运营主体最高50万元奖励。另外，服务载体年度定向输送5家以上优质企业落地核心区的，新政策根据企业贡献，对服务载体最高奖励100万元。在支持领域方面，突出对高校院所创新效能释放、重点产业发展、军民融合创新发展等内容支持。其中，在促进高校院所科技成果转化方面，增设了鼓励高校院所设立科技成果转化岗位等新内容；在支持重点产业发展方面重新纳入了提升企业核心竞争力、促进重点产业发展两个支持办法。

第五章 中关村地区技术转移现状和 存在的问题

技术交易从 20 世纪 60 年代就开始引起国际关注，1964 年的第一届联合国贸易发展大会提出了技术转移的概念，把技术定义为关于制造一件产品、应用一项工艺、提供一项服务的系统知识，技术交易就是这种系统知识的转让，但不包括只涉及货物出售及出租的交易。技术创新是技术交易的前提，技术转移是技术交易的后期表现形式。因此，本章在分析中关村地区技术创新现状的基础上，进而研究技术转移的情况和问题。

第一节 中关村技术创新的现状

近年来，中关村的科技事业蓬勃发展，科技实力持续增强，基础研究和原始创新得到加强。海淀区作为中关村国家自主创新示范区核心区，创新型城区建设进展良好，自主创新能力稳步提高，取得了一系列举世瞩目的科研成就。

一、科技投入不断增加，科技队伍不断壮大

为确保科技发展战略和各项科技发展计划的顺利实施，中关村地区对科技事业的投入力度不断增强，科技经费投入大幅增长，科技队伍不断发展壮大，为各项科技活动的蓬勃开展和大批科技成果的涌现创造了良好条件。

（一）科技经费投入快速增加

近年来，中关村对技术创新的支持力度不断加大，其所归属的海淀区财政支出中对科技的投入逐年增加。1991 年中关村地区用于技术创新的财政资金为 2.23 亿元，2012 年该数值增长到 565 亿元，是 1991 年的 253.66 倍，以平均每年 11.5 倍的速度呈现井喷式的增长。①

随着海淀区经济实力的不断增强，政府在加大财政扶持力度的同时采取有效措施积极引导全社会加大对技术创新的投入。据统计，2012 年全社会研究与试验发展（R&D）经费支出达 1157 亿元，是 1991 年（8.2 亿元）的141 倍②，平均每年增长 600%，这同时表明中关村地区的社会资源配置对于自主研发的倾斜逐年加大。

（二）科技队伍不断壮大，人员素质不断提高

与此同时，中关村地区科技人力投入不断增加，科技研发人员的水平与素质不断提高，逐步形成了一支具有较大规模和较高水平的科技人才队伍。到 2012 年，全地区从事研究与试验发展（R&D）的科技人员达 32.2417 万人，是 1991 年（98778 人）的 3.26 倍；科学家和工程师所占比重由 1991 年的 21.27% 提高到 39.72%，增加了 18.45 个百分点③。

同期同项相比，中关村地区比全国其他高新技术产业发达的城市在科技人才队伍储备和人才素质方面也明显具有优势，如下组图所示④：

---

① 资料来源于《北京科技统计年鉴》和1991，2012 年北京技术市场统计年报。
② 资料来源于《北京科技统计年鉴》和1991，2012 年北京技术市场统计年报，其中由于统计口径发生变化，1991 年的数据为计算得出。
③ 利用 1991 年北京科技统计年鉴和 2012 年北京技术市场统计年报的数据经计算得出。
④ 本文所指中关村包含一区十六园，即涵盖整个北京地区，因此在统计口径上与北京市的数字一致，下文同。

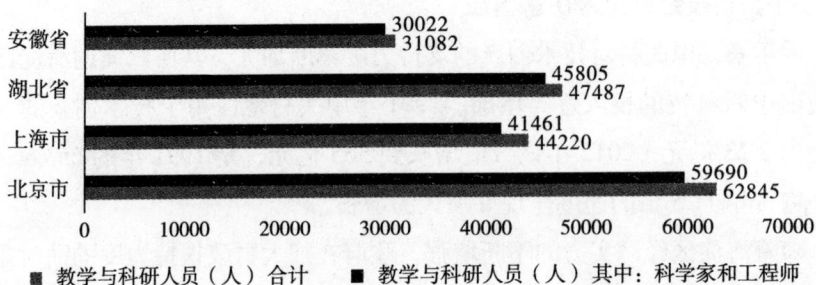

图5—1　2011年教学与科研人员四地区对比

资料来源:《中国科技统计年鉴》2012年。

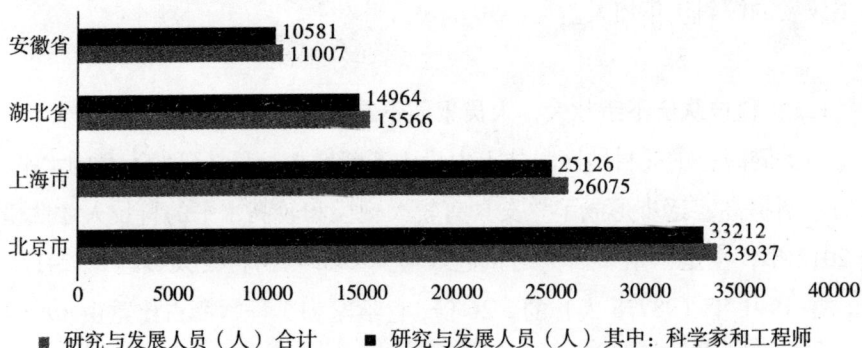

图5—2　2011年研究与发展人员四地区对比

资料来源:《中国科技统计年鉴》2012年。

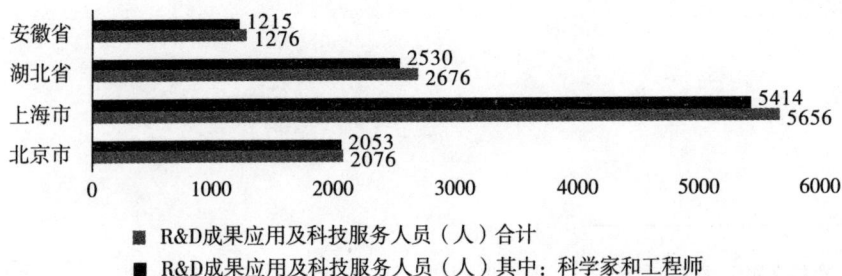

图5—3　2011年R&D成果应用及科技服务人员四地区对比

资料来源:《中国科技统计年鉴》2012年。

　　从上面这一组图可以看出,无论是教学与科研人员、科学家与工程师,还是研究与发展人员，中关村地区同其他三个技术创新同样发达的城市和省份相比都处于绝对领先的优势；唯独在科研成果应用及科技服务人员方面实力较弱，比上海和湖北都要落后，这是由于中关村的技术转移和科技成果产业化不太发达这一客观事实决定的。

二、企业在技术创新中的主体地位日益显现

近年来，随着中关村所处的海淀区创新型城区建设进展顺利，企业在技术创新中的主体地位越来越稳固，对科技进步和经济发展的推动作用愈发明显。

统计结果[①]显示，在2012年全社会研究与试验发展（R&D）经费支出中，各类企业支出368.6亿元，是1991年（6.7亿元）的55倍，占全社会R&D支出的31.86%，比1991年高12.3个百分点。

几十年来，中关村的创新型企业不断发展壮大，数量从1990年的387家增长为2012年的14929家，从业人员也从最初的15588人增加到2012年的1587911人；产品销售收入从1990年的7.1亿元增长为2012年的18818.5亿元，其中技术创新性收入已经超过3400亿元，充分说明中关村企业的自主创新能力进一步提高，如表5—1所示：

表5—1　中关村地区的企业业绩表现（1990—2012年）

年份	企业数（个）	从业人员（人）	收入	
			技术创新性收入（万元）	销售收入（万元）
1990	387	15588	82475	71697
1991	650	28889	106890	136895
1992	1512	43567	103962	201101
1993	2674	91145	242856	477267
1994	3152	112253	208280	606047
1995	3402	102839	257879	1069975

① 如无特殊说明，本章所指统计结果的来源均为北京科技年鉴（1991—2012），部分数字为计算得出。

（续表）

年份	企业数（个）	从业人员（人）	收入	
			技术创新性收入（万元）	销售收入（万元）
1997	3046	123635	527953	2378195
1998	4258	143381	771845	5913498
1999	4421	246422	953767	9247636
2000	6181	291473	1630817	9282515
2001	7911	358154	2150368	12980181
2002	9567	403842	3055317	13808602
2003	12030	488561	4192565	18022773
2004	13890	557213	5587582	28975309
2005	16343	687769	8053653	37936497
2006	18096	791273	11893936	39940601
2007	18611	891560	14732112	51167619
2008	18437	940910	16934334	76281530
2009	16948	1096562	20936895	96034323
2010	15720	1157992	24780944	68896034
2011	15026	1384890	28449364	78093669
2012	14929	1587911	34030688	188185125

资料来源：《北京科技统计年鉴》1991—2013 年。

　　但是，在看到成就的同时，我们还注意到随着全国各个地区科技创新活动的日益繁荣，中关村的相对优势开始下降：1990 年，中关村技术创新性收入占全国的比例还高达 68.48%，但随着其他地区技术创新的兴起，这一比例逐年下降，2012 年已经下降到 28.5%，如表 5—2 所示。这提醒中关村不能停留在以往的成绩之上，应该百尺竿头再进一步，探索更代表前沿的创新。

表5—2 中关村企业技术创新性收入占全国的比例（1990—2012年）①

年份	中关村企业技术创新性收入（万元）	全国企业技术创新性收入（万元）	中关村占全国的比例
1990	82475	120433	68.48%
1991	106890	174122	61.39%
1992	103962	261417	39.77%
1993	242856	533152	45.55%
1994	208280	583919	35.67%
1995	257879	711725	36.23%
1996	354439	1048413	33.81%
1997	527953	1333164	39.60%
1998	771845	2021407	38.18%
1999	953767	2563269	37.21%
2000	1630817	4009847	40.67%
2002	3055317	7464566	40.93%
2003	4192565	11004645	38.10%
2004	5587582	15915940	35.11%
2005	8053653	20497914	39.29%
2006	11893936	28252626	42.10%
2007	14732112	38943960	37.83%
2008	16934334	50039872	33.84%
2009	20936895	59204382	35.36%
2010	24780944	73731593	33.61%
2011	28449364	92843924	30.64%
2012	34030688	119406691	28.50%

资料来源：《北京科技年鉴》1991—2013年，国家科技部网站，经整理得出。

三、基础研究和原始创新实力雄厚

基础研究是技术创新与发展的根基，代表了一个地区原始创新的能力，对该地区社会经济的持续发展也具有举足轻重的作用。过去几十年，中关村地区的基础研究得到长足发展并进入跃升期，从量的扩张向质的提升转变，

① 其中2001年的全国数字无法获得准确数据，没有计算比例。

某些领域已处于世界前列。近年来，中关村地区对基础研究的扶持力度不断加大，据统计，2012 年用于基础研究的经费支出为 463.3 亿元，是 1991 年（8.81 亿元）的 52.6 倍，平均每年增长 239%，如表 5—3 所示。

表 5—3　中关村地区基础研究经费支出（1991—2012 年）

年份	基础研究经费支出（万元）
1991	88166
1992	135801
1993	175066
1994	231002
1995	184294
1996	190196
1997	209779
1998	1033465
1999	1216091
2000	1556635
2001	1711696
2002	2195401
2003	2562518
2004	3173331
2005	3820683
2006	4329877
2007	5053870
2008	5503499
2009	6686351
2010	8218234
2011	9366439
2012	10633640

资料来源：《北京科技年鉴》1991—2013 年，经整理计算得出。

与国内其他省份地区同向相比，中关村地区的基础研究也遥遥领先。

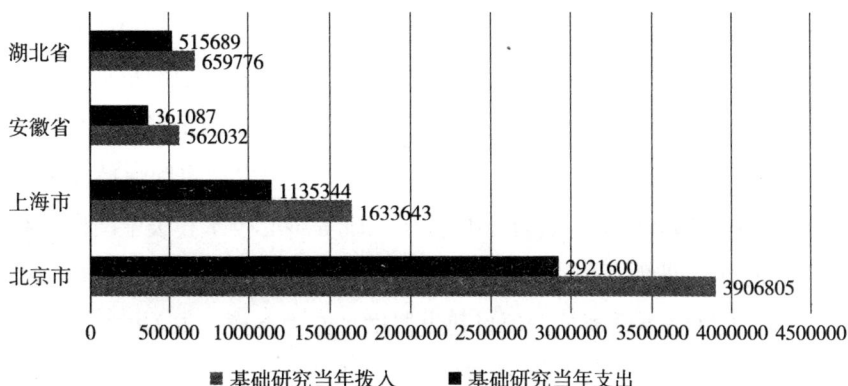

图5—4　2011年基础研究经费四地区对比（单位：千元）

资料来源：《中国科技统计年鉴》2012年。

　　除了基础研究，中关村在应用研究方面也积极投入，致力于将原始创新的成果转化为生产力，为当地的经济社会发展和民生服务。图5—5反映了同国内其他地区相比，中关村在应用研究领域也占据绝对优势。

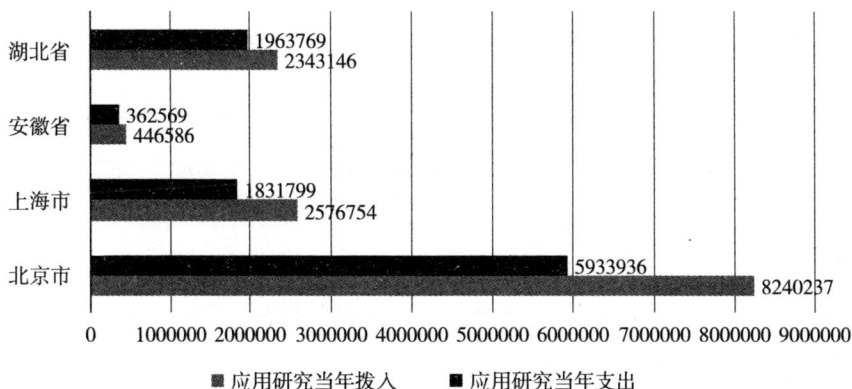

图5—5　2011年应用研究经费四地区对比（单位：千元）

资料来源：《中国科技统计年鉴》2012年。

　　高端创新资源的高度聚集和优越的创新环境，使中关村地区成为我国自主创新的高地和高端创新成果的密集区和输出区。近年来，中关村原始创新能力得到极大提升，各个方面都取得了重大突破，并产生了一大批原创性、国际国内领先的、具有广泛社会影响的研究成果。曙光超级计算机、神舟七号、嫦娥一号、低温核供热堆和高温气冷堆等技术国际领先，膜生物反应器等水资源综合利用技术与世界同步，国内第一个人源化单克隆抗体药物、全球第一个获准生产的甲型 H1N1 流感疫苗等缩小了我国与世界先进水平的差距，云计算、物联网、下一代互联网等领域核心技术在全国保持领先，龙芯处理器、D—LTE 芯片、智能手机操作系统等核心技术代表了国内最高水平，一大批自主创新技术和产品为北京 2008 年奥运会以及航天、核电、轨道交通、高速铁路等国家重大项目建设提供了有力支撑。中关村企业共主导创制了 66 项国际标准、590 余项国家标准，闪联标准成为全球标准，TD—SCDMA 作为全球三大 3G 标准之一已进入商业化运营阶段，TD—LTE—Advanced 成为 4G 国际标准之一。日益强大的知识创新能力和技术创新能力使中关村成为我国应用基础研究的重要基地，大量科技创新成果的产生缩小了我国与发达国家之间在科技前沿领域的差距，成为体现我国国家创新能力的重要标杆。

四、高技术产业快速发展，竞争力日益增强

经过几十年的发展，中关村地区在电子信息、能源技术、生物医药、先进制造、新材料等领域取得了标志性成果，掌握了一批重大关键技术和产业核心技术，培育了一批新兴产业的生长点，培养和凝聚了一批高技术创新型人才和团队，为我国高技术研发的持续发展奠定了基础。经过努力，中关村已经初步实现了在创新发展方面的"四个一批"目标，即：促进了一批国际领先的科技成果创造和转化，激发企业创新活力，产学研用协同创新层次大幅提升；培养和聚集了一批占据世界科技和产业前沿的顶级研究团队和高层次人才，特别是产业领军人才；培育了一批具有全球竞争力的国际化企业，企业技术创新水平大幅提升；打造了一批国际知名品牌，企业国际化发展层次大幅提升。

中关村高技术产业的快速发展带动了技术创新性产品进出口贸易的不断扩大。从图 5—6 可以看出，中关村地区技术创新性产品出口总额从 1988 年的 0.1 亿美元上涨至 2012 年的 92.2 亿美元，其间 2008 年达到了最高值

121.8 亿美元[①]。

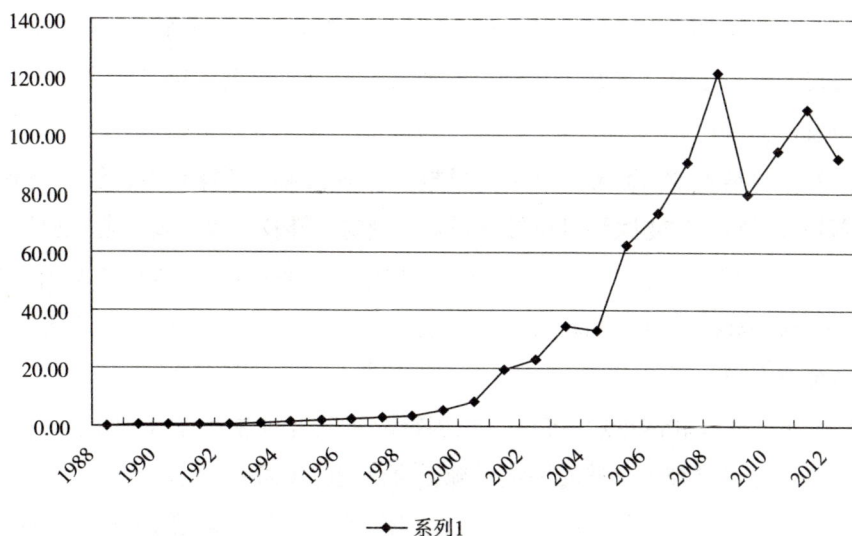

图 5—6　中关村地区 1988—2012 年技术创新性产品出口总额（单位：亿美元）

资料来源：《北京科技年鉴》1991—2013 年，经计算得出。

五、科技产出成绩斐然

（一）各个技术创新领域硕果累累

几十年来，中关村地区结合区域发展优势，选择有市场潜力和技术潜力的领域，促进重点领域企业加强自主创新，在一些重点领域和尖端领域涌现出了一系列有着深远影响的重大成果，实现关键技术突破。

1.软件行业，包括：国产 Linux 操作系统、数据库系统、中间件、办公套件在内的自主基础软件平台；金融业、电子政务等重点领域应用软件；信息家电及网络通信嵌入式软件；加快大规模并行计算、海量存储、云计算服务软件、云计算终端等关键技术的研发。

---

① 受 2008 年国际金融危机影响，2009 年中关村地区的外贸出口总额出现大幅度下降，之后几年逐步回升，2012 年又出现回落。

2. 信息服务行业，包括：动漫游戏、数字出版、互联网服务、竞争情报服务等重点领域的关键技术研究、服务规范及标准制定。

3. 集成电路行业，包括：高端通用芯片、专用芯片、系统级芯片（SOC）等关键芯片自主设计开发，具有自主产权的专业集成电路功能模块（IP核）的研发及标准化。

4. 新材料行业，包括：电子信息材料、新能源与环保材料、纳米材料、高温超导材料、生物医用材料等新材料领域的关键技术攻关及产业化应用。

5. 移动通信行业，包括：第三代移动通信（TD—SCDMA）及无线宽带接入（SCDMA）系统设备、终端产品、专用芯片及应用软件技术、无线宽带系统技术等。

6. 下一代互联网行业，包括：以因特网和电信网融合为标志的下一代网络（NGN）关键技术、核心网络设施、协议及应用研究。

7. 物联网行业，包括：对智能和微型传感器、传感器网络通信、物联网控制与信息安全等物联网关键技术的研发。

8. 生物医药行业，包括：以新型疫苗、抗体、蛋白质为代表的新医药以及工业、农业、环保等领域的生物技术的研发创新与应用。

9. 新能源行业，包括：具有自主知识产权的MW级大型风电机组成套装备及相关技术；高性价比太阳能光伏发电技术、太阳能热发电技术、太阳能与建筑一体化技术；加强地热资源勘探技术，地源热泵技术，地热回灌、采灌平衡技术，地热资源综合开发利用技术，地热井开采动态监控等相关技术研发。

10. 环保行业，包括：水体污染控制与治理；城市污泥处理示范工程；有效控制工业、汽车尾气等污染源排放的先进工艺和设备技术开发；新建住宅和公共建筑节能；大气污染控制与治理。

11. 航空航天行业，包括：航空航天配套装备、卫星通信应用技术、导航定位技术研究与地面终端设备、关键配套部件的开发，推进遥感技术在土地资源、城市规划、防震减灾领域的应用。

（二）专利事业取得长足进展

专利情况是反映创新能力和水平的重要指标。为保护知识产权，鼓励发明创造，促进技术交流，国家于 1985 年正式实施了《中华人民共和国专利法》。《专利法》实施 20 多年来，中关村地区知识产权保护环境明显改善，科技人员知识产权意识普遍提高，专利申请量和授权量逐年增加。至 2012 年底，中关村地区已累计获得国内有效专利 170516 件，其中 2012 年当年的国内专利申请 92305 件，授权专利 50511 万件，是 2000 年的将近 9 倍；其中技术含量较高的发明专利申请 66182 件，获得授权 27640 件，是 2000 年的 20.2 倍；发明专利所占申请专利的比重高达 71.7%。如表 5—4 所示：

表 5—4　中关村地区专利事业发展情况（2000—2012 年）

年份	国内专利申请数量（件）	拥有发明专利数量（件）
2000	10344	1368
2001	11752	1462
2002	13966	1613
2003	15342	1769
2004	18747	2690
2005	22572	3042
2006	26555	3865
2007	31680	8894
2008	43508	9342
2009	50236	10787
2010	57296	19599
2011	77955	21446
2012	92305	27640

资料来源：《北京科技年鉴》2001—2013 年，经计算整理得出。

从图 5—7 中可以看出，近十几年来，中关村地区无论是专利申请数量还是拥有的发明专利数量都呈逐年递增的趋势，且在 2007 年之后涨幅明显增大，2010 年前后则出现了一轮井喷。从 2008 年之后，中关村地区专利申请数量的增长明显要快于发明专利授权数量的增长，反映出金融危机之后企业自主创新积极性明显提高，经济发展方式转变效果突出。

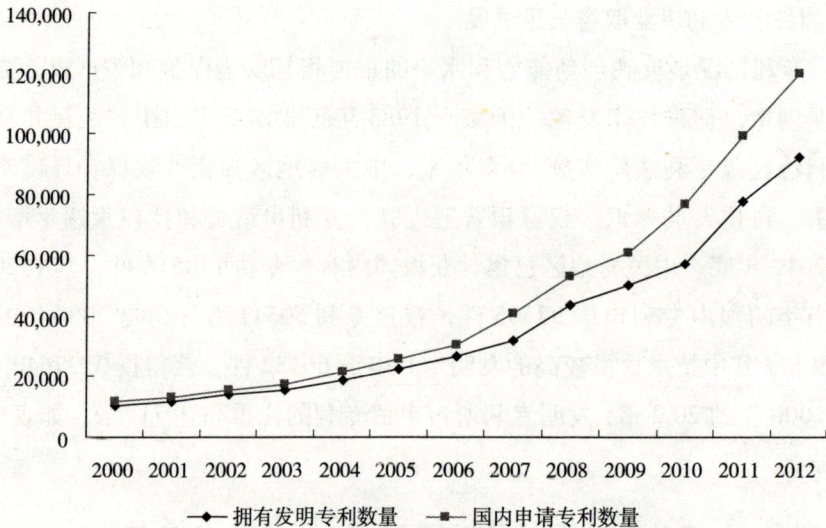

图 5—7　中关村地区专利事业发展情况（2000—2012 年）

资料来源：《北京科技年鉴》2001—2013 年，经计算整理得出。

（三）论文与著作为代表的成果丰厚

近年来，随着科研水平的不断提高，中关村地区科技人员在国内外发表的论文数逐年增加，也迅速缩小了我国与世界先进水平的差距。2010 年中关村地区在国内外发表各类科技论文达 6454 篇，出版各类科技著作 243 种，比起 20 世纪 90 年代主要集中于从事各类课题研究的状况有了很大改进。

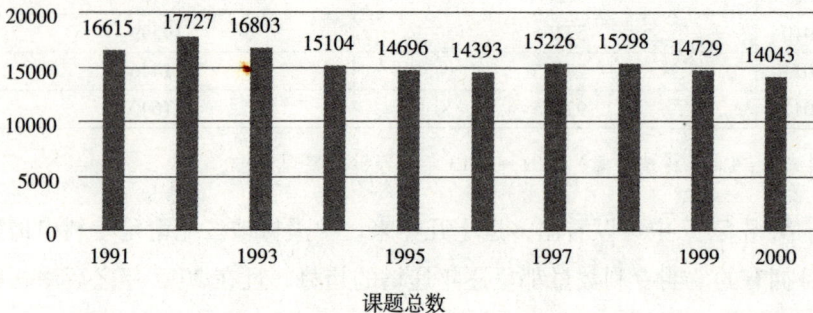

图 5—8　中关村地区从事科技活动科研课题研究情况（1991—2000 年）

资料来源：《北京科技年鉴》1992—2001 年。

图 5—8 为 20 世纪 90 年代中关村地区从事各级各类（包括中央级和北京市级别内）科技活动科研课题研究的统计数据，反映了当时的科研状况。

表 5—5 则反映了近年来中关村地区发表科技论文和出版科技著作的情况，基本呈现逐年上涨的趋势。

表 5—5　中关村地区科技活动成果汇总（2002—2010 年）①

年份	发表科技论文（篇）	出版科技著作（种）
2002	3811	106
2003	4106	93
2004	4323	96
2005	4377	114
2006	5513	133
2007	5414	109
2008	5370	107
2010	6454	134

总结来说，改革开放三十余年来，中关村地区的科技事业蓬勃发展，取得了举世瞩目的巨大成就。其雄厚的技术创新能力为当地的经济发展、社会进步、民生改善提供了重要支撑，其整体水平已位居国家前列，有些科研领域甚至已经达到国际先进水平。

第二节　中关村地区技术转移的现状

一、中关村技术转移体系初具轮廓

30 年前，当技术刚刚成为商品时，技术交易还只是零星的个别行为。而今天，技术交易已在全社会范围内大规模进行。2012 年中关村输出技术合同 38525 份，成交额 1199.2 亿元，技术合同成交额占全市的 60.5%，技术流向本市、外省市和出口的比例分别为 24.5%、63.8%、11.7%；吸纳全国技术合同

---

① 其中 2009 年的数据由于客观原因不可获取。

17288 份，成交额 348.8 亿元。随着技术交易规模的不断扩大，中关村技术转移服务体系已初现轮廓。二十多年来，中关村地区已初步建立起包括技术供方、技术需求方和技术中介方在内的技术转移服务体系。园区内 200 多家研究机构、60 多所大学以及众多的高新技术企业都是技术供给方，20000 多家企业是最主要的技术需求方，1000 多家中介机构则在技术转移中充当了非常重要的角色。

（一）技术转移要素高度聚集

中关村科技园区聚集了北京市科技、人才和信息资源最密集的区域，包括清华、北大等国内最著名高等学府在内的 39 所高等院校和 213 个科研院所，国家工程中心 41 个，国家级企业技术中心 10 家。中关村专业技术人才密集，吸引了众多的留学生创业，为技术创新和转移提供了强有力的智力支持。区域内有两万余家高新技术企业，联想、用友等国际型企业在全球技术交流中发挥着重要作用。多家跨国公司在中关村设立研发中心，加快技术的创新和发展。中关村有清华大学国际技术转移中心、北京市电子信息技术转移中心、北京市技术转移中心等多家具有专业特色的技术转移单位。

（二）各种技术转移模式不断涌现

中关村作为我国技术创新最为活跃的地区，技术转移的产生，既有遵循市场规律自发的行为，也有通过引导的技术转移，大学、科研院所、企业和中介组织在技术转移中发挥积极作用，推动了中关村技术转移向国内外辐射。大学科研院所模式、产学研合作平台搭建、通过国际化渠道实现转移是中关村实现技术转移的主要途径。

1. 以大学、科研院所为主体的技术转移模式

大学科技园依托大学丰富的技术资源，在促进产学研结合，实现科技成果产业化方面有着很强的优势。这种模式主要通过技术研发机构群、科技产业群、教育培训机构群和中介服务机构群等多个技术创新群体，成为技术转移资源富集区域，形成持续不断的技术创新辐射力和国际化竞争力。同方、方正等科技企业在园区聚集，光盘、液晶等国家和部委的工程研究中心在中关村的大学科技园落户，SUN、NEC 等跨国公司的研发机构在园区发展，

国家技术转移中心等机构在园区设立，这些技术转移资源与周围环境在共生共荣中形成一种独特的大学科技园技术转移体系。

此外，中关村还有许多以大学、科研院所为主体建立的技术转移中心，如新材料北京市技术转移中心依托北京科技大学建立，构建北京材料行业发展的智力支撑平台。还有以大学、科研院所衍生企业的模式转移技术，这种衍生公司与大学或国家研究机构有着多种密切联系，天元网络公司就是这种类型，该公司是北邮通信网国家重点实验室衍生出的高新技术企业，与北邮互为依托，联合承担了多项国家科技公共项目。

2. 产学研合作实现技术转移

加强产学研合作，发挥产学研各创新主体在技术转移链中的优势是中关村推进技术转移的重要经验。中关村的产学研合作已经渗透到知识→技术→产品→产业这个链条中的各环节。在技术创新源头，以创新型企业、大学和科研院所为核心，一大批符合国家战略需求的核心技术、国际标准相继涌现，实现了众多领域的技术突破，如 TD—SCDMA、闪联等。大学、科研院所与企业成立联合实验室或研发中心，为发现和培养产业化项目起到了实质性的推动作用。在形成产品阶段，各技术创新主体通过多种途径，以自办企业或者引进资金等合作推进产业活动，抢占时机尽快将原创技术加以产品化。在这个产学研合作过程中，形成一种技术转移长效发展的机制，产学研成为技术转移的重要力量，比如搜狐和清华共建联合实验室形成双内循环机制，引领中关村技术转移发展方向。以企业为主体与大学和科研院所建立的联合实验室是中关村技术转移的一种模式，借助大学科技资源优势，为企业的发展提供了直接的技术支撑，北京碧水源公司与清华大学合作成立的"清华大学—碧水源环境膜技术研发中心"，在环保技术领域开展了新的技术合作。

3. 通过国际化渠道实现转移

国际化是中国高新技术产业发展的必然趋势。中关村发挥软件等产业优势，打通信息沟通渠道，通过建设国际沟通平台，推动企业走出去进程，还可以在海外建立研发或生产基地等形式推进技术转移的国际化，促进中关村企业的国际化进程。中关村打通国际渠道的形式比较多样化，既有运用网络技术构建技术交易的社区，面向全球整合技术资源；也有通过国际技术交流活动加强产业的发展，促进技术转移合作的深度和广度；还有充分利用国际展会、博览会平台进行的技术项目交流合作等形式。

另外，留学人员成为推动技术转移国际化的另一股力量。近年来，一批重大技术创新项目正在中关村留学生企业中涌现，留学人员日益成为园区技术创新的支撑力量，极大地推动了园区技术转移的国际化进程。中关村已经建立了北大留学人员创业园、清华留学人员创业园、北航留学人员创业园、中关村数字娱乐留学人员创业园、中科院留学人员创业园等近20个留学人员创业园，近3000名留学人员在留学生创业园孵化器中创办了约2000个左右的高新技术企业。留学人员创业园在中关村经过十余年发展，得到了各级政府和社会各界的高度认可，先后获得国际性组织、国家颁发的多项荣誉，推动了中关村技术与国际的接轨。

（三）技术转移辐射面广阔

技术转移中心致力于技术成果的转化，与地方政府构建不同类型的技术转移平台，加强了技术转移辐射的深度和广度。中国科学院北京国家技术转移中心等致力于推动科技成果转化，已经与全国各地政府部门共同构建了不同类型的技术转移平台，与全国多个县市签订了合作协议，通过技术洽谈会和技术交易会等形式，促成了一批研究技术或项目转移到地方。方正、曙光等一批企业在中关村完成了技术和产品的研发后，将技术辐射到全国各地。以中关村科技园区核心园区——海淀园区为例，2012年园区完成技术合同登记成交额1134.4亿元，其中约有50%左右流向国内其他地区，已成为我国创新最为活跃的区域和辐射带动全国发展的技术创新源泉，对全国形成了强大的辐射带动作用。这些企业、技术转移中心等技术转移主体积极面向国际整合资源，加快国际化步伐，与美国、日本、新加坡等国家和地区的企业等经济群体建立了广泛的合作关系。

二、技术交易独领风骚

中关村园区技术交易历来占据北京地区技术交易额的半壁江山，不仅在北京地区独占鳌头，而且在全国的地位也遥遥领先，一直占据龙头地位，其主要特征为龙头性，即技术供给的源头性、产业的创新驱动性、国际竞争的代表性、关键技术的引领性。

（一）技术供给的源头优势和溢出功能明显

近年来，中关村积极发挥其在科技方面的创新引领作用，以技术为优势向全国高端辐射。中关村园区输出技术合同交易额一路攀升，占北京地区的比重和占全国的比重也一直居高不下：2005年，中关村输出技术合同成交额296.15亿元，占北京技术合同成交总额的比重为60.5%，占全国技术合同成交额的比重为19.1%；2012年中关村输出技术合同成交额就增加到了1199.2亿元，占北京市和全国的比例也维持在48.8%和18.6%的高位水平。由此可见，中关村已经成为全国的科技创新中心和技术交易集散中心，技术供给和科技创新制高点的优势彰显，对促进首都经济社会发展发挥了巨大的作用，也极大地带动了北京及其周边地区技术交易的快速发展（见图5—9、5—10）。

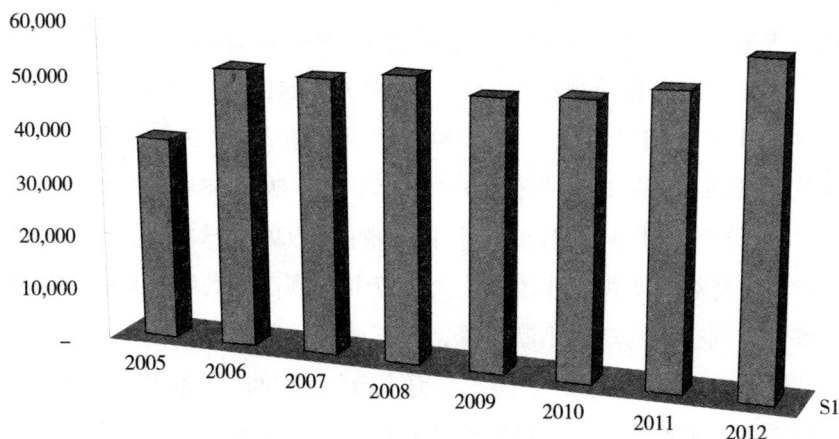

图5—9 北京中关村地区技术市场成交合同数（项）（2005—2012年）

资料来源：《北京科技年鉴》2006—2013年。

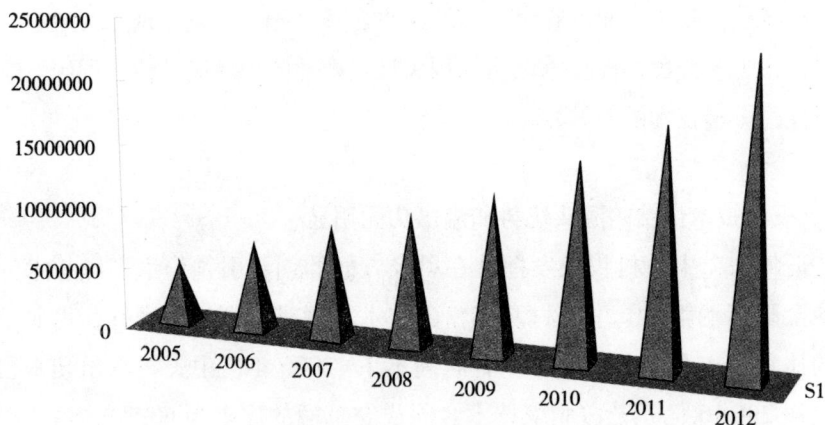

图 5—10　北京地区技术市场成交合同金额（万元）（2005—2012 年）

资料来源：《北京科技年鉴》2006—2013 年。

（二）吸纳技术的能力不断提高

中关村是我国的技术高地，技术辐射是其首要的特征，但是本身的技术不能完全满足北京城市飞速发展的需求，也需要适当地引入技术，节约短缺技术的研发成本，缩短技术应用并取得成效的周期，加快城市建设进程。因此，在大量输出技术的同时，中关村园区还是吸纳技术的大户。2005 年，中关村园区吸纳技术 2950 项，成交额 33.46 亿元，占流向北京地区技术合同成交额的比重为 16.90%；2012 年吸纳技术 17254 项，成交额 318.8 亿元，占北京吸纳技术合同成交额的 27.3%。这期间，中关村吸纳技术合同成交额的增长率波动较大，2007 年出现高增长率之后，中关村吸纳技术合同成交额的增速不断下降，在某些年份还出现了负增长，这是因为中关村吸纳技术的原则是"不求量而求精"，吸纳的技术主要应用于推动北京的高新技术产业发展，提高能源利用效率，改变经济增长方式，转变经济结构等方面的电子信息技术、新能源与高效节能技术、先进制造技术、新材料技术。

（三）技术的国际竞争力显著增强

2012 年，中关村技术出口合同总额为 418 亿美元，技术出口以计算机软件、通信技术、海洋工程技术和航天技术等高端技术为主，分别占出口技术合同成交额的 24.9%、23.4%、14.5% 和 8.9%。出口技术主要流向美国、芬兰、瑞典等美洲和欧洲发达国家，对新加坡、斯里兰卡、安哥拉等亚洲和非洲国家的技术输出合同成交额也在增加。技术出口规模和水平大幅提升，国际合作不断拓展，国际竞争力显著增强。

（四）企业的市场主体地位突出

总体而言，中关村的企业是技术交易的主要力量，企业不仅是技术市场的主体，而且在地区经济发展中起到了举足轻重的作用。企业将科技资源整合，转化为现实生产力，提供相应产品，并满足社会发展需求。近年来，中关村企业作为输出技术主力军的地位突出，高新技术企业占主导地位。在区企业特别是高新技术企业作为中关村技术创新和科技成果转化的主力军，充满了生机和活力，技术与市场的结合在企业的运作下十分紧密。

在技术输出方面，随着中关村自主创新激励机制和知识产权制度的不断完善，企业技术创新的能力不断提升，技术交易的数量和质量都在不断提升。2012 年中关村园区企业输出技术合同 49285 项，成交额 2356.3 亿元，比上年增长 29.7%，占技术合同成交总额的 95.8%。另一方面，中关村吸纳的技术也大部分流向企业。企业整合科技资源的方式以技术服务和技术开发为主，以合同类型为标的，企业整合科技资源可以通过技术开发、技术转让、技术咨询和技术服务来实现科技资源的整合。

三、技术转移中介机构发展迅速

在中关村技术转移体系初步形成和技术交易额节节攀升的背后是一批名牌技术转移机构的不断涌现。作为名牌技术转移中介机构，首先必须坚持高水准的专业化和规范化要求，具有技术中介服务的核心竞争能力。其次，必须坚持以技术市场实际需求为重心，真正体现技术中介服务的增值性和效能。再次，必须坚持"共赢"和"效益"原则，实施技术中介服务的可持续发展。经过几年的建设，中关村园区符合这些要求的技术转移中介机构已经崭露头角，一批名牌技术转移中介机构正在崛起。2008年，经科技部批准，科技部火炬中心确定了清华大学国家技术转移中心等76家首批国家技术转移示范机构，发展至今数量已增长至83家，其中大多集聚在中关村园区。

（一）技术转移机构的基本情况

1.机构构成

2012年，北京技术市场协会对83家技术转移机构进行机构概况调查，其中企业47家，事业单位29家，社团组织2家，其他组织5家(见表5—6)。

表5—6　技术转移机构构成

(单位：家)

构　　成	2008 年	2009 年	2010 年	2011 年	2012 年
企业	56	49	48	49	47
事业单位	30	27	24	27	29
社团组织	4	2	2	2	5
其他	8	9	11	9	2
合计	98	87	85	87	83

资料来源：北京技术市场管理办公室。

2.从业人员构成

83家技术转移机构有从业人员8046人，其中具有中、高级职称人员2966人；硕士以上学历2425人。技术转移工作人员3761人，其中：专职人员1890人，兼职人员1871人（见表5—7）。

表5—7　2012年北京技术转移机构从业人员构成

(单位：人)

构　　成	2012 年
机构人员数	8046
其中：高级职称	1246

（续表）

构　成	2012 年
中级职称	1720
其中：博士研究生	632
硕士研究生	1793
技术转移工作人员	3761
其中：专职人员	1890
兼职人员	1871

资料来源：北京技术市场管理办公室。

3. 经营状况

83 家技术转移机构，全年营业总收入 112.2 亿元。年末资产总额 1570.9 亿元，全年利税总额 23.3 亿元。其中：技术性收入 22.9 亿元，包括：技术成果交易 13.3 亿元，技术产权交易 0.5 亿元，咨询服务 6.5 亿元，技术产品销售 0.7 亿元，展示洽谈 0.1 亿元，培训 0.1 亿元，其他技术 1.7 亿元（见表 5—8）。

表 5—8　2012 年北京技术转移机构经营和技术性收入状况

（单位：亿元）

构　成	金　额
全年营业总收入	112.2
其中：技术收入合计	22.9
包括：1. 技术成果交易	13.3
2. 技术产权交易	0.5
3. 咨询服务	6.5
4. 技术产品销售	0.7
5. 展示洽谈	0.1
6. 培训	0.1
7. 其他	1.7
年末资产总额	1570.9
全年利税总额	23.3

资料来源：北京技术市场管理办公室。

（二）中关村技术转移中介机构的运营模式

与此同时，中关村园区技术转移中介机构在长期的发展过程中探索出了多种技术转移中介服务模式，不同类型、不同层次的机构都有适合于自身特点的商业模式。归纳起来，主要有以下几种：居间和独家代理；委托开发；技术集成；技术许可和技术入股；买断知识产权；组建项目公司；技术拍卖；组织技术—生产联合体等。

1. 居间和独家代理

居间即传统意义上的技术中介，也就是简单的牵线搭桥的方式。技术转移服务机构不用给客户提供的技术进行包装，对客户的报价也不加以约束，谈判是在客户之间进行的，技术转移服务机构只是提取成交额一定比例的佣金。而且，技术转移服务机构对项目方的资料也不负任何责任。

独家代理。技术转移服务机构需要对客户的技术进行包装，并且对此要负全部责任。因此，在运作之前首先要对技术进行评估。在代理范围内，由技术转移服务机构自行决定价格和买方，而委托客户不能干预，也不能独自决定将此技术出售。同时，技术提供方报出的底价也要严格保密，技术转移服务机构在卖出这个项目时一般报价会比这个底价高，其盈利就来源于这个差价。目前，大多数技术转移服务机构均采用这两种方式经营。

2. 委托开发

委托开发，即客户根据市场的需求提出某种技术要求，将其委托给合适的研究机构开发出符合客户要求的技术成果，包括新技术、新产品、新工艺或者新材料及其系统。委托开发属于技术开发的一种形式。接受委托开发也是技术转移服务机构通常采用的一种经营模式。由于技术转移服务机构掌握了大量资源，可以找到更好更适宜此项技术开发的科研机构，因此能保证开发成果满足客户的需求。而委托方也能减少寻找合适研究机构的机会成本。如中国医药科技成果转化中心，设有技术开发和技术转让事业部，其技术开发模式叫做 TMO（Try Management Organization），意即接受企业的委托进行研究，其实该中心自己并不直接进行研究，而是把研究外包出去，委托给属于联盟成员的研究所去做研究，中心只是根据服务收取服务费。例如，上海某医院需要进行一项国外专利快到期的麻醉药的研究委托该中心来做。该中心首先对这一项目进行风险评估，包括技术风险评估和法律风险评估，然后委托给联盟成员单位去做具体研究。这种操作模式一般都比较容易成功。因为：第一，中国医药科技成果转化中心熟悉技术标准，知道技术的门槛之所在；第二，中心拥有丰富的研究资源，业界的重要研究机构均是该中心发起成立的"中国医药技术联盟"的成员，该联盟整合各种资源，正在成为一个医药行业国家级的技术集成创新平台；第三，中心了解业界每个研究机构的实力和特长，知道什么样的研究应该找哪个研究机构来做会做得最好。

3. 技术集成

在科学技术高度发达的今天，一项单纯的技术很难被充分应用，只有形成一个个技术族群才能得到有效利用。一个技术族群涉及不止一个技术领域，而是由一项项单个技术集成而来的。技术集成工作是某个科技专家无法单独完成的，需要各领域、各方面的技术专家的协同和配合。例如中科院北京国家技术转移中心与北京市工业促进局合作，建立了"北京工业技术支撑与产业促进平台"，全面促进中科院技术向首都工业界转移。该平台与北京市行业龙头、骨干企业合作，进行技术集成与转移，取得了可喜成绩。中科院北京国家技术转移中心与中石化北京燕山分公司合作的第一个合作项目是"汽油自动优化调和技术的开发与应用"，该项目集成了中科院北京分院几个大所的多项技术，项目实施后，可实现对汽油质量的多目标监控，使汽油一次调成合格率达到100%，减少质量过剩，降低生产成本，可满足燕山分公司1000万吨/年炼油工程实施后的发展需求。再比如清华大学科威国际技术转移公司，依托清华大学多学科的研发力量，利用学校的人才、技术和设备的综合优势资源，对国外的技术进行集成研发，并实现组织、管理、咨询等功能，为国内企业引进国外先进技术，并为实现本土化生产提供多种服务。例如，该公司承担的国家技术创新重点项目"有机酸低污染制草浆中式平台"就是采取了引进国外先进的核心蒸煮原创技术，依托清华大学已有的酸回收科研成果，对该技术进行完善、改进、配套，集成北京林业大学的相关技术，形成了具有独立自主知识产权的酸法制草浆技术，对解决我国草浆生产行业存在的高污染、高水耗、高能耗等共性问题提供了一个较好的方案，具有巨大的社会、生态和经济效益。

4. 买断知识产权

买断知识产权，通过二次研发使技术增值后再行转让，或通过技术经营寻找合适的技术受让方，这是在中关村正在兴起的一种技术转移方式。其典型案例来自于中科新高技术开发交流中心。中国科学院某所 1993 年发明的专利技术"基因菌株虫光素酶"，闲置将近十年无人问津，中科新高技术开发交流中心经过多方了解，此技术全国独有，并且在国际上处于比较领先的水平，运用此技术生产的产品主要用于医学研究。病毒、细菌等微生物的快速检测，国内全靠进口，中心对该产品在北京、洛阳、深圳等做了调查，认为随着科学技术的发展，此产品的用途和用量将会更大。于是，中心于 2003 年 9 月买断了此发明专利的专利权，并经国家知识产权局办理了专利权转让手续。经过各种会议、媒体的宣传，多方联系、洽谈，最终与辽宁靓马集团签订了技术转让合同，并进行了实施，把沉睡了十年的先进技术推广出去，使科学技术转化为生产力。现在该集团以此产品为原料正在开发系列产品。中心不但获得了丰厚的经济效益，同时还有长期股份，将来还会获得更大的社会效益。该中心还有另外一个经典案例：中心经过对超导介质技术的了解，以几万元的价格购进该技术。购买后通过创新嫁接把此技术应用到民用取暖炉上。由于该取暖炉既节能又导热快，很有市场前景。中心以几千元的价格向企业转让该技术，同时负责培训企业人员，通过专人讲授该技术的嫁接方法以及具体工艺操作流程，使企业真正掌握该技术并能够投入生产，取得经济效益。目前，已经有几十家接受了该超导介质技术的转让，中心不仅很快收回了成本，而且获得了高于购进价格几十倍的利润。

5. 技术入股

技术的拥有者与技术引进方合作，把技术作为投资，共同组成经济实体的经营活动。技术入股有两种形式：一种是卖方以其智力和研究、开发项目作为股份向企业进行技术投资，联合研制、开发新产品，共同承担风险，分享效益，这种技术入股叫做研究开发中的技术入股；另一种是卖方自己掌握的现成的技术成果折合成股份，向企业进行技术投资，然后分享效益，这种形式叫做技术转让中的技术入股。如中科院理化所，采取以技术投资为主的方式投资企业 15 家，2002 年底权益总额达 4600 多万元。采取技术转让的方式完成 19 项技术转让，技术转让合同金额达 4142 万元。所有这些技术资产的经营均由理化所的产业策划部负责运营。技术入股是目前科研机构采用较多的一种技术转移方式。但这种方式也存在一定的问题难于解决，例如国有无形资产的管理问题、保值增值问题，人员的双重身份问题，企业决策权问题，科技人员的奖励问题等。

6. 组建项目公司

组建项目公司即组织现有资源，对极具开发前景的项目，与其他机构合作或者独立成立项目企业。当项目公司完成产业化并能够独立的参与市场竞争后，选择适当时机退出。在技术转移过程中，技术转移服务机构往往充当技术中介和投资者的双重角色，具体的形式有风险投资、建立合资公司等。如清华科威国际技术转移公司，通常是将国外的成熟的产品或技术引进国内，投资或合资组建公司，对项目进行孵化，项目发展到一定阶段后，将选择适宜的时机兑资，以实现资本增值。

7. 技术拍卖

借鉴商品拍卖的方式进行技术转移，是技术转移服务机构的又一尝试。中国医药科技成果转化中心有一个重要机制创新，这就是将"拍卖"运作机制引入医药科技成果转移中来。中心先后组织了 5 次医药科技成果拍卖会，其中 3 次为综合性项目拍卖，2 次为单项目拍卖，拍卖形式包括技术所有权、优先购买权（预留权）、技术外股权、技术产品区域经销权等。虽然人们对于这种机制还有各种不同认识，虽然这种机制本身还有待于从多个方面予以完善，但是，技术拍卖毕竟是一种有益的尝试。

8. 组织技术—生产联合体

组织技术—生产联合体，这是中关村园区技术转移服务机构实施技术转移的一种新形式。这种形式以一家技术转移服务机构为龙头，联合某一行业的生产企业组建联合体，技术转移服务机构负责联络科研院所提供技术，生产企业负责组织生产。这种联合体既可以是实体的，也可以是松散的。如中科前方生物技术研究所，在北京市科委的支持下与平谷区政府合作，建立了"北京健康产业中试与孵化中心"，该中心集科技推广与生产于一体，对农产品进行深加工，大大增加了农产品的附加值，取得了巨大的经济效益和社会效益。中国农业科学院饲料研究所，联合国内饲料行业的龙头企业，创建"7＋1技术转移联合体"，集技术研发、技术推广、饲料生产于一体，创造了技术—生产联合体的新的运作方式，即一种松散的方式，饲料所与饲料行业内的大中小型企业广泛联合，实际上成了这些饲料企业的研发中心，饲料所根据企业的需求，源源不断地为企业提供新的技术。同时，饲料所将国家项目和企业委托项目有机地结合在一起，能站在整个饲料科技发展的最前沿，从而引领饲料行业的发展方向。

四、促进科技成果转化的支撑体系初步形成

成果转化是一项综合性的系统工程，需要通过中间试验、工业化、工程化试验，才能以商品的形成进入市场，相应的支撑体系建设将使科技成果转化逐步进入市场化、规范化轨道。中关村为此成功地探索了多种模式，目前已经初步形成了促进科技成果转化的支撑体系。

（一）企业中试服务模式颇具规模

中关村企业中试服务的创新模式来自于实践。近几年，一批企业、高等院校、科研院所、产业技术联盟等主体发挥各自资源优势，如仪器设备、专业化的工程人才、中试生产线和实验环境、中试项目的组织能力以及大集团背景等，对接企业的技术需求，不断探索中试服务的新模式和新机制。

1. 中关村中试技术成果来源

第一，来自高等院校、科研院所的科研成果，通过中试服务进行转移转化、工程化，推动从技术源头到产业化。

中关村是我国科教智力资源的密集区，西区周边地区拥有以北京大学、清华大学、中国人民大学、北京理工大学为代表的高等院校68所、科研院所213家，在校大学生、研究生等约40万人。中关村也是我国技术转移最为活跃的地区，多年来技术合同成交额占全国的比重保持在40%左右。高等院校、科研院所每年产生大量的科研成果，是进行中试和转移转化的重要源头。

第二，来自企业的研发成果，通过中试服务进行熟化、集成，使之更加

符合产业化过程中对应用性和集成性的要求。

中关村拥有 2 万家左右的高新技术企业，企业技术研发创新异常活跃，企业间的技术并购和技术交易也较为频繁，企业对集成性技术和行业关键解决方案提出了较高的要求。

第三，来自国外的技术成果，通过并购、购买、转移等进入中试过程，吸收国外相关领域的先进创新成果、为我所用。

中关村要建成具有全球影响力的科技创新中心，其国际化发展、参与国际产业竞争的需求更加突出，当前中关村已经吸引了一大批拥有国际领先技术和梦想的国内外创业者，其中海归创立公司近 4000 家，形成了通过技术转移、技术投资吸纳和引进全球高端创新要素的机制和模式。对于引进的先进技术通过中试过程进行再创新已成为大势所趋。

2. 中关村中试服务类型

提供独立的中试服务。服务提供方根据需求，利用相应的仪器设备、试验场地、测试实验室等，提供服务。目前这一市场尚不成熟，一是具有中试条件的供给主体数量不多；二是一些具备能力的供给方开放性不足，对大量需求的应对态度不明朗。为此，一方面亟须通过扶持引导具备一定条件的中试服务商迅速成长，同时发掘更多更开放的中试提供方；另一方面要加强中试服务供给方和需求方直接的对接与信任。在未来成熟的市场中，中试服务提供机构将会独立发展成为科技服务业的主体之一。

承担原创技术中试转化的功能。中试转化是创新链条上从技术源头到产业化的关键环节，承担着原创技术转化为批量供应市场产品的功能。通过调研发现，高等院校和科研院所通过衍生企业承担中试功能的方式，往往推进原创技术转化的效果较好。即高等院校和科研院所开展基础研究，到一定阶段，由衍生企业接手继续进行集成应用和再开发，转化成产品后再推向市场，同时双方共同培养人才、共享知识产权和收益（通过入股），实现双赢。而直接由高等院校和科研院所牵头组织工程中心等机构进行原创技术转化的方式并不一定能成功，主要原因在于基础研究与中试产业化的过程，在组织方式、资源配置以及对参与人的思维方式和组织能力的要求上存在较大差异。

（二）科技成果在外省市产业化机制初现端倪

从中关村 2001 年到 2012 年期间技术流向，先进制造业 2005 年至 2012 年技术流向看，我们发现整体上中关村产业科技研发成果几年来大部分都在向外省市乃至国外转移转化，占到成果总数的六成以上。而中关村本地产业技术吸收能力呈下降趋势，中关村科技成果在外省市转移并产业化已经成为必然趋势。目前，中关村技术研发成果多一半在外地转移转化。这反映出由于中关村地区占据技术、人才、资金等各方面的优势，重点产业的技术更新快、发展快，站在高端地位，因此技术源源不断地进行输出。一方面随着中关村国家创新中心建设，研发服务产业持续、稳定的增长，成长为中关村的主流产业。产业主流企业纷纷在中关村建立研发基地或者和中关村的高校以及科研机构合作，将研发项目放在中关村，充分利用这里的科技资源优势。中关村的研发实力和产出量日益突出，成为巨大的创新中心，成为新一代产业技术的供给基地。另一方面中关村的产业基础发生了变化，不适合在中关村发展的产业，特别是生产性企业，已经或者正在迁出北京，实际就是科研成果的应用基础转移到了外省市乃至国外。中关村乃至北京接受高新技术的产业基础逐渐减弱，客观上要求科技成果转移和产业化跟随着产业流向外省市，中关村正在由产品生产基地转变为新一代产业技术的供给基地。因此，科技成果在外省市转移实现产业化是必然趋势，也是解决中关村大批成果产业化的有效途径之一。

总的来说，近年来中关村地区技术输出具有以下特征和分布结构：技术交易输出流向本市下降，但流向外省市和国外的技术出口却强劲。2012 年从技术合同的流向来看，基本呈现"三五二"格局，流向本市技术合同成交额 655.5 亿元，占成交总额的 26.7%；流向外省市技术合同成交额 1385.0 亿元，占 56.3%；技术出口合同成交额 418.0 亿元，占 17.0%。实现技术合同 45690 项/次，实现合同成交总额 739.8 亿元，实现技术交易额 707.0 亿元（见表5—9）。

表5—9　技术输出指标

项目	2011 年	2012 年	比上年增长（%）	2012 年占比（%）
合同数（项）	53552	59969	12.0	100
流向本市	23817	26259	10.3	43.8
流向外省市	28632	32434	13.3	54.1
技术出口	1103	1276	15.7	2.1
成交总额（亿元）	1890.3	2458.5	30.1	100
流向本市	471.3	655.5	39.1	26.7
流向外省市	636.7	1385.0	117.5	56.3
技术出口	782.2	418.0	-46.6	17.0
实现合同数（项＊次）	38003	45690	20.2	—
实现合同成交总额（亿元）	635.2	739.8	16.5	—
实现技术交易额（亿元）	616.2	707.0	14.7	—

资料来源：《北京科技年鉴》2012 年，2013 年。

总结来说，中关村向外省市的技术转移具有以下特点：

1. 流向外省市技术合同成交额大幅增长

2012 年输出到外省市技术合同成交额大幅增长，技术服务是主要形式。输出到外省市技术合同 32434 项，成交额 1385.0 亿元，比上年增长 1.2 倍，占技术合同成交总额的 56.3%。其中，成交额超过 50 亿元的有 10 个省市，

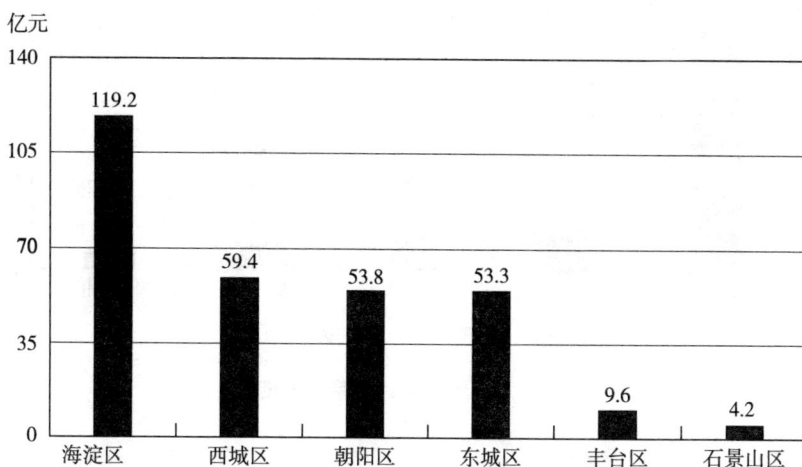

图5—11　中关村各园区输出到外省市技术

资料来源：《北京科技年鉴》2013 年。

浙江省居首位，输出到浙江省技术合同 1625 项，成交额 193.2 亿元，比上年增长 11 倍，占当年流向外省市技术合同成交额的 14.0%。输出到外省市的技术服务合同成交额 1082.0 亿元，占流向外省市技术合同成交额的 78.1%。核应用、现代交通、电子信息领域是技术交易集中领域，核应用领域技术合同成交额 356.9 亿元，占 25.8%；现代交通领域技术合同成交额 327.7 亿元，占 23.7%；电子信息领域技术合同成交额 220.4 亿元，占 15.9%。如图 5—11 所示。

（1）输出到计划单列市及部分省会城市

输出到计划单列市技术合同成交额显著增长，输出到部分省会城市技术合同成交额有所下降。输出到计划单列市技术合同 2560 项，成交额 152.0 亿元，比上年增长 4.8 倍；输出到部分省会城市技术合同 6518 项，成交额 218.2 亿元，下降 23.1%。其中，沈阳市仍居首位，武汉市和成都市分别居第二、三位。如图 5—12、5—13 所示。

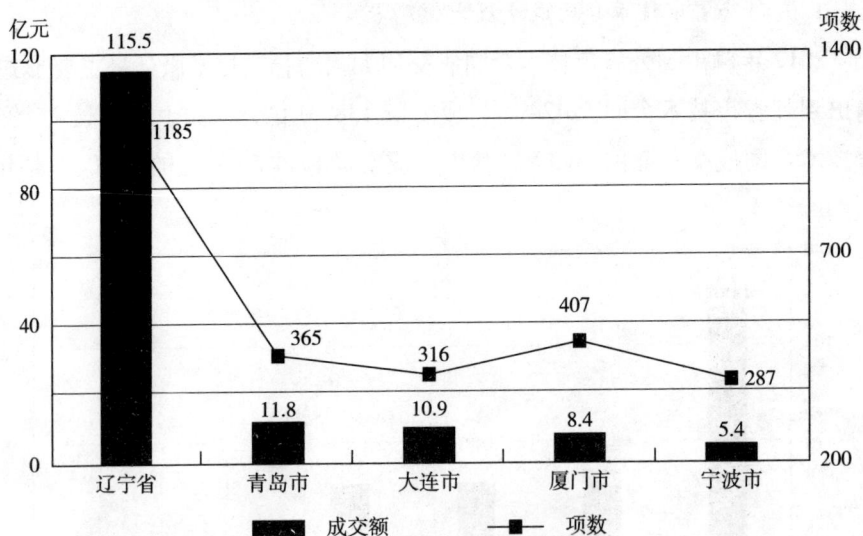

图 5—12　输出到计划单列市技术

资料来源：《北京科技年鉴》2013 年。

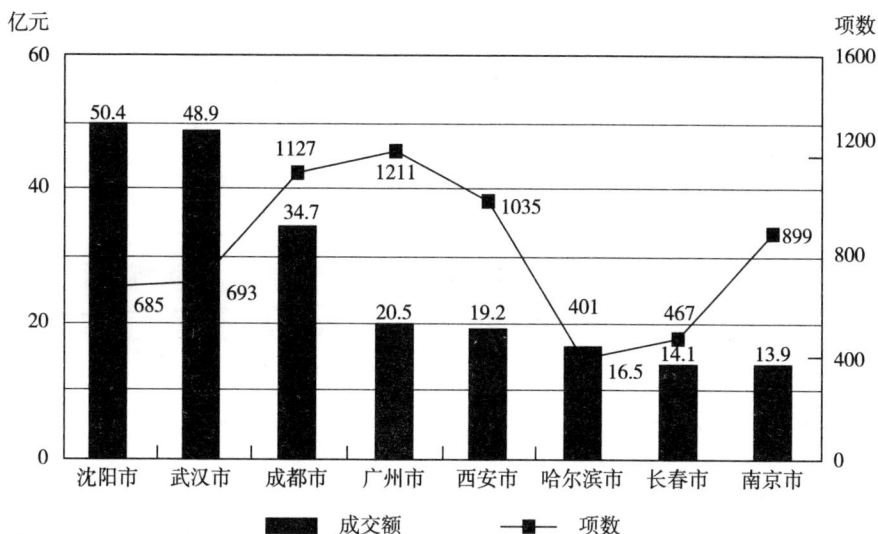

图5—13　输出到部分省会城市技术

资料来源:《北京科技年鉴》2013年。

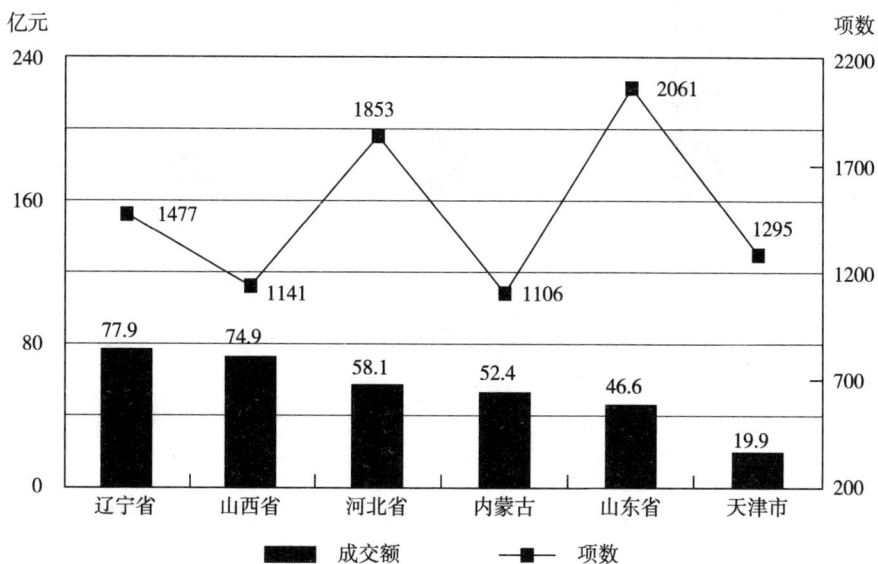

图5—14　输出到环渤海地区技术

资料来源:《北京科技年鉴》2013年。

　　（2）输出到环渤海地区

　　输出到环渤海地区技术合同成交额有所下降。输出到环渤海地区技术合同 8933 项，成交额 329.9 亿元，比上年下降 15.9%。其中，输出到辽宁省技术合同 1477 项，成交额 77.9 亿元，稳居第一位。如图 5—14 所示。

　　（3）输出到长江三角洲地区

　　输出到长江三角洲地区的技术合同成交额大幅增长。输出到长江三角洲地区技术合同 6668 项，成交额 280.5 亿元，比上年增长 3.6 倍。输出到浙江省技术合同 1625 项，成交额 193.2 亿元，增长 11.3 倍，居长三角地区第一位，跃居外省市吸纳中关村技术第一位。如图 5—15 所示。

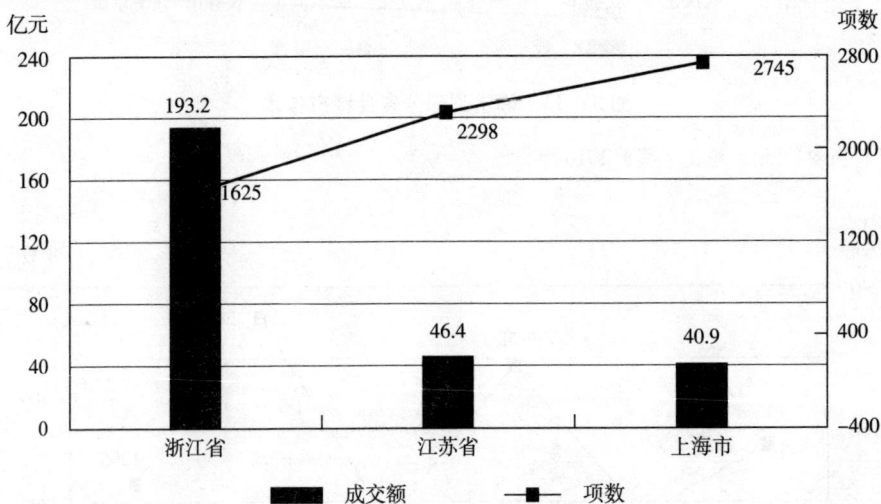

图 5—15　输出到长江三角洲地区技术

资料来源：《北京科技年鉴》2013 年。

　　（4）输出到珠江三角洲地区

　　输出到珠江三角洲地区的技术合同成交额大幅增长。输出到珠江三角洲地区技术合同 3511 项，成交额 173.1 亿元，比上年增长 4 倍。其中，输出到广东省技术合同 3283 项，成交额 155.9 亿元，居外省市吸纳中关村技术第二位。如图 5—16 所示。

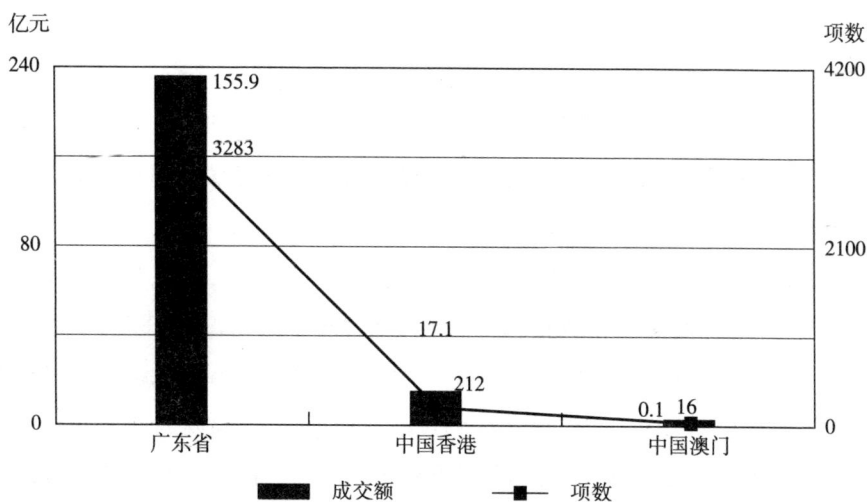

图 5—16　输出到珠江三角洲地区技术

资料来源：《北京科技年鉴》2013 年。

（5）输出到西部地区

输出到西部地区技术合同成交额快速增长。输出到西部地区技术合同 8118 项，成交额 258.5 亿元，比上年增长 1.4 倍，成交额超过 10 亿元的有

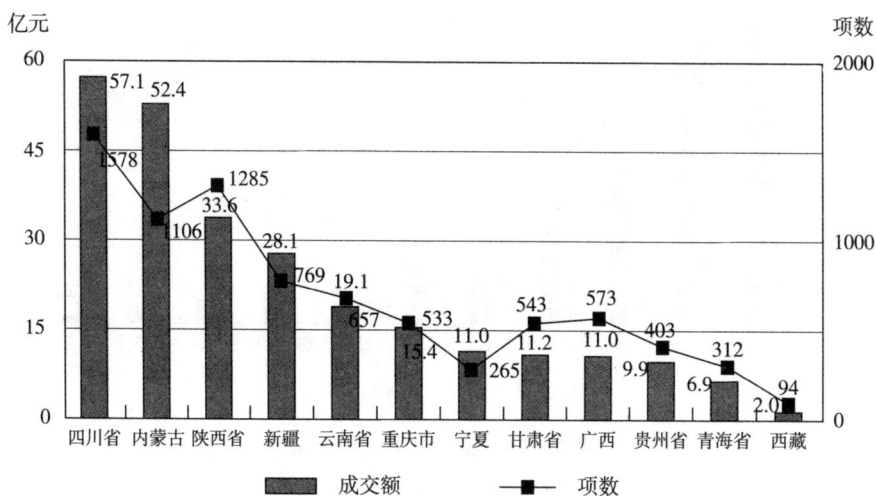

图 5—17　输出到西部地区技术

资料来源：《北京科技年鉴》2013 年。

9 个省市。输出到贵州省技术合同成交额增幅最大；输出到四川省技术合同
1578 项，成交额 57.1 亿元，居西部地区吸纳中关村技术第一，居外省市吸
纳中关村技术第八位。如图 5—17 所示。

2. 电子信息、现代交通、核应用和环境保护与资源综合利用技术占据主
导地位

2012 年电子信息领域技术合同成交额 709.8 亿元，占技术合同成交总
额的 28.9%；现代交通领域技术合同成交额 450.4 亿元，占 18.3%；核应用
领域技术合同成交额 363.0 亿元，占 14.8%；环境保护与资源综合利用技术
合同成交额 259.2 亿元，占 10.5%。另外，航空航天、新材料及其应用、城
市建设与社会发展领域技术合同成交额快速增长。航空航天领域技术合同
1940 项，成交额 72.8 亿元，比上年增长 1.4 倍；新材料及其应用领域技术合
同 2055 项，成交额 50.7 亿元，增长 1.1 倍；城市建设与社会发展领域技术
合同 6369 项，成交额 210.9 亿元。

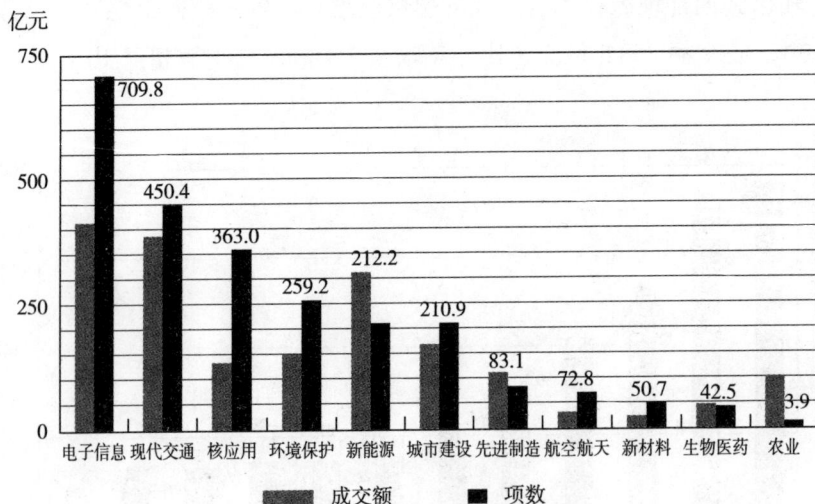

图 5—18 输出技术领域构成

资料来源：《北京科技年鉴》2012 年，2013 年。

3.知识产权以技术秘密和计算机软件为主

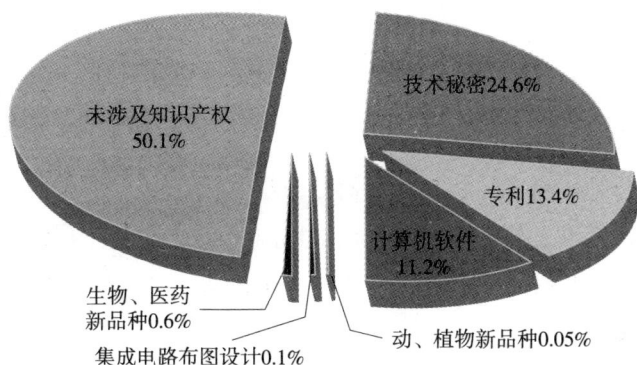

图5—19 输出技术知识产权构成

资料来源:《北京科技年鉴》2013 年。

2012 年,知识产权类的技术向外转移以技术秘密和计算机软件为主。专利和计算机软件技术合同成交额有大幅增长,动植物新品种、集成电路布图设计、生物医药新品种技术合同成交额均有下降。专利技术合同 1283 项,成交额 329.5 亿元,比上年增长 1.4 倍,占技术合同成交总额的 13.4%;计算机软件技术合同 16335 项,成交额 274.6 亿元,增长 52.8%,占 11.2%;动植物新品种技术合同 34 项,成交额 1.2 亿元,下降 27.1%;集成电路布图设计技术合同 83 项,成交额 3.0 亿元,下降 34.7%,占 0.1%;生物医药新品种技术合同 603 项,成交额 14.2 亿元,下降 8.3%,占 0.6%。如图5—19 所示。

(三)企业在技术转移中的主体作用凸显

在中关村的经济发展中,企业已经逐步成为技术转移的绝对主体,成为创新的组织者和应用者。国家计划逐渐开始有组织、有计划退出产业运作,部门计划在产业运作中的角色和地位也在进行调整。由企业自行设立研发项目带来的技术交易活跃,也标示着以市场为基础配置资源方式已经形成,并成为先进制造领域技术转移的主要动力。其中,重大项目技术应用依然是技术转移的主要方式,重大技术的集成转移才是真正对产业发展有决定意义。

重大项目产业化转移往往是产业升级换代和布局调整的关键内容；是技术集成（产品化）和"工程总包"模式的集中体现形式。

值得一提的是，除了国有企业和科研院所在科技成果转化中日益发挥主体作用，民营科技企业也已经成为实施科技成果转化的重要力量。中关村的民营科技企业目前已发展到 1 万多家，从业人员 20 余万人。这种以技工贸一体化为特征，自主经营、自负盈亏的新型企业，一般都是以创业者拥有的高新技术成果为重要资本，通过市场机制促进成果转化并进入经济领域。他们集成果开发与转化于一体，转化成功率较高，已成为中关村科技成果转化的新生力量。

第三节　中关村地区技术转移存在的问题

一、中关村技术转移政策与法律体系存在的问题

（一）缺乏有利于成果转化的科研管理政策和体系

海淀区是全国科研院所和高等院校最为集中的区域，因此中关村科技成果尤其是一些原始创新的产出单位主要是高校和科研院所。而高校和科研院所由于原有体制和固有观念的制约，外部的竞争压力与内在的生存危机不严重；他们无论对学校水平、教师水平的评价，教师职称的评聘，还是在评审博士点、硕士点、重点学科、重点实验室等方面都以科研学术水平为主要依据，而成果转化工作少有纳入评价指标。这就导致科研人员倚重学术成果，重视理论研究，忽视应用开发研究，更不重视成果产业化，他们做出的科研项目选题不能适应市场需要。近几年随着中关村"1 + 6"系列政策的出台，许多科研院所实行体制改革，情况有了较大好转，但在高等学校中，仍存在这类问题。

（二）区域内没有形成支持成果转化的完善政策体系

科技成果产业化牵涉到高等院校、科研院所、企业三个方面，正确处理

好三者之间的利益是成果转化的关键。尽管国家和中关村、海淀区各层面都出台了许多相关的政策法规，但只是粗线条的，缺乏相应的配套实施细则，加之部门分割现象的存在，这些都影响科技成果的转化。由于科技成果具有无形资产的独特性，其价格难以准确地合理确定，操作时又缺乏对科技成果价值科学的评估标准和原则，且合作中还牵涉到许多具体问题，造成供需双方在价格和利益分配上的分歧，导致成果转化过程漫长，甚至失败。在知识产权归属一体化的国际大环境下，部分科研成果或由于成果的劣势或相互冲突，已失去了产业化的实际意义。

（三）缺乏弥补优先受让权的立法不足的相关法规政策

职务发明人的优先受让权，是指如果职务技术成果权利人要转让技术成果，职务技术成果完成人享有同等条件下优先受让的权利。设立此权的目的是，当单位实施不合理技术转让时，职务发明人可以行使此项权利，通过自己承让的方式来否决不合理的技术转让。目前，我国关于此项权利的规定体现在两部法律文件中。《合同法》第三百二十六条规定："法人或者其他组织订立技术合同转让职务技术成果时，职务技术成果的完成人享有以同等条件优先受让的权利。"《关于国家科研计划项目研究成果知识产权管理的若干规定》第七条规定："项目承担单位转让科研项目研究成果知识产权时，成果完成人享有同等条件下优先受让的权利。"《转化法》在此方面没有相关规定。中关村同样也存在这方面的问题，目前也没有相关的先行先试政策出台。

二、中关村促进技术转移的激励机制存在的问题

（一）奖励与激励机制不完善导致科研成果提供者动力不足

奖励和报酬是激励科技人员推动科技创新和加快科技成果转化的重要措施。我国的《转化法》、《专利法》等法律法规建立了科技人员在成果转化中获得奖励和报酬的基本制度。在这一制度框架下，企事业科技人员从事科技创新并进行成果转化的积极性不断提高，并取得了显著的成效。但中关村奖励与积极机制不完善导致科研成果提供者动力不足，在实践中仍存在着突

出问题，主要表现为以下两个方面：其一，权益得不到保障，机制缺乏。高校、科研院所、企业的科技成果转化利益共享机制缺乏、科技人员获得奖酬的权益得不到保障、股权激励措施落实不到位等原因，科技人员推动成果转化的积极性没有充分调动起来。其二，激励政策落实与国有资产管理的冲突。根据对北京公立高校科研院所和国有企业的调研，本课题组发现虽然地方政府在国家政策的基础上提高了激励的幅度，但落实激励政策时，考虑到国有资产管理相关规定，往往有导致"国有资产流失"的顾虑和现实困境而难以推进，科技成果宁可闲置，也导致各类"地下转化"现象的出现。

（二）科技成果转化后技术权益分配的标准不一致

对于科技成果实施后的利益分配问题，《转化法》、《专利法》、《专利法实施细则》、《关于促进科技成果转化的若干规定》和《关于企业实行自主创新激励分配制度的若干意见》等都有所规定，并且存在标准不一致的问题。仅从单位自行转化科技成果后，给予成果完成人或发明人的奖酬看，仅计算基准就使用了四个不同的概念："新增留利"（《转化法》）、"净收入"（《关于促进科技成果转化的若干规定》）、"营业利润"（《专利法实施细则》）、"研发成果销售净利润"（《关于企业实行自主创新激励分配制度的若干意见》），难以具体操作执行，也是诸多法律纠纷产生的根源之一。此外，由于一些地方规定的奖酬比例标准高于国家，因此对一些地方的部属院校、科研机构、央企等存在执行标准统一协调的问题。

（三）激励得不到保障，落实困难

从《转化法》实施来看，企业、事业单位对完成科技成果及其转化做出重要贡献的人员奖励，未能很好地落实《转化法》的规定。对以股份形式奖励成果持有人、技术作价入股以及收益分享等问题，都缺少一套规范的办法，不能有效地指导企业和有关部门开展激励方案拟订和审批工作，并且侵犯他人合法技术权益的现象时有发生。我国《专利法实施细则》规定的"一奖两酬"制度中，关于"一奖"（即无论成果转化与否都给予职务发明人的奖励）的法律规定较明确，容易落实。而"两酬"（即成果自行实施，或对外转让，这两种情况的报酬）的法律规定较模糊。由于机构性质、运行机制的不同，以及如国有企事业单位工资总额等规定的约束，在操作中较难落实。此外，根据有关规定，以股份或出资比例等股权形式给予奖励的，获奖人按股份、出资比例分红，或转让股权所得时，应依法缴纳个人所得税。当科技成果作价入股时，税收部门要求对这部分无形资产按其评估价值收缴所得税款。科技成果作价入股交易发生时，科技成果所有者在未取得收益的情况下，需要缴纳税金，这也降低了科研机构和高等院校转化科技成果的积极性。

三、中关村知识产权保护机制存在的问题

（一）没有形成完善的知识产权保护体制

知识产权是一种无形资产，不能以简单的实际成本加适当的利润来进行估值，因此，合理地评估科技成果的知识产权市场潜在价值是保护知识产权的关键环节。而目前中关村的知识产权市场评估体系、中间服务体系以及无形资产评估机构不完善，缺乏专门的技术转让机构和一批强大的专业人士从事知识产权交易服务工作，更没有严密的法律保护体系，很容易产生产权评估方面的问题。加之缺乏专业的技术转移和推广队伍，因此在实践中，大多数的技术转让或技术入股都是由合同双方自行协商，这种方式很难保证价格的合理性。知识产权的估价缺乏科学的法律依据，客观上影响了中关村地区科研成果转化的经济利益，也容易导致科研成果的供给主体因利益分配不合理而产生各种纠纷。因此，针对科研成果的供给主体对技术价格认识方面存在的不足，需要政府通过建立科学的评估方式确定技术的合理价格，推动技术转化。

《建设中关村国家自主创新示范区行动计划（2010—2012 年）》提出要"实现战略性新兴产业的国际竞争力不断提升；创新型企业群体和高端、高效、高辐射的产业集群发展壮大；产业结构进一步优化"。但目前来看，相关指导性意见和基础性政策与措施偏多；在产业层面上，中关村园区知识产权产业发展的定位及规划尚未形成，对于部分知识产权产业的未来定位、发展趋

势与目前面临的主要问题缺乏明确回应。以园区战略性新兴产业为例，目前战略性新兴产业的发展大多仍属初期，大量核心专利仍掌握在少数发达国家手中，战略性新兴产业的发展仍需进一步强化政府引导；企业依托核心自主知识产权，提早进行专利布局并开展标准制定工作步伐急需加快；此外，知识产权联盟在形成专利池，开展专利池运营，促进专利技术转移与标准化方面的作用尚未凸显。

（二）缺乏专业的知识产权管理人才队伍

虽然是全国知识创新和科技创新的发源地和制高点，中关村在知识产权保护意识、手段及专业的管理队伍等方面同全国其他地区一样相对落后。同国际相比，中关村目前面临的最紧迫的问题是专业的知识产权管理人员匮乏。由于中关村科研院所和高校现有的科技成果管理体制还没有完全与市场经济的竞争机制接轨，属于计划经济体制下的事业型管理，并没有动力设置专业的知识产权管理人员岗位，也缺乏相关的意识，导致中关村地区绝大多数科研活动是一个独立的行为，科研成果的转化与否并不影响科研人员的切身利益。知识产权管理的缺位使科研成果的供给主体对自己智力成果的保护缺乏足够的重视，中关村绝大多数科研人员对专利申请认识不足，重奖励，轻专利，目前可转化科技成果中申请专利保护的数量很少，高校科技成果转化中签订的合同数量远高于申请专利数量。例如，全国每年有多项成果通过鉴定，但中关村的成果中每年申请专利保护的不到国家计划的10%。这种现象的产生主要源于现行的科研评价体系不利于对知识产权工作的重视。中关村许多高校和科研院所绩效考核、职称评定、科研经费支持等都是看论文发表数量、出版的著作数和科研获奖的级别等，而科研成果是否有转化的价值或可能，没有制度考核。这种科研导向，对科技成果的转化未起到积极的推动作用。

同时，中关村从事知识产权管理的专业人员较少，高端人才更是缺乏，使得科研上出现的知识产权纠纷难以得到解决，影响了科技成果转化的效率。知识产权产业高端人才需同时具备所属产业（行业）经验、知识产权和企业宏观管理知识与经验。目前，符合相关条件的人才严重不足。培养此类人才周期长、成本高，且高端人才竞争力强、流动性不定，因此，企业往往进退维谷。此外，知识产权产业人才职业规划不明也是制约人才培养与发展的重要因素，知识产权高端人才具备行业经验、知识产权法律知识与企业宏观经营管理知识，但是大多数企业的组织架构中并没有相对应的高级职位，这也是部分人才不愿从事企业知识产权工作的重要原因之一。

（三）企业在技术交易实践中忽略知识产权

制度环境造成中关村的创新型企业大多缺乏知识产权意识，无论是技术交易的买方还是卖方均不太关心产权问题。据统计，目前中关村企业间的技术交易类型中，未涉及知识产权的占了52%，只有48%涉及了知识产权问题；可见有超过一半的技术交易，买卖双方均不提及知识产权。如图5—20所示。

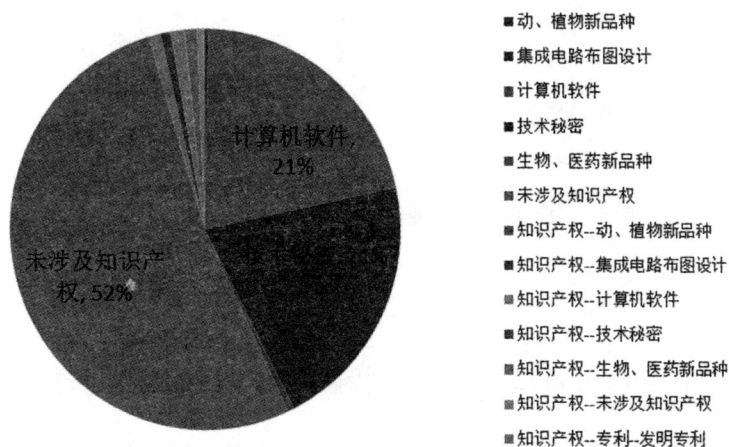

计算机软件，21%

未涉及知识产权，52%

- 动、植物新品种
- 集成电路布图设计
- 计算机软件
- 技术秘密
- 生物、医药新品种
- 未涉及知识产权
- 知识产权--动、植物新品种
- 知识产权--集成电路布图设计
- 知识产权--计算机软件
- 知识产权--技术秘密
- 知识产权--生物、医药新品种
- 知识产权--未涉及知识产权
- 知识产权--专利-发明专利

图5—20　2012年中关村企业知识产权技术交易合同数目分布

资料来源：中关村海淀园（科委）。

而剩下的使用了知识产权的交易中计算机软件和技术秘密一共占了42%的比例。可见计算机软件仍旧是核心区企业技术交易的一个很强力的部分。从成交总额来看，大概也是和数目一样的分布，不过实用新型专利在总额中也是占了比较大的份额。技术秘密项目无论是数量还是总额都占了超过1/5的比例。从企业技术交易知识产权的平均额情况看，目前对企业来讲，实用新型专利和发明专利这两种技术交易的平均成交额最高，实用新型专利的单个技术交易合同平均成交额达到了2449万元，发明专利的单个技术交易合同平均成交额是1211万元。技术秘密排第四，495万元。而在总额上占最大比例的计算机软件合同，平均单个合同的成交总额却只有124万元。对于企业本身来讲，投入对实用新型和发明专利等涉及知识产权的研究，带来的效益会更高，可惜中关村目前还有一大半企业意识不到这个问题。

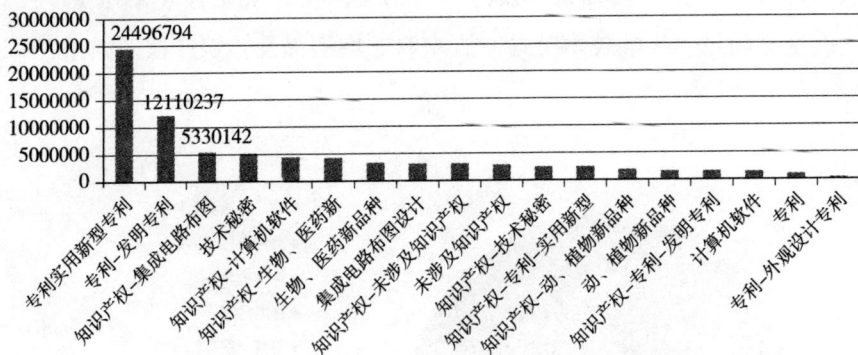

图5—21　中关村企业技术交易知识产权平均额情况

资料来源：中关村海淀园（科委）。

四、中关村推进技术转移的投融资体系存在的问题

科技成果转化是一项高风险、高投入、高收益且周期长的活动，需要相关的投融资体制的配套支持。正常来说，科技成果产业化的资金来源有国家拨款、企业自筹、银行贷款等，但是目前中关村科研院所和高校没有资金投入，一般情况下，这些风险主要由企业承担。由于成果产业化所需的资金是技术小试或中试阶段的十几倍甚至几十倍，而且成果在形成产品后市场开拓和规模扩展也需要相当的资金，这些资金仅靠企业自筹比较困难。企业面对承担风险的巨大压力，往往对高新技术成果望而却步。企业希望国家通过有

关政策或风险投资机构、金融机构介入共同承担风险。但是，中关村目前的配套投融资体制明显不能满足企业的需求。

1. 缺乏资金仍是老大难

从中关村目前的情况来看，虽然北京市、海淀区政府为了推动和促进科技成果的转化，大力发展高新技术产业，都支持或参与组建了一些风险投资公司、风险投资资金和融资担保资金，且资金总额已达 18 亿元，但是由于体制和管理方面的原因，这些资金在实际运作中基本上还是秉承传统的方式，在促进科技成果转化的实践工作中还未能很好地发挥作用。很多企业反映，想申请得到这些资金往往比向银行申请贷款还要难。从社会方面看，由于政策和法律法规不够完善，不能引导大量社会闲散资金投向科技成果转化上来。对一些转化周期长，技术、市场风险大的项目，银行贷款、非金融机构贷款等常规资金也不敢或不愿投入，致使科技成果转化的融资渠道不畅。因此，缺乏资金仍是影响科技成果转化的一个重要原因。

2. 已投入的资金运作不合理

同时，已经投入的资金运作不尽合理也导致科技成果转化效益不高。海淀区政府每个年度在科技成果转化方面投入的资金数目不小，但是由于这些资金分散在海淀园管委会、科委、宣传部等各有关部门，在成果转化项目的选择上各部门自行其是，分散零乱，数目过多。项目多、资金分散的结果造成科技成果转化的效益不高，绝大多数形不成产业化规模，难以对区域经济和社会发展产生大的促进作用。

五、中关村技术转移中介体系存在的问题

（一）技术交易双方方存在严重的信息不对称

科技成果包含大量的技术信息，科技成果转化就是技术流动的过程。信息不对称是指市场交易双方掌握着不同数量和质量的信息的一种经济现象。其基本特征是：有关交易的信息在交易者之间的分布是不对称的，即一方比另一方占有较多的相关信息，处于信息优势地位，而另一方处于信息劣势地位。

1. 中关村技术交易双方信息不对称的成因分析

科技成果转化中的信息不对称主要来自科研部门与用户之间，其信息不对称的原因主要有：

（1）技术信息不对称。技术作为科技成果的重要生产要素之一，能否与其他科技成果的生产要素进行有效组合，很大程度上决定了科技成果的转化率，在这个组合过程中，技术供给方与技术需求方之间信息不对称现象大量存在。技术供给方主要是科研机构，技术需求方主要是企业，科研机构和企业是不同的利益主体，两者存在着信息上的不对称，科研机构作为科技成果的提供者，非常清楚科技成果的详细的技术信息，既包括科技成果的优点信息，也包括科技成果的缺陷信息，处于科技成果的优势信息地位；提供方为了推销自己的科技成果，或者为了获取更多的转让费用，往往向受用者夸大科技成果的实际价值，而刻意隐瞒或弱化科技成果不利于自己的信息。

（2）市场应用前景信息不对称。科技成果转化是科技成果向商品化、产业化转化的过程，科技成果作为商品，用户购买需要成本，科技成果向现实生产力转化，用户需要资金投入，产生的收益有很大的不确定性和风险。很多科研单位的成果仅限于实验室研究成果，就是因为科技成果市场应用前景信息不明朗，用户不愿意承担风险。

（3）科技成果交易成本信息不对称。科研部门作为科技成果的研究开发者，对其开发成本了如指掌，处于科技成果交易成本信息的优势地位，用户基本对其开发成本一无所知，处于交易成本信息劣势地位，有的科研部门为了赚取更多的经济利益，哄抬物价，报价往往大幅超出科技成果的开发成本，导致市场出现不公平的交易。

（4）用户的有效需求信息不对称。很多科研单位只管埋头开发，而不管开发的科研成果是否符合社会实际需求。有的科研单位请专家对其科技成果进行签订以后就万事大吉，理论上有很高的技术含量，却并不符合用户的有效需求，更谈不上良好的市场前景，用户的需求信息没有很好地传递给科研单位，导致信息不对称。

2. 技术交易双方信息不对称的后果

（1）中关村的技术有效供给不足和相对"过剩"并存。虽然中关村的企业大都是高新技术企业，对于科技成果的需求较强，但是成果转化是一项艰苦、复杂的工作，既要求成果先进、可靠、实用，又要找准"买主"，一旦成功，研究人员要在实施过程中耗费大量的时间和精力。科技人员一般希望一次性成交，不愿以入股或提成方式转化成果。企业担心技术的成熟度和效益，希望合作开发，共担风险。双方利益取向不一致。

高校和科研院所研究的课题的特点可用三个字来概括，那就是"高""精""尖"。大学的科研项目经费申请体制还是沿袭着计划经济时期的方式，即通过国家计划立项、政府财政拨款、院校申请研究的模式向国家有关部门申请研究经费。因此为了能够从激烈的竞争中获取经费资助，课题的立项和研究方向就侧重于技术领域的前沿和技术的高新等"阳春白雪"。而中关村的中小企业实际需要解决的现实存在的"下里巴人"的问题，一方面难以进入大学教授们的视野；另一方面即使被考虑也很难申请到经费资助。科研院所和高校科研项目的"高""精""尖"和"阳春白雪"就导致了中关村技术成果的有效供给不足，生产出许多难于转化或不适宜转化的科研成果，这就形成了一个由于信息不对称造成的困境：由于高校科研人员忙于教学和科研，没有太多的精力投入成果转化，致使一方面科技机构有大量科技成果束之高阁无人知，而很多不具有独立研发能力的中小企业则为寻求科技成果四处奔波；另一方面科技机构不知道现在的中关村高科技企业需要什么样的技术，无法进行二次开发，而企业们也不知道科技机构有什么的科技成果或者可以开发什么样的科技成果，造成科技成果的有效供给不足和相对"过剩"并存。

（2）技术交易双方对技术市场价值判断存在差异。通过调研发现，在中关村技术交易的过程中，技术供给方和技术承接方对技术市场价值的判断往往存在较大分歧，高校及科研院所对成果的估价是以自身投入和技术的未来市场前景为依据的，一般会高估技术的价值；而企业对成果的估价是从技术的成熟性来评估的，因而往往会低估技术的价值。双方对技术价值认知上的差异则成为技术转移成功的实际障碍。弥合这一差异、跨越这道障碍就必须有独立的第三方机构的介入。

（二）中关村地区技术转移中介机构存在的问题

技术转移过程是一个十分复杂的巨系统，它涉及市场调研、可行性分析、技术研发、小试、中试、技术评估、风险投资、知识产权、价格谈判、合同履行等方方面面，需要各种类型的中介机构间的协同配合。只有打造一个完整的技术转移服务链，才能有效地促进技术转移的顺利进行。所以技术转移不仅仅是大学、研究院所和企业的对接，还需要有中介机构的介入，才能提高技术转移的效率。例如，北大方正集团有过成功的技术转移，也有过失败的案例。据一项调查披露，方正集团在20世纪90年代的"热交换器技术"、"人工合成摄像技术"、"指纹技术"等转移均以失败而告终，方正认为自己的失误在于，在决定技术转移之前，没有花钱、花气力去做市场分析，没有做充分的项目论证，对是否有市场、企业是否具有生产能力、合作者的身份、所属单位、技术的主体等等都没有考察，结果给企业造成了损失。其实，市场分析、项目论证、合作者的资格考察等并不需要完全由企业自己去做，无论是专业能力，还是工作效率，企业去做这些都远远不如中介机构，所有这些都可以委托给中介机构来做。但是，中关村中介机构的现状却不能完全满足企业的需求。

1. 机构功能单一，未形成服务链条

除了中国技术交易所之外，中关村地区现有的技术转移中介机构普遍存在规模小、功能单一的问题，没有形成相应的服务链条，机构之间也缺乏有效地合作和配合，各自为战。企业必须去一一购买这些服务才能完成技术转移的前期准备，这就致使企业对购买中介服务望而却步。更为重要的是，技术转移中介机构良莠不齐、鱼龙混杂，有部分机构坑蒙拐骗，信誉缺失，这就导致中介机构口碑不佳，所以一些有技术需求的企业宁可自己瞎扑腾，也不愿意中介机构染指。调查显示，中介服务在中关村企业技术转移活动中缺失，80%的企业没有利用过中介服务。

2. 现有的技术转移机构发掘有市场潜力技术成果的能力不足

近年来，中关村地区科技成果的转化遇到了一个两难境地：一方面，驻地高校、科研院所取得的科研成果转化难，蕴藏在科研院所、高等学校中的科技条件资源社会共享程度还很低，科技成果转化效率20年来没有得到根本提高，大量科技成果在大学和科研院所自我循环，积压严重；另一方面，大学和科研院所的成果大多仍然停留在实验室水平，可利用程度低，无法满足市场需求。这种两难境地使得科技经济两张皮的状况没有得到根本改善。造成这一局面除了中关村产学研结合机制的缺陷之外，还有一个重要原因就是，现有的技术转移机构发掘具有市场潜力科技成果的能力差。高校和科研院所的科技成果就像是一座未开垦的金矿，需要人们去淘宝：开矿、选矿、精炼，将其潜在的市场价值挖掘出来，并促使其产业化、商业化。而这一挖掘工作，技术转移机构责无旁贷，但事实上中关村现存的大多数机构（包括中国技术交易所在内）却无法承担本应由它们承担的工作。

3. 现有的技术转移机构人才缺乏、流失严重

技术转移机构的人员数量少，素质不高，已成为制约技术转移机构发展的瓶颈之一。虽然前一段时间北京技术市场管理部门一直在坚持依据地方性法规和地方科技管理部门、税务部门的支持，规范地进行技术经纪人的资格培训和认证工作。但是，由于技术经纪人被边缘化，有超过1/3的技术经纪人流失，而又有大量不具备科技成果转化能力的人员进入技术市场；技术经纪人不懂知识产权，或只了解很少，所以技术转移机构在工作中捉襟见肘，有相当大的局限。特别是高级评估师、资深律师、风险投资家等，目前在北京市更是凤毛麟角。近几年来，北京技术市场协会为突破这一瓶颈作了大量工作。但是，这种培训也存在一些问题，主要是教材不固定；教师队伍不稳定，知识更新速度慢；培训方式不稳定，短期培训的多；培训对象不稳定，难以形成固定的培训对象和品牌效应。同时，"技术经纪人"未能列入国家的职业系列。因此，其培训、认证工作实际上一直处于非常尴尬的地位，而不得不暂停。这对技术转移服务业来说，更是雪上加霜。另外，伴随着国际知名创新型服务机构入主中国，高薪、高福利吸引本土人才的策略被广泛应用，从而造成北京技术转移机构人才严重流失。这一现象越演越烈。人才的流动是竞争的必然结果，也是关系到北京技术转移机构生存发展的关键问题。因此，如何体现人才价值、发挥人才潜能，是技术转移机构必须正视的一个问题。

4.中关村缺乏真正市场化、专业化的中介机构

目前在中关村地区营业的相当一批技术转移中介机构属于法人内设机构（如高校和科研院所的科技处、科技开发部等）、由政府职能转变而衍生的机构（如生产力中心、技术交易中心等）、由官办协会主办的机构（如科技开发交流中心、科技咨询服务部等），而真正市场化的民营科技中介机构则很少。这些内设机构、有官方背景的机构在很大程度上还未完全进入市场化运作，或依靠行政事业拨款、或依靠政府部门课题、或依靠政府部门指定为其办事而生存，一旦在完全市场化前提下与其他机构平等竞争，则很难在市场上存活下来。因此，这部分机构也面临着转制的严峻挑战。

六、中关村产学研协同创新链条存在的问题

（一）中试基地投入与建设不足，创新成果市场转化率需要提高

据统计[①]，中关村地区目前有94%的企业在吸纳技术的基础上形成了新的产品，技术的转化率较高，同时有52%的企业通过吸纳技术提高了单位的市场占有率，有45%的企业提升了单位的市场竞争能力，但只有6%企业的产品实现了批量生产，产品的市场转化率较低，和形成新产品的比例差异较大，说明多数形成的新产品更多处于展品阶段，市场的转化率有待提高。

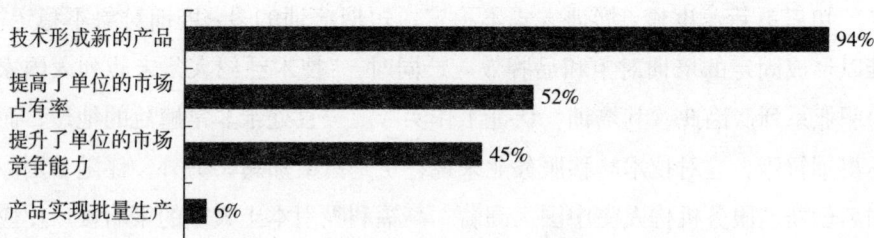

技术形成新的产品 ——————————————————— 94%

提高了单位的市场占有率 ———————— 52%

提升了单位的市场竞争能力 ——————— 45%

产品实现批量生产 ▌6%

图 5—22　中关村企业技术能力

资料来源：中关村海淀园（科委）。

---

① 该统计数字来源于海淀区科委在 2013 年针对中关村园区企业做的一次大规模问卷调查和统计。

一项新技术成果的产业化，一般经历实验室成果、中间放大试验、工业化或产业化三个阶段。中关村的科研院所和高校虽有一大批国内领先、国际先进的高水平新技术成果，但大部分成果基本上都是实验室成果，需要经过中试或小批量生产后才能进入实际应用。但是中关村地区中间试验和小型工业性试验环节却存在投入资金不足的问题。科研单位没有能力从事科技成果的中试（小试），生产企业因中试（小试）的风险较大而不愿投入资金。科研院所和高校缺乏中试基地，往往不能进行中试和生产"实证"，只能做一台或几台样机，而且往往不计成本，因此尚不能准确表明成果的成熟度和适用性，使企业对成果转化的成功缺乏信心，导致很多科技成果因无条件中试而不能实现产业化。

（二）大量的本地中小企业对科研成果的接收消化能力欠缺

中关村的企业作为技术成果产业化的最终实现者，其对于先进技术的接收和消化能力的高低直接决定着技术转移效果的好坏甚至是成败。接收能力主要是看两个方面。一方面是对技术本身的消化能力，也就是企业要成为技术方面的专家，可以准确预见到市场的需求和走向，从而对技术的进一步发展提出可行性建议。同时，企业也要为技术转移配备足够的研发团队，进行后续的跟踪研发。还要有强大的生产能力和市场开拓能力，以支撑整个技术转移活动的顺畅进行。另一方面是企业的风险准备意识。一般而言，越是中关村这种科技型的中小企业越愿意购买成熟的技术，但有时企业意识不到高校和科研机构的大量成果90%以上都是不成熟的科研成果，在转化为大批量的工业性大生产之前，必须承担风险。而大量的中小企业都只需要短、平、快的项目，希望能在短期见效，风险意识差。事实证明，成功的技术转移，技术的承接方均有相当强的技术消化吸收能力和后续的研发团队，以及强大的生产能力和市场开拓能力，同时还具有强烈的风险意识和技术转移的欲望。但是，中关村大量的中小企业却不具备这样的条件，也不能苛求他们具备这样的条件。受人才、资金及配套技术等因素影响，企业对引进的高新科技成果难以进行二次开发以及后续技术的改进。这种状况严重影响了企业对高新技术成果的吸纳、应用和产业化。另外，一些企业由于经济实力有限，工艺设备落后，人员素质较低，致使企业依靠科技进步的实力不足。

（三）产学研链条不畅导致外地企业对中关村科技成果的强烈需求无法大量实现

1. 利税问题限制了中关村技术大量外流转移

中关村本土的中小企业受种种条件限制吸收科技成果的能力不强，但是大量的外地企业对于中关村的科技成果有着强烈的需求，他们在规模和实力上也具备将其转化为现实生产力的条件。但是根据以往的经验，有一部分具有中关村知识产权的科研成果在外地转化、落地生产后，贡献的 GDP 为当地添彩，由此产生的利税被当地政府收走，而作为技术产出地的中关村和北京则并没有因为自己的技术成功转化而获取经济利益，却承担了技术研发的部分乃至全部成本。特别是技术转移到外地后，又回到中关村设立并不到政府机构注册的研发机构，继续享有中关村的科技资源，甚至与其他单位联合申报北京的科技支撑资金，用于支持技术转移企业的发展。中关村目前还没有应对越来越多的这类事情的政策和管理办法。因此在这种情况下，中关村主观上并不积极支持将成果放到外地转化，利税问题直接限制了中关村技术大量外流转移，导致大量的外地企业需求形同虚设。

2. 中关村的国际技术转移能力薄弱

在内、外地企业的需求都不足或者无法使用的情况下，中关村应该尝试依靠不断创新科研和产业融合的模式，拓展技术走出实验室的渠道，走国际和国内两条路，寻找产学研结合的新途径、新方法。但是，由于起步较晚，无法有效实现产学研的结合、让科研和生产紧密相连，中关村的国际技术转移能力十分薄弱。

第六章　促进中关村地区技术转移的对策研究

2011 年中关村企业研发及科技活动经费总额超过 750 亿元，增长近 20%，约占企业总收入的 4%。专利申请量达到 1.9 万件，专利授权量超过 1 万件，增长约 30%。2011 年中关村示范区企业实现技术收入 2970 亿元，同比增长 20.2%。[1]2012 年实现总收入 2.5 万亿元，企业从业人员达到 156 万人，聚集了近 2 万家高新技术企业[2]。大量的高新技术企业的聚集，企业研发及科技活动经费和专利申请量的大幅度增加为中关村技术转移和产业化提供了肥沃的土壤。

2013 年 9 月 30 日上午，中共中央政治局以实施创新驱动发展战略为题举行第九次集体学习，听取了中关村管委会负责人关于中关村创新发展情况的汇报。中共中央总书记习近平在主持学习时强调，实施创新驱动发展战略决定着中华民族前途命运。全党全社会都要充分认识科技创新的巨大作用，敏锐把握世界科技创新发展趋势，紧紧抓住和用好新一轮科技革命和产业变革的机遇，把创新驱动发展作为面向未来的一项重大战略实施好。

习近平指出，实施创新驱动发展战略是一项系统工程，涉及方方面面的工作，需要做的事情很多。最为紧迫的是要进一步解放思想，加快科技体制改革步伐，破除一切束缚创新驱动发展的观念和体制机制障碍。

---

[1]　资料来源：千龙网 2012 年 1 月 13 日。
[2]　资料来源：新华网 2013 年 10 月 1 日。

第一节　加强技术转移政策与法律体系建设

技术转移所涉及的政策法规问题是技术转移成功与否的重要因素。它既包括国内法，也包括国际法；既包括法律法规，也包括产业政策；既包括专门性的政策法规，也包括对国际技术转移有一定影响的相关政策法规。由于技术转移不仅仅是技术器物（设备、工艺等）的转移，而是包括技术器物、技术制度、体制和技术价值观念这三个层次的转移。那么政策法规建设作为技术制度的一部分，无疑是促进技术转移的不可忽略的内容之一。

完善的政策法规体系可以减少技术转移中的损失。一方面，通过建立完善的审批制度，可以防止技术的重复引进，或是引进不当的和落后的技术。另一方面，现今发达国家都非常注意技术权益的保护，特别是发达国家一般都建立了严格的技术保护法。建立符合国际惯例的政策法规体系，可以使企业熟悉国际技术转移规则，不至于轻易触犯他国的相关法案，带来不必要的损失。完善的政策法规体系对创造良好的技术转移环境，排除技术转移障碍，具有重要意义。

一、积极推进中关村技术转移法律体系建设

市场经济在本质上应该是法治经济，技术转移也必须在法制的轨道上运行。因此，要推进技术转移和产业化就必须制定一系列技术转移的法律法规，以法律法规的形式明确大学、研究机构、企业及其他组织技术转移的责任。为了更好地推动和促进技术转移工作，国家应该制定《技术转移促进条例》、《技术转移机构组织法》、《企业技术创新促进条例》等法律法规，将技术转移的运作、促进技术创新、加强产学研合作、强化知识产权权属、提升区域竞争力等方面统一协调起来，建立完善的技术转移法律体系。

在国家层面的法律法规未出台的情况下，中关村可利用其先行先试的优势和示范区的特殊身份，在园区范围内做出相应的规定，促进技术转移的健

康发展，使其成为区域创新体系不可分割的一部分，在把中关村建设成全国高新技术的集散中心、创新技术的辐射源和国际技术创新枢纽的过程中发挥应有的作用。

二、积极推进中关村技术转移产业政策创新

随着各类促进技术转移的产业政策的相继出台，北京高新技术产业政策体系的建立和完善，中关村科技园区的建设步伐明显加快，一些高新技术产业领域取得突破性进展，一批拥有自主知识产权的创新产品相继投入市场，中星微电子、亚信、启明星辰、美髯公等一批高新技术企业开始脱颖而出。但是，我们也必须清醒地看到，中关村科技园区科技教育资源优势和高新技术产业竞争力之间依然存在着不对称性，其高新技术产业政策体系仍然需要进行系统性优化和创新。

第一，从政策创新的战略导向看，中关村科技园区应该将高新技术产业政策体系建设的重点放在生态系统的建设上，而不仅仅放在对个别产业、个别企业的重点扶持上。北京科技教育资源丰厚，基础科学研究和人文社会科学研究基础深厚，如果能围绕提高各类科技资源的配置效率和拓展高新技术产业价值链进行系统的政策创新，中关村科技园区完全可能建设起一个充满生机活力的多样化的高新技术产业生态系统，并能更充分地发挥其科技资源优势，真正实现高新技术产业发展的政策目标，大幅提升其高新技术产业的国际竞争能力，使中关村科技园区真正成为中国乃至世界高新技术产业成长的发动机。

第二，从政策创新的机制来看，中关村科技园区应该建立充分吸纳各类政策资源的决策机制，成为中国区域高新技术产业政策创新的"开拓者"。北京作为全国科教政治中心，政策资源和专家学者密集，如果政策制定者能够优化政策制定机制，广泛听取和采纳科研院所、高等院校和高新技术企业的不同意见和声音，及时回应企业家的创新需求，中关村科技园区完全可能开发出更具有人本精神的高新技术产业政策，从而更广泛地聚集国内外的人力资本和高新技术产业创新资源，推进中关村乃至全国的高新技术产业的持

续高速成长。

第三，从政策创新的内容来看，中关村科技园区的高新技术产业政策应该与其现代制造业振兴、现代服务业提升的社会经济发展的总体目标相一致，树立起高新技术产业、现代制造业和现代服务业同步并举、相互促动的协调发展理念，在加强其区域创新体系建设的同时，重点支持区域产业集群（包括现代制造业集群和现代服务业集群）的建设。这不仅能为高新技术产业的迅速成长提供持续性的发展动力，集聚优良的社会资本，而且能有效地激励技术创新的真正主体企业和企业家，为他们的创新和创业活动提供适宜的社会条件和文化环境，使中关村科技园区真正成为高技术创业者的栖息地。

三、"1＋6"系列政策试点是促进中关村技术转移的重要里程碑

（一）"1"是指搭建首都创新资源平台

为进一步发挥中关村科教智力和人才资源密集优势，促进科研机构、高等院校、中央企业、民营企业和政府协同创新，北京市会同示范区部际协调小组成员单位，共同组建了中关村科技创新和产业化促进中心（即首都创新资源平台）。首都创新资源平台下设重大科技成果产业化项目审批联席会办公室、科技金融工作组、人才工作组、新技术新产品政府采购和应用推广工作组、政策先行先试工作组和规划建设工作组等 6 个具体办事机构，负责落实示范区建设的各项重大决策，对跨层级审批和跨部门审批加强协调和督办，促进重大科技成果产业化。目前，首都创新资源平台共有 19 个国家部委的有关负责同志和北京市 29 个部门的工作人员参加，采取一条龙服务的方式，集中办理股权激励试点、重大科技成果产业化项目等为高新技术企业和其他创新主体服务的有关事项。

（二）"6"是在中关村深化实施先行先试改革的 6 条新政策

国务院支持中关村的 6 条新政策包括：在科技成果处置权和收益权改革、

股权激励个人所得税改革、股权激励试点方案审批、科研经费分配管理体制改革、建立统一监管下的全国场外交易市场和高新技术企业认定等方面，做出了新的制度安排。国家有关部门与北京市加大工作对接力度，制定出台了相关政策的实施细则。

同时国务院有关部门也相继下发了支持中关村创新创业的 3 项税收政策，包括科技人员股权激励、研发费用加计扣除和职工教育经费税前扣除等。国家对中关村发展的厚望和大力支持，必将使中关村技术转移迎来高速发展的黄金期。

第二节　构建促进中关村技术转移的激励机制

一项调查结果分析，对研究开发人员的个人发明的刺激因素如下：为在竞争中获胜占 23%；对学问感兴趣占 17%；为取得专利权占 12%；为完成任务定额占 11%；为提高地位占 11% ①。可以做出这样的解释，发明家对学问和地位更为关注，而企业对竞争和专利权的垄断更为关心。因此，对研发人员和其他创新人员的激励，除物质激励外，精神激励也应提升到与物质激励并重的程度。

一、技术创断活动的特性决定了创新活动需要激励机制

（一）创新成果有很强的外部性

一般来讲，外部性有正的外部性（将可察觉的利益加与别人）和负的外部性（将可察觉的损失加与别人），创新的外部性则通常表现为前者：即创新的外部性最明显地表现为"外溢效应"和创新成果的"公共产品性"。创新成果作为一种具有公共产品性质的知识，就决定了它的使用具有非排他性和非竞争性，从而造成这种知识将无法排除他人对它的使用，从而导致知识的外溢，对技术创新收益的独占性形成严重的挑战，而最终则导致利益的外溢。对这种利益溢出，1962 年阿罗便指出，由创新所引发的利益既不能完

全被创新者独占，也无法完全扩散到使用者之中。这使得创新的私人收益率和社会收益率之间存在一定的差距：私人收益率远远低于社会收益率。创新溢出所带来的社会效应有正反两个方面。一方面，创新溢出会提高整个社会的创新能力和技术水平，并且还避免了不同创新主体之间的重复研究和重复实验，避免了创新资源的浪费，提高了创新成果使用的社会效益。另一方面，创新成果的"外溢效应"不可避免地存在"搭便车"行为：个人不愿为创新产品中具有公共性的创新知识的生产支付费用，不愿承担该生产过程中的成本和风险，总想在别人创新之后供自己免费享有。创新者创新成果无偿被他人利用，其结果是对创新者创新激励的严重削弱，使创新者缺乏动力，从长远看将导致整个社会创新能力的衰竭，并由此造成社会发展的停滞。在技术创新中如果缺乏科技人员成果的界定和保护就会存在"囚徒困境"。美国经济学家阿罗曾指出，当由投资产生的知识被不情愿的扩散到竞争者那里时，技术创新产生了溢出效应，其结果是创新企业从事 R&D 投入的激励将减少。这个溢出效应对于全社会而言，一方面可以使新技术更快速的扩散到整个生产领域，从而提高社会的劳动生产率，生产出更多优质廉价的创新产品，增加整个社会的财富；而另一方面由于创新企业得不到自身创新所产生的全部利益，其进行技术创新的积极性必然会降低，进而使社会中的企业都等待其他企业进行创新，自己只准备坐享其成，从而使整个社会的创新活力趋于下降。因此，要保证创新者持久地进行创新活动，就必须对创新者实施激励，使创新成果具有排他性，保证其创新成果在一定时期内不能被他人无偿使用，或者实行特定的社会规则，给创新者一定的利益补偿。而要做到这些，就需要一定的制度安排，以制度的形式给创新者以创新收益，保证其创新的私人收益率接近社会收益率。

（二）技术创新的不确定性

同技术成熟的产品相比，技术创新要经过许多阶段，这样会产生较高的不确定性，如研究开发的不确定性、试验和生产的不确定性、市场的不确定性等。这势必也会影响技术创新的动力，因此一定的激励也是非常必要的。创新就是一种风险很大的行为，可能成功也可能失败，成功后丰厚的收益回报是企业家及研发人员进行创新的一大动力。只有从制度上确保创新的收益，才能调动起创新的积极性和主动性。总之，技术创新的性质决定了技术创新需要一定的激励制度与之相匹配。技术创新是一项复杂的活动，一个社会技术创新的程度如何，决定于该社会一系列相互关联的制度安排。

二、促进中关村技术转移需要科学的激励机制

根据科技人员的需求属性，可以将科技人员的激励分为自激励、组织激励、社会激励和保障因素四个层次。结合科技成果转化中的关键问题，我们认为促进科技人员转化科技成果仅靠激励个人的努力是远远不够，更需要以组织化的机制建立起技术开发转化的平台和技术经营体系解决技术与产业的"断链"问题，而这种支撑服务体系的建设也恰恰为想实现科技成果转化的科技人员提供了一个能够充分展现才能和实现价值的事业平台，有着更强的激励效果。

通过调研发现，当前中关村高校和科研院所科技人员激励的问题和障碍主要反映在以下四大方面：

一是经常性科技投入不足，这一方面使得科技人员总体收入偏低，在巨大的生计压力下科技人员难以潜心创新钻研；另一方面导致科研创新活动完全以项目为导向，科技人员以兴趣为基础的自激励因素受到压抑。

二是以文章、国家项目为基础的单一化考评机制，使得从事产业化研究的科技人员的发展受到限制以及甚至被边缘化，而强有力的科研奖励和经济激励，又使科技人员更愿意乐此不疲地写文章、申报奖励。

三是缺乏有效支持产业化的人才岗位结构、服务支撑体系以及科技人员流动的社会保障机制，使得科技人员推进科技成果转化的路程艰难而险阻（见表6—1）。

表6—1 2011年北京等四地高校科研人员投入分布表

地区	学校数（所）	研究与发展人员（人年）		研究与发展全时人员（人年）		R&D成果应用及科技服务全时人员(人年)	
		合计	其中：科学家和工程师	合计	其中：科学家和工程师	合计	其中：科学家和工程师
北京市	40	33937	33212	20363	19929	1248	1236
上海市	17	26075	25126	15643	15076	3395	3248
湖北省	51	15566	14964	9333	8972	1605	1519
安徽省	82	11007	10581	6600	6344	764	726

资料来源：《教育科技统计年鉴》2011年。

根据表6—1的资料分析，北京地区高校虽然在研究与发展人员、研究与发展全时人员等指标比上海、湖北、安徽遥遥领先[①]，但在R&D成果应用及科技服务全时人员方面明显落后。这也从一个侧面反映了中关村地区从事产业化研究的科技人员的发展受到限制甚至被边缘化。四是政策体系的不完善和执行落实的问题，使得激励措施效果受影响，比如股权激励执行的困难使得激励作用未能有效发挥、片面强调高端人才引进难以形成合理人才结构、过度物质激励引致激励效果异化等。

针对当前科技人员激励所面临的突出问题和障碍，在借鉴相关经验的基础上，我们认为在中关村可以采取如下激励政策：

一是通过创新资助方式加强对与中关村产业密切相关科研团队的稳定性资助，积极推进科研经费管理体制改革，加大对科技人员的支持，探索推进科技人员年薪制改革。

二是引导推进科研机构和高等院校考核评价机制改革，强化对产业化研究成绩的认可和鼓励，以北京市和中关村科研项目和科研奖励为基础，加强对产业化创新的支持和奖励：比如可以将科研团队在成果转化收益中的占比提高至70%。

---

① 选取北京、上海、湖北和安徽这四个省市是为了对北京中关村国家自主创新示范区、上海张江国家自主创新示范区、武汉东湖国家自主创新示范区、安徽合芜蚌自主创新综合配套改革试验区进行比较。

三是加强对产业化的投入支持和有效保障，建设开发和转化技术支撑人才队伍，培养既懂技术又善于经营的复合型人才，完善股权激励政策。

四是通过保留岗位和基本福利待遇的方式鼓励科技人员自主创业，通过开放研究岗位、建立社会保障对接机制、双边认可科技创新成绩的方式支持科技人员的双向流动。

五是建立和完善科技人员服务体系，加强对科技人员落户、工作、居住、生活以及子女等各方面的保障，并通过多层次的社会网络建设促进科技人员之间的交流互动。同时，针对一些地方层面难以解决的问题，建议中关村积极推动国家层面建立科技人员法律保障制度、加大对科技人员的稳定性支持、系统推进科技体制改革，并争取科技人员年薪制改革、股权激励税收优惠政策、科技人员创业税收优惠政策以及国有资本投入科技成果转化等试点改革。

虽然北京市在 2014 年 1 月 14 日颁布的《加快推进高等学校科技成果转化和科技协同创新若干意见（试行）》（简称"京校十条"），2014 年 6 月 9 日颁布的《加快推进科研机构科技成果转化和产业化的若干意见（试行）》（简称"京科九条"）已经将科研团队在成果转化收益中的占比提高至 70%。在高校（院所）设立创业（创新）岗，允许创办企业或到企业任职从事成果转化工作，在设定时限（如 2 年）内保留原身份，期满后可选择离职，也可回原单位。将科技成果转化取得的成绩，纳入高校（院所）的考评体系，作为职称评定的重要依据。但由于中关村地区存在的大量中央所属的高校和科研院所，无论从科技人员数量和科技经费投入，还是从专利申请量和专利拥有量看，中央部门都是中关村地区技术转移的主力军（见表6—2、6—3）。以 2010 年为例，北京地区科技活动人员数为 269932 人，其中中央是 166926 人，占比 61.84%，地方是 103006 人，占比 38.16%。从科技经费情况看，2008 年北京地区合计 11841184 万元，其中中央单位筹集 7423845 万元，占比接近 62.7%，地方单位筹集 4417339 万元，占比约 37.3%。从发明专利申请量看，2010 年北京地区合计 23207 件，其中中央单位是 16073 件，占比 69.26%，地方是 7134 件，占比 30.74%。从发明专利拥有量看，截止到 2010 年，北京地区拥有发明专利总数是 37737 件，其中中央单位拥有发明专利 28088 件，占比 74.43%，地方拥有发明专利 9649 件，占比 25.57%。大量的科研资源和发明专利都集中在中央单位，而央属高校和科研院所无法执行"京校十条"和"京科九条"，所以要促进中关村地区技术转移，仍然需通过北京市和中关村园区向中央部委争取更多的激励政策支持。

中关村要打造最具影响力或者最具活力的创新中心，就要保证创新的持续发展，就必须让创新者从创新中获利，其中包括了个人创业者以及科技人员股权激励机制①。

表 6—2　2001—2010 年北京地区科技活动人员和科技活动经费筹集情况表

	年份	2001	2002	2003	2004	2005	2006	2007	2008	2010
科技活动人员（人）	合计	240609	257326	270921	301202	383154	382756	450331	450147	269932
	中央	149773	147314	157839	156352	197547	201353	207686	223018	166926
	地方	90836	110012	113082	144850	185607	181403	242645	227129	103006
科技活动经费筹集（万元）	合计	3991729	4452877	4924271	6020625	7509600	8747645	9897008	11841184	
	中央	2964088	3261268	3603417	3958301	4610167	5399111	6757154	7423845	
	地方	1027641	1191610	1320854	2032323	2899432	3348534	3139854	4417339	

资料来源：《北京科技年鉴》2001—2010 年，2009 年数据因为客观原因未获取。

表 6—3　2001—2010 年北京专利申请和专利拥有情况

	年份	2001	2002	2003	2004	2005	2006	2007	2008	2010
专利申请数（件）	合计	3543	5081	6607	9591	11487	12655	14805	21235	31241
	中央		3017	3703		5684	4393	8067		19317
	地方		2064	2904		5803	8262	6738		11924
其中：发明专利申请数	合计	1755	3060	4282	6206	7676	8813	11054	15568	23207
	中央		2224	3172		4587	3221	6806		16073
	地方		836	1110		3089	5592	4248		7134
拥有发明专利数（件）	合计	3006	3300	3756	10257	16040	16310	26178	29836	37737
	中央		2511	2405		10996	5524	17119		28088
	地方		789	1350		5044	10786	9059		9649

资料来源：《北京科技年鉴》2001—2010 年，2009 年数据因为客观原因未获取。

---

① 王汝芳：《中关村创新论坛暨中国产业园区与企业发展论坛》，2013 年 5 月 22 日。

第三节　构建中关村知识产权保护体系

没有对知识产权的保护，就没有高质量的技术创新，也就谈不上技术转移与产业化。知识产权保护体系的作用在于通过对先发者利益的保护来促进创新。知识产权体系对中关村科技园区电子信息、生物医药等产业的影响将是战略性的，关系到中关村企业能否保持持续的创新能力，能否在世界高科技发展领域占领制高点。

一、知识产权制度是激励创新的最基本的制度

"知识产权制度是为天才之火添上利益之油"，它通过"权利垄断与知识共享"的有机结合来保护创造者的利益，知识产权作为新型民事权利，扩充并丰富了民事财产权的权利体系。由于创造性智力劳动成果广泛应用于工商产业领域和社会生活的各个方面，这些智力劳动成果的创造者才要求法律确认创造性智力劳动成果的私人专有权，以保障其利益。为激励其创造热情，许多国家的民法体系都对知识产权加以确认，并辅之以侵权救济规范，从而建立了知识产权法律体系。

知识产权的客体是具有创造性的智力成果。人类的创造活动具有随机性、突发性、不可预测性的特点，因此，"创造性"智力成果的生产，也必然是一个无法实现确定最终结果的高风险、高投入的过程。创造性智力成果本质上属于一种信息，具有使用上的共享性，可被多人同时使用或反复使用，经济学上称为"公共产品"，即消费上无对抗性、排他性的产品[①]。如他人均可随意利用某人的创造性智力成果（即所谓"搭便车"），则此人从事"创新"活动之驱动显然降低，因为"如果他不能收获，他就不会去播种"。

正如登姆塞茨所言："如果新智力成果能自由地被所有人利用，如果在

---

① 金可可：《知识产权制度：鼓励创新还是激励竞争》（上海东方青年学社与文汇报联合开设的"争锋"栏目第十三期）2012 年 4 月 23 日。

新智力成果上存在着公共权利（Communal Rights），将会缺少创造这些新智力成果的激励。来自于这些智力成果的利益将不能被集中于原创者。如果我们为原创者授予一定程度的私有权，这些智力成果将会迅速地产生。"知识产权制度是鼓励个体创造与促进社会公益的有机结合，其通过"权利垄断与知识共享"的有机结合来保护创造者的利益，促进创新性智力成果的传播。恰如美国总统林肯的名言"知识产权制度是为天才之火添上利益之油"，这句话形象地指出了知识产权制度的实质所在。

二、知识产权保护体系建设滞后制约中关村创新能力提升

目前，在中关村知识产权保护观念错位，健全的知识产权保护体系尚未建立，很大程度上抑制了园区创新能力的提升。

（一）知识产权保护的观念错位是中关村民营科技企业普遍存在的问题

根据企业访谈的情况显示，中关村企业一方面对自主知识产权产品技术的态度多数是对侵犯自己产品知识产权的行为深恶痛绝，但另一方面却对无偿甚至侵权使用他人有知识产权权益的产品技术不以为然，观念反差明显。

（二）中关村企业普遍遭受跨国公司知识产权保护战略的围堵

由于中关村知识产权保护观念的落后，其后果是多数企业没有将知识产权保护作为企业战略的重要组成部分并予以实施。在中关村，许多大中型企业都没有设立知识产权事务管理机构和人员，只有少数企业聘有专门的包括专利和商标代理人在内的知识产权律师；在对有关人员知识产权的内容培训方面，多数企业只是停留在一般性的宣传教育上，没有进一步采取有效措施保护本企业的知识产权。在国内企业普遍没有树立起知识产权保护意识的同时，跨国公司却已经开始了专利先行的战略和对我国的围堵战略。外国公司凭借其先发优势，通过专利手段为我国中小企业保护知识产权设置障碍，挤压中国企业的创新发展空间。

（三）合理的知识产权利益平衡机制尚未建立，一定程度上抑制了企业创新的热情

企业做出技术创新决策，是成本收益权衡的结果。创新的实际动力是获得短期的垄断利润或长期的竞争优势，这源于技术创新成果的排他性。然而，外部的市场环境具有企业不可控的特征，对知识产权的侵犯会造成创新者失去获利的可能。据调查，目前我国有技术创新的企业和没有创新的企业，在市场回报率方面没有很明显的差距，而且利润率差异远低于创新行为有无的差异，这无疑会挫伤企业技术创新的积极性。

现存的不尽合理的知识产权保护体系是多种因素共同作用的结果：游戏规则的制订者是技术先进的发达国家和技术先行的跨国公司，利益的天平必然是倾斜的；我国缺乏应对发达国家知识产权倾轧的经验，目前也没有健全的法律制度作为制衡，虽然中国已经明确提出要大力推动实施知识产权战略，但是产生效果需要很长时间；包括中关村民营科技企业在内的中国企业，知识产权意识不强，较少用法律手段保护自主开发的知识产权产品及技术，同时，按照 WTO 规则处理与国外厂商知识产权纠纷的能力也不强；虽然已经建立中关村国家知识产权制度示范园区，而且在打击盗版方面开展了许多工作，但是在企业知识产权创造、利用和提高保护能力方面，中关村做得还远远不够。

三、园区政府要在知识产权保护体系建设中发挥主导作用

（一）完善知识产权法律体系，明确知识产权政策导向

在知识产权法律规定的基础上，针对中关村的实际情况，细化知识产权归属和利益分配的规定，完善知识产权制度的激励机制；为企业提供平等的市场竞争环境；根据科技企业发展的实际需要，完善各种产权制度的执行规范，尽快制定出保护企业知识产权的有关规定，如加强企业知识产权工作的规定、高科技产品进出口的知识产权保护规定等；中关村科技园区管委会应在国家知识产权法律法规的基础上，结合园区及区内企业的实际情况，制定相应的实施细则。

（二）有效保护知识产权人合法权益，创造公平竞争的社会环境

首先，大力培养高素质的执法人员，通过请专家授课和送出去培训、自学等形式，培养出具有执法资格的知识产权保护执法人才；其次，坚持依法行政，严厉打击一切知识产权侵权行为，做到有案必接、有案必查、接查有果。在执法中，既要打击侵权，又要防止侵权，在查处工作中，坚持集中查处与日常查处相结合，主动查处与群众举报相结合。园区政府应设立知识产权接待日和举报电话，集中解答知识产权方面的问题，随时受理群众提供的各种举报案件；第三，主动了解知识产权权益人的保护状况，协助依法维权。采取走访企业，定期召开知识产权保护座谈会等形式，积极主动了解权益人的知识产权保护情况，对发现制造、销售、使用、进口侵权产品的行为，帮助权益人依法主张权利，及时制止侵权行为，使知识产权真正成为受法律保护的独占权；第四，建立执法联动体系，提高反不正当竞争力度。要充分发挥法院和检察院具有知识产权案件管辖权的有利条件，加大司法保护力度，建立知识产权办公会议制度，联合专利、法院、检察院、海关、商检、技监、工商、版权等部门形成联动机制，携手打击违法行为。

（三）加大知识产权保护宣传力度，增强知识产权保护意识

通过宣传，提高全社会知识产权保护意识，特别是让民营科技企业清楚我国企业知识产权保护的现状及与发达国家的差距，克服盲目乐观和因循守旧的思想，增强忧患意识，从而以强烈的责任感去推动企业的知识产权保护工作，营造一个良好的社会氛围。

四、园区企业要在知识产权保护体系建设中发挥主体作用

（一）制定并实施知识产权保护战略，充分发挥知识产权效用

可以从以下几方面入手：建立知识产权评估制度，做好企业知识产权评估工作，以真实反映企业知识产权的内在价值，更好地发挥其效用；完善知识和技术作为生产要素参与分配的制度，切实保障职务成果完成人的技术权益和经济利益，充分调动广大科技人员从事技术创新的积极性、主动性和创

造性；努力开发具有自主知识产权的产品和技术，创出全国专利名牌产品，进而创出国际名牌产品，形成较强的市场竞争力和较高的市场占有率，以此推动企业更好、更快地发展。

（二）创新观念，积极采取措施应对跨国公司的专利战略

面对跨国公司的知识产权大棒，中关村企业应该勇敢地运用法律武器进行对抗，积极应诉，并在争取自身利益时"锱铢必较"。另一方面中关村企业在发展自有知识产权的时候也要注意方法。目前我国研发基础薄弱、资金匮乏，发展自己核心技术难度太大，而日本当年的经验或许可以借鉴：在别人的核心技术之上进一步研发形成自己的新专利，即"从属专利"，然后用"从属专利"和"基础专利"所有者形成"交叉许可"，以避免交专利费、受制于人的尴尬境地。采取短期内在技术提升的过程中研究别人的基础专利，以此为基础形成自己的专利群落的方法，这在目前很多标准的基础专利已经被国外大公司掌握的环境下，对中关村企业制定知识产权战略有现实指导意义。

（三）建立有效的知识产权管理和保护制度，提高知识产权管理水平及保护能力

一是建立和完善包括知识产权管理制度、保密制度、成果归档制度、劳动合同制度等在内的知识产权内部管理制度；借鉴国外跨国公司开设知识产权部门的制度建设，设立专门的知识产权部门，负责分析专利信息、市场调研、申请专利、制定专利战略等工作；由专人对专利申请、商标注册、科技成果登记与保密、技术资料的加密归档、处理知识产权的侵权和纠纷等负责，提高知识产权保护的效率。二是加强对科技人员流动中知识产权的保护与管理工作。中关村企业应当对本单位的知识产权，尤其是技术秘密给予严格的界定，并采取合法的、有效的保护措施；对于将本企业拥有的、特定的技术秘密擅自提供给其他单位或个人，侵害本单位技术权益的，或以流动为名、故意利诱他人披露相关技术秘密的企业和个人，应当运用法律手段追究其相应责任，维护本企业合法利益。三是完善技术合同管理的制度，切实保

障企业在转让技术成果时获得相应收益。中关村企业转让科技成果，进行技术交易，应当严格按照《合同法》有关规定，签订有关技术开发、转让、咨询、服务以及技术入股、联营、培训、中介等合同，并应在合同中明确约定有关知识产权归谁所有、如何使用以及由此产生的利益如何分配等事项，切实保证相应经济利益的实现。

五、推动园区企业专利产业化，促进技术转移与产业化

保护知识产权的目的是鼓励技术创新，促进技术转移与产业化。只有推动园区企业专利产业化，才能发挥专利促进科技创新和推动经济发展的作用。

（一）将各类科研计划与专利结合起来，提高专利质量

今后应把专利工作纳入科技创新的全过程，在科研课题立项前，把专利申请列入课题任务书，把申请和维护专利权的费用列入经费计划，课题完成后，指导科研人员按照先申请专利、形成自主知识产权，后再评定成果、发表论文的顺序进行，以保证科技成果的新颖性和实用性；提高专利在科技人员职称晋升、奖金分配等中的评分标准，使之不低于相应等级成果的分值；将专利作为项目和成果评定或奖励的重要依据，作为评价企业技术中心成效、评定高新技术企业的指标之一，使专利工作在技术创新的各个环节有效发挥作用，逐步形成促进技术创新与专利保护紧密结合的运行机制。

（二）建立专利信息检索研究中心，加强对专利文献的利用

目前，中关村还缺少大规模的专利信息检索服务中心，现有的专利信息检索服务机构小而分散，大量专利文献得不到全面检索利用。下一步，应整合现有的专利信息检索资源，建立专利信息检索研究中心。并结合园区的产业结构状况、结构调整方向等，对专利信息资源进行全面检索和筛选，建立一个包含园区支柱行业、国家和北京市重点发展领域的高层次、多门类的专利信息数据库。为政府和企事业单位的专利战略研究提供支持平台。引导企业通过专利检索，避免低水平重复性研究和科研资源的浪费；跟踪国际最

新技术，提高研究开发的立项起点；掌握竞争对手的最新动态，及时调整发展战略；合法使用没有在我国申请专利的国外发明创造；避免进口过时的技术，防止出口已申请专利的技术、侵犯别人的专利权。

（三）建立专利申请资助制度，提升专利申请量

设立"发明专利费用资助资金"，对发明专利申请人，资助一定比例的申请费和维持费，以克服因专利申请周期长、收费高而带来的负面影响，提高原创性发明专利的申请量，激发技术创新的积极性，带动园区企业技术创新能力的提高。

（四）强化措施促进专利产业化

对符合北京市和中关村产业发展方向或属于北京市和中关村重点新产品目录的产品、技术，申请专利后，给予一定数额的代理费用补贴；扶持有条件的单位和部门建立专利技术产品试制风险投资机构和信用担保机构，鼓励专利持有人用专利权进行质押，以获取资金，克服专利转化中的瓶颈制约；加强专利市场建设，充分发挥专利市场在实现专利技术与企业对接、促进专利产业化等方面的作用，为广大专利持有人提供一个专利产业化平台；对在实施转化的、对经济发展有巨大促进作用的专利，应对专利权人实行重奖，最大限度地调动科技人员将其发明创造产业化的积极性。

第四节　完善中关村科技金融体系

科技创新和金融创新是引领现代经济发展的一对孪生兄弟，每一次的产业革命的兴起，无不源于科技创新，而成于金融创新[1]。科技创新与金融创新的紧密结合，是社会变革生产方式和生活方式的重要引擎。从欧美发达国家和美国的硅谷创新中心的发展经验来看，金融发展和创新对促进高新技术

---

[1]　张来武：《科技与金融是一对孪生兄弟》，《中国科技财富》2011 年第 7 期。

产业发展和产业的升级替代发挥了举足轻重的作用。

2012 年 8 月 6 日，国家发改委等九部委会同北京市人民政府出台了《关于中关村国家自主创新示范区建设国家科技金融创新中心的意见》，这是国家提升自主创新能力，推动资本市场服务于科技创新的重大举措，使金融在中关村创新驱动发展战略中发挥更加独特的作用。

一、大力发展金融产业，构建多样化的金融体系

（一）加强政策引导，聚集新型科技金融机构

落实金融监管部门的金融创新政策，并在中关村先行先试；加大财政支持力度，鼓励金融机构开展机构创新和机制创新。支持银行在中关村设立投资银行、中小企业专营机构、消费金融公司、科技分行、跨境交易中心等新型机构；支持证券公司在中关村设立自营业务、经纪业务、券商直投、投行和场外业务等专业公司；支持保险集团、保险资产管理、保险经纪、保险公估等公司及保险交易市场在中关村设立；支持金融产品销售公司、风险管理公司、客户服务公司等金融新兴实体落户中关村。

（二）依托区域 IT 产业优势，创新发展互联网金融

吸引依托互联网和移动通信、大数据处理等技术的机构在中关村聚集发展，鼓励其开展资金融通、支付、机构间交易结算平台等金融业务。支持新设立或新迁入的第三方支付、供应链金融等机构的发展。鼓励各类机构加强互联网金融研究与创新，探索新型融资模式，促进民间金融的阳光化、规范化。

（三）充分发挥政策优势，打造产融结合示范基地

引导大中型企业和产业龙头企业通过设立金融控股集团，建立和完善财务公司、大企业集团资金调拨和结算公司、投资公司等机构融合的金融板块，通过金融手段支持集团实体经济发展壮大，实现科技和金融依托集团实体实现产业融合，以金融创新带动产业结构升级和产业链的延伸。支持金融机构创新产品，以金融创新促进、引领科技创新。

（四）建立金融中介服务联盟，聚集科技金融中介服务机构

支持各类金融行业协会在中关村聚集，吸引专注金融领域特别是为中小微企业开展投融资业务提供咨询服务的会计师事务所、律师事务所、资产评估机构、信用评级机构、信息咨询公司等中介服务机构在中关村发展。成立科技金融中介服务联盟，搭建企业与金融机构对接的桥梁。

（五）借助核心区科技优势，强化对金融服务的科技支撑

充分发挥科技支持金融发展的作用，鼓励为金融机构提供专业设备、软件开发、信息管理、电子商务后台支撑、金融服务、外包服务等科技企业的发展。支持科技企业加大在移动支付、电子交易系统、金融信息系统等方面的投入，提高金融科技化水平。加强科技创新成果在金融领域的应用和推广，提高金融服务实体经济的水平和质量。利用科技手段支持金融创新，实现安全、规范、高效发展。

二、推进科技金融创新，构建服务企业的全周期金融产品

（一）积极推动金融改革创新试点，建立中小微企业融资创新示范基地

推动银行、证券、保险、股权投资等多类金融机构相互合作，建立多种融资手段联动并用、多种金融产品融合发展的中小微企业创新型金融产品体系。在金融功能区和高科技园区开辟专门区域试点中小微企业融资创新产品。推动银行、保险、证券、租赁、信托、金融资产管理等机构针对中小微企业在风险评价、机构设置、产品设计和考核机制等方面开展创新。

（二）加大引导力度，推动中小微企业专营机构向深度和广度发展

鼓励银行针对中小微企业信贷专营机构建立专业团队、快捷的审批机制、科学化产品体系、风险控制体系及特色化激励机制。鼓励保险公司在中关村试点科技保险业务，充分发挥科技保险在企业资金融通中的功能。鼓励银行、保险等金融机构试点设立知识产权专营机构，引导其针对中小微企业开展相关服务。引导小额贷款公司增强中小微企业服务能力，协调有关部门

争取中小微企业贷款业务突出的小额贷款公司在中关村范围内开展业务。

(三) 完善中小微企业信用担保体系，促进担保机构健康发展

推动中小企业信用担保体系建设，综合运用资金补充和财政补贴多种方式，对开展中小微企业信贷担保业务的担保机构给予支持。引导融资担保机构创新担保品种，为中小微企业提供信用担保。鼓励担保机构加入再担保体系，扩大担保规模。

(四) 培育发展科技保险市场，提升科技企业风险管理水平

引导驻区保险机构面向中关村科技型企业推出科技企业研发责任保险、关键研发设备保险、出口信用保险、员工忠诚保险、科技人员养老保险等特色产品。支持和鼓励驻区企业购买科技保险产品。鼓励在中关村设立保险交易市场，支持中小微企业保单流转，鼓励联保互保、再保险产品交易；支持保险经纪公司参与保险交易市场发展，并开展保险经纪业务品种交易。

(五) 完善知识产权融资体系，促进科技成果转化

推动企业开展知识产权标准化管理，建设专利信息传播利用数据支持平台。推进知识产权商用化，探索知识产权助力企业股权交易、上市融资新模式。设立知识产权质押贷款质权处置引导资金，引导、支持知识产权中介机构建立知识产权质押贷款处置机制，推动企业运用知识产权质押融资。聚集知识产权高端服务要素，建设知识产权服务聚集发展区。

三、完善创业投资体系，打造全国股权投资中心

(一) 吸引股权投资机构聚集，加快股权投资业发展

大力吸引天使投资、创业投资、产业投资、并购重组和券商直投基金在中关村发展，打造交易活跃、投资规模大、知名股权投资机构聚集的全国股权投资中心。对新设立或新迁入中关村的股权投资机构给予房租补贴和投资奖励；对关注初创期高科技企业的风险投资给予重点支持。

（二）培育聚集天使投资人，支持小微企业孵化成长

建立健全合格天使投资人备案登记制度，开展知名天使投资人、天使投资机构和优秀创业导师评选，吸引境内外天使投资人聚集并开展业务。搭建天使投资与项目的交流对接平台，为小微企业提供增值服务。支持以车库咖啡、3W 咖啡、天使汇、36 氪、创投圈等为代表的天使投资中介服务机构和行业组织聚集，并通过线上线下方式实现投融资对接，促进小微企业通过股权融资实现创新创业。

（三）发挥财政资金引导作用，支持企业创新创业

发挥政府引导基金的投资引导作用，吸引各类风险投资、天使投资机构聚集并投资于中关村特色优势产业的初创期（含天使期）企业，积极争取市级中小企业发展资金配套支持。推动引导基金与社会资本合作成立产业投资母基金和并购重组基金，提高财政资金的杠杆放大作用。在促进股权投资行业自身发展的同时，鼓励更多创业企业通过引导基金实现股权融资或并购重组，增强企业配置高端要素和资源的能力，助推产业结构优化升级。

（四）构建股权投资服务平台，服务实体经济发展

支持中关村创业投资和股权投资基金协会等行业组织做大做强，定期发布《中关村股权投资行业发展报告》，积极为股权投资机构提供选址入驻、项目对接、政策申报和宣传展示等一系列个性化服务，推动银行、证券、保险等传统金融机构与股权投资机构开展资金募集、基金托管、银投联贷、并购重组等投融资合作。

四、完善企业上市服务体系，建设多层次资本市场

（一）加快要素聚集，建设多层次资本市场

支持中国技术交易所等要素市场建设，探索引导科技成果进场交易的有效途径，完善推动科技成果转化的服务功能。大力发展北京股权交易中心（四板市场），支持企业在四板市场挂牌及转板。提高四板市场交易活跃度，

拓宽企业股权融资渠道和股权投资机构的退出通道。积极参与机构间交易市场筹建，针对中小企业建立包括金融产品交易、股权交易的网上交易平台，创新网络交易金融产品，完善多层次资本市场体系。

（二）搭建企业上市服务平台，打造上市公司培育基地

支持企业在境内外证券交易所上市；鼓励中小微企业在场外市场挂牌，优化公司治理结构、提升企业知名度。为企业提供联动高效的服务，力争形成分阶段、多层次的上市梯队。

五、完善配套服务体系，优化科技金融发展环境

（一）建立金融机构快捷服务机制，加快科技金融人才队伍建设

加大政策宣传力度，积极落实人才奖励政策。推进人才培养引进工作，拓展人才引进渠道，完善人才培养引进体系。与中央财经大学合作，探讨设立服务中关村核心区的科技金融创新研究院。探索建立金融机构政府专项服务通道，快捷处理金融机构人才落户、子女入学、住房保障等方面事务。设立金融人才办事窗口，提高金融人才服务效率。

（二）推动中关村核心区外汇管理政策试点，优化企业利用外资和境外投资环境

积极争取外汇管理、商务和发改部门支持，简化外汇审批流程，下放审批权限。推动各级监管部门在中关村核心区开展外汇管理政策试点，适当放宽核心区企业境外募集资金进入国内的限制；鼓励核心区企业投资境外有成长潜力和核心技术的创业企业，促进先进科技成果跨国转化和技术转移；支持外商股权投资企业在核心区投资；扩大跨国公司总部资金集中运营试点范围，提高核心区服务外包企业服务贸易单笔对外支付额。

（三）加强科技金融创新文化建设，激发创新意识

营造鼓励创新、共担风险、讲求信用的投融资文化环境。加大宣传车库

咖啡、创新工场等扶持创新创业的典型案例，积极推动以创新文化、创业文化、创造文化为核心的金融文化体系建设。充分利用高校院所科研资源，为区域科技金融创新提供智力支持。建立科技金融创新研究院，形成集聚知名学者、经济学家、金融企业家的科技金融专家库，为金融机构提供专业咨询意见。

第五节　完善中关村技术转移中介服务体系

技术转移机构是国家和区域创新体系的重要组成部分，是各种创新主体的黏合剂和创新活动的催化剂，在促进技术转移，为科技提供社会化、专业化服务等方面发挥着重要作用。因此，完善技术转移服务体系，促进技术转移机构健康发展，对于充分利用中关村的科技优势，加快北京社会经济发展步伐，具有十分重要的意义。

近年来，北京市政府及各相关部门为促进中关村技术转移做了大量工作，采取了很多有力措施，如：设立"科技中介服务专项"；建立北京市技术转移中心；实施"名牌技术转移服务机构建设战略"；建设中试基地，促进技术转移；举办技术转移峰会，搭建技术转移平台；实施技术转移战略；发布"北京市促进科技中介机构发展的若干意见"等。通过各方面的共同努力，中关村技术转移取得了明显成效：技术转移服务机构的专业服务能力显著提升；名牌技术转移服务机构正在崛起；北京市技术转移中心在实现科技成果转化方面取得显著成绩。

一、中关村技术转移中介服务体系发展亟待出台新举措

科技中介服务机构的发展面临诸多困难和问题，亟待出台新举措。首先是中介机构发展的外部环境条件不够完善，尤其是信用体系建设亟待加强。科学规范、公正健康的信用环境，是技术转移和成果产业化的必要条件。信用环境不佳，信用机制缺位，是制约中关村技术转移的重要因素。很多中介

机构，包括一些本来就是诚实守信的科技中介机构，在从事技术转移服务过程中，经常遇到的是"中介免谈"；由于信用缺失，已经签好了的协议，也不能有效履行。一些技术转移中介服务机构生存困难，整天琢磨自己如何不被欺骗，不能全力投入技术转移服务工作。建立和完善北京技术交易诚信体系，已是迫在眉睫。此外，政策环境需要进一步完善。其中，增值税优惠是对技术转移的最大促进力量，但目前与企业收益最为相关的增值税优惠难以实现。其次，科技中介机构结构不够合理，无法形成产业集群。第三，科技中介机构的管理机制及其运行机制不够科学，特色服务不够鲜明。第四，科技中介机构的服务水平、服务质量和人员素质有待提升。

北京市委、市政府在关于建设中关村国家自主创新示范区的《意见》中已提出，在核心区建设中国技术交易所、国家技术交易中心、国家版权交易中心等专业机构，吸引创业投资机构、律师事务所、专利和商标事务所等各类机构入驻。《"科技北京"行动计划》也做出了相关规定，旨在推进技术转移和科技成果转化。应当说，这是今后几年北京市最重要的科技公共服务平台建设任务。建议在上述平台建设中着力打造以下几个子平台：一是技术交易服务子平台，建立统一的交易标准，促进技术交易，强化区域性科技会展服务；二是专业技术服务子平台，建立专业技术服务网络，强化区域性产业关键共性技术研发服务；三是科技公共资源服务子平台，集成科技文献、大型仪器、科学数据、自然科技资源，提高科技资源的利用率和覆盖率；四是信息集成服务子平台，促进技术平台的网络建设及信息流通渠道建设，建立权威的技术信息中心；五是科技成果与信用评估子平台，提供权威的、有公信力的评估结果。

在搭建平台的同时，要坚持协同创新的理念，从功能创新、机制创新和管理创新等多方面，进行整体化设计，落实有效利用平台的运行方案。此外，对在创新实践中创造出的新平台，如北京协同创新服务联盟等，要认真总结和推广。

二、充分发挥科技中介机构在技术转移中的作用

(一) 建立完备的科技中介服务体系

目前北京市已拥有9000多家科技中介机构、160多家相关协会、500多家各类专业服务中心、18万从业人员，已有的各类技术转移服务机构存在各自为政的状态，尚未形成一个完整的技术转移服务体系。因此，需要从技术—产业链条运作各个环节的需求出发，构建完备的中介服务体系。政府与行业协会要根据技术中介服务的特点，积极引导行业分工和协作。应建立和完善以公益性服务为主和以市场有偿服务为辅的技术服务体系。

(二) 重视与发展技术经营业

技术经营要解决的问题，就是如何把技术市场化、商品化。技术经营包括从研发到应用全过程的战略、战术的企划和管理，所涉及的范围涵盖从产业工程到一般公共政策的广泛领域，足以视为一个产业。中科院原副秘书长王玉民建议，将技术经营列入"产业"系列，制定产业政策给予扶持、引导和强化。因此，中关村地区要制定相关政策，提高技术经纪人的社会地位。园区还要采取一些必要的措施，如设立技术经营扶持公共基金、给予相应的优惠政策、实施技术经营示范工程等。

长三角地区的三省一市已将技术经纪业视为第三产业的重要组成部分，是促进科技成果商业化和技术创新的重要工具。长三角地区政府相关部门已表示，要对技术经纪业给予持续支持，包括规范组织管理体制、出台相关政策性文件、加强技术经纪人培养、整合技术经纪信息交流平台。

发展技术经营业是提高中关村科技中介服务质量的关键所在。北京目前没有从如何形成产业链和产业集群来形成一个宏观思考，致使科技中介机构和技术经纪人队伍无论在数量上还是作用上都与长三角地区存在较大差距。北京市和中关村园区应大力扶持作为市场主体之一的科技中介机构的发展，使其不同于政府背景的中介机构，真正成为市场运作的主体。

（三）制定技术转移中介机构的成立原则和标准

针对目前我国科技中介服务机构繁多、良莠不齐、没有统一标准和原则的现实情况，比照国际上"4S"：Standardization（标准化）、Specialization（专业化）、Simplification（简单化）、Systematization（体系化）原则，制定我国（北京市）的技术转移中介服务机构的组成原则和标准。北京市政府和中关村园区要按照国际标准，培育出一批具有"四化"特征的从事技术转移机构，让企业成为真正的技术转移主体。

（四）明确技术转移中介机构的科技创新型企业地位

北京市政府和中关村园区要从认识上纠正科技中介服务不属于科技创新的错误认识，并将技术转移中介机构归入科技创新型企业。其实，技术转移中介机构所转移的技术大都属于高新技术，这类机构应当属于科技创新型企业。

（五）创新教育，为技术转移提供人才保障

当前，中关村在技术转移的各个环节都深感人才缺乏，特别是具有专业技术背景、具有管理和法律知识的技术经纪人和技术转移高级经理人十分缺乏。解决技术转移人才缺乏问题，首先，政府要高度重视。应当把加快培养具有创新素质和技术经营能力的复合型人才作为当务之急，由相关政府部门共同商讨，加以落实。教育部门要树立现代大学理念，使学科设置的改革尽快与社会现实需要相结合。其次，开展试点，大胆创新人才培养模式。2008年，全国首个技术转移方向硕士研究生班——北京工业大学软件工程硕士（技术转移方向）班已经开班。这一试点，将具体探索技术转移人才的培养模式，形成值得推广的经验。还可以借鉴目前一些大学定向培养国防生的做法，加快培养技术转移人才。第三，借鉴国外的成熟做法。如美国已有200所大学和研究生院开设技术管理专业，平均每年有1万名技术管理专业人才毕业。据国外经验，技术转移人才应先具有丰富的创业或投资经验，这对我们如何针对在职人员开展技术管理教育提供了重要启示。第四，组织有关专家、学者特别是有技术转移成功案例的专家，借鉴国内外技术转移与技术创新理论与经验，探索性的编写《中关村科技园区技术转移教材》。提高政府部门对技术转移工作的认识，及时调整优化技术转移管理人员的专业知识结构，打造一支高素质、高效率的政府部门技术转移管理人才队伍。

完善和提升现有的技术经纪人培育体系，实施技术经纪人守信工程。组织相关协会、技术转移机构、大学和企业联合培训中关村科技园区的技术经纪人，保证技术转移队伍的专业素质和工作水平，使中关村科技园区的技术经纪人真正成为适应技术经纪需求的人才。实施技术转移人才培训认证和注册机制。组织专家、学者，对技术转移服务机构从业人员进行职业资格培训，在区域内统一认证标准、统一教材、统一考试、统一考核。对取得职业资格证书的人员，每年进行年审、注册登记。

三、中关村国家自主创新示范区核心区已初步形成技术转移服务体系

2012年3月，北京市科委与北京市海淀区签署共建协议，在中关村西区共建国际技术转移中心。截至目前，该中心已经吸引了来自美国、英国、意大利、西班牙、加拿大、葡萄牙等国的49家国际知名技术转移机构入驻，成功举办了60多场形式丰富的对接会，服务了上千家企业，促成了生物医药、新材料、农业、节能环保等领域的一大批国际技术转移项目。

表6—4　海淀区国家技术转移示范机构一览表

清华大学国家技术转移中心
北京科大恒兴高技术有限公司
中科院北京国家技术转移中心
中国科学院金属研究所可视化热加工技术转移示范中心
机械科学研究总院先进制造技术研究中心
中材料集团研究开发中心
北京中农博乐科技开发有限公司（中国农科院饲料所技术转移中心）
北京技术交易促进中心
北京大学科技开发部
中国钢研科技集团公司市场部

（续表）

| 中国科学院计算技术研究所技术发展处 |
| 中国农业科学院技术转移中心 |
| 中国科学院自动化研究所技术转移中心 |

资料来源：北京技术市场协会

2013 年 4 月，科技部和北京市政府共同发布《关于建设国家技术转移集聚区的意见》，在中关村西区共建国家技术转移集聚区。科技部、北京市和海淀区将聚集资源，加快实施载体建设、改革推进、服务提升三大工程，共同将中关村西区打造成为技术转移机制完善的探索区、商业模式创新的加速区、技术成果转化的加速区、区域创新合作的核心区。到 2020 年，国家技术转移集聚区将成为我国科技创新服务体系的标杆，实现科技创新活力的充分释放和市场对科技资源的有效配置，初步实现对全球创新资源的凝聚、整合与利用，形成以北京为轴心的跨区域、跨领域、跨机构的技术流通与转化新格局。

近年来，海淀通过加快建设技术转移转化平台、强化技术转移的科技金融支撑、推动技术转移服务向高端化和专业化发展等多项举措，初步形成了成果转移转化、科技金融等在内的技术转移服务体系，包括国际技术转移服务在内的科技服务业在海淀发展迅速。截至目前，北京市海淀区科技服务业企业超过 1200 家，2012 年实现总收入 2200 亿元。

表 6—5　海淀区 2010 年营业性收入排前 10 名的技术转移服务机构名单

排序	机构名称	全年机构总收入（万元）	营业性收入（万元）
1	北京航空航天大学科技开发部	60041.00	60041.00
2	东方科学仪器进出口集团有限公司	51636.26	51636.26
3	机科发展科技股份有限公司	18456.88	14922.92
4	北京交大创新科技中心	13793.00	13793.00
5	北京大学科技开发部	11548.00	11541.00
6	中国科学院理化技术研究所	31175.54	5913.46
7	中国科学院计算技术研究所技术开展处	39702.00	3857.00
8	北京科信必成医药科技发展有限公司	2043.67	2043.67

（续表）

排序	机构名称	全年机构总收入（万元）	营业性收入（万元）
9	科威国际技术转移有限公司	2237.00	1906.00
10	北京农科院种业科技有限公司	1749.57	1749.57

资料来源：北京技术市场协会，机构按 2010 年营业性收入大小排序

四、中关村园区在技术转移中介服务体系建设上要发挥规范、引导、扶持和监管作用

（一）规范

制定技术转移机构的成立原则和标准，具体体现在制定《技术转移服务规范》。针对北京地区技术转移机构数量繁多，良莠不齐，没有统一标准和原则的现实情况，制定北京技术转移服务规范，从而规范机构的各项服务内容。由北京市科委承担、北京技术市场协会组织起草的地方标准《技术转移服务规范》已经于 2011 年 12 月正式实施。该标准的制定和实施对技术转移服务规范化、制度化建设将发挥积极的推动作用；对提升中关村技术转移机构的服务质量和水平，促进北京现代服务业发展，健全中关村创新体系建设，具有重要意义。

（二）引导

科技成果转化和产业化的链条非常长，技术转移机构可以针对科技成果转化链条上不同的环节提供各种服务，从而获得收益。政府与行业协会要根据技术转移服务的特点，积极引导行业分工和协作。引导、鼓励技术转移机构积极发展其主业，将主业做大做强，从而充分发挥技术转移机构在科技成果产业化中的独特作用，全面加速技术转移和科技成果的转化。这不但有利于技术转移机构向专业化方向发展，而且有利于缩短科技成果产业化的周期。

（三）扶持

制定对技术转移机构的优惠政策，使其能够真正享受到政策带来的实惠。资金扶持：政府部门每年应有一部分专项资金用于技术转移机构的建设，这部分的资金要使技术转移机构、接受服务的企业、政府三方都受益。人才扶持：建立中关村技术市场人才培训基地，加强中关村技术转移人才队伍建设，培养大量懂技术、会经营、善管理的复合型人才。

（四）监管

制定和完善技术转移机构从业人员持证上岗制度和机构资质认证制度。由政府授权行业协会，对人员和机构进行资格考核和资质认定，并授予技术转移机构不同的资质等级。评选中关村地区技术转移示范机构，打造一批品牌技术转移机构。有针对性的评选出一些体现行业特色和技术优势的技术转移机构，通过政府扶持和机构自身努力，在3—5年内，打造一批名牌机构。

同时，在社会舆论方面，要纠正社会公众对技术转移机构的偏见，真正认识到技术转移机构在国家创新体系中具有不可替代的重要作用。

附件1：美国高智发明公司案例

本案例主要研究其在科技服务领域的主要活动，侧重于技术和专利的集成创新、价值增值等。

一、公司简介

高智发明由微软公司前首席技术官内森·米沃尔德和软件架构师爱德华·荣格等人在2000年共同创立，公司总部位于美国华盛顿州的贝尔维尤市，亚马逊、苹果、思科、eBay、Google、诺基亚、索尼、雅虎和微软都是它的股东。与传统的公司有所不同的是，高智发明并不从事任何实际产品的生产，而是专注于发明投资业务。目前，高智发明拥有760多名雇员，由科学家、技术专家、商业领袖、项目管理专家、律师以及知识产权专家等各行业精英组成，运营资本主要是通过私募股权基金的形式获得，投资重点涵盖了信息技术、生物医疗、材料科学等技术领域。高智发明的组织结构主要包括以下六个部分：

高智发明自2003年开始专注于发明投资业务，在不到10年的时间逐步成长为全球最大的专业从事发明投资的公司，管理的投资基金总额大约50亿美元，并拥有超过3万项的专利和专利申请（每年正在以上千件的速度递增），已经从专利许可项目中获得将近20亿美元的收益。

部门	主要职责
专利购置部门	负责从第三方获取专利
创新部门	负责内部的创新研发
投资者关系部门	负责管理投资事宜
商业化部门	负责专利资产的开发
研究部门	为上述四个部门提供业务支持（如帮助公司分析如何从
知识产权运营部门	事专利购买、开发和商业化等）

二、商业模式

高智发明改变了传统的专利经营管理模式，它将专利经营作为公司主要业务，通过将创新活动与私募基金成功对接的做法，在专利交易市场上创造出一种全新的商业模式——在创新价值链中选择自己所专注的某些环节，围绕"发明"打造全球范围的产业生态系统，并让"发明创意"能够在市场上实现自由的流通交易、兑现价值。

募集风险投资基金 → 发掘专利应用领域 → 收购专利或自主研发 → 销售专利许可

三、基金

为实现以上目的，高智发明设立了三股专利基金："发明科学基金"（Invention Science Fund）、"发明投资基金"（Invention Investment Fund）和"发明开发基金"（Invention Development Fund）。

发明科学基金：内部技术研发。发明科学基金是一个以公司研究成果为主，在获得知识产权后自产自销，获得利润的一股资金。在技术研发方面，高智发明广泛邀请来自不同学科领域的顶级专家，定期召开一种被誉为"头脑风暴"的发明会议，挖掘能够覆盖未来 5—10 年产业发展命脉的核心技术。

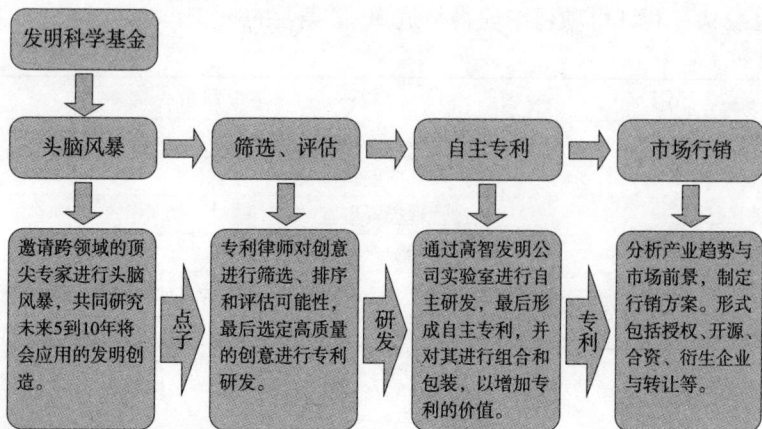

发明科学基金

头脑风暴 → 筛选、评估 → 自主专利 → 市场行销

头脑风暴	筛选、评估	自主专利	市场行销
邀请跨领域的顶尖专家进行头脑风暴，共同研究未来5到10年将会应用的发明创造。	专利律师对创意进行筛选、排序和评估可能性，最后选定高质量的创意进行专利研发。	通过高智发明公司实验室进行自主研发，最后形成自主专利，并对其进行组合和包装，以增加专利的价值。	分析产业趋势与市场前景，制定行销方案。形式包括授权、开源、合资、衍生企业与转让等。

点子 → 研发 → 专利 →

高智发明的研发活动涉及专业跨度非常大，包括清洁能源、气候变化、医疗技术以及信息产业等重要领域。如在解决气候变暖方面，高智发明的科学家们提出用一根 18 英里长的塑料管向天空排放二氧化碳；成立核能发电的 Terrapower 公司，致力于开发生产清洁能源的新途径等。从研发模式来看，这种结合跨领域专家进行创新的做法，不但可以集思广益对技术前景做出预测，同时还降低了技术路径选择失误所导致的风险。

发明开发基金：国际创意合作。以部分美国大学基金为主要投资人，首先寻找合适的发明者，然后通过谈判获得发明的技术信息，待专家对此项发明的前景和质量认可以后，高智发明公司会资助发明创意，并把其开发成国际发明专利，通过独占许可的方式取得专利的经营权，授权给国内外企业，最终与发明者按照约定比例分享利润。具体的运营流程如下：

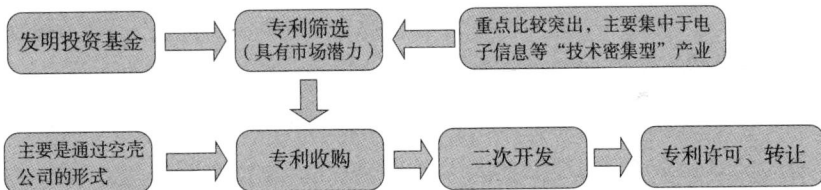

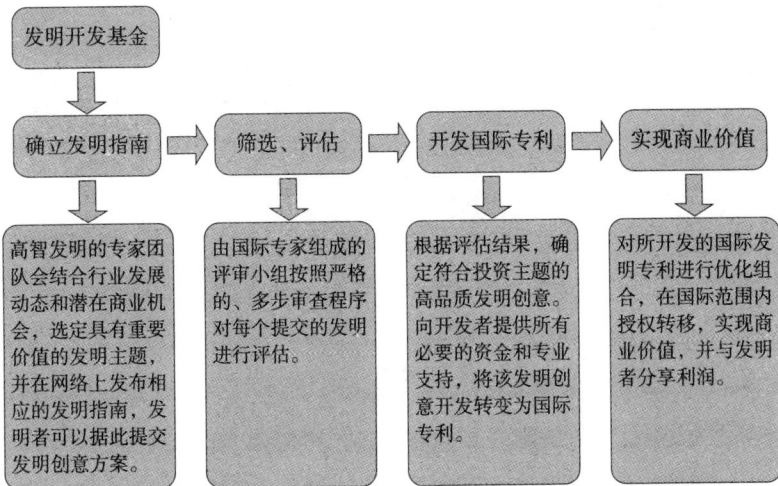

```
发明投资基金 ──► 专利筛选        ◄── 重点比较突出，主要集中于电
                 （具有市场潜力）      子信息等"技术密集型"产业
                      │
                      ▼
主要是通过空壳 ──► 专利收购 ──► 二次开发 ──► 专利许可、转让
公司的形式
```

```
发明开发基金
      │
      ▼
确立发明指南 ──► 筛选、评估 ──► 开发国际专利 ──► 实现商业价值
      │              │              │              │
      ▼              ▼              ▼              ▼
```

| 高智发明的专家团队会结合行业发展动态和潜在商业机会，选定具有重要价值的发明主题，并在网络上发布相应的发明指南，发明者可以据此提交发明创意方案。 | 由国际专家组成的评审小组按照严格的、多步审查程序对每个提交的发明进行评估。 | 根据评估结果，确定符合投资主题的高品质发明创意。向开发者提供所必要的资金和专业支持，将该发明创意开发转变为国际专利。 | 对所开发的国际发明专利进行优化组合，在国际范围内授权转移，实现商业价值，并与发明者分享利润。 |

四、启示

高智发明是一种新兴商业模式的开创者，通过将创新活动与私募基金成功对接的做法，为发明建立了一个投资市场，使得人们愈发意识到将专利作为战略资产的重要性；同时，高智发明所设立的资金为发明人提供了实现梦想的舞台，并给予他们丰厚的回报。

高智发明的商业模式，勾勒出一种全新的知识产权竞争态势，即从传统的"专利军备竞赛"转向"发明投资市场"，是知识产权服务业的新形式，为中关村探索高端增值服务的发展模式提供了重要参考。

附件 2：上海生科院知识产权中心：创新改革中国的技术转移

一、中心简介

上海生科院知产中心于 2007 年 4 月正式成立，目前已经逐步成长为 13 人的专业团队。纵刚意识到国内普遍缺乏专业化知识产权管理和技术转移能力，同时科研院所的需求又在不断增加。他采取了一种循序渐进的方式来创建上海生科院知产中心。一开始的工作重心是人才的招募和培训，以达到提高专利质量和合同质量的目标。纵刚招聘了生命科学领域的博士和硕士作为专利评估和市场推广经理，主要采用案例教学和实战相结合的方法培训他们的法律和商业方面的相关知识和技能，包括专利法、合同法、与成立新公司有关的公司法、技术市场推广、价值评估、交易结构设计、谈判等等。在上海生科院领导的大力支持下，他改变了工资和奖励机制来吸引和留住人才。到 2010 年初，纵刚已经将工作重心转向组织制度建立、市场和商业推广方面。

二、未来目标

上海生科院知产中心首要任务之一是发展并完善知识产权和技术转移政策，这为中心以后的运作提供了坚实的基础和指导方针。纵刚计划使知产中心成为一个有效联系科研人员和企业的枢纽。知产中心负责各种合同或协议的谈判，包括专利许可合同、选择权合同、股权合同、保密协议、材料转移协议、合作开发合同等。知产中心也不断在产业化方面促进与企业和投资者的积极合作，还负责处理专利侵权案件并与专利事务代理机构合作。纵刚计划中一个重要部分是有效地管理和避免潜在的利益冲突。

随着上海生科院知产中心逐渐成为一个成功模式，纵刚计划未来将盛知华[①]

---

① 即上海盛知华知识产权服务有限公司。

打造成一个专业化知识产权与技术转移服务公司，为中国高校、中科院研究所、其他研究所和企业等提供专业的知识产权和技术转移服务，以促进早期技术的成功转化。与每个单位自己建立一个专业化知产中心相比，盛知华能够更迅速、更高效和更高质量地实现成果转化，纵刚认为盛知华在未来 3—5 年里有能力每年管理 3000—5000 件新发明。上海国盛集团（上海市政府的投资公司）、国科控股（中国科学院的投资公司）和上海生科院都意识到中国急需专业化的知识产权管理和技术转移服务，并愿意为盛知华的发展提供资金和支持。对纵刚来说，这是一件很有意义的事情，既能使有益于社会的创新技术得以产业化，同时又能帮助科研机构实现自身的价值。

三、建立管理过程

上海生科院知产中心的最终成功和可持续发展取决于有效实施发明披露和评估、增值、市场推广以及谈判的全过程管理。纵刚围绕技术优点、专利性、市场潜力、发明人四个关键因素建立了一套健全高效的发明评估体系。他认为早期技术的价值都在细节中，因此，仔细地了解发明的技术细节以及在先技术的细节，同时仔细地判断可能的权利要求范围、自由实施度、可维权性、无效可能性分析（针对授权专利）等是判断发明专利性和价值最重要的步骤。在这些工作的基础上，一个高质量专利成功与否还取决于其潜在的商业价值。纵刚团队开发了一套评估竞争产品以及相关专利和非专利技术的流程，以此来判断商业开发步骤和风险、竞争优势和劣势，并最终决定技术的潜在许可前景。

纵刚认为缩短专利评估时间对成功运作非常重要。由于 80%—90% 的新发明在初始披露时都基本上没有商业价值，纵刚的模式能否被成功地放大取决于专利性和商业价值评估过程中资源的有效利用。目前一个全职项目评估经理平均需要两星期评估一个发明，但他们现在正在寻找缩短评估时间的方法。通常在完成评估后，知产中心会与发明人密切交流并通过为发明人设计后续实验来扩大权利要求范围，以提高发明的质量和价值。例如，将治疗单一适应症扩大到治疗多种疾病适应症，或是使保护范围涵盖一组化合物而不是仅仅保护单一化合物。知产中心还致力于设计实验以降低可能的风险和迅速提高技术的商业价值。例如，得到商业初步可行性实验数据、进行毒理试验、推动药物进入人体试验阶段、获得 GMP 认证的材料和符合 GLP 的实验数据或临床试验数据等其他相关信息。

鉴于大部分专利无法被许可出去的原因是由于专利申请的质量差或专利律师事务所的工作质量差而造成的，纵刚认为知产中心的一个极为重要的任务是对专利申请进行全过程管理，从专利撰写到与发明人和专利代理人沟通，每一步都要加以监督和管理，批准和授权专利代理人的每一步操作。中国的专利代理事务所倾向于接受专利审查员的意见，而不愿与其争辩以获得更大的权利要求范围。这些事务所通常对每件专利申请按件收费，因此他们有动机尽量避免更多的工作。然而，即便是对美国和欧洲的专利律师事务所，因为每个专利律师事务所或专利律师的水平参差不齐，纵刚认为监管专利申请过程的每一步也是十分必要的。上海生科院曾经历过许多案例，在这些案例中，假如知产中心没有严格管理专利申请过程中的每一步，专利的价值就会被大大降低。

纵刚团队没有依靠"超市"模式或技术交易会等方式来进行技术市场推广，而是采用了一种更有针对性的市场推广方式——即根据具体技术的特点对潜在被许可方进行仔细的分析研究和挑选，主要考虑其技术开发的能力和经验、商业策略、经济实力、产品兼容性及其现有的市场营销网络等因素。然后项目经理会与挑选出来的潜在被许可方联系，确定他们是否对所推广的技术感兴趣，并协助他们做好复杂的内部评估工作。这样的方式远比把所推广的技术在技术交易机构简单陈列、或者将技术的市场推广信息随意发给大量未经筛选的公司更为高效。因为上述方式会带来大量的低效率的工作，例如与那些只想了解技术细节而并非真正对许可感兴趣、或是与根本不具备进一步研发能力的公司签订保密协议。

纵刚团队在专利许可谈判时总是自己内部对技术进行价值评估。中国政府的政策导致了许多资产评估公司的成立，其主要目的是在国有机构以专利入股与私有企业成立公司时防止国有资产流失或避免低价转让。政府规定在这种情况下，入股的专利应该由政府认可的资产评估公司对其进行价值评估，同时，评估报告应由政府指定的机构批准。但非常奇怪的是，对于现金结算的专利许可交易却没有这样的要求。纵刚认为：这种政策的出台是基于专利是有固定的价值这样的一个错误理念。实际上，精确衡量一个专利的价值十分困难，特别是对那些离市场很远的早期技术，因为在市场化的过程中，这些技术的价值可能会受到很多种不确定因素的影响。价值评估通常是基于一系列假设而得到的一个粗略估计。一个专利的最终价值通常是由交易双方谈判而确定的，而且经常会根据不同被许可方的具体情况而改变。由于通过改变假设可以很容易地改变专利价值，资产评估公司通常会根据客户要求的价值数来撰写专利价值评估报告。所以这种价值评估报告除了满足政府的要求外并不具有任何实际价值，因此，这种政策不但不能有效防止国有资产流失，而且还因审批过程漫长，给试图抓住转瞬即逝商机的真正想进行成果转化的企业造成了巨大障碍。

在中国，很多的许可交易仍采用一次性付款方式。这种交易方式不仅非常难做，而且对交易双方都有很大的风险。在对被许可方信誉和诚信度了解的前提下，纵刚团队通常采用国际通用的阶段付款的交易结构，包括入门费、节点费和销售额提成等，这样许可方和被许可方可以共同承担风险。2010年，纵刚团队将一项专利技术在美国和欧洲的部分权利许可给赛诺菲公司，总合同金额达到6000多万美元，外加销售额提成。这个消息公布之后，被广大媒体争相报道，大家都感到十分震惊和困惑为什么一个如此早期的技术能有这么大的价值。但对纵刚来说，这项交易非常普通，只要知产中心坚持以合理的原则进行价值评估和谈判，未来将做出更多类似的或更大金额的交易。纵刚将一些基本原则融入技术转移中心谈判的实践中，以公平公正为基础、始终寻求双赢的解决方案、创造性地解决双方合理的顾虑，以及重视建立长期合作关系。纵刚还发展了一套在合同谈判时检查和权衡重要法律条款的体系，包括尽责条款、报告责任、保密信息处理、发表权、免责条款、侵权责任、保证条款、合法审判地以及终止权等。

四、企业合作

在中国经济蓬勃发展的环境下，上海生科院知产中心需要与能够实现技术产业化的重要企业密切合作。由于国内企业更加关注短期内即能够产生销售额的技术，如果没有跨国公司的参与，把发明成果从实验室推向市场会很困难。除了与国内企业建立密切联系之外，上海生科院知产中心目前已经与赛诺菲、辉瑞、诺华、葛兰素史克、拜耳等跨国公司建立了密切的合作伙伴关系，并开展了多项合作研究项目。

在与企业合作的过程中，特别是资助研究项目，大多数中国科研单位都完全或部分放弃了自己在这类项目中产生的知识产权。相反，纵刚已经与跨国企业谈判过许多资助研究项目，获得了更公平的、类似于美国大学与企业典型合作模式中的知识产权条款。这些条款包括谁发明谁拥有的原则，即如果发明人都是上海生科院的员工，上海生科院可以独家拥有在这类项目中产生的知识产权；资助企业可获得上海生科院独家拥有或共同拥有的专利权的独家选择权，即在一定的时间内可以独家评估是否需要许可和是否开始许可谈判；如果在一定时期内上海生科院与资助企业在友好诚信的基础上没有达成许可协议时，上海生科院拥有将该知识产权许可给第三方的自由权利。在获得这样公平条款的同时，上海生科院始终与这些大公司保持了良好的合作关系。

第六节　推进中关村地区产学研协同创新

"转型"与"创新"是当今中国发展的主题，只有依靠科技引领、创新驱动，中国经济才能全面提升内生发展动力。令人遗憾的是，中国科技创新领域还普遍存在着创新资源布局分散、企业研发缺乏支撑、科技与经济"两张皮"的问题，越来越不能满足中国提升创新能力的要求。从"封闭、割据、分散"到"互动、融合、协同"是科技资源整合的潮流，而"产学研协同创新"就是基于协同学的思想，促成政产学研通过机制性互动产生创新效率的质变，从而获得价值创造的过程。

    中关村地区拥有以北京大学、清华大学为代表的大学 76 所；以中国科学院、中国工程院、北京生命科学研究所为代表的科研机构 213 多家；国家级重点实验室 65 个，国家工程研究中心 29 个，国家工程技术研究中心 31 家。高新企业 11900 家。中关村园区内高校教学与科研人共有 4.3 万人，企业科技活动人员 32 万余人。2012 年度"2011 协同创新中心"14 个协同创新中心涉及中关村的就多达 11 个（见表 6—6）。以强大的科研创新载体为支撑，中关村成为全国科技资源和科技人才最丰裕的地区。如何将中关村科技资源优势转化为产业优势和经济优势，推进政产学研协同创新就非常重要。

表 6—6　2012 年度"2011 协同创新中心"认定公示名单

序号	中心名称	主要协同单位	类别
1	量子物质科学协同创新中心	北京大学、清华大学、中科院物理所等	前沿
2	中国南海研究协同创新中心	南京大学、中国南海研究院、海军指挥学院、中国人民大学、四川大学、中国社科院边疆史地中心、中科院地理资源所等	文化
3	宇航科学与技术协同创新中心	哈尔滨工业大学、中航科技集团等	行业
4	先进航空发动机协同创新中心	北京航空航天大学、中航工业集团等	行业
5	生物治疗协同创新中心	四川大学、清华大学、中国医学科学院、南开大学等	前沿
6	河南粮食作物协同创新中心	河南农业大学、河南工业大学、河南省农科院等	区域
7	轨道交通安全协同创新中心	北京交通大学、西南交通大学、中南大学等	行业
10	有色金属先进结构材料与制造协同创新中心	中南大学、北京航空航天大学、中国铝业公司、中国商飞公司等	行业
11	长三角绿色制药协同创新中心	浙江工业大学、浙江大学、上海医药工业研究院、浙江食品药品检验研究院、浙江医学科学院、药物制剂国家工程研究中心等	区域
12	苏州纳米科技协同创新中心	苏州大学、苏州工业园区等	区域
13	江苏先进生物与化学制造协同创新中心	南京工业大学、清华大学、浙江大学、南京邮电大学、中科院工程研究所等	区域
14	量子信息与量子科技前沿协同创新中心	中国科技大学、南京大学、中科院上海技物所、中科院半导体所、国防科技大学等	前沿

资料来源：教育部网站

一、中关村园区推进协同创新的原则

相对于独立创新、开放式创新的浅层合作，协同创新追求的是一体化的深度协作，因而，清除产学研之间互动的障碍，推动创新要素多维度、多层面的融合，尤为关键。

（一）协同创新需要达成愿景协同

在协同过程中，各方必须准确判断自身的优劣，廓清彼此的责任及利益分割，特别是要在利益分配、风险承担等敏感问题上达成利益平衡点，以获得创新的内聚力。

（二）协同创新需要促进知识协同

知识协同是创新各方拥有的隐性知识与显性知识相互转移、吸收、集成、再创造的过程。由于联盟与合作削弱了单个组织对创新的掌控，从而增加了知识产权的矛盾，提高了知识交易的费用。为此，产学研各方需要进行沟通和信息交流，通过专利许可、联合研发、学术创业、人员互流、非正式研讨、共参会议等知识交流渠道，缩小知识需求与知识供给的落差。在实际过程中，需要重视隐性知识的显性化、组织间的学习效应、知识界面的管理等环节，以降低知识转移中的黏度。

（三）协同创新需要推进组织协同

协同创新是一种独特的、混合型的跨组织关系，产学研各方都无法取得全部的控制权，因而，相得益彰的管理方式与组织架构，是创新系统能够形成合力的保障。为此，应根据协同学与系统学原理，建立以企业、大学、科研机构为核心，政府部门、中介组织、金融机构为辅助的网络化创新组织。通过组织文化建设、管理制度建设，增强各方对新组织的归属感，促进创新资源的跨界扩散。

二、园区政府要在产学研协同创新中发挥引导与推进作用

协同创新知易行难，主体的互动、形式的选择、目标的统一、利益的协调，都需要纽带与桥梁。因而，必须充分发挥政府"引导者"与"推动者"的功能，以实现学科链、产业链、资金链的顺利衔接。

（一）建立利益风险平衡体系

政府有必要利用现代管理手段，对各方投入的资金、人才、技术等生产要素实施风险评估和跟踪监管，对可能产生的管理成本、机会成本、沉没成本提早预见。督促各方使用市场研究、技术路线、技术搜索、技术路标等先进工具，在合作初期就达成对未来技术发展趋势的共识。着重减少协同创新中的信息分布不对称、信息披露不完全的问题，使创新各方能够科学评估创新所产生的技术价值，进行合理的技术交易。完善知识产权保护制度，通过知识产权评审、知识产权档案、技术管理计划来实施合同约束。

（二）形成多元资金供给体系

园区政府应设立协同创新专项基金，构建成果转化资金与创业风险投资的联动机制，发挥政府种子基金的"资本杠杆"作用。鼓励商业银行探索以联保联贷的方式对协同创新项目提供金融支持，以降低单个金融机构的信贷风险。适当放宽准入条件，鼓励风险投资基金、私募股权基金等风险偏好型投资进入创新创业活动。健全知识产权抵押质押登记系统，政府应给予创业活动长期贷款担保、简化手续贷款担保，通过金融支持、税收优惠、政府采购等措施引导创新资源向企业汇集，使企业成为创新的主力军。

（三）优化人力资源配置体系

鼓励和引导高校，特别是研究型大学动态调整学科专业目录，构建交叉融合、特色鲜明的学科体系，传播敢于质疑、勇于开拓的创新精神。推进"项目—基地—人才"的一体化建设，健全企业委托培养人才、企业设立大学奖学金，校企联合培养研究生等措施。

（四）推进创新载体平台建设

园区政府可以在既有大学科技园、科技企业孵化器、产学研结合基地、2011 协同创新中心的基础上，构建以明确的物理空间为核心，以广阔的网络空间为外围"多元开放、集成高效"的载体系统，可以采用创新战略联盟、虚拟创新空间等更为灵活、开放的载体形式。为了提高创新战略联盟的成功率与市场化水平，园区政府需要"牵线搭桥"，引进企业或其他市场化主体参与联盟建设，同时引导各方明确各自的利益范围和责任边界，以减少联盟的盲目性和风险性。虚拟创新空间的组织弹性化，使其可以根据具体任务，灵活调整研发团队；结构扁平化，可以促进成员的多维交流，激发学习效应；但是，虚拟创新空间的松散性也增加了知识转移的风险，因而特别需要加强诚信体系的建设，借助信任的"软性"约束来实现利益共享、风险共担、共同发展。

三、以全面对接为重点，推动重大科技成果落地转化

围绕国家和首都经济发展战略需求，充分发挥中央在京科技资源优势，有效对接国家科技重大专项、重大科技基础设施和国家科技计划项目，不断优化央地科研与产业资源的对接机制，大幅提升中关村持续创新能力。

（一）对接国家科技重大专项

密切配合国家科技重大专项的战略部署，保障重大专项在京工作的顺利实施。鼓励和支持在京企业、科研院所和高校积极承接重大专项项目，探索完善高等院校、科研院所等研究机构承担重大专项课题的成果转化机制。力争取得一批具有影响力的标志性科技成果，实现一批重大专项成果就地转化和产业化。

（二）对接国家重大科技基础设施建设

集聚整合全市科技资源，协助做好国家重大科技基础设施建设和成果转化服务，加快推进蛋白质科学研究、航空遥感系统、大陆构造环境监测网

络、重大工程材料服役安全研究评价、子午工程、农业生物安全研究等设施建设，发展一批高水平的综合科学中心，围绕资源开放共享进行制度建设和试点推动。

（三）对接北京市经济社会发展重大需求

围绕北京市科技发展的重点工作、重大工程及相关领域重大需求，特别是重点推进的绿色印刷、中低速磁悬浮、航空遥感等一系列重大工程项目建设，积极组织央地科研力量开展联合攻关，大力推进科技成果转化应用和产业化，不断扩大示范推广范围。

四、以核心区为突破口进一步推进校地协同创新

海淀区是中关村国家自主创新示范区核心区，2013年海淀园总收入达12480亿元，当年中关村示范区收入为30353.5亿元，海淀约占园区收入的41%。（见图6—1）

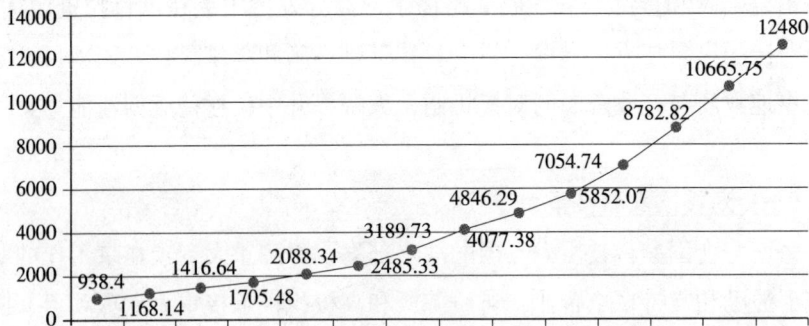

图6—1　2000—2013年海淀园总收入（单位：亿元）

资料来源：《海淀区情手册》2014年一季度。

海淀区作为中关村国家自主创新示范区核心区，区域内科技成果呈现以下三大特征。一是数量多，区域内每年开展的R&D课题研究项目在五万项左右，"十一五"期间海淀区域机构累计申请专利93545件，累计授权专利43358件，且多年专利申请量和授权量占北京市总量比重保持在50%以上

（如表6—7所示）；二是水平高，区域内机构承担的国家"863"等重点基础研究发展计划项目占北京总量的一半以上左右（如图6—2所示），"十一五"期间（2006—2010）海淀区域内累计共有237项科技项目获得国家科学技术奖，占全国累计获奖总数1348项的17.6%，其中包括国家自然科学奖40项，国家技术发明奖48项，国家科技进步奖149项；三是高校和科研院所成果占主导，截至2009年底，海淀区共有有效发明专利23447件，其中71.70%集中在高校和科研院所，海淀区开展的R&D研究项目中有91%集中在高校和科研院所（如图6—3所示），海淀区丰富的科技成果为海淀区的科技成果转化和产业化提供了坚实的基础。同时，高校和科研院所成果占主导也决定了核心区必须选择走产学研协同创新之路。

表6—7　2008—2010年海淀区专利情况

（单位：件，%）

年份	专利申请量		专利授权量		发明专利授权量占北京市比重	发明专利授权量占全国比重
	发明专利		发明专利			
2008	20899	15388	7525	3747	57.84	4.00
2009	22850	15843	10697	5495	60.00	4.29
2010	24880	17275	13839	6620	59.06	4.90

资料来源：《北京市统计年鉴2009—2011》、《海淀区统计年鉴2009—2011》、科技部网站。

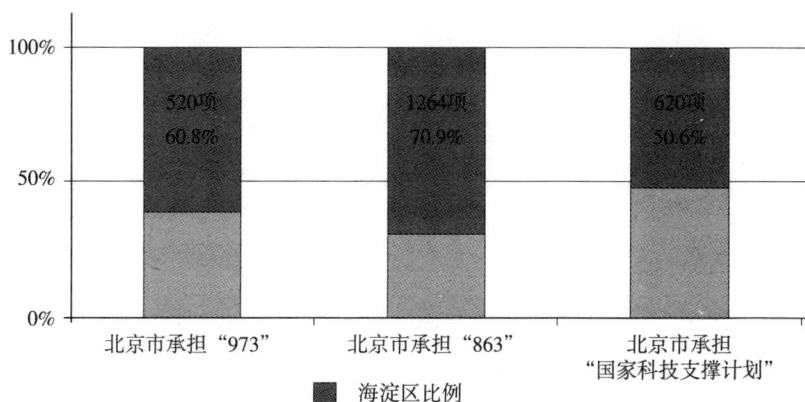

图6—2　海淀区承担重大科技项目情况（2010年）

资料来源：《海淀区科技资源研究报告2010》。

表6—8 海淀区获国家级科技奖励情况（2008—2010）

（单位：项，%）

国家科学技术奖项目（国家自然科学奖、国家技术发明奖、国家科学技术进步奖）	全国	海淀区	占全国获奖总数的 %	占北京市获奖百分比
2008	343	52	15.16	73.2
2009	374	51	13.64	67.11
2010	278	48	17.27	66.67

资料来源：国家科学技术奖励工作办公室网。

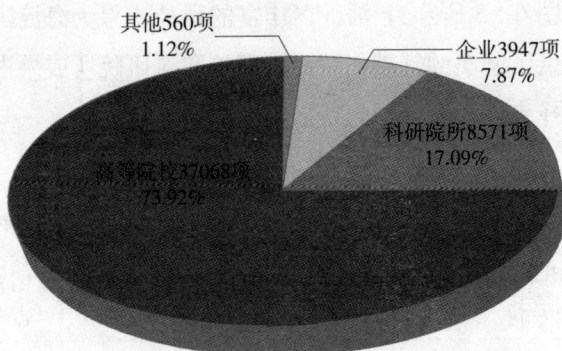

图6—3 2009年海淀区 R&D 项目（课题）开展情况

资料来源：《海淀区第二次全国 R&D 资源清查公报及主要指标数据》。

2014年1月14日北京市出台了《加快推进高等学校科技成果转化和科技协同创新若干意见（试行）》（简称"京校十条"）。依托校地协同创新是海淀将拥有的高校科研与创新优势转化为产业优势、经济优势和竞争优势的重要途径。海淀作为中关村国家自主创新示范区核心区，要牢牢把握国家实施"2011计划"和北京实施"京校十条"的重大历史机遇。进一步推进校地协同创新，全力推进校地融合发展再上新台阶。

（一）成立海淀区校地协同创新领导小组，全面统筹校地协同创新工作

校地协同创新领导小组由区委、区政府主要领导任组长，成员单位包括驻区高校、科研院所和重点企业，办事机构设在中关村国家自主创新示范区核心区管理委员会。

校地协同创新领导小组的职责是：统筹全区有利资源服务校地协同创

新，为校地协同创新做好顶层设计。校地协同创新领导小组要树立"海纳百川、融合发展"的理念，紧紧抓住实施"京校十条"的机遇，推动高校突破现有的体制机制束缚，充分释放知识、人才、技术等创新活力，为建设具有全球影响力的科技创新区奠定坚实基础。

校地协同创新领导小组运作模式可以采取一事一议的方式，坚持以重大问题为导向，破解校地协同创新和技术转移中存在的重大问题。也可以借鉴现有的"双拥领导小组"运作模式，对影响校地协同创新和技术转移中存在的重大问题进行定期会商。

（二）建立校地协同创新和成果转化项目储备制度

"京校十条"第三条提出建立高等学校科技创新和成果转化项目储备制度。海淀区要积极支持和鼓励高等学校和企业联合开展科技创新和成果转化。定期对符合条件的拟研、在研科技创新和成果转化项目进行评估，选择一批符合首都科技创新和经济社会发展需要的重大科研和成果转化项目，纳入校地协同创新和成果转化项目储备库进行跟踪支持。进一步调查和梳理驻区范围内与世界发展同步的优势产业与技术的分布，发现和挖掘区内协同创新中心牵头高校已有的特色项目和人才团队，跟踪高校协同创新中心、技术转移中心、大学科技园、产业研究院、产学研示范基地、创业基地等载体和平台的运营情况，对创新技术和创新项目进行评估和筛选，采取政策引导、资金扶持、购买服务、示范应用等多种手段，加快推进原创科技成果率先在海淀落地转化。

（三）搭建政、产、学、金信息沟通交流平台

当前影响校地协同创新的一个主要障碍就是校地、校企信息不对称。目前以中国技术交易所为代表的技术转移机构对技术转移与产业起到了一定的推动作用，但企业化运作和对经济利益的追求难以全面沟通高校与企业间的技术供需信息。在调研中有很多企业反映，企业的需求高校不清楚，高校的好技术企业不了解，导致很多好的技术难以转移和产业化。

建议由海淀园管委会牵头构建一个更高层面的政、产、学、金信息沟通

交流平台。首先将政府跟踪的校地协同创新和成果转化项目接入平台供校企选择，也可以将企业对科技创新的需求和高校其他科技创新项目在平台上展示。在这一平台的基础上每年搞2—3次科技成果的对接会，可以借助网络平台，也可以召开论坛。让高校的科技成果与辖区内的所有国有、民营企业对接。在这个平台上，海淀区政府应该采取一些政策或者措施来推动科技成果的转移和转化。对符合首都科技创新和经济社会发展需要的重大科研和成果转化项目，如果哪一笔谈不成功，政府可以通过政府补贴、政府采购、提供金融支持等办法，促成交易能够谈成。

（四）成立校地协同创新发展基金，推进高校科技成果在海淀落地转化

"京校十条"第三条提出：对符合首都科技创新和经济社会发展需要的重大科研和成果转化项目，纳入高等学校科技项目储备库进行跟踪支持。"京校十条"第八条提出：创办的企业可按照科技人员现金出资额度的20%申请政府股权投资配套支持；政府股权退出时，按照原值加同期银行活期存款利息优先回购给创业团队。"京校十条"第十条提出：设立学生创业项目天使投资配套支持资金，高等学校教师作为天使投资人投资的学生科技创业项目，可按照教师实际投资额度的50%申请政府股权投资的配套支持；政府股权退出时，按照原值加同期银行活期存款利息，可优先回购给创业团队及对该项目进行天使投资的教师。这些政策为校地协同创新发展基金提供了支持方向。

目前海淀每年支持科技创新的资金约20亿，我们在调研中有企业家和政协委员反映，由于20亿扶持资金分散在各个部门，难以集中解决科技创新和技术转移中存在的问题。有些资金直接补贴给企业，不仅不能支持科技创新，反而会造成市场新的不公平。因此，我们建议可以将18亿资金纳入校地协同创新发展基金，集中扶持那些纳入校地协同创新和成果转化项目储备库的，符合首都科技创新和经济社会发展需要的重大科研和成果转化项目。推进高校科技成果在海淀落地转化。

（五）支持校地联合培养研究生，支持企业建立高等学校学生实践训练基地，实现校地、校企双赢

调研中有高校教师反映，他们虽然拥有科技成果，但却没有转化的动力。一是觉得没必要；二是觉得技术上还不成熟。虽然科技成果目前没有直接转化，但也接触到一些有转化需求的企业，总想和高校合作，而高校却没有精力和企业合作。如果有一种机制，使学校培养的学生能够将产业和学校的基础性研究这两端连接起来，那就把技术转移的路打通了。

建议海淀区抓住"京校十条"的机遇，积极支持校地联合培养研究生，支持企业建立高等学校学生实践训练基地，实现校地、校企双赢。

（六）编制并定期发布中关村技术转移指数

技术转移是一个复杂的系统工程，涉及官、产、学、研、资等方面，是五个因素中几个因素联合互动的结果，研究并掌握这些因素的规律对破解技术转移的难点是非常有益的。建议区委、区政府责成相关部门对影响中关村地区技术转移的相关因素认真研究和分析，把握各个因素对技术转移影响的机理和规律，根据各因素对技术转移的影响权重编制出中关村技术转移指数。指数的编制与定期发布好处在于：一是可以为北京市和海淀区领导掌握技术转移动态，诊断技术转移中存在的问题提供一个量化的依据；可以为各级领导根据技术转移的各个阶段影响因素的变化规律，制定相应的技术政策提供科学依据。二是可以为全国其他地区实施创新驱动发展战略发挥引领示范作用。

第七节　积极探索促进技术转移的新机制、新模式

促进技术转移最基本的途径和条件，是充分发挥政府、大学、科研机构、企业和中介机构、金融机构等各方面的作用，探索建立和完善有利于知识流动与技术转移的机制和模式，提升科技成果转化和产业化的效率与水平。很显然，建立以企业为主体、市场为导向、产学研相结合的技术创新机

制，就成为最关键的问题。

技术转移有着自身的规律和特点。不同的企业、组织和机构也有不同的技术转移模式和经验，这些经验可以借鉴，但模式却不能够完全复制。因此，园区政府应鼓励技术转移各主体积极创新技术转移机制和模式。

一、促使企业早期介入大学和研究院所的研究过程，提高技术转移的效率

企业的早期介入，对促进技术转移、加快技术成果的产业化和市场化有重要意义：第一，企业能抓住研发动向，占据制高点；第二，研究机构能更好地为企业服务，更好的辨别市场；第三，企业能节约研发成本，只花很少的经费就能得到最新、最实用的技术；第四，双方共同承担风险，有利于化解技术产业化过程中的风险，从而跨越技术的"死亡之谷"；第五，企业和研发机构双方优势互补，有些工艺开发是研究机构不熟悉的，而企业本身对科研环节也不是太在行，通过企业的早期介入，就能使双方相互取长补短、优势互补、实现共赢。

二、建立人才的使用、流动新机制，突破大学、科研院所现有管理体制

尝试大学、科研院所技术转移"连泥带土"的转移模式，即大学、科研院所人员随着技术转移，到企业任职或做有组织的技术访问，让人才与技术项目流动起来；建立大学、科研院所和企业之间人才的双向流动机制，通过人才的流动实现技术转移。

三、针对不同类型大学的功能定位，对教师提出不同的岗位职责要求，制定不同的评价指标体系

改变过去单纯的以论文、著作、项目、专利等评价教师业绩的评价方

式。鼓励大学根据自身的特点和实际情况，自主制定符合校情的教师业绩评价指标体系。如合肥工业大学，他们有一个提法，叫做"论文写在产品上"，这种评价和导向，就使得他们在技术转移方面取得了巨大的成绩。据介绍，他们的纵向科研合同金额远远不及北京大学，但横向科研合同金额却大大地超过了北大。再如浙江大学，他们已经开始对教授进行技术转移业绩的考核，并准备成立一个拥有 2000 个人员编制的工业技术研究院，专门从事技术开发、转移工作。

四、创新技术转移收益分配制度

据估计，高校和科研机构有相当一部分技术成果通过非正式渠道得以转移。对这些非正式渠道的技术转移，与其堵不如疏，应该出台相关政策让其由地下转向地上。疏导的前提是承认智力劳动的巨大价值，让科技人员充分享受其收益。因此，创新技术转移收益分配制度是促使其由地下转向地上的关键。可供选择的路径有两条：一是允许课题组成员从课题经费里提取一定比例的劳务费，如 30%—50%，并享受税收减免优惠；二是技术成果，包括专利权成果和技术秘密、技术诀窍等非专利成果，研究人员除依法享有其人身权利外，还应享受其财产权，如 50%—80%。

五、全要素、全链条、全社会的推动技术转移与产业化

要探索利用首都科技资源的组织模式和运行机制，创新服务方式，搭建服务平台，建立联合工作机制，加强对中央部委、在区企业、高等院校和科研院所的服务工作，以合作促服务，以服务聚资源，共同筛选并推出一批重大科技成果在中关村落地转化。第一，做好国家科技重大专项的对接服务工作。第二，深化与中国科学院的科技合作。第三，深化与在区中央企业的科技合作。第四，推动首都高校科研成果在中关村落地。按照符合区县功能定位、具有市场应用前景、技术经济可行等标准，对首都高校的科研成果进行了调研梳理，引导首都高校与园区有关部门和投融资服务机构进行对接，促

使首都高校的科技研发优势、中关村的政策优势、企业的生产制造优势和投融资服务机构的资本优势相结合。具体来说，包括：

1. 健全重大科技成果发现、筛选机制，建立重大项目落地协调服务的市区联动机制，支持建设重大项目投融资平台和产业化基地。

2. 探索完善高等院校、科研院所等研究机构承担重大专项课题成果的转化机制。建立军地科技成果转化协调机制，促进军民融合式发展。

3. 通过国有资本有序进退，引导国有资本承接重大科技成果转化。

4. 扶持引导民营资本参与创新成果转化。

5. 实施"双百工程"，围绕城市应急、交通管理、环境治理、安全生产等关键问题，组织开展关键技术应用和示范工程，实施 100 个以上重点示范应用项目，实现 100 项重大科技成果产业化。

六、强化技术创新的市场导向机制

党的十八届三中全会明确提出，要"健全技术创新市场导向机制，发挥市场对技术研发方向、路线选择、要素价格、各类创新要素配置的导向作用"。从中可以看出，下一步科技体制改革的关键在于有效释放市场配置科技创新资源的决定性力量，打通从科技强到产业强、经济强、国家强的发展通道。这是事关创新驱动发展战略能否落实、事关国家前途命运的一件大事。

科技创新的价值最终要通过市场来实现，也就必须以市场为导向、由市场来引领。三十多年来，中关村科技园区内一大批科技企业如雨后春笋茁壮成长，大量科技创新成果转化为商品，科研人员收入也普遍提高。2012 年，中关村实现总收入 2.45 万亿元，年收入过亿元的企业近 2000 家，一些企业还成为新兴行业的国际标准制订者。总结其经验，最重要的一条就是科技创新"跟着市场走"，以市场导向的研发机制实现了科技与经济的紧密结合，最大限度地调动了科技人员的积极性创造性。

为此，必须系统地对科技管理体制、决策体制、评价体系、组织结构、人员管理制度等有步骤地进行改革，重点在于以企业和市场为核心、健全技术创新的市场导向机制。企业是市场主体，直接参与市场竞争，对产业和产品的创新最为敏感。由企业主导技术研发和创新，才能有效整合产学研力量，加快成果转化应用，真正解决科技与经济"两张皮"问题。为此，就要支持和鼓励企业设立研发中心，鼓励科研机构、高校与企业共建工程实验室和技术研发平台，鼓励广大科技人员以多种形式与企业合作开展技术研发创新。

七、把中关村技术转移与京津冀协同发展统一起来

2014 年 2 月 26 日习近平总书记在北京主持召开座谈会，专题听取京津冀协同发展工作汇报。习近平就推进京津冀协同发展，提出打破"一亩三分地"思维定式、抱团朝着顶层设计目标一起做等 7 点要求。习总书记的重要指示不仅为京津冀协同发展指明了方向，同时也为中关村技术转移与产业化指明了道路。

习总书记在专题听取京津冀协同发展工作汇报时强调实现京津冀协同发展，是面向未来打造新的首都经济圈、推进区域发展体制机制创新的需要，是探索完善城市群布局和形态、为优化开发区域发展提供示范和样板的需要，是探索生态文明建设有效路径、促进人口经济资源环境相协调的需要，是实现京津冀优势互补、促进环渤海经济区发展、带动北方腹地发展的需要，是一个重大国家战略，要坚持优势互补、互利共赢、扎实推进，加快走出一条科学持续的协同发展路子来。习总书记还特别强调要着力加快推进产业对接协作，理顺三地产业发展链条，形成区域间产业合理分布和上下游联动机制，对接产业规划，不搞同构性、同质化发展。

为了承接北京高新技术产业，最近河北提出了一个"北京技术研发——河北成果转化"技术转移思路。河北各地都在加强与北京科研院所、高等院校，特别是中关村的对接，希望北京的专利、知识产权能够在河北转化为产能。由于中关村地区地理空间有限，技术转移和产业化后期需要大量的产业用地。为了克服这一制约因素，北京和中关村应该抓住这次京津冀协同发展的大好机遇，认真领会习总书记的讲话精神。在现有成果的基础上进一步加

大三地的合作力度，建立一个京津冀协同创新，上下游联动的长效机制。创新"北京技术研发——河北成果转化"技术转移模式。实现高新技术产业有序转移，为更大规模的技术转移腾出空间。

从去年年底开始，中关村科技园区海淀园陆续与河北秦皇岛、山东齐河、内蒙古赤峰和江苏溧阳签订合作协议。海淀园将在四省试点建分园，有序承接地区的产业转移。企业落户分园，仍能享受中关村待遇。随着京津冀协同发展上升至国家战略高度，新的首都经济圈规划呼之欲出。近日，中关村核心区就京津冀区域协同发展与河北秦皇岛市相关负责人进行交流，进一步整合双方在科技、医疗等方面的资源，促进两地协同发展。随着交通、信息、通讯的不断发展与深化，企业之间的流动性会加快，对于海淀园的企业来说，将会得到更大的市场，同时也能减少产业空间不足带来的损失；而对于秦皇岛市来说，海淀园企业的入驻将进一步刺激当地企业崛起，为秦皇岛市培养创新型企业塑造成长的土壤。

未来，中关村应扩大津冀合作范围，创新区域合作路径和模式，形成不同区域分园间产业合理分布和上下游联动机制，探索形成与津冀合作的科学长效机制，发挥中关村示范引领和辐射带动作用，在实现中关村园区自身产业结构升级和空间能效提升的同时，带动周边区域产业转型升级。

第七章　中关村地区技术转移典型案例介绍和分析

第一节　孵化器服务技术转移

案例一：北京中自科技产业孵化器

北京中自科技产业孵化器有限公司，创建于 2004 年 4 月 28 日，是经中国科学院批准，由中国科学院自动化研究所和自然人共同出资设立的一家专业孵化器，也是中国科学院成立的首家孵化器公司。北京中自科技产业孵化器有限公司是中国科学院自动化研究所全资控股企业，公司主要从事中科院自动化所投资企业股权委托管理、科研院所技术转移和转化、留学人员创业服务等工作，并与多个产业园区和企业集团共建有工程中心，进行技术成果产业化。公司负责中自孵化园和中科院中自留学人员创业园的日常管理和运营，以技术转移及企业服务为主营业务。通过建设平台网络、持续的品牌推广、完善服务体系和加强员工培训的多方面工作部署，务实而高效地推动产学研合作。该公司自创建以来便积极探索和认真实践中科院京区院所技术转移与产业发展新机制，在经营性国有资产委托管理、研究所技术成果转化、孵育体系搭建完善、留学创业服务四个方面取得了较为显著的成绩。通过测评和认证，获得了北京市高新技术产业孵化基地、中关村科技园区海淀园高新技术企业服务平台和中科院北京国家技术转移中心产业孵化平台试点等殊荣。

北京中自科技产业孵化器服务于技术转移的主要做法有：

（一）建设平台网络

北京中自科技产业孵化器通过不断与地方和行业组织搭建各种合作平台方式来拓展产业化工作。中科院网交会、山西阳泉项目对接会、安徽淮北专利技术推介会、河南武陟以及江苏科技园区企业对接会等为参会园区企业均不同程度地提供了市场或技术信息。其中园区企业——北京讯飞科技有限公司的智能视觉远程监控系统在参加网交会的过程中引起了园区外关注，成为无锡科技园企业的热处理难题解决专家。此外，中自孵化器还与日本、玻利维亚、常州武进市科技局、河南武陟北京协同创业联盟等建立了沟通渠道，通过多次的项目交流、项目对接等方式探索合作模式；与丰台园、博奥、永丰基地、集成电路设计园等兄弟园区的合作洽谈也在进行过程中。

（二）推进科技成果和项目可转化

中自孵化器整合各研究所科技成果和可转化项目，对项目进行评估和调研，为其提供商业计划书和产业化合作模式推荐。同时，中自孵化器通过平台网络资源为项目和成果的推广提供需求对接渠道，借助多种推广方式对项目和成果进行宣传策划，整合科技资源对部分项目和成果进行二次开发和熟化。项目和成果转化过程中，中自孵化器提供商务、法律和政策等方面的服务，对于创业和新注册成立公司的企业，分别根据企业情况，将企业分别引入中科院中自孵化园和中自留创园进行孵化。

（三）品牌推广

为提高中关村园区企业的知名度，帮助园区企业、项目的市场化扩张，中自孵化器对园区宣传体系进行了调整与完善。除《中自孵化》季刊的正常制作与发放、网站的及时更新外，还采取了其他创新措施。包括制作涵盖园区项目、战略、平台、职能等在内的园区宣传板，刊物、网站增设项目推广专栏，制定现有宣传网络的一体化整改方案等，通过这一系列调整，中自孵化器进一步扩大品牌影响力，不但实现园区内企业间的网络互动、快报传递，进一步加快信息传输与共享速度，而且提高了园区内的企业、项目与外界的交流频繁度，扩大其市场能力，提供更多对外技术转移的机会。

（四）培养专业服务人才队伍

为了更好地服务于技术成果产业化，该公司培养了一支专业化、年轻化、富有创造性的运营管理团队，在脚踏实地深化服务的同时，也在积极拓展思路，探索企业服务新内容、新方式，努力创建具有中科院特色的孵化器服务于科技成果产业化的运营模式，以建立高水平的专业孵化器为目标，立志发展成为在我国高科技领域独具特色的管理顾问咨询公司，为发展我国高科技服务业贡献力量。日常管理中，中自孵化器通过细化岗位职责，设置考核指标，拟订项目管理措施，梳理业务流程等，对企业从人员激励到业务体系的完善逐一改进。同时为强化员工专业性，增强企业竞争力，中自孵化器十分重视员工的培训，努力营造融洽的学习氛围，通过文化墙辅导、每月两次的内部培训以及不定期外出学习、组织园区活动等方式帮助员工提高自身素养，缓解工作压力，以实现企业与员工共成长的目的。

点评与启示：

北京中自科技产业孵化器是中科院的第一家孵化器、第一家留学人员创业园和第一家经营性国有资产委托管理机构，同时还承担了中关村海淀园高新技术企业服务平台、北京市高新技术企业孵化基地的功能。主要做自动化所所有科研成果转化的服务工作和资产管理工作，它的特点是中介资源整合服务。中自孵化器的基本业务包括以下内容。第一，探索经营性国有资产委托管理新机制，在确保研究所投资企业经营性国有资产保值、增值的前提下，进行资本运作，部分或完全退出投资企业，从而实现投资—回报—再投资的良性循环。第二，专业孵化器和技术转移、项目服务工作，主要包括四个方面：搭建行业服务体系，实现专业孵化；推进所企强强联合，进行技术转移；组织、申报中科院和政府计划重大项目；实施政府管理职能延伸，纳入中关村科技园区工作体系，开辟海淀园高新技术企业服务平台（二级管理平台）。正是由于中自孵化器的这种综合服务能力，使自动化所的"油品在线自动优化调和技术"成功转移到中石油大庆石化分公司和中石化北京燕山石化公司。

案例二：车库咖啡

车库咖啡位于北京大学西南角海淀桥的东南角，于 2011 年 4 月开始营业，是一家以创业和投资为主题的咖啡厅。国际上很多著名公司诞生在车库里，比如：惠普、苹果、微软、谷歌、YouTube，因此，车库咖啡自创立伊始便吸引了诸多创业者和投资人的目光。到这里来办公的创业者，只需每人每天单点一杯咖啡，就可以免费使用一天的办公场所，可共享 iPhone、Android、平板电脑测试机、投影、桌面触屏等设备，这里还有 IT 界名人推荐的图书。投资人也可以到这里来，挑选他们认可的项目。

因此，车库咖啡不是普通的咖啡厅，或者说不是咖啡厅，而是为早期创业者提供开放式的办公环境，并与早期投资机构对接。从某种角度上说，更是一家为创业者和投资人提供便利的民营资本的"创业孵化器"。除了提供免费的办公场所外，咖啡厅还提供打印机、传真机等设备，方便创业者进行办公。可以说，车库咖啡不仅是创业者的低成本办公场所，也是投资人的项目库。车库咖啡的常驻创业团队大约有 10 个，并仍有新的团队不定期入驻。在过去半年时间内，车库咖啡已经促成 12 个创业团队获得天使投资。车库咖啡的访客不仅有大量的创业者和投资人，还包括关注创新和创业的媒体记者。

（一）车库咖啡的诞生：10 个天使创办的开放办公平台

车库咖啡的创始人苏菂、10 个股东都是投资行业人士。他们发现，平均每天见 3—4 个项目已经属于高效率，很多时间浪费在了路上。随着互联网行业越来越热，创业者越来越多，办公场地也成为创业者的一个难题。此外，创业者与投资者之间也存在信息不对称问题——有没有一种方式，为创业者和投资者双方提供便利？因此，他们诞生了"开放式办公环境"的想法。在长达半年多的筹划后，车库咖啡正式营业了。车库咖啡占地 800 平方米，能容纳 150 人左右。它的定位不是咖啡厅，咖啡厅只是一种表现形式，一种计价标准，使这里更有开放的感觉。

创始人苏菂认为创业团队初期最需要的是资金＋社交＋资源＋人。对于创业者来说，在车库咖啡办公一方面降低了办公成本，另一方面降低了社交成本。晚上在这里经常会举办创业投资活动、技术交流活动，节省了创业者从办公室到活动现场的时间、交通成本；团队之间也可以相互交流、探讨技术问题，增强团队的社交能力。

为了实现创业者在这里呆上一天的目标，车库咖啡推出了创业者套餐："早上一杯咖啡、中午一顿饭、下午一杯茶，外加一些小点心等，每一位创业者一天只需要约 20 元左右的支出。由于水电、房租成本，车库咖啡第一个月处于亏损状态。但创始人苏菂认为后面的投资价值会很大，也希望给行业做一个扁平的创投渠道。"

（二）和早期投资机构对接

由于创始人和股东的投资机构背景，车库咖啡向国内早期投资机构开放。此前，在这里办公的一个创业团队，和一位投资人很快敲定了一笔融资，成为车库咖啡首个被投资的团队。在这里办公的团队，都是在做事情的人。国内可能有上万支创业团队，但好项目只占很小的几率。在这样的环境中，可能出现好项目的机会更大。投资者看项目会遇到项目源的问题，开放办公模式可以让看项目的效率、筛选的效率更高，甚至可以成为产业中的一个环节，预计这种模式在国内会越来越多。在北京，还没有其他的同类型开放式办公模式。目前，车库咖啡以一种轻模式运转，具体运作只有苏菂一人。但苏菂发现，开放式办公平台空间很大，还有很多有价值的事情可以做，例如，后续的资本渠道，创业者训练等。目前，车库咖啡也与一些投资机构接触，希望整合更多的资源。

（三）与金融机构合作

车库咖啡的成功，也吸引了金融机构的注意。目前，北京银行中关村分行已经与车库咖啡签署了战略合作协议，包括掌游移动科技公司在内的四个创业团队，也同时获得了该行总计 32 万元的贷款。根据协议，北京银行中关村分行将为车库咖啡及其认证团队推荐的创业团队提供包括存贷款服务、公司注册服务、日常结算服务、专属信用卡业务、公司及个人理财咨询等在内的一揽子综合金融服务，并与车库咖啡其他服务项目共同组成服务产品包支持企业发展。

以掌游移动科技公司为例。这个刚刚成立不久、只有 6 个人的团队，主营业务为基于 Android、iOS 等平台开发、维护移动互联网游戏。他们开发的"一战到底"答题游戏用户目前已达 200 万人。中关村分行中小企业部负责人告诉记者，这家公司虽然成立时间不长，但已具备较为成型的运营模式：通过维护移动互联网终端游戏，设置答题道具，收取游戏道具费用。此外，游戏在答题间隙植入广告，获取广告费收入。企业综合月收入可达 5—10 万元。由于企业处于初创期，人员费用、办公费用等流动资金缺口给企业运转带来较大压力。经过前期调研，北京银行根据企业情况，提供了 10 万元流动资金信用贷款，期限 1 年，主要用于支付人员费用支出及补充其他流动资金所需，支持企业创业发展。

今后，车库咖啡及其认证团队推荐的创业企业，均可享受北京银行中关村分行提供的"金融产品服务包"。一是公司注册服务。中关村分行携手正规中介机构，为车库咖啡创业团队提供公司注册等相关服务，并提供后续的银行结算等服务。二是公司结算服务。由北京银行中关村海淀园支行提供结算服务，包括：存现、托收、电汇、支票等传统的柜面账户结算业务，通过网上银行进行的收付款、资金归集等电子银行结算业务，POS 结算业务，代发工资、代扣社保等代发代扣业务。三是企业贷款服务。中关村分行为车库咖啡创业企业提供多种授信方案，并提供"创业贷"专属信贷产品——小额信用流动资金贷款，无需任何实物资产抵押或担保，解决资金需求。四是信用卡服务。针对园区内的创业团队设计推出专属信用卡产品，满足创业者的消费需求。五是银行角——综合金融咨询服务。随着创业团队的日益壮大，北京银行中关村分行将继续为其提供更加多元的产品服务和业务解决方案，打造全面的金融服务平台。通过在车库咖啡设立"银行角"，定期为创业企业进行银行业务介绍，为创业者提供金融知识普及和培训，并制定专属理财方案，实现资产保值增值。

点评与启示：

如果说车库咖啡致力于为初创企业降低办公与社交成本，为创业者与投资人牵线搭桥，那么作为金融机构，北京银行中关村分行此次针对初创期、轻资产、首次融资难企业推出一系列优惠服务，则是进一步为创业企业发展搭建起完善的金融服务平台。如果说车库咖啡这样的创投平台已成为"创新型孵化器"，那么金融支持将帮助这些羽翼待丰的初创企业飞得更高更远。

案例三：创新工场

创新工场由李开复博士 2009 年 9 月在中关村西区创办，通过针对早期创业者需求的资金、商业、技术、市场、人力、法律、培训等提供一揽子服务，帮助早期阶段的创业公司顺利启动和快速成长，同时帮助创业者开创出一批最有市场价值和商业潜力的产品。它的目标是只做小股东；通过有力支持、高端服务、全球视野和资源，协助创业者最大化的实现创业梦想；为中国培养更多优秀创业家；与中国的创业者、投资者、政府、企业等携手，共同打造健康、良性的创业生态。

创新工场是一家早期投资机构，同时为创业者提供全方位的创业服务。作为国内一流的创业平台，创新工场不仅提供创业所需的资金，还针对早期创业所需要的商业、技术、产品、市场、人力、法务、财务等提供一揽子创业服务，旨在帮助早期阶段的创业公司顺利启动和快速成长。创新工场的投资方向立足于信息产业最热门的领域：移动互联网、消费互联网、电子商务和云计算；主要涉足的投资阶段为：种子轮、天使轮和 A 轮，B 轮会有选择的进行跟投。

创新工场的基金来自全球投资者，其中既包括顶尖的专业投资机构和战略性投资者，也包括知名家族和个人。他们愿为创业者提供有力支持，共同打造世界级的创业公司。创新工场投资牵头者为刘宇环先生创立的中经合集团，投资者还包括财富 100 强企业、知名创投和中美精英人士，其中有郭台铭领导的富士康科技集团、柳传志领导的联想控股有限公司、俞敏洪领导的新东方教育科技集团、YouTube 创始人陈士骏等。同时也得到了来自硅谷银行、中华电信、联发科以及美国、欧洲、亚洲等多位顶尖投资者的鼎力相助。在这些已经是成功传奇的明星创业者中，很多人表示愿意共同辅导青年创业者，他们的加入使创新工场如虎添翼，他们的参与将使创业精神在一批批创业者中薪火相传。

创新工场投资中国最顶尖的创业人才。创新工场所投资的创业者中既不乏曾在大公司担任高管，从事产品、技术、推广等相关工作的业界资深人才；也有曾经连续创业并取得成就的创业者。他们不仅在专业领域有深厚积累、熟知专业领域的方方面面，而且具备优秀的创业者素质。创新工场以及投资的项目团队中有来自本土知名企业的专业人士和有过多次创业实践的本土创业者；又有来自硅谷的资深技术人才、以及著名跨国科技公司的业内高手。各个创业团队除了已经吸引到国内高校计算机系的优秀毕业生加盟，也有多位来自斯坦福大学、哈佛大学、耶鲁大学、牛津大学、加州大学伯克利分校、麻省理工学院、芝加哥大学等不同专业的杰出校友。创新工场成立以来，为中关村和全国各地热衷科技创新的青年创业者提供了平台、资金等创业服务，使一批高新技术企业迅速发展起来。

经过几年发展，创新工场已成为科技创业者的摇篮。不仅帮助创业者开创出了一批具有市场价值和商业潜力的产品，而且培育了众多创新人才和新一代高科技企业。目前，创新工场无论在公司规模、孵化项目数、聚集精英人才数，还是募集资金、知识产权申请等参数，都已大大超出创新工场建立时的预期。截至 2012 年，创新工场已审阅了超过 2500 个项目，投资孵化了39 个项目和公司，总投资额超过 2.5 亿人民币，创新工场投资的企业价值超过 50 亿人民币。

点评与启示：

车库咖啡"民营资本的孵化器"的目标，与创新工场早期投资机构的定位，有些许相似之处，但又有着很大的不同：

第一，车库咖啡定位更早期，来这里办公的甚至是思路尚未成型的项目；

第二，车库咖啡可以为创新工场"服务"，向创新工场输送优秀的项目。据苏菂透露，创新工场投资人经常来车库咖啡交流、看项目。

车库咖啡、创新工场实质是"天使基金＋孵化器"混合体，是风险投资借由孵化器平台对新一代高科技企业的二次 VC，是风险投资的巧妙搭桥嫁接，极具创新基因。从概念上讲，与北京中自科技产业孵化器为代表的"正牌"的孵化工厂没有不同之处，但是在对创业团队初期发展时提供各项援助和支持的角度上却各有不同。"车库咖啡"的包容性，即"来者不拒"，是它被草根创业者追捧的关键特征。这一创新型的企业经营模式，在一定程度上辅助了政府工作，弥补了政府部门的一些缺点。与此同时，证监会、中关村管委会等政府机构，也对车库咖啡进行调研并给予了优惠政策。决定将其纳入民营孵化器的支持体系，享受政府的资金补助，而在这里办公的创业者，也能获准以"车库咖啡"的地址在中关村示范区注册，享受优惠政策。

创业"苗圃"＋孵化器＋加速器＋产业园是中关村独有的产业链条，为处于不同发展阶段的科技型企业提供不同的服务和支持，充分利用科技园区的多项功能，通过完整的产业链条，最大程度地将企业的创新转化为生产力，实现产业聚集，进而发挥中关村引领辐射与产业拓展的作用。尤其是其中的孵化器和加速器是中关村特有的风景，是示范区创新发展的重要组成部分和支撑，也是中关村技术转移的有效载体，他们为创业型企业提供了生存空间，提供了创业阶段所需的各类商务服务，引进了担保公司、创业投资基金等多种金融服务机构，承担了大量企业与政府部门的沟通工作。中关村园区里的这些实践成果，与美国同行几乎同步。

创业"苗圃"是在源头上培育科技型小微企业；企业"出苗"后就进入孵化器，获得专业化的产业体验及实践体验等多方位服务；从"孵化器"走出的企业还可进入"加速器"，获得一对一的跟踪服务；完全成长起来并且具备了加强自主创新能力的企业最后进入科技产业园区参与市场竞争。科技工业园则主要吸引以技术为基础的企业、科研机构及商业厂商，进行高技术工业生产的基地，其产出目标是高技术产品和科研成果。他们从提供厂房及办公环境、配套设施、商务服务、人力资源服务、财务服务、法律服务等基础和初级增值服务，向产业技术研究院、关键技术服务平台、股权投资、融资服务等高端服务演变，成为推动中关村示范区科技成果转化与产业化，支持企业做强做大，提高创业企业快速成长的重要支撑。

第二节　加速器服务技术转移

案例四：永丰科技企业加速器

（一）科技企业加速器的诞生与概念

科技企业加速器是中关村在实践中产生的新型产业服务模式。企业从种子期、创业期发展到快速成长阶段对物理空间、配套设施、技术平台、投融资、市场网络、人力资源等发展环境提出了更高的要求，而传统的孵化器、大学科技园等服务模式已难以满足相应的需求，科技企业加速器应运而生。加速器，是一种以快速成长企业为主要服务对象，通过服务模式创新充分满足快速成长企业对于空间、管理、服务、合作等方面个性化需求的新型空间载体和服务网络，是一系列服务的提供者、组织者和管理者，是科技园区从外延式扩张进入集约型发展的初步尝试，具有更强的集群吸引力和创新网络形态。

加速器的服务对象是快速成长企业，这类企业主要具有如下特点：第一，成长速度快。快速成长企业名称的由来就是因为这些企业以超越常规的速度在飞快成长，每年几十倍甚至百倍的发展速度使快速成长企业成为区域经济发展新的推动力；第二，创新能力强；第三，采用新发展模式；第四，抓住细分领域。

针对企业特点和关注点，加速器重点关注快速成长企业筛选、建设好空间载体和相应服务体系三个方面，即做好品质空间、品质服务，引入品质企业，三者合一、互动发展，推进自主创新成果的极大勃发，这是科技企业加速器的特质，也是探索落实建设国家自主创新示范区核心区的经济发展模式之一。

科技部火炬中心非常重视科技企业加速器的发展，2007 年首先批复了中关村海淀永丰基地为国家级科技企业加速器建设试点单位后，先后批复深圳光明科技园、无锡国家高新区、西安国家高新区为试点单位。2009 年 11 月，江阴经济开发区扬子江科技企业加速器通过科技部专家组论证，成为全国县级市中首家国家级科技企业加速器。与此同时，在上海、广州、青岛、南京、合肥等地纷纷建立或者正在筹建科技企业加速器。

（二）永丰科技企业加速器发展现状

海淀区永丰基地于 2003 年率先在国内提出科技企业加速器的概念；2007 年 8 月，科技部火炬中心批复永丰基地为国家级科技企业加速器建设试点单位；海淀区政府加大对科技企业加速器的支持，2009 年 4 月出台《海淀区促进科技企业加速器发展暂行办法》；2009 年 10 月海淀区政府为永丰加速器授牌；2010 年 6 月海淀区出台《海淀区促进创业孵化机构和大学科技园发展支持办法》，加速器相关支持纳入该办法。

中关村地区目前共有加速器建筑面积约 25 万平方米，这些加速器分布于实创股份所属的永丰基地和环保园内，目前入驻企业约 200 家，实现总收入约 80 亿元。其中环保园内科技企业加速器入驻企业每万平米建筑面积实现总收入 3—4 亿元，其中环保园 J03 项目形成产值收入 19 亿元，折合每万平方米实现收入 4.2 亿元。加速器企业广利核系统工程、京鹏环球、大洋电机新动力、中电华瑞等企业在不到两年的时间内扩展了租赁和购买面积。中钢研高钠和京鹏环球在 2009 年成功实现上市。实创股份加速器严格执行企业准入标准，要求入驻企业主要需达到以下条件：盈利模式清晰可行，市场规模大，产品已经上市，并有较好的销售收入；企业的技工贸总收入规模定在 2000 万元—5 亿元之间的企业；技术水平先进，具备产业化条件；企业项目属于国家颁布的高新技术领域，产业方向符合海淀园区产业导向。

实创股份加速器退出机制的目的是资源的循环利用，最大效能的利用资源。退出机制包含资产处置、资源重组及再利用等方面。实创股份加速器的退出机制分为积极退出和消极退出两种形式。加速器主要通过加快相关服务平台建设，降低企业创业成本，加速推进企业发展。一是成立永丰科技加速器俱乐部，通过政策讲解、企业家对话、金融对接等促进加速器企业间、加速器企业与大型企业及政府之间交流，企业联系日益紧密。二是建设中关村先进功能材料公共技术支撑服务平台和电磁屏蔽技术支持平台，为加速器企业提供技术测试支持服务。目前，中关村先进功能材料公共技术支撑服务平台设备利用率超过 70%，服务企业和科研院所 90 多家，降低企业试验、测试费用，缩短项目试验周期，极大地支持了相关产业的发展。三是搭建高新技术企业服务平台：介绍国家相关行业的政策规定，帮助企业获得国家及地方相关政策的支持，为入驻企业申请政府专项资金支持提供辅导、初审等服务。四是搭建规模化融资平台：与海淀资本中心、北京海迪创新技术资产投资中心有限公司、中国华融资产管理公司等单位签订战略合作协议，为企业提供融资服务。五是建设专业服务联盟，引入 30 多家财务、金融、法律、人才等机构为加速器企业服务。

随着大型购地建厂企业建设投产和科技企业加速器企业的入驻，园区内大企业和科技企业加速器企业及科技企业加速器企业自身之间的联系日益紧密，企业间相关产业链逐步形成。如用友软件园内引入上下游企业 22 家；科技企业加速器企业水木源华电气公司和恒源利通电力公司之间建立了相关产品互补的上下游关系；科技企业加速器企业大洋电机新动力公司为大型购地企业北汽福田公司提供车用电机驱动系统支持等。目前基本上形成了以电子信息、新材料及节能环保为特色的集群效应。

（三）永丰科技企业加速器未来发展规划与设想

1. 发展理念

坚持"集约发展、模式创新、进退有序、分步实施"的原则，努力实现入驻企业与实创股份科技企业加速器自身同步成长，使实创股份科技企业加速器成为我国具有影响力的科技型快速成长企业的重要集聚区，为中关村核心区建设做出贡献。

（1）集约发展。统筹考虑产业发展与土地高效利用，促进高新技术企业通过自主创新能力提升实现高收益，并保护周边的生态环境。

（2）模式创新。坚持科技企业加速器是服务提供者和组织者的基本理念，创新各类资源组织模式，同时在科技企业加速器自身商业模式方面进行开拓。

（3）进退有序。建立高新技术企业进入和退出评估机制，以充分发挥科技企业加速器对于快速成长企业预期的推进作用，不断加强科技企业加速器的专业服务功能。

（4）分步实施。采取高起点规划与立足现实相结合的思路，分阶段推进科技企业加速器的建设，在实践中逐步探索、总结科技企业加速器发展的内在规律。

2. 发展规划

至 2015 年实创股份规划开发总建筑面积约 100 万平方米的科技企业加速器，计划吸引约 450—500 家中小高科技企业进驻，形成总收入 400 亿元，实现总税收约 30 亿元。建立较为完善的服务体系。至 2020 年实创股份规划开发总建筑面积约 200 万平方米的科技企业加速器，计划吸引逾千家中小高科技企业进驻，形成总收入过千亿元，实现总税过百亿元。形成网络通信、新材料、新能源及节能环保、生物医药四大块产业集群，建立完善的加速器服务体系。

点评与启示：

随着科技园区土地资源的日益紧缺，以及企业需求的日益多样化，科技企业加速器应运而生，相对于大型购地建厂企业，科技企业加速器有如下优势：科技企业加速器有利于土地的集约利用；有利于空间资源循环利用；有利于缩短税源建设周期，企业从招商到投产的时间比购地建厂企业大大缩短，能够尽快产生效益；有利于政府进行宏观调控，实现产业升级换代；有利于园区的可持续发展。

1. 科技企业加速器有利于增强科技创新企业的市场竞争力

加速器恰好能够满足产业集聚性的特点和配套服务的标准化需求，同时也能够为企业提供灵活的、定制式的服务，为企业提供了高性价比的服务。加速器强大的资源整合能力，使企业能够具备单纯自身能力所无法达到的资源优势，帮助并推动企业从办公空间的扩大、人力资源的扩充到业务的激增、市场的拓展等，从而使得其开发的科技成果更具有市场竞争力。

2. 科技企业加速器有利于构建区域内科技成果产业化与技术转移的网络

科技企业加速器有利于服务资源的专业化、网络化和集成化。加速器根据快速成长企业客户的需求，通过科技企业加速器这一组织的吸引力和集聚力，融合一部分能够提供特定服务的资源，以及大量的处于不同产业、不同所有制、不同区域的技术资源，以整体姿态与外部建立联系，全面融入区域创新网络。科技企业加速器有利于形成完善的技术创新网络。建立科技企业加速器之后，处于不同价值链环节的快速成长企业之间、企业与加速器之间、企业与区域资源之间的联系日益密切，成为一个密不可分的整体。快速成长企业本身从科技企业加速器的服务中得到支持，同时实现自身成长，释放创新活力和带动力，总体上拉动区域创新能力的提升。

3. 科技企业加速器是中关村园区运营模式的创新

科技企业加速器是科技园区服务理念的创新。建立科技企业加速器之后，快速成长企业根据自身的需求，提出符合发展要求的服务产品组合，科技企业加速器完全结合这种需求设定服务内容，从"有什么卖什么"到"需要什么生产什么"的转变，进一步明确了加速器的服务地位。科技企业加速器是科技园区经营机制的创新。建立科技企业加速器的方式，针对细分企业提供专业化有偿服务和优质服务，能够摆脱单纯依靠土地开发经营的模式，将土地开发与服务并重，并使服务成为科技企业加速器长远的、核心的利润增长点。科技企业加速器是科技园区服务方式的创新。建立科技企业加速器，通过服务内容、服务手段的创新，可为处于不同细分产业、不同发展阶段的快速成长企业提供符合发展需求的个性化服务，即贵宾式"一对一"服务，这就从总体上改善了服务资源浪费的现象，并提升了服务的增值空间。

4. 对永丰科技企业加速器发展建议

（1）土地获取及建设审批手续。加速器建议直接列入海淀区重大项目，基本建设程序按照绿色通道办理，缩短土地获取、建设审批等流程，加快建设进度。

（2）允许加速器采取租售并举的运营方式。从满足企业需求及平衡加速器出租部分投资成本的角度出发，希望政府能够支持加速器采取租售并举的运营方式，通过出售回款反哺出租项目。

（3）对加速器实施以下优惠政策。在租赁租金方面，目前对于租赁项目给予认定加速器并给予房屋租金两年的补贴，建议能够根据项目招商进展情况延长补贴时间。销售项目目前在海淀区不给予认定加速器，也不给予资金支持，建议纳入加速器支持政策一并予以考虑。另外，融资方面，简易对租赁和销售的加速器项目年度新增基本建设投资贷款均给予贷款贴息。为鼓励加速器吸引企业入驻，降低企业成本，建议中关村园区按照实际购买面积一次性给予加速器每平方米 1000 元的补贴，每家企业最多补贴 2000 平方米。建议实施财政贡献奖励，将入驻加速器的企业和经营管理机构上一年的区级财政贡献的 50% 留作对该经营管理机构的奖励，政策执行期 5 年，于每年初支付。

第三节　产学研联合实现科技成果产业化

案例五：清华大学联合实验室

清华大学与国内外企业建立联合研发机构近 80 个，涉及省市 20 余个。借助大学的人力资源、科技资源优势，把企业的产品研发及技术创新放在大学里进行，不仅为企业的发展提供了直接的技术支撑，同时每年还为企业培训数以千计的技术人员。通过合作，一些联合研发机构形成了大批专利技术，为创新产学研结合的成果转化机制进行了卓有成效的探索。清华大学联合实验室在国内的最典型代表包括清华大学（计算机系）——搜狐搜索技术联合实验室和清华大学（计算机系）——腾讯互联网创新技术联合实验室。

（一）清华大学（计算机系）——搜狐搜索技术联合实验室

2008 年，"清华大学（计算机系）——搜狐搜索技术联合实验室"成立，海淀园管委会特意致信，祝贺"清华大学（计算机系）——搜狐搜索技术联合实验室"成立，并希望联合实验室创新运营机制，成为新时期海淀"产学研"工作的典范。清华大学（计算机系）——搜狐搜索技术联合实验室的建设目标是，充分发挥清华大学的技术特点和研发力量的作用，结合搜狐公司的产品经验和市场优势，在网络信息检索领域研发基于自主知识产权的网络信息存储、检索、管理和应用技术，从而增强搜狐公司以网络信息服务为主的相关产品和服务核心竞争力，实现依靠科技创造未来的战略。同时建立起一个学院型人才向市场型人才转型的平台，疏通优秀学生留在国内发展而不是出国留学的通道。联合实验室设计了与以往全然不同的新的管理机制，简称为"双内循环机制"，形成双方水乳相融的决策和管理系统。清华大学——搜狐搜索技术联合实验室为非独立法人机构，建在清华大学，依托清华大学信息技术研究院，选址于清华东门 FIT 大楼内。清华大学——搜狐搜索技术联合实验室设管理委员会，其职能是确定联合研究机构的研发目标和决定重大事务。搜狐派员 3 人，清华派员 4 人，共 7 人组成管委会。管委会主任由搜狐副总裁王小川担任。清华大学——搜狐搜索技术联合实验室实行管委会领导下的主任负责制。主任负责执行管委会的决议，在管委会指导下主持研究开发项目和管理联合研究机构日常工作。实验室设主任一名、副主任两名，主任由清华大学计算机系教授、博士生导师马少平担任。副主任由双方各派一人担任。联合实验室的任务包括在国内外重要的学术刊物及国际重大学术会议上发表有关研究的论文 40 篇以上；申请相关的技术发明专利 10 项左右；积极参与国际测评（如 TREC、TRECVID、NIST 等）和国内专家组测评，提高在国内外相关研究领域的影响力；选定与行业技术发展密切相关的研究课题，融合学院和企业不同的人才培养模式，弥补学院型人才与市场型人才的断层，在合作研究、产业化的过程中，完成人才的初步转型和培养；合作培养博士、硕士研究生及相关领域软件人才 40 名以上，为社会输送高级人才。

（二）清华大学（计算机系）——腾讯互联网创新技术联合实验室

2010 年 12 月 13 日，腾讯公司与清华大学共同建立的"清华大学（计算机系）——腾讯互联网创新技术联合实验室"在京揭牌。联合实验室以"科研合作"、"人才培养"和"学术交流"为三大合作方向。其中，"科研合作"作为核心，腾讯与清华大学共同攻关"'十二五'规划"的互联网科技课题，包括搜索引擎与浏览器技术、社区化信息组织与挖掘、互联网海量信息的获取、组织，以及高效处理海量信息的机器学习与数据挖掘等。同时，联合实验室还将参与国家音视频标准制定，加入到相关的制定过程中来推动行业规范、有序发展。在由腾讯承办的 AVS 第三十五次会议中，腾讯也和高校共同为中国的音视频标准发展出谋划策。此外，联合实验室还将成为互联网高端人才培养的重要基地之一。

根据合作计划，腾讯一次性投入 1500 万元用于未来三年内联合实验室的建设，确保其顺利承接国家"十二五"规划互联网科技战略课题的研究项目。除了腾讯与清华大学双方的合作之外，联合实验室还每年投入 100 万元作为开放科研基金，支持全国高校的创新科研项目。联合实验室还计划通过开展"腾讯校园优才计划"、设立企业博士后流动站、共同开发互联网技术课程相关教材等各项合作，进行全方位的互联网创新人才培养。

点评与启示：

企业与大学或科研院所联合设立实验室或研发中心这种形式比较普遍。企业通过与大学、院所等设立联合实验室，一方面有利于发挥大学和科研院所的研究能力，产生原始的创新技术；另一方面由于企业的及早介入，并对技术创新进行持续投入，也使科研更贴近市场需求，更容易形成能够产业化的专利成果，缩短产品化周期，并培养企业自身的研发技术人员。这种方式更容易达到双方共同目标，实现合作共赢。尤其有一些国家重大产业化项目要求企业与科研机构的共同参与，这就加强了创新主体之间的合作，为技术转移活动创造了良好的机遇，更重要的是，国家重大项目产业关联度大，能促进一大批相关衍生技术的产生和上下游产业链的发展，显示出很强的优化资源配置的催化效应。

未来云组织和云创新时代正在向大家走来，也就是说通过信息技术和互联网技术，社会各个资源可以在需要时能够通过网络信息技术快速聚集起来，完成一项任务后又立刻消散，又能够进行下一轮新的组合。每个用户、每个中小企业都可以通过这个组织能够把自己价值体现出来，并且能够从中获益。清华大学与搜狐和腾讯这两家互联网企业联合成立的实验室恰恰利用了网络信息技术的所有优势，为中关村的企业搭建了一个成本最低的、效率最高的科技成果转化和交易的平台，可谓是走在了科技成果产业化的交易载体的最前端。

第四节　科研成果衍生企业服务技术转移

案例六：中国科学院遥感应用研究所

中国科学院遥感应用研究所（以下简称"中科院遥感所"）1979年成立，是我国遥感科学与综合应用技术国家级、开放型研究机构。在遥感界著名的陈述彭院士、杨世仁研究员、童庆禧院士、徐冠华院士、郭华东研究员、李小文院士历届所长的带领下，中科院遥感所成功组织了著名的中国遥感工程三大战役——腾冲航空遥感试验、津渤环境遥感试验、二滩水能开发遥感试验；"六五"至"九五"连续四个五年计划主持国家遥感科技攻关项目；建立了中国最完善的高空机载遥感系统；主持了中国第一个遥感重点基金"地表双向反射特性"、第一个遥感重大基金"遥感信息传输机理"、第一个遥感攀登计划"地表能量交换的遥感定量研究"；……在中国科学院知识创新工程新的历史阶段，由顾行发所长领导的管理团队以全新的发展思路，提出了中科院遥感所适应新形势的战略定位：以遥感科学与技术创新为基础，以天空地一体化遥感系统论证、综合国情遥感监测与预警系统为支撑，以遥感科学与试验、遥感技术前沿与信息挖掘、遥感综合应用技术、遥感信息工程为主要科研方向，通过完善遥感科学体系、提升自主创新能力、加强国际合作和实施人才战略，引领我国遥感科技发展，成为国际上有重要前沿科技创新能力的遥感科学技术国立研究机构；通过遥感科学基础理论研究与应用技术集成、新型遥感前沿技术与遥感系统综合论证、遥感应用工程技术研究与应用示范构建遥感应用工程化、产业化促进平台和技术培训基地；为国家安全、资源开发、防灾减灾、环境保护以及社会可持续发展提供科学决策依据，为国防现代化、信息化建设提供遥感应用技术支撑，为地方政府、重大工程、企业和公众用户提供空间信息服务。

中科院遥感所目前拥有4名中国科学院院士、1名"爱因斯坦"讲习教授、2名国际宇航科学院院士、2名第三世界科学院院士、5名"百人计划"、2名国家级"百千万人才"、58名高级研究人员、200名在职职工、160余名项目聘用人员、200 余名博士生与博士后、100 余名硕士研究生。为了顺应国家对遥感技术的重大需求和取得高强度投入下的科学回报，中科院遥感所面向国内外招聘领军人才，形成院士、中青年学术带头人、创新研究员三个层次的学术带头人骨干团队以及知识、年龄结构更趋合理的科研人力队伍。

中科院遥感所建所以来，取得了数百项科研成果，其中 78 项获国家级和部级科技成果奖，如防汛遥感应用试验成果获国家一等奖以及水利部科技进步一等奖；金矿成矿模式找矿方向及找矿选矿技术方法研究获国家科技进步二等奖和中科院科技进步奖特等奖；国家资源环境遥感宏观调查与动态研究方面获国家科技进步二等奖和中科院科技进步奖特等奖；基于网络的洪涝灾情遥感速报系统获中科院科技进步一等奖；定量遥感基础理论研究获高校科学技术一等奖；遥感信息传输及其成像机理研究获中国科学院自然科学一等奖；"腾冲航空遥感试验"获国家科技进步二等奖；国家自然科学重大基金项目"地表遥感信息传输及其成像机理研究"获中科院自然科学一等奖；"津渤环境遥感试验"获中科院科技进步一等奖；"国家资源环境遥感宏观调查与动态研究"获中科院科技进步特等奖和国家科技进步二等奖；"高空机载遥感实用系统"获中科院科技进步特等奖和国家科技进步二等奖；获得了遥感多位信息集成的装置和方法、数字水分土壤测量仪等多项技术专利；获得了 64 项软件登记权。建成的国土资源遥感动态监测系统、自然灾害遥感监测与应急响应系统、农作物估产与农情预测系统三大遥感应用运行系统以及研发的 IRSA 遥感图像处理系统、HIPAS 高光谱图像处理软件系统、GRACE 雷达图像处理软件系统、RSQA—CBERS 遥感图像定标软件系统、地网 GeoBeanS 网络空间信息平台软件、卫星定位数据智能记录与处理系统等核心技术成果在国家生态环境保护、矿产资源勘探、海洋环境监测、土地利用调查、水资源开发、农作物长势监测与估产、重大灾害监测与评估、城市规划与市政管理、森林病虫害防护与监测、公共安全、国防事业、数字地球等方面发挥了重要作用。"十一五"以来，中科院遥感所承担了 1 项"973"项目、18 项"863"计划课题、47 项国家自然科学基金、3 项国家科技支撑计划项目以及 55 项部委委托项目；承担了中科院重大项目"重大工程生态环境效应监测、评估与预警"、知识创新工程重要方向项目"北京地区大气环境监测行动计划";作为国家中长期重大科技专项"高分辨率对地观测系统"应用分系统组长单位,组织开展了前期立项论证和实施方案撰写工作;将持续开展原始创新、核心技术储备和应用拓展研究。

中科院遥感所是国家遥感中心研究发展部的依托单位,目前拥有遥感科学国家重点实验室、国家航天局航天遥感论证中心、国家遥感应用工程技术研究中心、遥感卫星应用国家工程实验室四大国家级科研机构,设有遥感辐射传输、环境遥感前沿、高光谱遥感、微波遥感、遥感定标与真实性检验、遥感图像处理、农业与生态遥感、减灾与应急遥感监测、遥感空间信息系统、数字地球与导航定位、国土资源遥感、环境遥感应用技术研究室、非再生资源遥感等13个研究室,建有遥感卫星数据接收站、遥感综合试验场、遥感数据网络中心等科研支撑体系,在新型遥感探测机理、高光谱遥感技术、红外多角度遥感技术、微波遥感应用技术、遥感定标与真实性检验技术、航天遥感系统论证、传感器网络研究技术等方面形成了在国内外有一定影响力的优势学科方向,将重点发展海洋遥感、环境遥感、灾害遥感、城市遥感和极地遥感等应用研究方向及定量化遥感方法技术、遥感一体化系统集成技术等。本着科学研究服务于国民经济建设主战场的建所宗旨和面向国家重大需求、构建与行业用户联盟的新型科技创新体系的发展战略,中科院遥感所目前与国家环保局联合建立了"国家环境保护卫星遥感重点实验室"、与军事医学院联合建立了"公共卫生空间信息技术应用研究中心"、与国务院三峡建委办公室水库管理司、中科院资环局共建了"三峡工程生态与环境监测系统信息管理中心"、与国家文物局、教育部联合建立了"遥感考古联合实验室"、与国家禁毒委员会联合建立了"毒品原植物遥感监测中心"等联合机构,还将继续与相关行业用户发展合作关系,共同推进我国遥感业务化系统建设,带动相关行业产业结构调整与技术进步。

中科院遥感所定位于遥感应用研究,目的是把通过空间遥感技术获得的数据应用到林业、农业、矿业等社会经济生活的各个方面。遥感技术在空间信息、测绘、林业、农业等领域越来越成为不可替代的要素,而且其自身也逐渐发展为一个产业:遥感产业(空间信息产业)。虽然整个行业很有发展潜力,但目前从事遥感产业的企业实力整体较弱,遥感所面临着技术转移受让方能力不强的问题。为了摆脱技术转移困境，遥感所摸索着自行衍生企业，将自身的技术带出去，以促进这个行业的发展与成熟，也使得遥感所在行业中占据比较高的位置。遥感所的国家遥感应用工程技术研究中心唯一的控股企业国遥万维——在行业发展中起到了"以点带面"的作用：该公司利用技术参股宇图天下和国遥新天地这两家下游企业，同时向这两个企业派遣技术出身的管理人员解决两者之间的沟通，使得遥感所的技术在这三者之间的转移可以有效进行，技术参股的方式也解决了技术供方和技术受方之间的利益共享问题。

中科院遥感所还积极开展国内外学术交流与科技合作，与 20 多个国家和地区建立了良好的合作关系，与国内相关院校、研究所、业务单位建立了广泛的联系和多种合作模式。国际数字地球协会和中国地理学会环境遥感分会挂靠遥感所，主办刊物有《遥感学报》和《中国图像图形学报》。已开展的在国际上有影响力的合作研究项目包括：中美航天飞机雷达遥感、中法遥感定标、中日高光谱精准农业试验、中美多角度遥感研究、欧盟支持的可持续发展信息共享平台、亚太经支持的干旱地区水资源遥感监测管理系统、中日环境监测与水灾监测信息系统以及与欧美合作的遥感作物估产研究等；正在以及后续待开展的国际合作项目有：加拿大熊猫计划项目、中法航天联合实验室建设项目、泰—中政府间遥感合作计划、澳大利亚 CSIRO 定标与真实性检验科技合作计划、欧共体 CHRIS 高光谱遥感合作计划、中埃在遥感应用与科研等领域的学术合作等；为确立我国在国际遥感领域的地位和影响力做出了积极贡献。

案例七：中国科学院自动化研究所

中国科学院自动化研究所成立于 1956 年 10 月，是我国最早成立的国立自动化研究机构。经过五十多年的探索与发展，自动化所已形成立足智能技术，聚焦复杂信息的智能计算、复杂系统的智能控制、集成化智能系统三个重要方向，基础研究、应用开发与高技术产业化"三位一体"，相互支持、相互补充的良好格局。现设有模式识别国家重点实验室、国家专用集成电路设计工程研究中心、复杂系统与智能科学中科院重点实验室等多个科研部门；并与国际和社会其他创新单元共建联合实验室和工程中心十余个，包括中法信息、自动化与应用数学联合实验室、中新数字媒体研究院、中港智能识别联合实验室、系统医学与中医药科学研究中心等；另有汉王科技、三博中自等十余家持股高科技公司。

截至 2013 年底，全所共有在职职工 557 人。其中科技人员 511 人，科技支撑人员 46 人，包括中国科学院院士 2 人，研究员、副研究员和高级工程师 210 人。共有国家"973"项目首席科学家 5 人，IEEE Fellow6 人，国家海外高层次人才引进计划（千人计划）入选者 2 人，中国科学院"百人计划"入选者 21 人，国家杰出青年科学基金获得者 11 人，新世纪百千万人才工程入选者 7 人。共有在读研究生 620 人（其中博士 356 人，硕士 264 人），在站博士后 45 人。

自动化所五十余年的历史中为我国国民经济建设、社会进步、科技发展和国家安全做出了重要的贡献。建国发展初期，自动化所开拓了我国的控制科学，为"两弹一星"做出了历史性的贡献；改革开放年代，自动化所开创了我国模式识别智能信息处理的新领域，并在科技成果转化方面进行了积极的尝试，创立了享誉中关村的中自集团。1999 年 9 月，自动化所首批进入中国科学院知识创新工程。全所围绕科技创新、科技成果产业化、队伍建设和人才培养、体制机制改革和创新文化建设等，开展了卓有成效的创新试点，取得了显著的成效，为研究所的创新跨越、持续发展奠定了坚实的基础。进入知识创新工程以来，自动化所共获得省部级以上奖励 30 余项。发表论文数量逐年增加，质量不断提高；专利申请和授权量连年攀升，多年位居北京市科研系统前十名。目前，研究所持股企业的效益持续增长，以自动化所创新技术为核心的各类产品正在实现产业化、规模化，为我国国民经济健康快速发展注入了源源不竭的动力。

中国科学院自动化研究所 2006 年 12 月成立知识产权与产业化处，负责全所的产业化工作，具体职责包括知识产权管理、了解社会需求与科技市场动态、推介科技成果、管理持股企业、研究产业策略等方面工作。自动化所知识产权与产业化处集管理与服务职能为一体，根据国内企业技术创新与市场发展需要，组织、整合自动化所与地方资源，促使自动化所的人才资源和科技资源向重点行业、重点企业流动，为实现产业技术升级、高新技术产业化提供开放式的服务平台。自动化所知识产权与产业化处瞄准国家急需的重大课题以及地方急需提升的规模产业，做好技术成果向产业化快速和有效地转移，推进学科交叉并承接大项目、尖端课题和中低端量大、面广项目以形成联合优势。坚持高效率、高标准、高素质的原则，全面服务于全所科技开发工作，致力于研究所知识创新工程体系的建设。作为研究所与地方（含企业）合作的归口管理职能部门，该处承担着技术市场情报收集分析、重大项目筛选、投资决策咨询、专利战略分析、知识产权管理、创新平台建设以及与国内著名企业之间的横向合作等全过程管理工作。

自动化所目前有汉王、中科联创、三博等 18 家持股企业。在这些持股企业中，自动化所不一定占大股，但持股公司作为一个独立企业法人反过来又与自动化所共建联合实验室等技术转移机构，使中自公司的实验室技术能顺利转移到所持股企业中。如研究所与北京远东仪表、北京三博中自科技有限公司共建的"综合自动化技术工程中心"，研究所与清华泰豪、北京华夏正邦科技有限公司共建的"智能建筑工程中心"，研究所与汉王科技股份有限公司共建的"文字识别工程中心"等。企业提供一定的启动经费或研究经费、共享市场资源，研究所以智力资源、品牌资源出资持股，其主要定位于服务企业发展实际需求、开发可产业化的项目。

点评与启示：

从大学和国家科研机构中衍生出的创新型公司是实施技术转移的重要力量。它的产生和发展有着重要的意义，一方面表明了衍生企业本身是大学技术转移的一种重要方式，是高科技产业化的主要载体和高科技企业群的重要生力军。另一方面，它也进一步凸显了大学，尤其是研究型大学在社会经济发展中的重要作用。这种衍生公司的创业人员、进行商业化的技术、甚至所使用的实验设备、资料和各类辅助性资源都与大学或国家研究机构有着多种密切联系，有的就是大学的教授带领着研究生们创办的公司。这类公司所开发的技术大多带有原创性、跨越性，其市场大多是潜在的，因此往往不为现有的公司所接受。然而从事该项研究的人们对自己研究成果的市场潜力非常敏感，同时有着参与实现这个潜力的强烈愿望，衍生公司往往在这种情况下诞生。在中关村园区，大学和国家科研机构的衍生公司始终是一支转化科技成果、实施自主创新的生力军。中科院的联想、北大的方正、清华的紫光和同方，不仅名称上，更重要的是使其在市场上立足与成功的人员和技术也都与大学和研究机构有着深厚的渊源关系。

科研机构衍生出来的科技成果产业化处或者专门的产业化部门往往借助自身的科研和信息优势，依托国家急需的重大课题以及地方急需提升的规模产业，做好技术成果向产业化快速和有效地转移。这种模式能够很好地实现科研机构技术、人才和信息资源与区域经济的紧密、有效结合，为充分配置和发挥研究所资源，面向社会、融入社会、服务社会，促进地方科技和经济发展而发挥重要作用。

这些从大学和国家科研机构中衍生出的产业化机构往往会以创新的方式完成技术转移或者产业化，例如弹性股权：以一项新产品的推广应用为目的，由新产品提供方和市场推广方合资办一家企业，企业创办初期注册资本不高，因此市场推广方初始投资不大，新产品入股的作价也不高（远低于产品开发成本），但合资双方同时约定：假如该公司经营成功，那么在公司资产达到一亿元之前，市场推广方的股权要随着新投资人的增加而被稀释（即股权比例缩小），而新产品技术方所拥有的股权比例则保持不变。这种弹性股权设计的机制应对了技术转移中的市场不确定性，可以满足交易双方的要求：第一，获得新产品的进入门槛不高（相当于购买了一个看涨的"期权"），即使推广失败损失也不会很大；第二，如果新产品的市场很大，则推广者捷足先登将会占据竞争优势；第三，若公司经营资产达到一亿元时，技术拥有方所持有的资产就会数倍于新产品开发的成本，国有资产就会增值。反之，如若不采用"弹性股权"，而一味按新产品开发当时的投入成本要价，则很难有人愿意投资推广，那么该新产品的命运就会终止于实验室，所投入的国有资产也无从保值更谈不上增值。弹性股权设计充分保障了科研院所的利益，同时也显示了该技术的市场化潜力及双方合作的强大信心。

第五节　中介机构服务技术转移

案例八：北京软件和信息服务交易所

中关村的技术中介机构主要包括三种类型，第一种是由大学或科研院所派生出来的专职技术转移机构，如中科院北京国家技术转移中心；第二种是为实现政府目标而设立的技术转移中介机构，如市和教委设立的九家技术转移中心；第三种是独立的第三方技术转移中介机构，如中国技术交易所北京软件和信息服务交易所、中国医药科技成果转化中心等。在推进中关村科技成果产业化和技术转移的过程中，不同类型的技术转移中介机构各显神通。下面以北京软件和信息服务交易所为例。

北京软件和信息服务交易所（以下简称"软交所"），是根据《国务院关于印发进一步鼓励软件产业和集成电路产业发展若干政策的通知》（国发【2011】4号）指导思想和《北京市促进软件和信息服务业发展的指导意见》（北京发【2011】4号）具体要求，在国家工信部、北京市政府、海淀区政府等部门的大力支持下于2010年5月6日成立的以信息和资源高度集聚为基础、提供软件和信息服务交易的公共服务平台。目前，它已经成为促进软件和信息行业技术成果转移和产业化的重要中介机构之一。软交所的日常运作以市场化为导向，聚集各类软件和信息服务供需资源、投融资服务机构及各类专业服务组织，创新性的推出了软件标准化交易流程，提供了软件和信息服务交易全过程服务体系。在科技金融方面通过对知识产权价值化处置解决了知识产权抵押贷款和融资的根本性难题。为信息产业自主创新提供了重要的支撑环境。

（一）正版化

根据北京市使用正版软件工作联席会议办公室《关于推进市属国有企业使用正版软件工作的通知》，联席会议办公室授权北京市正版软件服务工作站（北京软件和信息服务交易所）作为我市正版软件采购平台，为用户提供软件选型和采购服务。为落实好这一政策，软交所分别与厂商代表、用户代表进行了两次座谈：

2013年3月12日下午，市使用正版软件工作联席会议办公室组织金山、永中、微软等软件厂商代表在市版权局就"正版化软件采购平台运营模式方案"进行了讨论，市版权局版权管理处满向伟处长主持了会议，软交所就创新软件采购机制、规范采购流程、优化采购方案，进行了交流，厂商反馈如下：对协议采购、批量采购、招标采购等三种模式表示认可和支持；厂商将与软交所签署战略合作协议，并推荐授权代理商作为采购平台的正版软件产品供应商。软件供应商通过线上注册方式注册成为正版化采购平台的会员；本次正版化采购所产生的交易合同，需经软交所备案存档后，方能生效。

2013年3月14日下午，由市新闻出版（版权）局、市国资委联合主办的市属国有企业软件正版化座谈会在北京市正版软件服务工作站（软交所）召开，北京城建集团、北京房地集团、北汽集团等十余家市属国有企业代表应邀参加会议。会议由市国资委信息化工作处骆建辉处长主持，软交所向用户介绍了软交所可以提供的采购服务及流程。参会企业一致认为联席会议办公室委托软交所提供采购平台和相关服务极大程度的满足了用户需求，确保了用户利益，并建议由软交所汇总用户采购需求，与软件厂商开展集中谈判，以争取更加优惠的采购价格，为用户节约采购资金。为满足用户需求，联席会议办公室决定委托软交所作为本次市属国有企业软件正版化采购业务的授权代表，在企业自愿参加的前提下，汇总企业采购需求，集中与软件厂商及其授权经销商开展团购谈判，争取最优价格。同时采购平台还应提供其他可选的采购方式，方便用户自由选择。

结合上述要求，会议决定软交所采购平台提供以下三种采购方式：协议供货。软交所与软件厂商进行谈判，软件厂商向参与正版化工作的所有市属国有企业提供优于市场价格的协议供货价。用户在软交所采购平台注册登录后，无需任何限制条件，即可按照约定的协议供货价格进行下单采购；单用户批量采购。在协议供货价的基础上，软件厂商酌情给出采购数量与价格下浮的优惠方案，任意用户均可以根据其采购数量来按照相应的优惠价格下单采购（但不同用户的采购数量不能互相累计）；委托团购。软交所根据联席会议办公室授权，汇总自愿参与团购的企业需求，形成团购数量，并以委托代表的身份与软件厂商进行谈判。取得团购优惠价格后，各企业用户按照其参与委托团购的产品品牌和数量，分别向相应的软件厂商或其授权经销商下单，以团购价格获得产品。

目前，软交所在软件正版化领域的采购平台架构已基本成型，并逐步开始实质运作。

（二）信息化项目评估案

1. 信息化项目技术服务费评估

委托人：北京大宗商品交易所有限公司（甲方）

紫光软件系统有限公司（乙方）

案例介绍：乙方受甲方委托开发服务贸易平台，项目金额 800 余万。由于客观原因，在平台开发 6 个月后，双方决定中止该项目的合作。在双方无法就技术服务费达成共识的情况下，于 2013 年 1 月共同委托软交所进行独立第三方的评估。

在客观公正的基础上，软交所提出了以下评估方案。

第一步，建立项目调研组，分别对甲乙双方做项目还原调查。调查内容包括项目背景、双方诉求及项目资料等。通过采集招标书、投标书、项目需求规格说明书、架构设计、概要设计、运维基础环境设计文档、测试案例等，形成一份客观完整的调研报告。供甲乙双方确认。

第二步，由业内资深人员组建专家组，对项目进行价值评估。根据基本资料及调研报告，专家组进行严格的评估，并给出评估意见。

第三步，在专家意见的基础上，软交所完成最后综合评估，报告同时发送至甲乙双方。

小结：由于该项目只有招投标环节，并未签署合同。甲方原希望通过 100 万结算，乙方要求甲方支付 220 万。经过软交所的专业评估，确定该项目价值为 176 万。双方均无异议。

2. 海淀区信息化项目评审

为支撑海淀区信息化建设，做到公开、公平、公正地完成项目论证、评审工作，保证项目在技术、经济上的符合性，2012 年软交所受海淀区经信办委托，对海淀区信息化建设项目，组织了第三方项目方案论证、风险分析、预算评估、可行性报告分析等。为实现海淀区信息化创新资源的高效整合和利用，提高海淀区管理运营效率和公共服务能力，软交所作为海淀区授权代表，为海淀区信息化项目评审承担、并组织了 13 场专家评审会，评审金额合计达 3.9 亿，通过评审结果，对项目技术及预算的可行性给出了合理的意见，更准确的解决了信息化项目质量提升及成本控制问题。

3. 中国足协信息化建设项目

为支撑中国足球协会（以下简称"中国足协"）公开、公平、公正地完成"中国足协信息化建设项目"的论证评审、招标组织工作，保证项目在技术、经济上的符合性，软交所受中国足协委托，对"中国足协信息化建设项目"组织了第三方项目方案论证、预算评估、招标文件评审等，并作为中国足协的授权代表组织专业机构进行了公开招标。主要工作内容包括：

（1）完成并提交《中国足协信息化建设项目总体规划方案》和《中国足协信息化建设项目可行性研究报告》

由于项目周期紧张，软交所在与中国足协进行委托服务协议商洽期间即同步开展工作，根据足协技术部官员提供的业务需求组织编制了《中国足协信息化建设项目总体规划方案》和《中国足协信息化建设项目可行性研究报告》，并于 2011 年 12 月 25 日组织行业专家进行了专业论证。

（2）根据足协委托，组织专业机构进行公开招标

为确保整个项目推进工作透明、高效，软交所根据中国足协授权，参考政府采购和招投标有关要求，对符合资质的代理机构进行综合考察，选择业内知名代理机构中招国际招标有限公司代理中国足球信息化建设项目的公开招标工作。2012 年 1 月 20 日，代理公司分别通过中国采购与招标网、北京软件和信息服务交易所官方网站发布招标公告，接受投标咨询和报名。

（3）投标和评标结果

共有北京凯英信业科技股份有限公司、北京亿海兰特科技发展有限公司、北京中海纪元数字技术发展股份有限公司等三家企业参加投标。

软交所受中国足协委托，以业主代表和监标人身份全程参与了开标与评

标。经评标委员会评审，认为北京凯英信业科技股份有限公司提交的投标
文件"设备满足招标文件要求，对需求理解较好，技术方案可行，较优；综
合打分排名第一"，推荐北京凯英信业科技股份有限公司作为推荐中标人。
2012 年 8 月 28 日上午，中国足球协会与北京凯英信业科技股份有限公司《中
国足协信息化建设项目》签约仪式在北京中关村软件园隆重举行。中国足球
协会副主席韦迪、林晓华，中关村管委会委员李翔，中关村发展集团董事长
于军，中国足球协会副秘书长朱和元、中国福特宝公司总经理刘卫东、中国
足球协会新闻办公室主任董华，凯英信业总经理贾立东、软交所副总裁刘东
华等相关领导与中关村企业代表出席了此次签约仪式。

（三）渠道对接

广西中亚佳软科技有限公司（以下简称"中亚佳软"），2011 年以前，
以医疗行业软件研发为主，客户主要分布在桂西北 11 个县市。在当地具有
一定客户资源。2012 年 5 月，公司经营方向转型，从研发型向服务型转变，
利用公司现有营销团队、售后团队和人脉资源，与国内各大软件开发企业进
行长期合作，优势互补，利益共享，共同开拓行业软件市场。2012 年 10 月，
中亚佳软公司基于现有医疗客户对产品的需求及对医疗行业软件行业发展的
良好前景，急于找寻在医疗行业从事的"基层医疗集中管理平台"、"新型农
村合作医疗管理信息平台"、"区域卫生信息平台"、"政府绩效管理平台"产
品的合作伙伴。

收到中亚佳软的委托后，软交所通过网站项目交易平台向全社会进行了
信息的发布，并收到 12 家有效厂商的对接报名申请。同步软交所利用所掌
握的厂商资源和产品信息按照软件功能、客户案例及企业资质要求进行筛
选。在初步圈定较匹配的企业后，软交所通过电话、邮件、面谈等方式，对
项目情况及各方资料进行整理、分析。并将潜在合作伙伴推荐至委托方广西
佳软公司，由广西中亚佳软公司直接对接。整个活动共为广西中亚佳软公司
对接潜在合作伙伴 9 家，其中北京软件厂商 5 家。整体对接效果广西中亚佳
软十分满意。多家企业飞至广西与中亚佳软公司进行了业务、商务的洽谈，
其中 2 家公司与佳软达成合作意向。鉴于此次对接效果，在 2013 年 3 月，

广西中亚佳软又委托软交所帮助其找寻"HIS 平台基础模块"的产品供应商。

点评与启示：

在产业和研究这两个体系交汇刚刚开始的地区，或者是两个体系中某一方很弱，这时的知识转换成本就会很高，技术转移就会不畅，由此就需要有专业化的技术转移中介机构。技术中介机构在转化科技资源、推动区域科技资源向外辐射的过程中发挥了重要的作用，尤其是专业的、市场化运作的技术中介机构在推进技术交易、技术转移、科研成果产业化过程中会充分发挥高效率、重收益的优势。因此，无论是政府还是中关村的各类高技术企业都应该充分认识到专业中介机构的作用，大力发展并完善技术转移的中介机构体系。

第六节　知识产权服务技术转移

案例九：北京心觉工业设计有限公司

（一）企业基本情况

北京心觉工业设计有限责任公司成立于 1994 年，致力于为企业提供产品设计调研、设计策划、概念定义、外观设计、结构及工艺设计、包装及宣传册设计、界面及功能设计、模型样机制作、模具机械加工、批量生产及产品组装等产品设计服务，范围覆盖通讯、电子、医疗、工业设备等各个行业及领域。2006 年，公司入住北京工业设计产业基地（DRC），依托基地良好的设计资源，优秀的设计团队，完善的设计流程，可靠的后期生产保障，用心设计的态度，先进的设计理念和客户的支持与信任，逐步发展成为知名的设计企业。

（二）业务模式与知识产权

工业设计属于研发服务，其业务可以涵盖从简单产品外观设计到工业产品设计、制造及运营的完整业务链。目前，北京工业设计企业的主要业务模式主要有委托研发式和优质产品运营模式。

在委托研发模式下，客户针对某一（类）工业产品向工业设计企业进行委托设计研发，产品设计主要包括外观设计（含平面设计）、结构设计和流程、工艺设计（含样品、模具设计）等。客户支付产品设计费，并完全拥有所设计产品的所有相关知识产权，如外观设计的专利权等。委托研发模式的优点在于业务与知识产权权益归属明确、操作性强，但是工业设计企业实现的利润率不高，且由于部分工业产品具备部分相似性，如内部结构，工业设计公司具备对其工作成果进行进一步开发的能力，由客户持有工业产品设计的知识产权可能限制相应知识产权价值的充分实现。

对于优质产品运营模式，工业设计企业在其特长领域自行投入资本开展工业产品设计、制造及销售，并通过建立自主品牌提升产品附加值，通过产品运营赚取更长产业链价值。在优质产品运营模式下，工业设计企业拥有工业产品的所有知识产权，如专利权和商标权；工业设计企业具备综合运用知识产权获取更多利润的可能性，如产品销售、知识产权许可等。优质产品运营模式的优势在于工业设计企业通过产品运营将产业链进行了最高延长，挣得了最高利润，但是对于工业设计企业的综合能力要求也相应有很大提高，企业需要具备产品运营能力并管理更高的运营风险。

（三）产业发展趋势与核心竞争力

目前北京市仅有少数专业工业设计企业具备开展优质产品（自主品牌和知识产权）运营的能力，大部分企业仍依靠委托研发作为主要业务模式。作为新兴行业，这两种互补模式的共存与专业化发展仍将持续一段时间，工业设计企业可根据其自身优势可选择最适合自己的经营模式。

点评与启示：

工业设计属于研发产业。据估算，对于产品每1美元的投入可以产生2500美元的收益；工业设计（研发产业）使工业产品具备更高的市场价值和盈利空间。北京的工业设计仍处于其发展的初级阶段。工业设计企业受传统商业模式制约，其知识产权创造意识普遍不强；但随着产业的发展，其知识产权意识正在不断加强。研发能力和知识产权综合运用与保护能力是未来研发产业企业发展所需具备的核心能力；知识产权运用模式的创新可以带动商业模式的创新，如产品分成模式和优质产品运营模式。社会认知、知识产权与创新模式、商业模式结合的企业转型和设计人才的培养是工业设计企业面临的主要问题。政府对于基础性公共服务平台（如北京DRC产业基地）的投入和扶植政策对于处于发展初期的工业设计企业至关重要，主要体现在创业补助、企业市场推广、公共研发设备租赁和人才培养等方面。

案例十：北京卫平知识产权代理有限公司

（一）企业基本情况

北京卫平知识产权代理有限公司成立于2008年，主营业务领域包括商标、版权与专利代理（北京卫平智业专利代理事务所）；其执行总裁同时为北京市东卫律师事务所合伙人。公司（含其执行总裁个人）从事主要业务包含知识产权申请代理、知识产权维权（诉讼与仲裁等）代理、知识产权战略研究、企业法律顾问等。

（二）知识产权专业服务的综合化发展

作为一家小型的知识产权服务机构，在知识产权申请代理和法律服务这两个传统业务领域中并不具备规模化的竞争优势。北京市的知识产权代理公司目前面临着中低端业务市场竞争日趋激烈、毛利率下降，高端业务市场广阔、但准入门槛高的两极分化格局。在这种情况下，根据知识产权服务企业自身优势选择适当经营战略成为实现持续发展的必然。

卫平具备开展知识产权综合服务的三点优势。第一，具备开展综合业务的经营架构与客户资源积累。由卫平知识产权代理有限公司、卫平智业专利代理事务所和北京市东卫律师事务所三家机构构成的经营架构，形成了以专利、商标、版权为主要工作对象，涵盖申请代理、诉讼与法律服务、知识产权战略研究服务为主的主营业务领域；三家机构的客户资源可以实现共享和累积，大大提高了客户拓展的速度，降低了客户维护的成本。

第二，具备与金融服务机构的良好合作关系。将其执行总裁个人的执业经历移植至知识产权服务之中；借助以往与银行、风投机构和资产评估机构的良好合作关系，发展企业知识产权金融服务业务。

第三，具备设计并提供一揽子知识产权综合解决方案的能力。借助上述资源优势，为处于不同发展阶段企业的提供定制化的知识产权服务综合解决方案：主要以申请代理、侵权诉讼代理、知识产权咨询、知识产权战略研究、企业知识产权融资（信息、法律与风险管理服务）、知识产权交易为主要业务项目进行组合。

（三）商业模式与核心能力

可以看到，卫平开展知识产权综合服务的商业模式主要为平台模式。一方面，通过三家机构的横向合作加速客户资源开发、共享与累积；另一方面，在知识产权申请代理和知识产权诉讼服务的基础上，充分利用由以往从业经历所聚集的银行与金融机构资源，向客户开展企业知识产权金融服务，主要包括融资信息服务、企业知识产权融资法律风险评估服务和知识产权转让经纪服务等。

知识产权申请代理能力、诉讼代理能力、客户融资需求获取与分析能力、知识产权融资风险管理能力和建立与金融机构之间信任的能力是核心能力；知识产权行业经验、金融行业经验、知识产权代理人、律师与知识产权战略研究人员是核心资源。

点评与启示：

研发能力和知识产权综合运用与保护能力是未来研发产业企业发展所需具备的核心能力；知识产权运用模式的创新可以带动商业模式的创新，如产品分成模式和优质产品运营模式。社会认知、知识产权与创新模式、商业模式结合的企业转型和设计人才的培养是很多中关村企业在技术转移和成果转化过程中面临的主要问题。北京市知识产权代理服务业目前面临着低端业务利润率下降，开拓高端业务能力受限的尴尬局面，业务结构亟待调整。因此，知识产权代理机构应根据自身优势，制定专业化或综合化的发展策略。知识产权金融服务是知识产权综合服务的重要发展方向；知识产权申请代理、企业级知识产权战略制定实施、法律服务和金融服务构成了知识产权综合服务基本面。政府应在提升企业知识产权专业服务业能力方面给予政策引导。

结语与展望

——中关村未来技术转移与产业化出路与思考

在科技成果的转化过程中，技术转移正发挥着不可替代的重要作用。技术转移作为提高企业技术创新能力、建设自主创新型国家的关键环节，如今已成为一个共性现象，对技术转移及其产业化的理论和实践研究也越来越深入。中关村作为国内技术转移各种资源要素最为集中的区域，其技术转移实践也最为活跃，其中技术中介的突飞猛进、产学研合作的新兴类型以及技术转移的专业化趋势为中关村提供了新的发展空间与维度。

中关村在国内技术转移中取得了巨大的成绩，并且在技术转移的组织架构体系上取得了很大的进展。但是作为国际化大都市，中关村国际技术转移相对比较少，体现在国外先进技术在中关村地区转移和中关村先进技术在国外的技术转移两个方面，这是中关村技术转移的薄弱环节，是需要亟待发展的方向。同时，与国家对中关村投入如此多的资源相比，与所要求的国家创新体系中的龙头作用而言，中关村仍然需要完善技术转移体制与机制，提高技术转移的效率。由于北京作为一个特大型城市，存在较高的地价、房价及人才成本，限制了技术转移与产业化的规模和空间，这些原因使得北京的科技成果难以在本地实现产业化。同时，许多国家强调的技术转移政策在北京很难得到落实，科技与金融尚未很好的结合。尽管发展中遇到了诸多挑战，但是中关村技术转移也迎来了很好的发展机遇，中央和北京市先后出台了许多支持中关村地区技术转移发展的政策，推动了中关村地区积极探索技术转移和成果转化模式的新路。同时，习近平同志对中关村发展的关心和重视也将极大地推动了中关村技术转移及产业化的快速发展。

2013 年 9 月 30 日，中共中央政治局以实施创新驱动发展战略为题在中关村国家自主创新示范区展示中心，举行第九次集体学习。中共中央总书记习近平在主持学习时强调，科技兴则民族兴，科技强则国家强。当前，从全球范围看，科学技术越来越成为推动经济社会发展的主要力量，创新驱动是大势所趋，从国内看，创新驱动是形势所迫。要把科技创新潜力更好地释放出来，充分发挥科技进步和创新的作用。他提出要着力推动科技创新与经济社会发展紧密结合，让市场真正成为配置创新资源的力量，让企业真正成为技术创新的主体。着力营造良好政策环境，要加大政府科技投入力度，引导企业和社会增加研发投入，加强知识产权保护工作，完善推动企业技术创新的税收政策，加大资本市场对科技型企业的支持力度。习近平同志指出面向未来，中关村要加大实施创新驱动发展战略力度，加快向具有全球影响力的科技创新中心进军，为在全国实施创新驱动发展战略更好发挥示范引领作用。

2014 年 2 月 26 日，中共中央总书记、国家主席、中央军委主席习近平在北京主持召开座谈会，专题听取京津冀协同发展工作汇报，强调要实现京津冀协同发展，必须着力加快推进市场一体化进程，下决心破除限制资本、技术、产权、人才、劳动力等生产要素自由流动和优化配置的各种体制机制障碍，推动各种要素按照市场规律在区域内自由流动和优化配置。

2014 年 8 月 28 日，北京协同创新研究院成立，该研究院按照各产业领域的技术需求，组织大学、院所科研团队设立研究实体，围绕共性技术、关键技术、前瞻性技术，进行研究与转化。北京协同创新研究院是践行习近平总书记 2013 年 9·30 讲话精神和北京市"科技创新中心"定位的重大行动，也是校地联合探索产学研协同创新的重要举措，对于实现科技创新驱动发展战略和京津冀一体化发展有着非常重要的意义。

近年来，海淀区着力加强知识产权和技术转移平台搭建、环境营造和政策引导，成立了全国首支知识产权运营基金，搭建了中关村技术转移与知识产权服务平台，出台了知识产权商用化等新政策，稳步推进知识产权和标准化一条街、国际技术转移中心和国家技术转移集聚区建设，推动知识产权聚集型产业发展，促进科技与其他领域的深度融合，壮大了科技服务业。2014

年 8 月 26 日，海淀区政府为了促进创新要素的快速转移与成果转化，帮助有技术需求的企业对接先进技术，拓展国际合作机会，中关村技术转移与知识产权服务平台正式上线。该平台以建立线上线下永不落幕的技术交易市场为目标，打造"政府搭台、政策引导、市场择优选择"的技术转移与知识产权服务业的互联网服务新模式。这为中关村技术转移开拓了一个新的发展模式，对中国区域企业自主创新能力提升，技术转移健康发展具有重要的指导作用。

展望未来，中关村技术转移及产业化未来发展有着十分美好的前景。

第一，将会更加适应全球科技发展趋势，不断加快技术转移，促进科技与经济的结合。随着全球化趋势不断加强，技术以各种形式在全球范围内大规模流动，技术转移已成为世界范围内不同行业、不同企业、研究机构及政府密切关注并广泛参与的战略性活动。中关村技术转移的发展将在促进科技与经济的紧密结合，有利于加快国内外技术交易和成果转化，充分发挥科技在转变经济发展方式和调整经济结构中的支撑引领作用方面加快步伐。

第二，积极落实国家科技发展战略，加快科技体制改革，提升科技创新体系效能。中关村国际技术转移的发展将有利于进一步扩大科技开放合作，优化创新环境，提高自主创新能力，深化科技体制改革，完善以企业为主体的产学研相结合的技术创新体系，提升科技创新体系效能。

第三，聚集全球科技创新资源，加强国际科技交流，推动北京世界城市建设。中关村地区技术转移及产业化的发展将深刻把握世界科技创新格局调整及后金融危机时期科技、人才、资金等全球创新要素聚焦中国的战略机遇，加强国际科技交流，加速国际高端资源向北京转移，提升北京的全球影响力，促进产业发展，抢占新经济制高点，推动北京建设成为中国特色世界城市。

第四，继续推动战略性新兴产业发展，促进产业转型。技术转移是国家创新体系建设和科技产业发展的重要环节，中关村地区技术转移及产业化的发展将在加强产业关键核心技术和前沿技术的追踪、引进消化吸收和再创新，培育和带动战略性新兴产业发展，加快改造提升传统产业，促进产业转型，把握产业主导权方面进一步加快发展速度，这对于增强北京自主创新能力、成果转化能力、科技服务产业能力，巩固中关村技术转移中心战略地位有着积极作用。

因此，中关村地区作为技术成果转移转化的领先区域，在未来发展中既要承担起创造出具有世界性水平的原创性科技成果，提高我国科技创新竞争力；更要承担起积极构建高校、科研机构、企业技术成果畅通的转移转化渠道，加快科技成果向现实生产力的快速转化，提高我国产业创新竞争力。

附录：技术转移与产业化相关法律、法规、政策

附录1：中华人民共和国促进科技成果转化法

（1996年5月15日第八届全国人民代表大会常务委员会第十九次会议通过）

第一章 总 则

第一条 为了促进科技成果转化为现实生产力，规范科技成果转化活动，加速科学技术进步，推动经济建设和社会发展，制定本法。

第二条 本法所称科技成果转化，是指为提高生产力水平而对科学研究与技术开发所产生的具有实用价值的科技成果所进行的后续试验、开发、应用、推广直至形成新产品、新工艺、新材料，发展新产业等活动。

第三条 科技成果转化活动应当有利于提高经济效益、社会效益和保护环境与资源，有利于促进经济建设、社会发展和国防建设。

科技成果转化活动应当遵循自愿、互利、公平、诚实信用的原则，依法或者依照合同的约定，享受利益，承担风险。科技成果转化中的知识产权受法律保护。

科技成果转化活动应当遵守法律，维护国家利益，不得损害社会公共利益。

第四条 国务院科学技术行政部门、计划部门、经济综合管理部门和其他有关行政部门依照国务院规定的职责范围，管理、指导和协调科技成果转化工作。

地方各级人民政府负责管理、指导和协调本行政区域内的科技成果转化工作。

<h2 align="center">第二章　组织实施</h2>

第五条　国务院和地方各级人民政府应当将科技成果的转化纳入国民经济和社会发展计划，并组织协调实施有关科技成果的转化。

第六条　国务院有关部门和省、自治区、直辖市人民政府定期发布科技成果目录和重点科技成果转化项目指南，优先安排和支持下列项目的实施：

（一）明显提高产业技术水平和经济效益的；

（二）形成产业规模，具有国际经济竞争能力的；

（三）合理开发和利用资源、节约能源、降低消耗以及防治环境污染的；

（四）促进高产、优产、高效农业和农村经济发展的；

（五）加速少数民族地区、边远贫困地区社会经济发展的。

第七条　国家通过制定政策措施，提倡和鼓励采用先进技术、工艺和装备，不断改进、限制使用或者淘汰落后技术、工艺和装备。

第八条　各级人民政府组织实施的重点科技成果转化项目，可以由有关部门组织采用公开招标的方式实施转化。有关部门应当对中标单位提供招标时确定的资助或者其他条件。

第九条　科技成果持有者可以采用下列方式进行科技成果转化：

（一）自行投资实施转化；

（二）向他人转让该科技成果；

（三）许可他人使用该科技成果；

（四）以该科技成果作为合作条件，与他人共同实施转化；

（五）以该科技成果作价投资，折算股份或者出资比例。

第十条　企业为采用新技术、新工艺、新材料和生产新产品，可以自行发布信息或者委托技术交易中介机构征集其所需的科技成果，或者征寻科技成果转化的合作者。

第十一条　企业依法有权独立或者与境内外企业、事业单位和其他合作者联合实施科技成果转化。

企业可以通过公平竞争，独立或者与其他单位联合承担政府组织实施的科技研究开发和科技成果转化项目。

第十二条 国家鼓励研究开发机构、高等院校等事业单位与生产企业相结合，联合实施科技成果转化。

研究开发机构、高等院校等事业单位，可以参与政府有关部门或者企业实施科技成果转化的招标投标活动。

第十三条 国家鼓励农业科研机构、农业试验示范单位独立或者与其他单位合作实施农业科技成果转化。

农业科研机构为推进其科技成果转化，可以依法经营其独立研究开发或者与其他单位合作研究开发并经过审定的优良品种。

第十四条 国家设立的研究开发机构、高等院校所取得的具有实用价值的职务科技成果，本单位未能适时地实施转化的，科技成果完成人和参加人在不变更职务科技成果权属的前提下，可以根据与本单位的协议进行该项科技成果的转化，并享有协议规定的权益。该单位对上述科技成果转化活动应当予以支持。

科技成果完成人或者课题负责人，不得阻碍职务科技成果的转化，不得将职务科技成果及其技术资料和数据占为己有，侵犯单位的合法权益。

第十五条 科技成果完成单位、科技成果转化实施单位和科技成果转化投资单位，就科技成果的后续试验、开发、应用和生产经营进行合作，应当签订合同，约定各方享有的权利和承担的风险。

第十六条 科技成果转化活动中对科技成果进行检测和价值评估，必须遵循公正、客观的原则，不得提供虚假的检测结果或者评估证明。

国家设立的研究开发结构、高等院校和国有企业与中国境外的企业、其他组织或者个人合作进行科技成果转化活动，必须按照国家有关规定对科技成果的价值进行评估。

科技成果转化中的对外合作，涉及国家秘密事项的，依法按照规定的程序事先经过批准。

第十七条 依法设立的从事技术交易的场所或者机构，可以进行下列推动科技成果转化的活动：

（一）介绍和推荐先进、成熟、实用的科技成果；

（二）提供科技成果转化需要的经济信息、技术信息、环境信息和其他有关信息；

（三）进行技术贸易活动；

（四）为科技成果转化提供其他咨询服务。

第十八条 在技术交易中从事代理或者居间等有偿服务的中介机构，须按照国家有关规定领取营业执照；在该机构中从事经纪业务的人员，须按照国家有关规定取得资格证书。

第十九条 国家鼓励企业、事业单位和农村科技经济合作组织进行中间试验、工业性试验、农业试验示范和其他技术创新和技术服务活动。

从事科技成果转化的中间试验基地、工业性试验基地、农业试验示范基地以及其他技术创新和技术服务机构可以进行下列活动：

（一）对新产品、新工艺进行中间试验和工业性试验；

（二）面向社会进行地区或者行业科技成果系统化、工程化的配套开发和技术创新；

（三）为中小企业、乡镇企业、农村科技经济合作组织提供技术和技术服务；

（四）为转化高技术成果、创办相关企业提供综合配套服务。

前款所列基地和机构的基本建设经国务院有关部门和省、自治区、直辖市人民政府批准，纳入国家或者地方有关规划。

第二十条 科技成果转化的试验产品，按照国家有关试销产品的规定，经有关部门批准，可以在核定的试销期内试销。试产、试销上述产品应当符合国家有关技术、质量、安全、卫生等标准。

第三章　保障措施

第二十一条 国家财政用于科学技术、固定资产投资和技术改造的经费，应当有一定比例用于科技成果转化。科技成果转化的国家财政经费，主要用于科技成果转化的引导资金、贷款贴息、补助资金和风险投资以及其他促进科技成果转化的资金用途。

第二十二条　国家对科技成果转化活动实行税收优惠政策。具体办法由国务院规定。

第二十三条　国家金融机构应当在信贷方面支持科技成果转化，逐步增加用于科技成果转化的贷款。

第二十四条　国家鼓励设立科技成果转化基金或者风险基金，其资金来源由国家、地方、企业、事业单位以及其他组织或者个人提供，用于支持高投入、高风险、高产出的科技成果的转化，加速重大科技成果的产业化。

科技成果转化基金和风险基金的设立及其资金使用，依照国家有关规定执行。

第二十五条　国家推进科学技术信息网络的建设和发展，建立科技成果信息资料库，面向全国，提供科技成果信息服务。

第四章　技术权益

第二十六条　科技成果完成单位与其他单位合作进行科技成果转化的，应当依法由合同约定该科技成果有关权益的归属，合同未作约定的，按照下列原则办理：

（一）在合作转化中无新的发明创造的，该科技成果的权益，归该科技成果完成单位；

（二）在合作转化中产生新的发明创造的，该新发明创造的权益归合作各方共有；

（三）对合作转化中产生的科技成果，各方都有实施该项科技成果的权利，转让该科技成果应经合作各方同意。

第二十七条　科技成果完成单位与其他单位合作进行科技成果转化的，合作各方应当就保守技术秘密达成协议；当事人不得违反协议或者违反权利人有关保守技术秘密的要求，披露、允许他人使用该技术。

技术交易场所或者中介机构对其在从事代理或者居间服务中知悉的有关当事人的技术秘密，负有保密义务。

第二十八条　企业、事业单位应当建立健全技术秘密保护制度，保护本单位的技术秘密。职工应当遵守本单位的技术秘密保护制度。

企业、事业单位可以与参加科技成果转化的有关人员签订在职期间或者离职、离休、退休后一定期限内保守本单位技术秘密的协议；有关人员不得违反协议约定，泄露本单位的技术秘密和从事与原单位相同的科技成果转化活动。

职工不得将职务科技成果擅自转让或者变相转让。

第二十九条 科技成果完成单位将其职务科技成果转让给他人的，单位应当从转让该项职务科技成果所取得的净收入中，提取不低于 20% 的比例，对完成该项科技成果及其转化做出重要贡献的人员给予奖励。

第三十条 企业、事业单位独立研究开发或者与其他单位合作研究开发的科技成果实施转化成功投产后，单位应当连续 3 至 5 年从实施该科技成果新增留利中提取不低于 5% 的比例，对完成该项科技成果及其转化做出重要贡献的人员给予奖励。

采用股份形式的企业，可以对在科技成果的研究开发、实施转化中做出重要贡献的有关人员的报酬或者奖励，按照国家有关规定将其折算为股份或者出资比例。该持股人依据其所持股份或者出资比例分享收益。

第五章 法律责任

第三十一条 违反本法规定，在科技成果转化活动中弄虚作假，采取欺骗手段，骗取奖励和荣誉称号、诈骗钱财、非法牟利的，责令改正，取消该奖励和荣誉称号，没收违法所得，并处以罚款。给他人造成经济损失的，依法承担民事赔偿责任。构成犯罪的，依法追究刑事责任。

第三十二条 违反本法规定，对科技成果进行检测或者价值评估，故意提供虚假检测结果或者评估证明的，责令改正，予以警告，没收违法所得，并对该检测组织者、评估机构处以罚款；情节严重的，依法吊销营业执照和资格证书。给他人造成经济损失的，依法承担民事赔偿责任。

第三十三条 各级人民政府科学技术行政部门和其他有关部门工作人员在科技成果转化中玩忽职守、徇私舞弊的，给予行政处分；构成犯罪的，依法追究刑事责任。

第三十四条 违反本法规定，以唆使窃取、利诱胁迫等手段侵占他人的科技成果，侵犯他人合法权益的，依法承担民事赔偿责任，可以处以罚款；构成犯罪的，依法追究刑事责任。

第三十五条　违反本法规定，职工未经单位允许，泄露本单位的技术秘密，或者擅自转让、变相转让职务科技成果的，参加科技成果转化的有关人员违反与本单位的协议，在离职、离休、退休后约定的期限内从事与原单位相同的科技成果转化活动的，依照有关规定承担法律责任。

第三十六条　在技术交易中从事代理或者居间服务的中介机构和从事经纪业务的人员，欺骗委托人的，或者与当事人一方串通欺骗另一方当事人的，责令改正，予以警告，除依法承担民事赔偿责任外，没收违法所得，并处以罚款；情节严重的，依法吊销营业执照和资格证书；构成犯罪的，依法追究刑事责任。

第六章　附　则

第三十七条　本法自 1996 年 10 月 1 日起施行。

附录2：北京市人民政府关于进一步促进科技
成果转化和产业化的指导意见

京政发 [2011] 12号

各区、县人民政府，市政府各委、办、局，各市属机构：

为进一步贯彻落实国务院关于建设中关村国家自主创新示范区批复精神，全面推进"科技北京"建设，充分发挥首都科技智力资源优势，加快本市经济发展方式转变，推动首都经济优化升级，根据《中华人民共和国科学技术进步法》、《中华人民共和国促进科技成果转化法》及《中共北京市委北京市人民政府关于建设中关村国家自主创新示范区的若干意见》(京发[2009]11号) 等文件精神，结合本市实际，制定本指导意见。

一、充分认识促进科技成果转化和产业化的重要意义，明确指导思想和工作思路

（一）重要意义。科技成果转化和产业化是建设"科技北京"、实现科技与经济紧密结合的关键环节，是将首都科技智力资源优势向经济发展优势转化的有效途径。近年来，市委、市政府高度重视科技成果转化和产业化工作，不断创新体制机制，整合科技创新资源，促进大批科技成果在京转化和产业化，为首都经济社会发展提供了有力的科技支撑。但是，科技与经济脱节的问题还没有从根本上得到解决，还存在阻碍科技成果转化和产业化的一些制度性问题，推动科技创新的机制模式还需进一步完善，有利于科技成果转化和产业化的市场环境还需进一步优化。因此，必须从事关首都发展全局的战略高度，深化改革，大胆探索，勇于创新，进一步建立完善有利于科技成果转化和产业化的体制和机制，这既是加快首都经济发展方式转变，推动首都经济优化升级的紧迫要求，也是把北京建设成为创新型城市和国际创新枢纽的战略抉择。

（二）指导思想。深入贯彻落实科学发展观，立足首都城市功能定位，把握首都资源禀赋和产业特点，服务好、利用好中央在京资源，促进科技成

337

果在京转化和产业化。突出制度创新，充分发挥中关村国家自主创新示范区先行先试的优势，在解决制约科技成果转化和产业化的深层次矛盾和问题上有所突破。突出机制创新，认真把握科技成果转化和产业化的客观规律，充分发挥政府的主导作用和市场配置资源的基础性作用，营造有利于科技成果转化和产业化的良好环境。

（三）工作思路。坚持"全链条、全要素、全社会"的工作思路，把握政府部门在科技成果转化链条不同环节发挥作用的力度和重点；对科技成果、资金、人才、信息、政策、空间载体、基础设施、市场等要素进行优化组合；促进形成全社会共同参与、协同推进科技成果转化和产业化的新局面。建立和完善"发现—评价—培育—推进"的工作机制，充分发挥政府的组织协调作用，实现多渠道发现科技成果，多因素评价科技成果，多途径培育科技成果，多主体推进科技成果转化和产业化。

二、深化先行先试的创新试点，探索突破科技成果转化和产业化的制度性障碍

（四）开展高等院校、科研院所和国有企业的考核评价制度改革试点。强化高等院校校办或与社会企业合办企业促进产业发展，鼓励科技人员创办企业或以科技成果入股参与创办企业，转化科技成果；在专业技术职称评聘中，确保一定比例的名额用于参与技术转移、成果转化和产业化的人员。强化对科研院所的科技成果转化和产业化的考评。强化对国有企业的技术创新能力和成效的考评，将国有企业创新成效、科技成果转化和产业化情况，纳入国有企业负责人绩效考核范围。

对于高等院校、科研院所和国有企业中参与科技成果转化人员的股权和奖金奖励，应记入其个人档案，作为对其考核、晋升或评审专业技术职称的依据。

（五）深化股权激励改革试点。在高等院校、科研院所和国有企业中，对做出突出贡献的科技人员、经营管理人员、成果转化人员，开展职务科技成果股权和分红激励试点。高等院校、科研院所、国有企业、国有控股企业的下属单位的股权和分红激励试点方案等相关材料，可以由履行出资人职责

的机构委托高等院校、科研院所、国有企业、国有控股企业等单位决定。由市财政局或市国资委等履行出资人职责的单位，其股权和分红激励试点方案等相关材料由市财政局或市国资委等负责审批。

（六）开展国有无形资产和科技成果管理制度改革试点。进一步处理好国有无形资产和科技成果管理的所有权、处置权和收益权的关系。完善科技成果在评估、对外投资、审批和变更等环节的审批制度。对于科技成果形成的国有无形资产，探索建立与其相适应的管理制度。建立和完善事业单位自主处置科技成果的相关制度，对于一次性处置单位评估价值或批量评估价值800万元人民币以下的科技成果，原则上由事业单位自主决定，报市财政局备案；800万元人民币以上（含）的，经主管部门审核后报市财政局审批。

对财政性资金资助科研项目形成的科技成果，授权项目承担者依法取得。按国家和本市有关规定，项目承担者可自主决定转化科技成果，转化收益归项目承担者所有。

（七）开展股权激励个人所得税政策试点。对中关村国家自主创新示范区内企业转化科技成果，以股份或出资比例等股权形式给予本企业相关技术人员的奖励，技术人员一次缴纳税款有困难的，经主管税务机关审核，可分期缴纳个人所得税，但最长不超过5年。

（八）开展科研经费分配管理改革试点。在科技部、发展改革委、工业和信息化部、卫生部分别与北京市政府确定的联合支持的新立项项目中选择部分项目进行科研项目经费管理改革试点，并与相关国家部委就试点有关工作制定具体实施细则。一是开展间接费用补偿机制试点。在总结科技重大专项列支间接费用的经验基础上，对试点项目中相关国家科技计划项目实行间接费用补偿机制。二是开展科研项目分阶段拨付试点。根据项目实施进度和关键节点任务完成情况进行拨款。三是开展科研项目后补助试点。对于具有明确的、可考核的产品目标和产业化目标的项目实行后补助支持方式，在项目完成并取得相应成果后，按规定程序进行审核、评估或验收后给予后补助。四是开展增加科研单位经费使用自主权试点。完善试点项目中相关国家科技计划项目预算调整程序，适当扩大科研单位在项目内部各支出科目间预算调整的权限，增加经费使用自主权。

三、充分发挥政府的主导作用，大力推进科技成果转化和产业化的机制与模式创新

（九）加强央地共建创新平台的工作力度。积极探索利用和整合首都科技资源的组织模式与运行机制，以中关村国家自主创新示范区为重要阵地，搭建首都创新资源平台，进一步整合首都高等院校、科研院所、中央企业、高科技企业等创新资源，采取特事特办、跨层级联合审批模式，落实国务院同意的各项先行先试改革政策。依托首都智力资源优势，加强央地合作、校企合作，高效配置和集成创新资源，努力将科技资源优势转化为创新资源优势，提升创新引领能力，建立和完善重大科技成果转化和产业化、中关村人才特区建设、科技金融创新服务、政府采购创新产品、政策先行先试、示范区规划建设等平台。加快推进"中关村科学城"建设，坚持需求拉动创新，形成产学研用相结合、军民融合、产业集群等创新发展模式，以重大科技成果转化和产业化为重要抓手，进一步激发创新资源活力，形成高等院校、科研院所、高科技企业、高端人才、社会组织及政府"六位一体"的协同创新局面。加快建设"未来科技城"，依托大型中央企业，吸引在战略性新兴产业领域位居前列的民营企业总部和研发机构、国内外一流大学和创新人才的重点实验室、研发机构入驻园区，形成人才创新创业基地和研发机构集群。大力推进与中央单位共建成果转化平台的工作，构建高效运转、充满活力的科技创新和产业化服务体系，推动科技成果转化和产业化。

（十）深入推进各类创新服务平台建设。深化产业共性技术创新服务平台建设，加强对研发活动的支持与服务，帮助企业提高研发效率。深化科技成果产业化情报系统和科技成果转化的信息数据平台建设，健全创新成果的发现、跟踪和筛选机制，搭建技术成果与信息的供需对接、发布与交流平台。支持技术转移中介机构提升服务能力，做好技术评价等服务业务。推进北京市服务中央单位和驻京部队综合服务平台科技成果转化服务分平台建设以及生物医药、设计产业、高端装备制造等重点领域的科技成果转化平台建设，为科技成果转化和产业化做好对接服务。

（十一）加强科技成果转化基地建设。聚焦北部研发服务和高新技术产业发展带及南部高技术制造业和战略性新兴产业发展带，加快建设新兴产业

基地。围绕新一代信息技术、生物、节能环保、新能源、新能源汽车、新材料、航空航天、高端装备制造等战略性新兴产业，整合创新资源，建设一批科技成果转化基地和新型产业技术研究院，着眼于产业全链条、全要素和全社会多元主体，集中力量、整体推动一批具有内在技术经济关联性的"科技成果群"转化应用。

（十二）深化"创新型企业"培育机制。大力实施中关村"十百千工程"，实行"一企一策"支持方式，提高企业自主创新能力，形成一批十亿元级、百亿元级和千亿元级的规模企业。深入推进生物医药产业跨越发展工程，支持一批有规模的骨干企业、培育一批有潜力的创新型企业、引进一批国内外重点企业。加大中小企业技术创新资金支持力度，培育一批具有创新潜力的高成长企业；实施"瞪羚计划"，形成一批"专、特、精、新"的"瞪羚企业"。

（十三）强化政府科技投入统筹机制。确保市、区两级政府用于科技创新和成果转化等财政科技经费的增长幅度，不低于财政经常性收入增长幅度。市政府建立健全资金统筹机制，从科技成果的研发、筛选、评价、信息发布，重大项目的立项、投资、产业化推进以及园区统筹布局和相关配套服务等方面，明确各职能部门职责，共同推进科技成果转化和产业化。

（十四）深入推进政府投入方式创新。创新投入方式，在综合运用无偿资助、贷款贴息、后补贴和政府采购等方式的基础上，深入推进政府股权投资方式，探索政府资金使用新模式，坚持"政府投资、市场运作、重在激励、及时退出"的原则，支持重大科技成果在京转化和产业化。

（十五）深化科技计划项目管理改革。由财政资金支持的应用性研究项目，项目主管部门应当与项目承担单位约定该项目成果的转化期限，促进科技成果的转化实施。研究成果应当在成果完成后一年内实施转化，一年内未实施转化的，可以由科技成果完成人和参加人在不变更职务科技成果权属的前提下，根据与本单位协议进行该项科技成果的转化，并享有协议约定的权益。同时，加强计划项目成果的信息公开工作。

（十六）深化高新技术企业和科技成果转化项目认定工作。贯彻落实中关村国家自主创新示范区高新技术企业认定管理试点办法，支持企业自主创新，促进企业科技成果转化。推进科技成果转化项目认定制度，对经认定的成果转化项目，通过专项资金进行支持，推动企业进一步加强自主创新，开拓市场，扩大规模，培育新的产业形态。

四、充分发挥市场配置科技资源的基础性作用，全力营造有利于科技成果转化和产业化的市场环境

（十七）培育一批专业的成果转化服务机构。将技术市场作为科技成果转化的重要渠道，鼓励成果转化服务机构拓宽服务领域，建立健全专业服务标准体系，引导成果转化服务机构规范化、专业化、网络化发展。推行北京技术转移示范基地挂牌制度，对成效显著、机制创新的服务机构给予专项资金支持。加强科技孵化体系建设，引导科技企业孵化器、大学科技园、留学人员创业园、中试基地、大学生创业基地等孵化机构专业化、市场化发展，鼓励各类科技企业孵化机构提升科技条件、技术转移、专业咨询、投融资和市场推广等方面的专业服务能力，与其他社会资本合作并采取股权投资等形式参与在孵企业的孵化培育。

（十八）以市场机制促进创新要素向企业集聚。深入推进首都科技条件平台建设，鼓励高等院校和科研院所采用市场机制，向企业开放科研基础设施和大型科学仪器设备、自然科技资源、科学数据、科技文献等公共科技资源，鼓励社会公益类科研院所为企业提供检测、测试、标准等服务，政府通过购买服务的方式进行支持。推动高等院校、应用开发类科研院所向企业转移技术成果，促进人才向企业流动。鼓励企业建设国家和本市重点实验室、工程实验室、工程技术研究中心、工程研究中心和企业技术中心。

（十九）充分发挥民营科技企业在科技成果转化中的作用。积极支持民营科技企业通过公平竞争，承担国家各类计划项目和基地建设任务，并在贷款、担保、贴息等方面为民营科技企业提供支持。鼓励高等院校、科研院所、研究机构搭建平台，促进科研成果向民营科技企业转化，帮助企业解决技术难题。鼓励民营科技企业建立现代企业制度，鼓励采用股票期权等方式，激励科技人员或经营管理人员进行科技成果转化。加大科研成果推广宣传力度，充分利用科技成果信息公开网站及各种形式的博览会、交易会、新闻媒体宣传，让民营科技企业掌握更多的科技成果信息。

（二十）强化政府采购对新技术、新产品的应用推广作用。政府采取积极措施，拓宽新技术、新产品的市场渠道，通过首购、订购、首台（套）重大技术装备试验和示范项目、推广应用等方式，推进新技术、新产品的广泛应用，为其品牌塑造提供有力支撑。

（二十一）加大创业投资和股权投资支持力度。支持境内外个人和机构开展天使投资业务。支持由社保基金、保险资金、大型企业及其他投资机构出资的股权投资基金的设立和发展。市、区（县）人民政府及其职能部门设立创业投资引导资金和基金，采取阶段参股、跟进投资、风险补助等多种方式，支持科技成果转化和产业化。

（二十二）完善科技金融服务环境。完善科技企业与银行信贷、科技保险和资本市场之间的市场联动机制。深入推进知识产权质押贷款、科技贷款补贴、科技保险补贴专项，支持重大科技成果产业化项目通过担保融资、信用贷款、引入创业投资和战略投资者、到中关村代办股份转让系统挂牌和境内外资本市场上市等多种方式，持续融资和发展，真正实现与科技重大项目的对接、与科技成果产业化的对接、与科技企业技术研发的对接。

（二十三）深化科技资源招商工作。聚焦战略性新兴产业，广泛调动园区、企业、投融资机构以及科技中介机构等的积极性，以科技资源为纽带，通过建立科技资源信息系统和发布平台、组织科技资源招商对接活动、开展科技资源招商全国路演等方式，创造条件，广泛吸引各地区优质产业资本进入北京，与本市优质科技资源开展实质性合作，促进科技成果快速转化和产业化。

五、加强统筹协调，完善科技成果转化和产业化的组织保障体系

（二十四）完善统筹协作机制。深化"科技北京"行动计划，培育在市场经济条件下首都经济技术合作新机制，充分调动和整合全社会的力量，真正破解科技资源分离、分隔、分散的问题，协调解决科技资源开放共享、人才培养与流动、科技成果转化等方面的问题。加强"央地合作"，推动中央与北京市共同搭建不同层次、相互补充、推进创新发展的联动平台，实现与国家部委、中央企业、高等院校和科研院所等中央单位科技资源对接，不断

完善协调互动机制，共同筛选重大科技成果，实施重大产业化项目。支持有条件的市属创新型企业联合中央单位积极参与国家重大科技专项、重大科技基础设施建设，推动科技成果在京落地转化和产业化。

（二十五）推进立法进程。在归纳总结中关村国家自主创新示范区政策试点经验的基础上，加快做好本市科技成果转化和产业化促进地方性条例立法相关准备工作，切实解决科技成果转化和产业化过程中的突出问题，完善科技成果转化和产业化法制环境。

附录3：中关村国家自主创新示范区重大科技成果转化和产业化股权投资暂行办法

京科发 [2009] 574号

第一章 总则

第一条 为落实国务院《关于同意支持中关村科技园区建设国家自主创新示范区的批复》（国函 [2009] 28号）关于"着力研发和转化国际领先的科技成果，做强做大一批具有全球影响力的创新型企业"的要求，根据国务院办公厅转发发展改革委等部门《关于促进自主创新成果产业化若干政策的通知》（国办发 [2008] 128号），国务院办公厅转发发展改革委等部门《关于创业投资引导基金规范设立与运作指导意见的通知》（国办发 [2008] 116号），财政部、发展改革委《关于产业技术研究与开发资金试行创业风险投资的若干指导意见》（财建 [2007] 8号），北京市委市政府《关于促进首都金融业发展的意见》（京发 [2008] 8号），《关于建设中关村国家自主创新示范区的若干意见》（京政发 [2009] 11号）等文件精神，为探索政府资金使用新模式，加快推进重大自主创新成果在京转化和产业化，支持国家战略性新兴产业发展，制定本办法。

第二条 市政府设立重大科技成果转化和产业化投资专项资金（以下简称"产业化投资资金"），在中关村国家自主创新示范区开展试点，以股权投资方式，支持重大科技成果在京转化和产业化。产业化投资资金体现市政府政策引导性，不以盈利为目的。

第三条 产业化投资资金根据"政府出资、市场运作、重在激励、及时退出"的原则进行投资运作。

第二章 资金来源及运作方式

第四条 产业化投资资金主要来源于北京市重大科技项目和产业化项目资金。

第五条 北京市科技重大项目和产业化项目资金联席会议(以下简称"联席会议")统筹重大科技成果转化和产业化股权投资工作,成立由市财政局、市发改委、市经信委、市科委、中关村管委会和北京经济技术开发区管委会等部门组成的专项工作组(以下简称"专项工作组"),具体负责组织实施。

第六条 产业化投资资金通过委托投资和循环使用的方式运作。

第七条 产业化投资资金不得用于从事贷款或股票、期货、房地产、基金、企业债券、金融衍生品等投资以及用于赞助、捐赠等支出。

第八条 产业化投资资金的出资比例原则上不超过参股企业注册资本的30%。除产业化投资资金外,其他货币资金和实物资产的出资应不低于企业注册资本的30%,鼓励采取包括科技成果作价入股在内的多种股权激励方式,鼓励采取多元化投资方式吸引社会资金共同投资。

第三章　项目选择与投资决策

第九条 产业化投资资金支持的项目应具备以下基本条件:

(一)属于通信、新能源、新材料、节能环保、生物医药、航空航天、高技术服务业等国家和北京市重点发展的产业技术领域。

(二)项目应具有自主知识产权,技术含量高,知识产权权属明晰,并在京实施科技成果转化和产业化。

(三)对于制造类项目,应已经完成产品技术的开发和研制,形成科研成果及产品样机、样品,或进入中试、临床试验阶段;对于服务类项目,应具有较高技术含量和附加值且可投入市场,已形成清晰明确的商业模式,具有切实可行的商业计划。

(四)项目具有良好市场前景和较强市场竞争力,并具有较好的社会效益和经济效益。

(五)项目单位应具有较强的项目实施能力,财务管理规范;项目运行团队具有较高的技术和管理水平,团结协作、诚实守信。

第十条 项目选择根据公开、公平、公正、择优的原则,采取申报和推荐相结合的方式。

第十一条 专项工作组聘请专家咨询团队和投资管理机构参与项目评

价、筛选和方案咨询，提出初选项目及投资方案，报联席会议审核批准。

第四章 投资管理及投资退出

第十二条 专项工作组负责组织股权投资实施工作，投资管理机构受专项工作组委托对投资项目进行管理和监督，被投资企业作为责任主体具体负责成果转化和产业化工作。

第十三条 投资管理机构以产业化投资资金的出资额为限对被投资企业行使出资人权利，但股权转让权（处置权）、参加清算权、分红权除外。

第十四条 被投资企业应采取股权奖励、股权出售、股份期权、科技成果收益分成以及其他激励方式，对做出突出贡献的科技人员和经营管理人员进行激励。

高等院校、科研院所用科技成果出资时，可以将不低于 20% 的科技成果作为出资所获得被投资企业的股权用于奖励创业团队和有关人员。

第十五条 产业化投资资金所得年度分红可按一定比例奖励给被投资企业中做出突出贡献的科技人员和经营管理人员。

第十六条 产业化投资资金形成的股权优先转让给被投资企业的科技人员、经营管理团队及原始股东。转让价格为产业化投资资金的出资本金及本金以中国人民银行公布的同期活期存款利率计算的收益之和。

第十七条 产业化投资资金形成的股权退出时，其本金和利息重新纳入产业化投资资金循环使用。

第五章 投资管理机构

第十八条 专项工作组委托专业投资管理机构管理产业化投资资金，并与专业投资管理机构签订委托协议。受托投资管理机构需在专项工作组指定的代理银行开设专户，专门用于产业化投资资金的管理。

上述委托不得转委托。

第十九条 受托投资管理机构应当符合下列资质条件：

（一）具有独立法人资格。

（二）具有良好的投资决策机制、内部激励和风险约束机制。

（三）具有较强的行业分析能力和项目管理能力。

（四）具有在高新技术企业投资方面的管理能力和业绩；在国际化运作方面具有一定的经验，并具有整合相关资源的能力。

第二十条 受托投资管理机构主要履行下列职责：

（一）受委托以出资额为限对被投资企业行使出资人权利，包括向被投资企业派遣董事、监事，通过股东会、董事会、监事会依法行使股东权利。

（二）除企业合并、分立、改制、上市，营业住所变更，主营业务调整，增加或者减少注册资本，发行债券，进行重大投资和重大业务调整，为他人提供大额担保，转让重大财产，进行大额捐赠，分配利润，以及解散、申请破产以及协议或章程中规定其他重大事项外，受托投资管理机构不参与被投资企业的日常经营决策。

（三）利用自身资源和投资管理经验为被投资企业提供各种增值服务，帮助企业建立规范的管理制度，促进企业发展。

（四）定期向专项工作组报告被投资企业项目进展情况、股本变化情况以及其他重大情况。

（五）组织实施投资退出，并及时将回收资金缴入资金专户。

第二十一条 给受托投资管理机构的年度管理费用按照全年实际投资加权平均余额的一定比例支付，具体标准如下：全年实际加权平均投资额在2亿元（含）以下的部分，按1.5%核定；2亿元以上的部分，按1%核定。

委托经费经专项工作组同意后，在产业化投资资金中列支。

第六章 考核与监督

第二十二条 将产业化投资资金纳入公共财政资金考核评价体系，根据公共财政原则和产业化投资资金的性质建立有效的绩效考核制度，定期对资金使用效益进行评估。

第二十三条 受托投资管理机构应定期将项目进展情况报专项工作组。报告主要包括：受托管理的资产、负债及所有者权益情况；投资企业经营情况；投资的退出和收益情况；委托协议约定的其他事项。

第二十四条 受托投资管理机构有下列情形之一的，专项工作组有权撤销或更换受托管理机构，必要时依法追究相关责任；不再具备本办法规定的资质条件；有重大违法违规行为；依法撤销、解散、宣告破产；擅自将托管资产用于其他项目的担保、贷款质押等可能给托管资产造成损失的用途；委托协议约定的其他情形。

第二十五条 受托投资管理机构不再继续承担委托工作的，应将所有项目的档案资料以及托管资产移交委托人或委托人指定的机构，并协助办理相关法律手续。

第二十六条 受托投资管理机构的经营管理人员个人年度收入根据年度投资管理绩效，由专项工作组核准。

第七章　附则

第二十七条 本办法由专项工作组负责解释。

第二十八条 本办法自发布之日起三十日后实施。

附录4：加快推进高等学校科技成果转化和
科技协同创新若干意见（试行）

为贯彻落实党的十八大和十八届二中、三中全会精神，加大高等学校科技成果转化体制机制创新力度，充分发挥高等学校在首都创新体系建设和率先形成创新驱动发展格局中的重要作用，激发高等学校开展科技成果转化和科技协同创新的积极性，本着发挥优势、创新突破、先行先试的原则，提出如下意见。

一、开展高等学校科技成果处置权管理改革。加强知识产权交易市场建设，建立符合科技成果转化规律的市场定价机制，试行高等学校科技成果公开交易备案管理制度。科技成果的知识产权由承担单位依法取得，赋予高等学校自主处置权。高等学校可自主对科技成果的合作实施、转让、对外投资和实施许可等科技成果转化事项进行审批，报主管部门和财政部门备案。

二、开展高等学校科技成果收益分配方式改革。高等学校科技成果转化所获收益可按不少于70%的比例，用于对科技成果完成人和为科技成果转化做出重要贡献的人员进行奖励，支持高等学校科学研究、成果转化和教育教学工作。科技成果转化所获收益用于人员激励支出的部分，经批准可一次性计入当年高等学校工资总额，但不纳入工资总额基数。

三、建立高等学校科技创新和成果转化项目储备制度。鼓励高等学校和企业联合开展科技创新和成果转化，支持高等学校加强自身科技研发能力建设，定期对符合条件的拟研、在研科技创新和成果转化项目进行评估，选择一批符合首都科技创新和经济社会发展需要的重大科研和成果转化项目，纳入高等学校科技项目储备库进行跟踪支持。

四、加大对高等学校产学研用合作的经费支持力度。根据高等学校的实际需求，进一步加大市级财政性高等教育经费中高等学校科研经费的规模和比例，重点支持高等学校与企业通过联合共建产业技术创新战略联盟、新型产业技术研究院和产业创新园等形式，合作开展科技研发和成果转化；支持企业建立高等学校学生实践训练基地，联合培养研究生。根据高等学校科研经费的支持方向和特点，开展间接费用补偿、分阶段拨付、后补助和增加经费使用自主权等经费管理改革试点。

五、支持高等学校开放实验室资源。鼓励高等学校建设"首都科技条件平台"研发实验服务基地，向企业、科研机构和其他高等学校开放研发实验服务资源，为各类创新主体以及大型研究工程和项目提供联合研发、委托研发等技术攻关和技术服务，并根据服务的数量和质量给予相应补贴。鼓励高等学校和企业联合共建实验室，加大对实验室开放课题支持的力度，支持联合开展重大课题攻关。在满足正常教学科研需要的前提下，探索将高等学校重大仪器设备以租赁费、使用费等方式入股科技型企业等新模式。

六、支持高等学校建设协同创新中心。支持高等学校校际之间以及与企业、科研机构共同建立协同创新中心，联合开展科研项目攻关和科技成果转化。每年设定若干重大专项，支持高等学校"2011 协同创新中心"围绕国家和首都经济社会发展的重大战略需求开展科学研究和联合攻关，进一步提升协同创新中心的科技创新和协同创新能力。

七、支持高等学校搭建国际化科技成果转化合作平台。支持高等学校实施高端人才引进计划，聘任入选国家"千人计划"、教育部"长江学者奖励计划"、北京"海聚工程"、中关村"高聚工程"等全球一流的专家和科研人员，利用国际创新资源开展科研项目研究和研究生联合培养工作，搭建国际化科技成果转化合作平台。

八、鼓励高等学校科技人员参与科技创业和成果转化。鼓励高等学校拥有科技成果的科技人员，依据中关村示范区股权激励试点政策和以现金出资方式，在中关村示范区创办科技型企业，并持有企业股权。创办的企业可按照科技人员现金出资额度的 20% 申请政府股权投资配套支持；当政府股权退出时，按照原值加同期银行活期存款利息优先回购给创业团队。高等学校科技人员经所在学校同意，可在校际间或中关村示范区科技型企业兼职，从事兼职所获得的收入按有关规定进行分配；科技人员在兼职中进行的科技成果研发和转化工作，作为其职称评定的依据之一。支持高等学校拥有科技成果的科技人员离岗创业，高等学校可在一定期限内保留其原有身份和职称。

九、鼓励在高等学校设立科技成果转化岗位。可在高等学校新设科技成果转化岗位，该岗位以科技人员实施科技成果转化的工作绩效为主要指标进行考核，并在人员编制、落户等方面给予支持。高等学校科技成果转化岗位的科技人员可列入中关村示范区高端领军人才专业技术资格评价试点范围，评价合格人员可获得高级工程师（教授级）专业技术资格。高等学校按照教师获得的高级工程师（教授级）专业技术资格聘任其为相应的职级，不占用所在高等学校教授（研究员）名额。鼓励高等学校加强科技成果转化管理服务队伍建设，在人力、财力、物力等方面支持科技成果对接市场并给予经费支持。

十、制定高等学校在校学生创业支持办法。降低门槛，简化流程，支持在校学生休学创办科技型企业，创业时间可视为参加实践教育的时间，并根据学校实际计入相关实践学分。支持学生以创业的方式实现就业，凡到中关村科技企业孵化器或大学生创业基地创业的学生，给予房租减免、创业辅导等支持。设立学生创业项目天使投资配套支持资金，高等学校教师作为天使投资人投资的学生科技创业项目，可按照教师实际投资额度的50%申请政府股权投资的配套支持；政府股权退出时，按照原值加同期银行活期存款利息，可优先回购给创业团队及对该项目进行天使投资的教师。

本意见适用于北京市属高等学校，北京地区其他高等学校可结合实际参照执行。

本意见自发布之日起执行。

2014—01—14

附录 5：加快推进科研机构科技成果转化和
产业化的若干意见（试行）

京政办发 [2014] 35 号

为深入贯彻落实党的十八大、十八届三中全会和习近平总书记系列重要讲话特别是考察北京工作时的重要讲话精神，深化科技体制改革和产学研用协同创新，加快科研机构科技成果转化和产业化，提高科研机构服务首都经济社会发展能力，不断强化北京作为全国科技创新中心的城市战略定位，特提出如下意见。

一、深化科技成果管理改革。探索建立科技报告和科技成果登记制度。鼓励科研机构通过托管等方式，委托第三方专业技术转移机构代理开展科技成果许可、转让、投资等工作。除涉及国家安全、国家利益和重大社会公共利益外，科技成果的知识产权由承担单位依法取得，赋予科研机构自主处置权。试行科研机构科技成果公开交易制度，科技成果可以通过在技术市场挂牌等方式确定价格并实现交易。鼓励科研机构加强知识产权保护和运用。

二、推进科研资产管理改革。推进应用型技术研发机构市场化、企业化改革。市属科研机构改制为企业的，根据科技成果转化需要，其已经实际使用的房屋所有权或使用权、土地使用权等资产，可以按国有资产管理相关规定变更房屋、土地产权手续。鼓励市属科研机构将与科技成果转化相关的仪器设备等固定资产，以及科技成果等无形资产的所有权或使用权入股组建科技成果转化实体，取得的市场收益，在履行相关审批手续并纳入预算管理后，可以用于与科技成果转化相关的市场经营活动。

三、深化财政经费管理改革。进一步完善以市场、需求为导向的科研项目立项机制。由市财政科技资金资助的科技成果转化和产业化项目，项目承担单位可以根据转化和产业化需要，从项目经费中列支厂房、设备及相关费用。进一步提高项目承担单位经费使用自主权，提高经费使用效益。优化市财政经费资助项目（课题）的组织流程，统筹安排财务、绩效等检查工作，并强化检查结果共享。

四、强化科研人员激励机制。鼓励科研机构聘任高层次人才，在经核定的岗位结构比例范围内，市属科研机构可以自主设置科研岗位。市属科研机构可以采用年薪工资、协议工资等方式聘任高层次人才，人员工资以及实施股权激励等费用可以从科技成果转化收益中开支，经批准可以一次性计入当年科研机构工资总额，但不纳入工资总额基数。建立科研人员成果转化收益分配机制，经职工代表大会同意，科研机构可提取70%及以上的转化所得收益，划归科技成果完成人以及对科技成果转化作出重要贡献的人员所有。科研机构中从事科技成果转化和产业化的科研人员可以列入中关村国家自主创新示范区高端领军人才专业技术资格评价试点范围，评价合格人员可以获得高级工程师（教授级）专业技术资格。

五、加强对科研机构新技术新产品的应用和推广。使用市、区（县）两级财政资金采购的机关、企事业单位，以及市、区（县）两级财政资金全额投资或部分投资项目的出资、建设和管理单位，在使用财政资金采购时，通过首购、订购等方式，支持科研机构的新技术新产品在城市建设、智能交通、健康养老、文化惠民、城市安全运行和应急救援等领域的应用和推广。

六、优化科技金融服务环境。鼓励在京金融机构为科研机构科技成果转化和产业化提供知识产权质押贷款、股权质押贷款、科技企业信用贷款等科技金融服务。可以通过风险备偿、业务补助、贷款贴息等方式，将市财政经费用于支持科技服务机构、金融机构、科技企业开展融资对接、产品和服务创新。引导民间资本依法设立科技成果转化创投基金，支持科研机构科技成果转化和产业化。

七、支持科研机构深入开展协同创新。深化"首都科技条件平台"建设，鼓励科研机构将仪器设备、科学数据、科技文献等科技资源向社会开放，根据开放的科技资源量及市场评价的服务业绩给予后补助支持。鼓励科研机构与企业联合共建重点实验室、工程（技术）研究中心、技术转移中心和产业技术创新战略联盟，开展重大课题攻关和科技成果转化。通过政府购买服务等方式，支持科研机构为企业提供研发、中试、技术咨询、人才培训等服务。

八、完善科研机构成果转化平台。鼓励科研机构利用仪器设备、自有房屋、土地等资源，自建或与社会资金联合共建科技企业孵化器，为科技型中小企业提供孵化服务，其土地供应可以采取协议出让等方式。科研机构建设的科技企业孵化器，可以优先认定为市级孵化器，符合条件的可以推荐为国家级孵化器，并享受财政经费支持等政策优惠。建立市、区（县）两级科技成果转化用地协调机制，鼓励科研机构科技成果在区（县）转化落地。

九、广泛开展国际交流与合作。充分发挥中国北京国际科技产业博览会、中国（北京）国际服务贸易交易会、联合国教科文组织创意城市北京峰会、中国（北京）跨国技术转移大会、国家技术转移集聚区等平台作用。支持科研机构通过国际国内展会平台对外展示科技成果，寻求科技成果转化合作，参与国际标准制定，抢占知识产权和标准的制高点。支持海外风险投资机构来京发展，鼓励投资机构加大对科研机构科技成果转化和产业化项目的投资力度。

本意见所指的科研机构是指在北京市行政区域内依法依规设立，具有开展研究工作的科研人员、科研仪器设备以及实验场地等基本条件，在自然科学及其相关科学技术领域从事研究、开发的各类机构，包括科研事业单位、高等学校的科研机构、各类企业和社会组织中的科研机构。

参考文献

1. 曹兴：《技术联盟知识转移行为研究》，科学出版社 2014 年版。

2. 陈向东：《国际技术转移的理论与实践》，北京航空航天大学出版社 2008 年版。

3. 冯秀珍：《技术评估方法与实践》，知识产权出版社 2011 年版。

4. 傅家骥：《技术创新——中国企业发展之路》，企业管理出版社 1992 年版。

5. 傅正华、林耕、李明亮：《我国技术转移的理论与实践》，中国经济出版社 2007 年版。

6. 傅正华：《地方高校技术转移研究》，知识产权出版社 2012 年版。

7. 盖文启：《创新网络——区域经济发展新思维》，北京大学出版社 2002 年版。

8. 郭燕青：《技术转移与区域经济发展》，经济管理出版社 2004 年版。

9. 何建坤等：《研究型大学技术转移——模式研究与实证分析》，清华大学出版社 2007 年版。

10. 胡保民：《技术创新扩散理论与系统演化模型》，科学出版社 2002 年版。

11. 黄静波：《国际技术转移》，清华大学出版社 2005 年版。

12. 李建强：《创新视阈下的高校技术转移》，上海交通大学出版社 2013 年版。

13. 李明德：《美国科学技术的政策、组织和管理》，轻工业出版社 2008 年版。

14. 李正华：《企业技术创新与合同法律保护》，中国人民大学出版社 2002 年版。

15. 李志军：《当代国际技术转移与对策》，中国财政经济出版社 1997 年版。

16. 李志男、夏勇其、王苏舰：《技术转移理论与实践探索》，兵器工业出版社 2009 年版。

17. 梁祥君：《高校科技创新联盟及体系》，合肥工业大学出版社 2008 年版。

18. 林汉川：《中小企业存在与发展》，上海财经大学出版社 2001 年版。

19. 刘念才：《面向创新型国家的高校科技创新能力建设研究》，中国人民大学出版社 2006 年版。

20. 刘云：《跨国公司技术创新国际化的组织模式及影响》，科学出版社 2007 年版。

21. 刘振刚：《技术创新、技术标准与经济发展》，中国标准出版社 2005 年版。

22. 柳御林、何郁冰、胡坤：《中外技术转移模式的比较》，科学出版社 2012 年版。

23. 罗公利：《中国科技企业孵化器的创新与发展》，科学出版社 2008 年版。

24. 马林：《技术转移——北京的实践》，北京科学技术出版社 2007 年版。

25. 滕堂伟、曾刚等：《集群创新与高新区转型》，科学出版社 2009 年版。

26. 王炳才：《技术创新与产业区际转移》，经济管理出版社 2009 年版。

27. 王德禄、赵慕兰、张浩：《硅谷中关村人脉网络》，清华大学出版社 2012 年版。

28. 王雨生：《中国高技术产业化的出路》，中国宇航出版社 2003 年版。

29. 卫汉青：《中关村创新谱》，开明出版社 2006 年版。

30. 谢富纪：《技术转移与技术交易》，清华大学出版社 2006 年版。

31. 杨华：《中小企业集群式发展与创新》，中国经济出版社 2006 年版。

32. 张春霖、曾智华、威廉·彼得·马科、詹姆斯·苏厄德：《中国：促进以企业为主体的创新》，中信出版社 2009 年版。

33. 张福森：《中关村改革风云纪事》，科学出版社 2008 年版。

34. 张乃根：《知识创新与技术转移》，上海交通大学出版社 2005 年版。

35. 张士运：《技术转移体系建设理论与实践》，中国经济出版社 2014 年版。

36. 张玉臣：《技术转移机理研究——困惑中的寻解之路》，中国经济出版社 2009 年版。

37. 章琐：《大学技术转移——界面移动与模式选择》，北京航空航天大学出版社 2008 年版。

38. 郑晓齐：《高校科技创新与区域经济发展》，社会科学文献出版社 2006 年版。

39. [美] 埃弗雷特·M. 罗杰斯：《创新的扩散》，中央编译出版社 2002 年版。

40. [美] 熊彼特（Schumpeter, J.A.）：《经济发展理论》，商务印书馆 1990 年版。

41. [日] 小林达也：《技术转移——从历史上考察美国和日本》，东京文真堂 1981 年版。

42. [日] 富田彻男：《技术转移与社会文化》，商务印书馆 2003 年版。

43. [日] 斋藤优：《技术转移论》，东京文真堂 1979 年版。（转印李志军：《当代国际技术转移与对策》，中国财经经济出版社 1997 年版。）

44. [英] 乔治·巴莎拉：《技术发展简史》，复旦大学出版社 2000 年版。

45. 北京地方志编纂委员会：《中关村科技园区志》，北京出版社 2008 年版。

46. 北京市海淀区统计局：《海淀区统计年鉴（1989—2012）》。

47. 北京市科学技术委员会：《北京科技年鉴（1995—2013）》，北京科学技术出版社 2015 年版。

48. 北京市统计局、国家统计局、国家统计局北京调查总队、中关村科技园区管委会：《中关村科技园区"十五"期间统计资料汇编》，2007 年第 5 期。

49. 国家统计局、科学技术部：《中国科技统计年鉴（1998—2013）》，中国统计出版社 2015 年版。

50. 中关村科技园区管委会：《北京志·开发区卷·中关村科技园区志》，2007 年第 5 期。

51. 中华人民共和国教育部科学技术司：《高等学校科技统计资料汇编（2002—2011）》，高等教育出版社 2011 年版。

52. 安虎森、周亚雄、刘军辉：《滨海新区产业发展路径分析———与浦东新区的对比》，《经济与管理评论》2012 年第 3 期。

53. 陈舒：《福建省科技资源配置的现状、问题及对策》，《福建农林大学学报》（哲学社会科学版）2003 年第 3 期。

54. 范保群、张钢、许庆瑞：《国内外技术转移研究的现状与前瞻》，《科学管理研究》1996 年第 1 期。

55. 付信明、张劲松、张文辉：《中美典型高技术创新集群的比较分析》，《工业技术经济》2009 年第 2 期。

56. 姜琴、吴铮悦、季春：《关于技术转移模式和影响因素的理论梳理》，《科技和产业》2012 年第 10 期。

57. 李文波：《我国大学和国立科研机构技术转移影响因素分析》，《科学学与科学技术管理》2003 年第 6 期。

58. 李延瑾、李玉平：《我国科技与经济相结合面临的问题与对策》，《科技进步与对策》1996 年第 5 期。

59. 林慧岳：《技术转移的历史透视》，《自然信息》1992 年第 2 期。

60. 刘春香：《美国硅谷高科技产业集群及其对中国的启示》，《工业技术经济》2005 年第 7 期。

61. 刘云、王硕：《跨国公司海外技术创新与技术转移模式初探》，《预测》2004 年第 6 期。

62. 马晓丹：《我国大学科技园及其技术转移体系分析》，东南大学，2006 年。

63. 梅远红、孟宪飞：《高校技术转移模式探析：清华大学技术转移的调研与思考》，《科技进步与对策》2009 年第 12 期。

64. 牛冲槐、江海洋：《硅谷与中关村人才聚集效应及环境比较研究》，《管理学报》2008 年第 3 期。

65. 潘丹丹、傅建祥、孙丹：《浙江省科技资源区域分布与配置优化研究》，《农村经济与科技》2011 年第 12 期。

66. 石小军、彭纪生：《江苏省技术引进、消化吸收的对比分析》，《经济论坛》2008 年第 8 期。

67. 宋振全、于云荣、张学津：《科技创新体制的建立与培育》，《科技信息》2008 年第 18 期。

68. 唐敏：《江苏省科技成果转化及综合评价研究》，扬州大学，2010 年。

69. 王宇行：《江苏跨国技术转移服务的实践与思考》，《江苏科技信息》2013 年第 2 期。

70. 魏明侠、程承坪、田文江：《如何实现科技与经济的融合》，《经济论坛》2000 年第 11 期。

71. 吴晓波、窦伟、李璟琰：《跨国公司内部技术转移研究评述》，《科技管理研究》2010 年第 18 期。

72. 闫傲霜：《科技成果转化"北京模式"的探索与实践》，《中国科技产业》2010 年第 12 期。

73. 张晓彦：《上海市科技成果转化瓶颈及对策研究——由上海科技成果转化促进会工作引起的思考》，上海交通大学，2006 年。

74. 赵博颉：《从硅谷的成功看产学研合作中大学与科技园的关系》，《长春大学学报》2005 年第 1 期。

75. 赵峰：《长三角地区技术转移服务模式的比较——以上海、杭州、苏州为例的分析》，《经济管理》2011 年第 2 期。

76.《中关村》，2003—2012 年各期。

77. 周龙庚：《加速科技成果转化的思考》，《中国科技论坛》1997 年第 1 期。

78. 邹小伟：《产学研结合技术转移模式与机制研究》，华中师范大学，2013 年。

79.《北京市促进科技中介机构发展的若干意见》（京科高发〔2007〕9 号）。

80.《北京市鼓励企业与高校、科研院所进行产学研合作的若干意见》（京科高发〔2007〕138 号）。

81.《北京市科技型中小企业技术创新资金管理办法》（京财文〔2006〕3101 号）。

82.《北京市人民政府关于进一步促进科技成果转化和产业化的指导意见》（京政发〔2011〕12 号）。

83.《对中关村科技园区建设国家自主创新示范区有关股权奖励个人所得税试点政策的通知》（财税〔2010〕83 号）。

84.《高新技术企业认定管理办法》（国科发〔2008〕172 号）。

85.《关于促进科技成果转化若干规定》（国发办〔1999〕29 号）。

86.《关于促进中关村高新技术企业发展的若干意见》（中科园发〔2009〕4 号）。

87.《关于贯彻落实国家支持中关村科技园区建设国家自主创新示范区试点税收政策的通知》（京财税〔2010〕2948 号）。

88.《关于支持中小企业技术创新的若干政策》（发改企业〔2007〕2979 号）。

89.《国务院关于加快培育和发展战略性新兴产业的决定》（国发〔2010〕32 号）。

90.《国务院关于同意支持中关村科技园区建设国家自主创新示范区的批复》（国函〔2009〕28 号）。

91.《国务院关于中关村国家自主创新示范区发展规范纲要的批复（2011—2020 年）》（国函〔2011〕12 号）。

92.《海淀区促进创业型企业创新能力提升支持办法》（海行规发〔2010〕6号）。

93.《海淀区促进科技中介发展支持办法》（海行规发〔2010〕13号）。

94.《海淀区促进重大科技成果转化和产业化支持办法》（京行规发〔2010〕3号）。

95.《海淀区委区政府关于进一步促进高新技术产业发展的决定》（京海发〔2009〕10号）。

96.《加快推进高等学校科技成果转化和科技协同创新若干意见（试行）》（京政办发〔2014〕3号）。

97.《中关村高端领军人才聚集工程实施细则》（中科园发〔2010〕7号）。

98.《中关村国家自主创新示范区企业股权激励登记试行办法》（京工商发〔2010〕94号）。

99.《中关村国家自主创新示范区重大科技成果转化和产业化股权投资暂行办法》（京科发〔2009〕574号）。

100.《中关村专利促进资金管理办法》（中科园发〔2009〕48号）。

后 记

　　中关村地区是北京科技资源最丰富、技术力量最雄厚、科技研究成果最集中的地区。中关村作为我国第一个国家自主创新示范区，是北京乃至全国科技创新的核心地区之一。促进中关村地区技术转移与产业化就成为北京建设科技创新中心，实现创新驱动发展的首要选择。海淀区作为中关村国家自主创新示范区核心区，迫切需要对中关村地区技术转移的瓶颈、原因等相关问题进行深入研究，寻找解决的办法。海淀区委党校作为区委、区政府的思想库，就承担了对中关村地区技术转移与产业化的研究，并在 2012 年底以《技术转移与产业化研究——以中关村地区为例》课题进行立项申请。课题申请提出后，受到海淀区政府领导的高度重视。海淀区副区长、海淀区行政学院院长傅首清同志亲自主持和听取汇报。北京市哲学和社会科学规划办对这一研究也给予高度关注，并将课题还纳入了 2012 年度北京市哲学社会科学应用对策研究基地规划项目。

　　研究课题确定后，党校成立了由李家洲、许云等牵头的课题研究小组。3 年来，课题组成员收集和查阅了大量的有关技术转移与产业化研究方面的文献资料，并对技术转移相关理论进行梳理。为进一步剖析中关村地区技术转移过程中存在的主要问题，课题组走访了北京大学、清华大学、北京理工大学、北京科技大学、中国科学院北京技术转移中心等高校和科研院所，并与相关专家进行座谈。在此期间，课题组还走访了中国资源卫星应用中心、北斗星通、东华软件股份有限公司等 20 多家高新技术企业并与企业家就技术转移与产业化遇到的现实问题进行讨论和交流。同时课题组还走访了中关村管委会、海淀园管委会、北京市科委、北京协同创新研究院等与技术转移相关的政府部门和研究部门。期间还邀请了北京理工大学教授、博士生导师刘芸，北京中关村论坛协会秘书长、原中关村管委会副主任夏颖奇，中科院北京技术转移中心主任刘庆莲等专家座谈指导。收集了大量的第一手数据和资料，也深入调研了典型的技术转移案例。呈现在大家面前的这本专著就是课题组研究成果的结晶。

本书作为集体研究的成果，参与研究写作的人员还有：贺艳、李诗洋、张磊、杨艳梅、贾俊等。具体分工如下：导论、第一章，贺艳；第二章、第六章，李家洲；第三章，贾俊、杨艳梅；第四章、结语，张磊；第五章、第七章，李诗洋；总体结构和框架设计，许云。本书最后由许云、何昭瑾负责统稿。

特别值得高兴的是，在课题组研究和写作期间正逢 2013 年 9 月 30 日上午中共中央政治局以实施创新驱动发展战略为题在中关村举行第九次集体学习。中共中央总书记习近平在主持学习时强调，实施创新驱动发展战略决定着中华民族前途命运。全党全社会都要充分认识科技创新的巨大作用，敏锐把握世界科技创新发展趋势，紧紧抓住和用好新一轮科技革命和产业变革的机遇，把创新驱动发展作为面向未来的一项重大战略实施好。这为我们做好这项研究指明了方向，使我们对中关村地区技术转移与产业化研究更具有理论和现实意义。

经过课题组全体成员的共同努力，课题报告于 2014 年 12 月顺利通过北京市哲学社会科学规划办公室的结项评审并获得优秀等级。评审专家认为该成果是一部较为系统、框架较为完善、内容充实详实、思路颇为新颖的研究成果。研究成果具有一定的可操作性和参考价值，有一定的应用前景。

技术转移与产业化是一个复杂的课题，其特点和规律还有待于进一步深入挖掘。本课题组以海淀区委党校青年教师为主要研究力量，研究能力有限，在研究过程中难免存在局限于不足。呈现在大家面前的只是我们的一个初步研究成果，还显得非常粗浅，书中疏忽和错漏之处在所难免。在此，也希望得到专家学者的批评指正，以期提高我们的研究水平。

2015 年 10 月 28 日

责任编辑：王世勇

图书在版编目（CIP）数据

技术转移与产业化研究：以中关村地区为例／许云，李家洲 著 .
　－北京：人民出版社，2015.11
ISBN 978－7－01－015285－1

I.①技⋯　Ⅱ.①许⋯②李⋯　Ⅲ.①技术转移－研究－北京市
　Ⅳ.① F124.3

中国版本图书馆 CIP 数据核字（2015）第 232739 号

技术转移与产业化研究
JISHU ZHUANYI YU CHANYEHUA YANJIU
——以中关村地区为例

许　云　李家洲　著

人 民 出 版 社 出版发行
（100706　北京市东城区隆福寺街 99 号）

环球印刷（北京）有限公司印刷　新华书店经销

2015 年 11 月第 1 版　2015 年 11 月北京第 1 次印刷
开本：710 毫米 ×1000 毫米 1/16　印张：23.5
字数：349 千字　印数：0,001－1,500 册

ISBN 978－7－01－015285－1　定价：59.00 元

邮购地址 100706　北京市东城区隆福寺街 99 号
人民东方图书销售中心　电话：（010）65250042　65289539